FRENCH VERBS

by
Christopher Kendris

B.S., M.S., Columbia University
M.A., Ph.D., Northwestern University
Diplômé, Faculté des Lettres, Sorbonne

Formerly Assistant Professor
Department of French and Spanish
State University of New York at Albany

BARRON'S EDUCATIONAL SERIES, Inc.

*To my wife Yolanda,
to my two sons, Alex and Ted,
to my daughter-in-law, Tina Marie,
and to my two grandsons,
Alexander Bryan and Daniel Patrick Christopher*

with love

© Copyright 1990 by Barron's Educational Series, Inc.
Adapted from *301 French Verbs*. © Copyright 1981
by Barron's Educational Series, Inc.

All inquiries should be addressed to:
Barron's Educational Series, Inc.
250 Wireless Boulevard
Hauppauge, New York 11788

Library of Congress Catalog Card No. 89-39626

International Standard Book No. 0-8120-4294-8

Library of Congress Cataloging-in-Publication Data

Kendris, Christopher.
    French verbs / by Christopher Kendris.
        p. cm.
    Adapted from: 301 French verbs fully
conjugated in all the tenses. c1981.
    ISBN 0-8120-4294-8
    1. French language—Verb. I. Kendris,
Christopher. 301 French verbs fully conjugated in all
the tenses. II. Title.
    PC2271.K43 1990
    448.2′421—dc20   89-39626
                                      CIP

PRINTED IN THE UNITED STATES OF AMERICA

23   5500   98765

Contents

About the Author

Christopher Kendris has taught French at Northwestern University, at the College of the University of Chicago, at Rutgers University, at the State University of New York at Albany, and at Schenectady County Community College. For several years he also taught French and Spanish at Farmingdale High School, Farmingdale, New York, where he was chairman of the Department of Foreign Languages.

Dr. Kendris received his B.S. and M.S. degrees at Columbia University in the City of New York and his M.A. and Ph.D. degrees at Northwestern University in Evanston, Illinois. He also earned two certificates with *Mention très Honorable* at the Ecole Supérieure de Préparation et de Perfectionnement des Professeurs de Français à l'Etranger, Faculté des Lettres, Université de Paris.

Dr. Kendris has lived in France, Greece, and Germany and has traveled in Canada, Belgium, Switzerland, Italy, Spain, and Portugal. He is the author of numerous modern language books and workbooks, all of which have been published by Barron's Educational Series, Inc.

Abbreviations

adj. adjectif (adjective)	*n.* nom (noun)
adv. adverbe (adverb)	*obj.* objet (object)
ant. antérieur (anterior)	*p.* page
art. article	*pp.* pages
cond. conditionnel (conditional)	*part.* participe (participle)
def. défini (definite)	*pl.* pluriel (plural)
dir. direct	*plpf.* plus-que-parfait (pluperfect)
e.g. for example	*pr.* or *prés.* présent (present)
f. or *fem.* féminin (feminine)	*prep.* préposition (preposition)
fam. familiar	*pron.* pronom (pronoun)
fut. futur (future)	*qqch* quelque chose (something)
i.e. that is, that is to say	*qqn* quelqu'un (someone, somebody)
imp. imparfait (imperfect)	*refl.* reflexive
ind. indicatif (indicative)	*s.* or *sing.* singulier (singular)
inf. infinitif (infinitive)	*subj.* subjonctif (subjunctive)
m. or *masc.* masculin (masculine)	*v.* verbe (verb)

Introduction

This pocket reference of over 300 commonly used French verbs for students, businesspeople, and travelers provides fingertip access to correct verb forms.

Verb conjugations are usually found scattered in French grammar books and they are difficult to find quickly when needed. Verbs have always been a major problem for students no matter what system or approach the teacher uses. You will master French verb forms if you study this book a few minutes every day, especially the pages before and after the alphabetical listing of the 301 verbs.

I compiled this book in order to help make your work easier and at the same time to teach you French verb forms systematically. It is a useful book because it provides a quick and easy way to find the full conjugation of many French verbs.

The verbs included here are arranged alphabetically by infinitive at the top of each page. The book contains many common verbs of high frequency, both reflexive and non-reflexive, which you need to know. It also contains many other frequently used verbs which are irregular in some way. On page 312 I give you an additional 1,000 French verbs that are conjugated in the same way as model verbs among the 301. If the verb you have in mind is not given, consult the list on page 312. My other book, *501 French verbs fully conjugated in all the tenses,* contains two hundred additional verbs.

The subject pronouns have been omitted from the conjugations in order to emphasize the verb forms. I give you the subject pronouns on page xxx. Turn to that page now and become acquainted with them.

The first thing to do when you use this book is to become familiar with it from cover to cover — in particular, the front and back pages where you will find valuable and useful information to make your work easier and more enjoyable. Take a minute right now and turn to the table of contents at the beginning of this book as I guide you in the following way:

(a) On page vii I explain which verbs are conjugated with *avoir* or *être* to form a compound tense. Study page vii and refer to it frequently until you master those verbs.

(b) On page viii I show you how to form a present participle regularly in French and I give you examples. I also give you the common irregular present participles.

(c) On page viii I do the same for past participles. I give you the present and past participles of each verb at the top of the page where verb forms are given for a particular verb.

(d) On page ix you will find the principal parts of some important verbs which, in French, are called *Les temps primitifs.* This is useful because if you know these you can easily form all the tenses and moods from them.

(e) On pages x and xi there are two tables showing the derivation of tenses of a typical verb conjugated with *avoir* and another conjugated with *être.* These are presented as in a picture so that you can see what tenses are derived from the principal parts.

(f) On pages xii and xiii I give you a sample English verb conjugation so that you can get an idea of the way a verb is expressed in the English tenses. Many people do not know one tense from another because they have never learned the use of verb tenses in a systematic and organized way — not even in English! How can you know, for instance, that you need the conditional form of a verb in French when you want to say *"I would go* to the movies if..." or the pluperfect tense in French if you want to say *"I had gone...?"* The sample English verb conjugation with the names of the tenses and their numerical ranking will help you distinguish one tense from another so that you will know what tense you need to express a verb in French.

(g) On page xiv I begin a summary of meanings and uses of French verb tenses and moods as related to English verb tenses and moods. That section is very important and useful because I separate the seven simple tenses from the seven compound tenses. I give you the name of each tense in French and English starting with the present indicative, which I call tense number one, because it is the tense most frequently used. I assign a number to each tense name so that you can fix each one in your mind and associate the name and number in their logical order. I explain briefly what each tense is, when you use it, and I give examples using verbs in sentences in French and English.

(h) On page xxvi I give you a summary of all the fourteen tenses in French with English equivalents, which I have divided into the seven simple tenses and the seven compound tenses. After referring to that summary frequently, you will soon know that tense number 1 is the present indicative, tense number 2 is the imperfect indicative, and so on.

(i) On page xxvii I show you how to form the seven simple tenses for regular verbs and here, again, I have assigned the same number to each tense name. I also explain how each compound tense is based on each simple tense in the table on page xxviii and on page xxix. Try to see these two divisions as two frames, two pictures, with the seven simple tenses in one frame and the seven compound tenses in another frame. Place them side by side in your mind, and you will see how tense number 8 is related to tense number 1, tense number 9 to tense number 2, and so on. If you study the numerical arrangement of each of the seven simple tenses and associate the tense number with the tense name, you will find it very easy to learn the names of the seven compound tenses, how they rank numerically according to use, how they are formed, and when they are used. Spend at least ten minutes every day studying these preliminary pages to help you understand better the fourteen tenses in French.

Finally, in the back pages of this book there are useful indexes and an additional 1,000 French verbs that are conjugated like model verbs among the 301.

I sincerely hope that this book will be of some help to you in learning and using French verbs.

CHRISTOPHER KENDRIS
B.S., M.S., M.A., Ph.D.

Verbs Conjugated with *avoir* or *être* to Form a Compound Tense

(a) Generally speaking, a French verb is conjugated with *avoir* to form a compound tense.

(b) All reflexive verbs, for example, *se laver*, are conjugated with *être*.

(c) The following is a list of common non-reflexive verbs that are conjugated with *être*. The five verbs marked with asterisks (*) are conjugated with *avoir* when used with a direct object.

1. **aller** to go
   Elle est allée au cinéma.

2. **arriver** to arrive
   Elle est arrivée à une heure.

3. ***descendre** to go down, come down
   Elle est descendue vite. *She came down quickly.*
   BUT: *Elle a descendu la valise. *She brought down the suitcase.*

4. **devenir** to become
   Elle est devenue docteur.

5. **entrer** to enter, go in, come in
   Elle est entrée dans l'école.

6. ***monter** to go up, come up
   Elle est montée vite. *She went up quickly.*
   BUT: *Elle a monté l'escalier. *She went up the stairs.*

7. **mourir** to die
   Elle est morte hier.

8. **naître** to be born
   Elle est née hier.

9. **partir** to leave
   Elle est partie vite.

10. ***passer** to go by, to pass by
    Elle est passée chez moi. *She came by my house.*
    BUT: *Elle m'a passé le sel. *She passed me the salt.*
    AND: *Elle a passé un examen. *She took an exam.*

11. ***rentrer** to go in again, to return (home)
    Elle est rentrée tôt. *She returned home early.*
    BUT: *Elle a rentré le chat dans la maison. *She brought (took) the cat into the house.*

12. **rester** to remain, to stay
    Elle est restée chez elle.

13. **retourner** to return, to go back
    Elle est retournée à sa place.

14. **revenir** to come back
    Elle est revenue hier.

15. ***sortir** to go out
    Elle est sortie hier soir. *She went out last night.*
    BUT: *Elle a sorti son mouchoir. *She took out her handkerchief.*

16. **tomber** to fall
    Elle est tombée.

17. **venir** to come
    Elle est venue ce matin.

Formation of the Present and Past Participles in French

Formation of the present participle in French

The present participle is regularly formed in the following way. Take the "nous" form of the present indicative of the verb you have in mind, drop the ending -ons and add -ant. That ending is the equivalent to *-ing* in English. Examples:

chantons, chantant	vendons, vendant	allons, allant
finissons, finissant	mangeons, mangeant	travaillons, travaillant

Common irregular present participles

The three common irregular present participles are: **ayant** from **avoir**; **étant** from **être**; **sachant** from **savoir**.

Formation of the past participle in French

The past participle is regularly formed from the infinitive:

-er ending verbs, drop the -er and add é: **donner, donné**
-ir ending verbs, drop the -ir and add i: **finir, fini**
-re ending verbs, drop the -re and add u: **vendre, vendu**

Common irregular past participles

INFINITIVE	PAST PARTICIPLE	INFINITIVE	PAST PARTICIPLE
apprendre	appris	naître	né
asseoir	assis	offrir	offert
avoir	eu	ouvrir	ouvert
boire	bu	paraître	paru
comprendre	compris	permettre	permis
conduire	conduit	plaire	plu
connaître	connu	pleuvoir	plu
construire	construit	pouvoir	pu
courir	couru	prendre	pris
couvrir	couvert	promettre	promis
craindre	craint	recevoir	reçu
croire	cru	revenir	revenu
devenir	devenu	rire	ri
devoir	dû, due	savoir	su
dire	dit	suivre	suivi
écrire	écrit	taire	tu
être	été	tenir	tenu
faire	fait	valoir	valu
falloir	fallu	venir	venu
lire	lu	vivre	vécu
mettre	mis	voir	vu
mourir	mort	vouloir	voulu

Principal Parts of Some Important Verbs
(*Les temps primitifs de quelques verbes importants*)

The principal parts of a verb are very important to know because from them you can easily form all the tenses. See the following page where two tables are given, one showing the derivation of tenses of a <u>verb conjugated</u> with **avoir** and the <u>other with **être**.</u> Note that the headings at the top of each column are the same as the following headings.

INFINITIF	PARTICIPE PRÉSENT	PARTICIPE PASSÉ	PRÉSENT DE L'INDICATIF	PASSÉ SIMPLE
aller	allant	allé	je vais	j'allai
avoir	ayant	eu	j'ai	j'eus
battre	battant	battu	je bats	je battis
boire	buvant	bu	je bois	je bus
craindre	craignant	craint	je crains	je craignis
croire	croyant	cru	je crois	je crus
devoir	devant	dû, due	je dois	je dus
dire	disant	dit	je dis	je dis
écrire	écrivant	écrit	j'écris	j'écrivis
être	étant	été	je suis	je fus
faire	faisant	fait	je fais	je fis
lire	lisant	lu	je lis	je lus
mettre	mettant	mis	je mets	je mis
mourir	mourant	mort	je meurs	je mourus
naître	naissant	né	je nais	je naquis
ouvrir	ouvrant	ouvert	j'ouvre	j'ouvris
porter	portant	porté	je porte	je portai
pouvoir	pouvant	pu	je peux *or* je puis	je pus
prendre	prenant	pris	je prends	je pris
recevoir	recevant	reçu	je reçois	je reçus
savoir	sachant	su	je sais	je sus
venir	venant	venu	je viens	je vins
vivre	vivant	vécu	je vis	je vécus
voir	voyant	vu	je vois	je vis
voler	volant	volé	je vole	je volai

Tables Showing Derivation of Tenses of Verbs Conjugated with *avoir* and *être*

Derivation of Tenses of Verbs Conjugated with *avoir*

INFINITIF	PARTICIPE PRÉSENT	PARTICIPE PASSÉ	PRÉSENT DE L'INDICATIF	PASSÉ SIMPLE
donner	donnant	donné	je donne	je donnai

FUTUR	IMPARFAIT DE L'INDICATIF	PASSÉ COMPOSÉ	PRÉSENT DE L'INDICATIF	PASSÉ SIMPLE
donnerai	donnais	ai donné	donne	donnai
donneras	donnais	as donné	donnes	donnas
donnera	donnait	a donné	donne	donna
donnerons	donnions	avons donné	donnons	donnâmes
donnerez	donniez	avez donné	donnez	donnâtes
donneront	donnaient	ont donné	donnent	donnèrent

CONDITIONNEL		PLUS-QUE-PARFAIT DE L'INDICATIF	IMPÉRATIF	IMPARFAIT DU SUBJONCTIF
donnerais		avais donné	donne	donnasse
donnerais		avais donné	donnons	donnasses
donnerait		avait donné	donnez	donnât
donnerions		avions donné		donnassions
donneriez		aviez donné	PRÉSENT DU SUBJONCTIF	donnassiez
donneraient		avaient donné	donne	donnassent
			donnes	
		PASSÉ ANTÉRIEUR	donne	
		eus donné	donnions	
		eus donné	donniez	
		eut donné	donnent	
		eûmes donné		
		eûtes donné		
		eurent donné		

FUTUR ANTÉRIEUR	CONDITIONNEL PASSÉ	PASSÉ DU SUBJONCTIF	PLUS-QUE-PARFAIT DU SUBJONCTIF
aurai donné	aurais donné	aie donné	eusse donné
auras donné	aurais donné	aies donné	eusses donné
aura donné	aurait donné	ait donné	eût donné
aurons donné	aurions donné	ayons donné	eussions donné
aurez donné	auriez donné	ayez donné	eussiez donné
auront donné	auraient donné	aient donné	eussent donné

Derivation of Tenses of Verbs Conjugated with *être*

INFINITIF	PARTICIPE PRÉSENT	PARTICIPE PASSÉ	PRÉSENT DE L'INDICATIF	PASSÉ SIMPLE
arriver	arrivant	arrivé	j'arrive	j'arrivai
FUTUR	**IMPARFAIT DE L'INDICATIF**	**PASSÉ COMPOSÉ**	**PRÉSENT DE L'INDICATIF**	**PASSÉ SIMPLE**
arriverai	arrivais	suis arrivé(e)	arrive	arrivai
arriveras	arrivais	es arrivé(e)	arrives	arrivas
arrivera	arrivait	est arrivé(e)	arrive	arriva
arriverons	arrivions	sommes arrivé(e)s	arrivons	arrivâmes
arriverez	arriviez	êtes arrivé(e)(s)	arrivez	arrivâtes
arriveront	arrivaient	sont arrivé(e)s	arrivent	arrivèrent
		PLUS-QUE-PARFAIT DE L'INDICATIF		**IMPARFAIT DU SUBJONCTIF**
CONDITIONNEL		étais arrivé(e)	**IMPÉRATIF**	arrivasse
arriverais		étais arrivé(e)	arrive	arrivasses
arriverais		était arrivé(e)	arrivons	arrivât
arriverait		étions arrivé(e)s	arrivez	arrivassions
arriverions		étiez arrivé(e)(s)		arrivassiez
arriveriez		étaient arrivé(e)s	**PRÉSENT DU SUBJONCTIF**	arrivassent
arriveraient			arrive	
		PASSÉ ANTÉRIEUR	arrives	
		fus arrivé(e)	arrive	
		fus arrivé(e)	arrivions	
		fut arrivé(e)	arriviez	
		fûmes arrivé(e)s	arrivent	
		fûtes arrivé(e)(s)		
		furent arrivé(e)s		

FUTUR ANTÉRIEUR	CONDITIONNEL PASSÉ	PASSÉ DU SUBJONCTIF	PLUS-QUE-PARFAIT DU SUBJONCTIF
serai arrivé(e)	serais arrivé(e)	sois arrivé(e)	fusse arrivé(e)
seras arrivé(e)	serais arrivé(e)	sois arrivé(e)	fusses arrivé(e)
sera arrivé(e)	serait arrivé(e)	soit arrivé(e)	fût arrivé(e)
serons arrivé(e)s	serions arrivé(e)s	soyons arrivé(e)s	fussions arrivé(e)s
serez arrivé(e)(s)	seriez arrivé(e)(s)	soyez arrivé(e)(s)	fussiez arrivé(e)(s)
seront arrivé(e)s	seraient arrivé(e)s	soient arrivé(e)s	fussent arrivé(e)s

Sample English Verb Conjugation

INFINITIVE to go — aller
PRESENT PARTICIPLE going   *PAST PARTICIPLE* gone

Tense no.	The seven simple tenses
1 *Present Indicative*	I go, you go, he (she, it) goes; we go, you go, they go
	or: I do go, you do go, he (she, it) does go; we do go, you do go, they do go
	or: I am going, you are going, he (she, it) is going; we are going, you are going, they are going
2 *Imperfect Indicative*	I was going, you were going, he (she, it) was going; we were going, you were going, they were going
	or: I went, you went, he (she, it) went; we went, you went, they went
	or: I used to go, you used to go, he (she, it) used to go; we used to go, you used to go, he (she, it) used to go
3 *Passé Simple*	I went, you went, he (she, it) went; we went, you went, they went
	or: I did go, you did go, he (she, it) did go; we did go, you did go, they did go
4 *Future*	I shall go, you will go, he (she, it) will go; we shall go, you will go, they will go
5 *Conditional*	I would go, you would go, he (she, it) would go; we would go, you would go, they would go
6 *Present Subjunctive*	that I may go, that you may go, that he (she, it) may go; that we may go, that you may go, that they may go
7 *Imperfect Subjunctive*	that I might go, that you might go, that he (she, it) might go; that we might go, that you might go, that they might go

INFINITIVE to go – aller
PRESENT PARTICIPLE going   PAST PARTICIPLE gone

Tense no.	The seven compound tenses
8 *Passé Composé*	I have gone, you have gone, he (she, it) has gone; we have gone, you have gone, they have gone
	or: I went, you went, he (she, it) went; we went, you went, they went
	or: I did go, you did go, he (she, it) did go; we did go, you did go, they did go
9 *Pluperfect or Past Perfect Indicative*	I had gone, you had gone, he (she, it) had gone; we had gone, you had gone, they had gone
10 *Past Anterior*	I had gone, you had gone, he (she, it) had gone; we had gone, you had gone, they had gone
11 *Future Perfect or Future Anterior*	I shall have gone, you will have gone, he (she, it) will have gone; we shall have gone, you will have gone, they will have gone
12 *Conditional Perfect*	I would have gone, you would have gone, he (she, it) would have gone; we would have gone, you would have gone, they would have gone
13 *Past Subjunctive*	that I may have gone, that you may have gone, that he (she, it) may have gone; that we may have gone, that you may have gone, that they may have gone
14 *Pluperfect or Past Perfect Subjunctive*	that I might have gone, that you might have gone, that he (she, it) might have gone; that we might have gone, that you might have gone, that they might have gone

A Summary of Meanings and Uses of French Verb Tenses and Moods as Related to English Verb Tenses and Moods

A verb is where the action is! A verb is a word that expresses an action (like *go, eat, write*) or a state of being (like *think, believe, be*). Tense means time. French and English verb tenses are divided into three main groups of time: past, present, and future. A verb tense shows if an action or state of being took place, is taking place, or will take place.

French and English verbs are also used in four moods (or modes). Mood has to do with the *way* a person regards an action or a state. For example, a person may merely make a statement or ask a question—this is the Indicative Mood, which we use most of the time in French and English. A person may say that he *would do* something if something else were possible or that he *would have done* something if something else had been possible—this is the Conditional Mood. A person may use a verb *in such a way* to indicate a wish, a fear, a regret, a supposition, or something of this sort—this is the Subjunctive Mood. The Subjunctive Mood is used in French much more than in English. A person may command that something be done—this is the Imperative Mood.

There are six tenses in English: Present, Past, Future, Present Perfect, Past Perfect, and Future Perfect. The first three are simple tenses. The other three are compound tenses and are based on the simple tenses. In French, however, there are fourteen tenses, seven of which are simple and seven of which are compound.

In the pages that follow, the tenses and moods are given in French and the equivalent name or names in English are given in parentheses. I have numbered each tense name for easy reference and recognition. Although some of the names given in English are not considered to be tenses (for there are only six), they are given for the purpose of identification as they are related to the French names. The comparison includes only the essential points you need to know about the meanings and uses of French verb tenses and moods as related to English usage.

I shall use examples to illustrate their meanings and uses. See p. xxvii for the formation of the seven simple tenses for regular verbs.

THE SEVEN SIMPLE TENSES

Tense No. 1 Le Présent de l'Indicatif
(Present Indicative)

This tense is used most of the time in French and English. It indicates:

(a) An action or a state of being at the present time.

EXAMPLES:

1. Je **vais** à l'école maintenant. I *am going* to school now.
2. Je **pense**; donc, je **suis**. I *think*; therefore, I *am*.

(b) Habitual action.

EXAMPLE:

Je **vais** à la bibliothèque tous les jours.
I *go* to the library every day. OR: I *do go* to the library every day.

(c) A general truth, something which is permanently true.

EXAMPLES:

1. Deux et deux **font** quatre. Two and two *are* four.
2. Voir **c'est** croire. Seeing *is* believing.

(d) Vividness when talking or writing about past events. This is called the *historical present.*

EXAMPLE:

Marie-Antoinette **est** condamnée à mort. Elle **monte** dans la charrette et **est** en route pour la guillotine.
Marie-Antoinette *is* condemned to die. She *goes* into the cart and *is* on her way to the guillotine.

(e) A near future.

EXAMPLE:

Il **arrive** demain. He *arrives* tomorrow.

(f) An action or state of being that occurred in the past and *continues up to the present*. In English, this tense is the Present Perfect, which is formed with the present tense of *to have* (*have* or *has*) plus the past participle of the verb you are using.

EXAMPLES:

1. Je **suis** ici depuis dix minutes.
   I *have been* here for ten minutes. (I am still here at present)
2. Elle **est** malade depuis trois jours.
   She *has been* sick for three days. (She is still sick at present)
3. J'**attends** l'autobus depuis dix minutes.
   I *have been* waiting for the bus for ten minutes.

NOTE: In this last example the formation of the English verb tense is slightly different from the other two examples in English. The present participle (*waiting*) is used instead of the past participle (*waited*).

NOTE ALSO: For the formation of this tense for regular verbs see p. xxvii.

Tense No. 2 L'Imparfait de l'Indicatif
(Imperfect Indicative)

This is a past tense. It is used to indicate:

(a) An action that was going on in the past at the same time as another action.

EXAMPLE:

Il **lisait** pendant que j'**écrivais**. He *was reading* while I *was writing*.

(b) An action that was going on in the past when another action occurred.

EXAMPLE:

Il **lisait** quand je suis entré. He *was reading* when I came in.

(c) An action that a person did habitually in the past.

EXAMPLE:

Nous **allions** à la plage tous les jours. We *used to go* to the beach every day.

OR:

We *would go* to the beach every day.

(d) A description of a mental or physical condition in the past.

EXAMPLES:

(mental condition)	Il **était** triste quand je l'ai vu.
	He *was* sad when I saw him.
(physical condition)	Quand ma mère **était** jeune, elle **était** belle.
	When my mother *was* young, she *was* beautiful.

(e) An action or state of being that occurred in the past and *lasted for a certain length of time* prior to another past action. In English, it is usually translated as a pluperfect tense and is formed with *had been* plus the present participle of the verb you are using. It is like the special use of the **Présent de l'Indicatif** described in the above section (Tense No. 1) in paragraph (f), except that the action or state of being no longer exists at present.

EXAMPLE:

J'**attendais** l'autobus depuis dix minutes quand il est arrivé.

I *had been waiting* for the bus for ten minutes when it arrived.

NOTE: For the formation of this tense for regular verbs see p. xxvii.

Tense No. 3 Le Passé Simple
(Past Definite or Simple Past)

This past tense expresses an action that took place at some definite time. This tense is not ordinarily used in conversational French or in informal writing. It is used in formal writing, such as history and literature. You should be able merely to recognize this tense when you see it in your French readings. It should be noted that French writers use the **Passé Simple** less and less these days. The **Passé Composé** is taking its place in literature, except for **avoir** and **être** which you must know in this tense.

(a) Il **alla** en Afrique. He *went* to Africa.

(b) Il **voyagea** en Amérique. He *traveled* to America.

(c) Elle **fut** heureuse. She *was* happy.

(d) Elle **eut** un grand bonheur. She *had* great happiness.

NOTE: For the formation of this tense for regular verbs see p. xxvii.

Tense No. 4 Le Futur
(Future)

In French and English this tense is used to express an action or a state of being which will take place at some time in the future.

EXAMPLES:

(a) J'**irai** en France l'été prochain.
I *shall go* to France next summer.
OR:
I *will go* to France next summer.

(b) J'y **penserai**.
I *shall think* about it.
OR:
I *will think* about it.

(c) Je **partirai** dès qu'il arrivera.
I *shall leave* as soon as he arrives.

(d) Je te **dirai** tout quand tu seras ici.
I *shall tell* you all when you are here.

If the action of the verb you are using is not past or present and if future time is implied, the future tense is used when the clause begins with any of the following conjunctions: **aussitôt que** (as soon as), **dès que** (as soon as), **quand** (when), **lorsque** (when), and **tant que** (as long as).

NOTE: For the formation of this tense for regular verbs see p. xxvii.

Tense No. 5 Le Conditionnel Présent
(Conditional)

The Conditional is used in French and English to express:

(a) An action that you would do if something else were possible.
EXAMPLE:
Je **ferais** le travail si j'avais le temps.
I *would do* the work if I had the time.

(b) A conditional desire. This is the Conditional of courtesy in French.
EXAMPLES:
J'**aimerais** du thé. I *would like* some tea.
Je **voudrais** du café. I *would like* some coffee.

(c) **An obligation or duty.**

EXAMPLE:

Je devrais étudier pour l'examen. I *should* study for the examination.

OR: I *ought* to study for the examination.

NOTE (1): The French verb **devoir** plus the infinitive is used to express the idea of *should* when you mean *ought to*.

NOTE (2): When the Conditional of the verb **pouvoir** is used in French, it is translated into English as *could* or *would be able*.

EXAMPLE:

Je pourrais venir après le dîner. I *could* come after dinner.

OR: I *would be able* to come after dinner.

NOTE: For the formation of this tense for regular verbs see p. xxviii.

Tense No. 6 Le Présent du Subjonctif
(Present Subjunctive)

The Subjunctive is used in French much more than in English. It is disappearing in English, except for the following major uses:

(a) The Subjunctive is used in French and English to express a command.

EXAMPLE:

Soyez à l'heure! *Be* on time!

NOTE: In English, the form in the Subjunctive applies mainly to the verb *to be*. Also, note that all the verbs in French are not in the Subjunctive when expressing a command. See **L'Impératif** on p. xxv.

(b) The Subjunctive is commonly used in English to express a condition contrary to fact.

EXAMPLE:

If I *were* you, I would not do it.

NOTE: In French the Subjunctive is not used in this instance. Instead, the **Imparfait de l'Indicatif** is used if what precedes is *si* (*if*). Same example in French: Si j'étais vous, je ne le ferais pas.

(c) The Present Subjunctive is used in French and English after a verb that expresses some kind of insistence, preference, or suggestion.

EXAMPLES:

1. J'insiste que vous **soyez** ici à l'heure. I insist that *you be* here on time.
2. Je préfère qu'il **fasse** le travail maintenant. I prefer that *he do* the work now.
3. J'exige qu'il **soit** puni. I demand that *he be* punished.

(d) The Subjunctive is used in French after a verb that expresses doubt, fear, joy, sorrow, or some other emotion. Notice in the following examples that the Subjunctive is not used in English but it is in French.

1. **Je doute qu'il vienne.**
   I doubt that he *is coming*.   OR: I doubt that he *will come*.
2. **J'ai peur qu'il ne soit malade.**
   I'm afraid that he *is* sick.
3. **Je suis heureux qu'il vienne.**
   I'm happy that he *is coming*.
4. **Je regrette qu'il soit malade.**
   I'm sorry that he *is* sick.

(e) The Present Subjunctive is used in French after certain conjunctions. Notice, however, that the Subjunctive is not always used in English.

EXAMPLES:

1. **Je partirai à moins qu'il ne vienne.**
   I shall leave unless he *comes*.
2. **Je resterai jusqu'à ce qu'il vienne.**
   I shall stay until he *comes*.
3. **Quoiqu'elle soit belle, il ne l'aime pas.**
   Although she *is* beautiful, he does not love her.
4. **Je l'explique pour qu'elle comprenne.**
   I'm explaining it *so that she may understand*.

(f) The Present Subjunctive is used in French after certain impersonal expressions that show a need, doubt, possibility or impossibility. Notice, however, that the Subjunctive is not always used in English in the following examples:

1. **Il est urgent qu'il vienne.**
   It is urgent that he *come*.
2. **Il vaut mieux qu'il vienne.**
   It is better that he *come*.
3. **Il est possible qu'il vienne.**
   It is possible that he *will come*.
4. **Il est douteux qu'il vienne.**
   It is doubtful that he *will come*.
5. **Il est nécessaire qu'il vienne.**
   It is necessary that he *come*.   OR: He must come.
6. **Il faut qu'il vienne.**
   It is necessary that he *come*.   OR: He must come.
7. **Il est important que vous fassiez le travail.**
   It is important that you *do* the work.
8. **Il est indispensable qu'elle fasse le travail.**
   It is required that she *do* the work.

NOTE: For the formation of this tense for regular verbs see p. xxviii.

Tense No. 7 L'Imparfait du Subjonctif
(Imperfect Subjunctive)

L'Imparfait du Subjonctif is used for the same reasons as the **Présent du Subjonctif**—that is, after certain verbs, conjunctions, and impersonal expressions which were used in examples above under the section, **le Présent du Subjonctif**. The main difference between these two is the time of the action. If present, use the **Présent du Subjonctif** (Tense No. 6). If the action is related to the past, the **Imparfait du Subjonctif** (this tense) is used, provided that the action was *not* completed. If the action was completed, the **Plus-que-parfait du Subjonctif** is used. See below under the section, **Plus-que-parfait du Subjonctif** (Tense No. 14).

Since the Subjunctive Mood is troublesome in French and English, you may be pleased to know that this tense is rarely used in English. It is used in French, however, but only in formal writing and in literature. For that reason, you should merely be familiar with it so you can recognize it when you see it in your French readings. In conversational French and in informal writing, **l'Imparfait du Subjunctif** is avoided. Use, instead, the **Présent du Subjonctif**.

Notice that the **Imparfait du Subjonctif** is used in French in both of the following examples, but is used in English only in the second example (b):

EXAMPLES:

(a) Je voulais qu'il **vînt**. I wanted him to come.
(action not completed; he did not come while I wanted him to come)

NOTE: The Subjunctive of **venir** is used because the verb that precedes is one that requires the Subjunctive *after* it—in this example it is **vouloir**. In conversational French and informal writing, the **Imparfait du Subjonctif** is avoided. Use, instead, the **Présent du Subjonctif**: Je voulais qu'il **vienne**.

(b) Je le lui expliquais **pour qu'elle le comprît**.
I was explaining it to her *so that she might understand it*.
(action not completed; the understanding was not completed at the time of the explaining)

NOTE: The Subjunctive of **comprendre** is used because the conjunction that precedes is one that requires the Subjunctive *after* it—in this example it is **pour que**. In conversational French and informal writing, the **Imparfait du Subjonctif** is avoided. Use, instead, the **Présent du Subjunctif**: Je le lui expliquais pour qu'elle le **comprenne**.

NOTE: For the formation of this tense for regular verbs see p. xxviii.

Tense No. 8 Le Passé Composé
(Past Indefinite or Compound Past)

This past tense expresses an action that took place at no definite time. It is used in conversational French, correspondence, and other informal writing. The **Passé Composé** is used more and more in literature these days and is taking the place of the **Passé Simple** (Tense No. 3). It is a compound tense because it is formed with the **Présent de l'Indicatif** (Tense No. 1) of *avoir* or *être* (depending on which of these two auxiliaries is required to form a compound tense) plus the past participle. See page vii for the distinction made between verbs conjugated with *avoir* or *être*.

EXAMPLES:

1. Il **est allé** à l'école. He *went* to school.
2. Il **est allé** à l'école. He *did go* to school.
3. Il **est allé** à l'école. He *has gone* to school.
4. J'**ai mangé** dans ce restaurant beaucoup de fois.
   I *have eaten* in this restaurant many times.

NOTE: In examples 3 and 4 in English the verb is formed with the Present tense of *to have* (*have* or *has*) plus the past participle of the verb you are using. In English, this form is called the Present Perfect.

5. J'**ai parlé** au garçon. I *spoke* to the boy. OR: I *have spoken* to the boy.
   OR: I *did speak* to the boy.

Tense No. 9 Le Plus-que-parfait de l'Indicatif
(Pluperfect or Past Perfect Indicative)

In French and English this tense is used to express an action which happened in the past *before* another past action. Since it is used in relation to another past action, the other past action is expressed in either the **Passé Composé** (Tense No. 8) or the **Imparfait de l'Indicatif** (Tense No. 2) in French. This tense is used in formal writing and literature as well as in conversational French and informal writing. The correct use of this tense is strictly observed in French. In English, however, too often we neglect to use it correctly. It is a compound tense because it is formed with the **Imparfait de l'Indicatif** of *avoir* or *être* (depending on which of these two auxiliaries is required to form a compound tense) plus the past participle. See page vii for the distinction made between verbs conjugated with *avoir* or *être*. In English, this tense is formed with the Past Tense of *to have* (*had*) plus the past participle of the verb you are using.

EXAMPLES:

(a) Je me suis rappelé que **j'avais oublié** de le lui dire.
I remembered that I *had forgotten* to tell him.

NOTE: It would be incorrect in English to say: I remembered that I *forgot* to tell him. The point here is that *first* I forgot; then, I remembered. Both actions are in the past. The action that occurred in the past *before* the other past action is in the Pluperfect. And in this example it is *I had forgotten* (**j'avais oublié**).

(b) **J'avais étudié** la leçon que le professeur a expliquée.
I *had studied* the lesson which the teacher explained.

NOTE: *First* I studied the lesson; then, the teacher explained it. Both actions are in the past. The action that occurred in the past *before* the other past action is in the Pluperfect. And in this example it is *I had studied* (**j'avais étudié**). If you say **J'ai étudié la leçon que le professeur avait expliquée,** you are saying that you *studied* the lesson which the teacher *had explained.* In other words, the teacher explained the lesson first and then you studied it.

(c) J'étais fatigué ce matin parce que je n'**avais** pas **dormi**.
I was tired this morning because I *had* not *slept.*

Tense No. 10   Le Passé Antérieur
(Past Anterior)

This tense is similar to the **Plus-que-parfait de l'Indicatif** (Tense No. 9). The main difference is that in French it is a literary tense; that is, it is used in formal writing, such as history and literature. More and more French writers today use the **Plus-que-parfait de l'Indicatif** instead of this tense. Generally speaking, the **Passé Antérieur** is to the **Plus-que-parfait** what the **Passé Simple** is to the **Passé Composé**. The **Passé Antérieur** is a compound tense. In French, it is formed with the **Passé Simple** of *avoir* or *être* (depending on which of these two auxiliaries is required to form a compound tense) plus the past participle. In English, it is formed in the same way as the Pluperfect or Past Perfect. This tense is ordinarily introduced by conjunctions of time: **après que, aussitôt que, dès que, lorsque, quand.**

EXAMPLE:
Quand il **eut mangé** tout, il partit. When he *had eaten* everything, he left.

NOTE: In conversational French and informal writing, the **Plus-que-parfait de l'Indicatif** is used instead: Quand il **avait mangé** tout, il est parti. The translation into English is the same.

Tense No. 11   Le Futur Antérieur
(Future Perfect or Future Anterior)

In French and English this tense is used to express an action which will happen in the future *before* another future action. Since it is used in relation to another future action, the other future action is expressed in the simple Future in French, but not always in the simple Future in English. In French, it is used in conversation and informal writing as well as in formal writing and in literature. It is a compound tense because it is formed with the **Futur** of *avoir* or *être* (depending on which of these two auxiliaries is required to form a compound tense) plus the past participle of the verb you are using. In English, it is formed by using *shall have* or *will have* plus the past participle of the verb you are using.

EXAMPLES:

(a) Elle arrivera demain et j'**aurai fini** le travail.
    She will arrive tomorrow and I *shall have finished* the work.

    NOTE: First, I shall finish the work; then, she will arrive. The action that will occur in the future *before* the other future action is in the **Futur Antérieur**.

(b) Quand elle arrivera demain, j'**aurai fini** le travail.
    When she arrives tomorrow, I *shall have finished* the work.

    NOTE: The idea of future time here is the same as in example (a) above. In English, the Present tense is used (*When she arrives* . . .) to express a near future. In French, the **Futur** is used (**Quand elle arrivera** . . .) because **quand** precedes and the action will take place in the future. Study Tense No. 4 on p. xvii.

Tense No. 12   Le Conditionnel Passé
(Conditional Perfect)

This is used in French and English to express an action that you *would have done* if something else had been possible; that is, you would have done something *on condition* that something else had been possible. It is a compound tense because it is formed with the **Conditionnel Présent** of *avoir* or *être* plus the past participle of the verb you are using. In English, it is formed by using *would have* plus the past participle. Observe the difference between the following examples and the one given for the use of the **Conditionnel Présent** which was explained and illustrated in Tense No. 5 above.

EXAMPLES:

(a) J'**aurais fait** le travail si j'avais étudié.
    I *would have done* the work if I had studied.

(b) **J'aurais fait** le travail si j'avais eu le temps.
    I *would have done* the work if I had had the time.

    NOTE: Review the **Plus-que-parfait de l'Indicatif** which was
    explained above in Tense No. 9 in order to understand the use of
    if I had studied (**si j'avais étudié**) and *if I had had the time* (**si
    j'avais eu le temps**).

    NOTE FURTHER: The French verb **devoir** plus the infinitive is used
    to express the idea of *should* when you mean *ought to*. The past
    participle of **devoir** is **dû**. It is conjugated with **avoir**.

    EXAMPLE:
    J'aurais dû étudier.
    I *should have* studied. OR: I *ought to have* studied.

Tense No. 13   Le Passé du Subjonctif
(Past or Perfect Subjunctive)

This tense is used to express an action which took place in the past in
relation to the present time. It is like the **Passé Composé**, except that
the auxiliary verb (*avoir* or *être*) is in the **Présent du Subjonctif**. The
Subjunctive is used (as was noted in the previous sections of verb
tenses in the Subjunctive) because what precedes is a certain verb, a
certain conjunction, or a certain impersonal expression. The **Passé du
Subjonctif** is also used in relation to a future time when another action
will be completed. This tense is rarely used in English. In French,
however, this tense is used in formal writing and in literature as well as
in conversational French and informal writing. It is a compound tense
because it is formed with the **Présent du Subjonctif** of *avoir* or *être* as
the auxiliary plus the past participle of the verb you are using.

    EXAMPLES:
(a) A past action in relation to the present

    Il est possible qu'elle **soit partie**.
    It is possible that she *may have left*. OR: It is possible that she *has left*.
    Je doute qu'il **ait fait** cela.
    I doubt that he *did* that.

(b) An action that will take place in the future

    J'insiste que vous **soyez rentré** avant dix heures.
    I insist that you *be back* before ten o'clock.

Tense No. 14   Le Plus-que-parfait du Subjonctif
(Pluperfect or Past Perfect Subjunctive)

This tense is used for the same reasons as the **Imparfait du Subjonctif**
(Tense No. 7)—that is, after certain verbs, conjunctions and
impersonal expressions which were used in examples previously under

le Présent du Subjonctif. The main difference between the **Imparfait du Subjonctif** and this tense is the time of the action in the past. If the action was *not* completed, the **Imparfait du Subjonctif** is used. If the action was completed, this tense is used. It is rarely used in English. In French, it is used only in formal writing and in literature. For that reason, you should merely be familiar with it so you can recognize it in your readings in French literature. In conversational French and in informal writing, this tense is avoided. Use, instead, the **Passé du Subjonctif** (Tense No. 13).

This is a compound tense. It is formed by using the **Imparfait du Subjonctif** of *avoir* or *être* plus the past participle. This tense is like the **Plus-que-parfait de l'Indicatif**, except that the auxiliary verb (*avoir* or *être*) is in the **Imparfait du Subjonctif**. Review the uses of the Subjunctive mood in Tense No. 6.

EXAMPLES:

(a) Il était possible qu'elle **fût partie**.
It was possible that she *might have left*.

NOTE: Avoid this tense in conversational and informal French. Use, instead, le **Passé du Subjonctif**:
Il était possible qu'elle **soit partie**.

(b) Je ne croyais pas qu'elle **eût dit** cela.
I did not believe that she *had said* that.

NOTE: Avoid this tense in conversational and informal French. Use, instead, le **Passé du Subjonctif**:
Je ne croyais pas qu'elle **ait dit** cela.

(c) Je n'ai pas cru qu'elle **eût dit** cela.
I did not believe that she *had said* that.

NOTE: Avoid this tense in conversational and informal French. Use, instead, le **Passé du Subjonctif**:
Je n'ai pas cru qu'elle **ait dit** cela.

(d) J'ai craint que vous ne **fussiez tombé**.
I was afraid that you *had fallen*.

NOTE: Avoid this tense in conversational and informal French. Use, instead, le **Passé du Subjonctif**:
J'ai craint que vous ne **soyez tombé**.

L'Impératif
(Imperative or Command)

The Imperative Mood is used in French and English to express a command or a request. It is also used to express an indirect request made in the third person, as in (e) and (f) below. In both languages it is formed by dropping the subject pronoun and using the present tense. There are a few exceptions in both languages when the **Présent du Subjonctif** is used.

EXAMPLES:

(a) **Sortez!** Get out!

(b) **Entrez!** Come in!

(c) **Buvons!** Let's drink!

(d) **Soyez à l'heure!** *Be* on time! (Subjunctive is used)

(e) **Dieu le veuille!** May God *grant* it! (Subjunctive is used)

(f) **Qu'ils mangent du gâteau!** Let them *eat* cake! (Subjunctive is used)

(g) **Asseyez-vous!** Sit down!

(h) **Levez-vous!** Get up!

(i) **Ne vous asseyez pas!** Don't sit down!

(j) **Ne vous levez pas!** Don't get up!

NOTE: The Imperative is not a tense. It is a mood.

NOTE FURTHER: If you use a reflexive verb in the Imperative, drop the subject pronoun but keep the reflexive pronoun. Example: **Lavez-vous!** Wash yourself! See also examples (g) through (j).

Summary of verb tenses and moods in French with English equivalents

	Les sept temps simples *The seven simple tenses*		Les sept temps composés *The seven compound tenses*
Tense No.	Tense Name	Tense No.	Tense Name
1	**Présent de l'indicatif** *Present indicative*	8	**Passé Composé** *Past indefinite*
2	**Imparfait de l'indicatif** *Imperfect indicative*	9	**Plus-que-parfait de l'indicatif** *Pluperfect indicative*
3	**Passé simple** *Past definite or Simple past*	10	**Passé antérieur** *Past anterior*
4	**Futur** *Future*	11	**Futur antérieur** *Future perfect*
5	**Conditionnel** *Conditional*	12	**Conditionnel passé** *Conditional perfect*
6	**Présent du subjonctif** *Present subjunctive*	13	**Passé du subjonctif** *Past subjunctive*
7	**Imparfait du subjonctif** *Imperfect subjunctive*	14	**Plus-que-parfait du subjonctif** *Pluperfect subjunctive*

The imperative is not a tense; it is a mood.

Formation of the Tenses

In French there are seven simple tenses and seven compound tenses. A simple tense means that the verb form consists of one word. A compound tense is a verb form that consists of two words (the auxiliary verb and the past participle). The auxiliary verb is also called a helping verb and in French it is any of the seven simple tenses of **avoir** or **être**.

FORMATION OF THE SEVEN SIMPLE TENSES FOR REGULAR VERBS

Tense No. 1   Présent de l'Indicatif
(Present Indicative)

-er verbs: drop -er and add e, es, e; ons, ez, ent

-ir verbs: drop -ir and add is, is, it; issons, issez, issent

-re verbs: drop -re and add s, s, -; ons, ez, ent

Tense No. 2   Imparfait de l'Indicatif
(Imperfect Indicative)

For -er, -ir, -re verbs, take the "nous" form in the present indicative of the verb you have in mind, drop the ending -ons and add: ais, ais, ait; ions, iez, aient

Tense No. 3   Passé Simple
(Past Definite or Simple Past)

For all -er verbs, drop -er and add ai, as, a; âmes, âtes, èrent

For -ir and -re verbs, drop the ending of the infinitive and add is, is, it; îmes, îtes, irent

Tense No. 4   Futur
(Future)

Add the following endings to the whole infinitive, but for -re verbs drop e in -re before adding the future endings, which are: ai, as, a; ons, ez, ont

Tense No. 5 Conditionnel
(Conditional)

Add the following endings to the whole infinitive, but for -re verbs drop e in -re before adding the conditional endings, which are: **ais, ais, ait; ions, iez, aient.** Note that these endings are the same as those for the imperfect indicative (Tense No. 2).

Tense No. 6 Présent du Subjonctif
(Present Subjunctive)

Drop -ant ending of the present participle of the verb you have in mind and add **e, es, e; ions, iez, ent**

Tense No. 7 Imparfait du Subjonctif
(Imperfect Subjunctive)

Drop the endings of the passé simple of the verb you have in mind and for -er verbs add **asse, asses, ât; assions, assiez, assent.** For -ir verbs add **isse, isses, ît; issions, issiez, issent.** For -re verbs add **usse, usses, ût; ussions, ussiez, ussent.**

NOTE:

  (a) For the forms of irregular verbs, *e.g.,* **avoir, être, faire, aller,** and many others, turn to the page where the verb you have in mind is given in this book. <u>All verbs are listed alphabetically at the top of each page.</u>

  (b) For the uses of the <u>seven simple tenses,</u> see pp. xv–xx.

  (c) For the formation of the seven compound tenses and their uses, see pp. xxi–xxv and the section below.

FORMATION OF THE SEVEN COMPOUND TENSES

An Easy Way to Form the Seven Compound Tenses in French

avoir or être* in the following simple tenses	PLUS the past participle of the verb you have in mind**	EQUALS the following compound tenses
1. Présent de l'indicatif		8. Passé Composé
2. Imparfait de l'indicatif		9. Plus-que-parfait de l'indicatif
3. Passé simple		10. Passé antérieur
4. Futur		11. Futur antérieur
5. Conditionnel		12. Conditionnel passé
6. Présent du subjonctif		13. Passé du subjonctif
7. Imparfait du subjonctif		14. Plus-que-parfait du subjonctif

*To know if **avoir** or **être** is required, see p. vii.
**To know how to form a past participle, see p. viii.

Each compound tense is based on each simple tense. The fourteen tenses given on page xxvi are arranged in a logical order which is numerical. Here is how you form each of the seven compound tenses:

Tense number 8 is based on Tense number 1; in other words, you form the **passé composé** by using the auxiliary **avoir** or **être** (whichever is appropriate) in the **présent de l'indicatif** plus the past participle of the verb you have in mind. Examples: **j'ai parlé; je suis allé(e).**

Tense number 9 is based on Tense number 2; in other words, you form the **plus-que-parfait de l'indicatif** by using the auxiliary **avoir** or **être** (whichever is appropriate) in the **imparfait de l'indicatif** plus the past participle of the verb you have in mind. Examples: **j'avais parlé; j'étais allé(e).**

Tense number 10 is based on Tense number 3; in other words, you form the **passé antérieur** by using the auxiliary **avoir** or **être** (whichever is appropriate) in the **passé simple** plus the past participle of the verb you have in mind. Examples: **j'eus parlé; je fus allé(e).**

Tense number 11 is based on Tense number 4; in other words, you form the **futur antérieur** by using the auxiliary **avoir** or **être** (whichever is appropriate) in the **futur** plus the past participle of the verb you have in mind. Examples: **j'aurai parlé; je serai allé(e).**

Tense number 12 is based on Tense number 5; in other words, you form the **conditionnel passé** by using the auxiliary **avoir** or **être** (whichever is appropriate) in the **conditionnel** plus the past participle of the verb you have in mind. Examples: **j'aurais parlé; je serais allé(e).**

Tense number 13 is based on Tense number 6; in other words, you form the **passé du subjonctif** by using the auxiliary **avoir** or **être** (whichever is appropriate) in the **présent du subjonctif** plus the past participle of the verb you have in mind. Examples: **que j'aie parlé; que je sois allé(e).** This tense is like the **passé composé** (tense number 8), except that the auxiliary verb **avoir** or **être** is in the present subjunctive.

Tense number 14 is based on Tense number 7; in other words, you form the **plus-que-parfait du subjonctif** by using the auxiliary **avoir** or **être** (whichever is appropriate) in the **imparfait du subjonctif** plus the past participle of the verb you have in mind. Examples: **que j'eusse parlé; que je fusse allé(e)**.

If you ever expect to know or even recognize the meaning of any of the seven compound tenses, or to know how to form them, you certainly have to know **avoir** and **être** in the seven simple tenses. If you do not, you cannot form the seven compound tenses—and they are the easiest to form. This is one perfect example to illustrate that learning French verb forms is a cumulative experience because in order to know the seven compound tenses, you must first know the forms of **avoir** and **être** in the seven simple tenses. They are found on pages 31 and 119 in this book.

To know which verbs are conjugated with **avoir** or **être** to form the seven compound tenses, see page vii. To understand the uses of the seven simple tenses, see pages xv–xx. To understand the uses of the seven compound tenses, see pages xxi–xxv. To know the translation of all fourteen tenses into English, see pages xii–xiii.

Subject Pronouns

(a) The subject pronouns for all verb forms on the following pages have been omitted in order to emphasize the verb forms, which is what this book is all about.

(b) The subject pronouns that have been omitted are, as you know, as follows:

singular	plural
je *or* j'	nous
tu	vous
il, elle, on	ils, elles

(c) You realize, of course, that when you use a verb form in the Imperative (Command) you do not use the subject pronoun with it, as is also done in English. Example: **Parlez!** *Speak!* If you use a reflexive verb in the Imperative, drop the subject pronoun but keep the reflexive pronoun. Example: **Lavez-vous!** *Wash yourself!*

Subject Pronouns

singular	plural
je *or* j'	nous
tu	vous
il, elle, on	ils, elles

The Seven Simple Tenses		The Seven Compound Tenses	
Singular	Plural	Singular	Plural
1 présent de l'indicatif		**8 passé composé**	
accepte	acceptons	ai accepté	avons accepté
acceptes	acceptez	as accepté	avez accepté
accepte	acceptent	a accepté	ont accepté
2 imparfait de l'indicatif		**9 plus-que-parfait de l'indicatif**	
acceptais	acceptions	avais accepté	avions accepté
acceptais	acceptiez	avais accepté	aviez accepté
acceptait	acceptaient	avait accepté	avaient accepté
3 passé simple		**10 passé antérieur**	
acceptai	acceptâmes	eus accepté	eûmes accepté
acceptas	acceptâtes	eus accepté	eûtes accepté
accepta	acceptèrent	eut accepté	eurent accepté
4 futur		**11 futur antérieur**	
accepterai	accepterons	aurai accepté	aurons accepté
accepteras	accepterez	auras accepté	aurez accepté
acceptera	accepteront	aura accepté	auront accepté
5 conditionnel		**12 conditionnel passé**	
accepterais	accepterions	aurais accepté	aurions accepté
accepterais	accepteriez	aurais accepté	auriez accepté
accepterait	accepteraient	aurait accepté	auraient accepté
6 présent du subjonctif		**13 passé du subjonctif**	
accepte	acceptions	aie accepté	ayons accepté
acceptes	acceptiez	aies accepté	ayez accepté
accepte	acceptent	ait accepté	aient accepté
7 imparfait du subjonctif		**14 plus-que-parfait du subjonctif**	
acceptasse	acceptassions	eusse accepté	eussions accepté
acceptasses	acceptassiez	eusses accepté	eussiez accepté
acceptât	acceptassent	eût accepté	eussent accepté

Impératif
accepte
acceptons
acceptez

Ce matin Madame Pompidou a téléphoné à son amie, Madame Dulac, pour accepter une invitation à dîner chez elle. Voici leur conversation:

Madame Pompidou: **Je viens de recevoir votre aimable invitation. J'accepte avec plaisir. J'ai déjà accepté une invitation pour déjeuner chez une autre amie le même jour. Alors, après le déjeuner chez elle, j'irai en ville pour faire du shopping et je serai chez vous à huit heures pour le dîner.**

Madame Dulac: **Vous acceptez? C'est merveilleux. Alors, vous n'aurez pas besoin de faire la cuisine ce jour-là! Merci pour votre acceptation.**

accompagner	Part. pr. **accompagnant**	Part. passé **accompagné**

to accompany

The Seven Simple Tenses		The Seven Compound Tenses	
Singular	Plural	Singular	Plural

1 présent de l'indicatif		8 passé composé	
accompagne	accompagnons	ai accompagné	avons accompagné
accompagnes	accompagnez	as accompagné	avez accompagné
accompagne	accompagnent	a accompagné	ont accompagné

2 imparfait de l'indicatif		9 plus-que-parfait de l'indicatif	
accompagnais	accompagnions	avais accompagné	avions accompagné
accompagnais	accompagniez	avais accompagné	aviez accompagné
accompagnait	accompagnaient	avait accompagné	avaient accompagné

3 passé simple		10 passé antérieur	
accompagnai	accompagnâmes	eus accompagné	eûmes accompagné
accompagnas	accompagnâtes	eus accompagné	eûtes accompagné
accompagna	accompagnèrent	eut accompagné	eurent accompagné

4 futur		11 futur antérieur	
accompagnerai	accompagnerons	aurai accompagné	aurons accompagné
accompagneras	accompagnerez	auras accompagné	aurez accompagné
accompagnera	accompagneront	aura accompagné	auront accompagné

5 conditionnel		12 conditionnel passé	
accompagnerais	accompagnerions	aurais accompagné	aurions accompagné
accompagnerais	accompagneriez	aurais accompagné	auriez accompagné
accompagnerait	accompagneraient	aurait accompagné	auraient accompagné

6 présent du subjonctif		13 passé du subjonctif	
accompagne	accompagnions	aie accompagné	ayons accompagné
accompagnes	accompagniez	aies accompagné	ayez accompagné
accompagne	accompagnent	ait accompagné	aient accompagné

7 imparfait du subjonctif		14 plus-que-parfait du subjonctif	
accompagnasse	accompagnassions	eusse accompagné	eussions accompagné
accompagnasses	accompagnassiez	eusses accompagné	eussiez accompagné
accompagnât	accompagnassent	eût accompagné	eussent accompagné

Impératif
accompagne
accompagnons
accompagnez

Hier après-midi Monsieur Durand, professeur de français, a accompagné ses étudiants au Bois de Boulogne pour pique-niquer. Les étudiants étaient accompagnés aussi de leurs parents. Avez-vous jamais accompagné un groupe d'élèves? C'est de la bonne compagnie!

s'accompagner de   to be accompanied by
un accompagnement   accompanying, accompaniment (music)
un accompagnateur, une accompagnatrice   accompanist (music)
un compagnon, une compagne   companion

to greet, welcome

The Seven Simple Tenses		The Seven Compound Tenses	
Singular	Plural	Singular	Plural
1 présent de l'indicatif		**8 passé composé**	
accueille	accueillons	ai accueilli	avons accueilli
accueilles	accueillez	as accueilli	avez accueilli
accueille	accueillent	a accueilli	ont accueilli
2 imparfait de l'indicatif		**9 plus-que-parfait de l'indicatif**	
accueillais	accueillions	avais accueilli	avions accueilli
accueillais	accueilliez	avais accueilli	aviez accueilli
accueillait	accueillaient	avait accueilli	avaient accueilli
3 passé simple		**10 passé antérieur**	
accueillis	accueillîmes	eus accueilli	eûmes accueilli
accueillis	accueillîtes	eus accueilli	eûtes accueilli
accueillit	accueillirent	eut accueilli	eurent accueilli
4 futur		**11 futur antérieur**	
accueilleral	accueillerons	aurai accueilli	aurons accueilli
accueilleras	accueillerez	auras accueilli	aurez accueilli
accueillera	accueilleront	aura accueilli	auront accueilli
5 conditionnel		**12 conditionnel passé**	
accueillerais	accueillerions	aurais accueilli	aurions accueilli
accueillerais	accueilleriez	aurais accueilli	auriez accueilli
accueillerait	accueilleraient	aurait accueilli	auraient accueilli
6 présent du subjonctif		**13 passé du subjonctif**	
accueille	accueillions	aie accueilli	ayons accueilli
accueilles	accueilliez	aies accueilli	ayez accueilli
accueille	accueillent	ait accueilli	aient accueilli
7 imparfait du subjonctif		**14 plus-que-parfait du subjonctif**	
accueillisse	accueillissions	eusse accueilli	eussions accueilli
accueillisses	accueillissiez	eusses accueilli	eussiez accueilli
accueillît	accueillissent	eût accueilli	eussent accueilli

	Impératif
	accueille
	accueillons
	accueillez

Avez-vous jamais été accueilli aimablement? C'est bon. Avez-vous jamais été accueilli froidement? Ce n'est pas bon! Chaque fois que je rends visite à mes grands-parents, ils m'accueillent chaleureusement. Ils me font toujours bon accueil.

un accueil welcome, reception;   **un accueil chaleureux** warm welcome
accueillant, accueillante hospitable

For other words and expressions related to this verb, see **cueillir.**

3

to buy, to purchase

The Seven Simple Tenses		The Seven Compound Tenses	
Singular	Plural	Singular	Plural
1 présent de l'indicatif		**8 passé composé**	
achète	achetons	ai acheté	avons acheté
achètes	achetez	as acheté	avez acheté
achète	achètent	a acheté	ont acheté
2 imparfait de l'indicatif		**9 plus-que-parfait de l'indicatif**	
achetais	achetions	avais acheté	avions acheté
achetais	achetiez	avais acheté	aviez acheté
achetait	achetaient	avait acheté	avaient acheté
3 passé simple		**10 passé antérieur**	
achetai	achetâmes	eus acheté	eûmes acheté
achetas	achetâtes	eus acheté	eûtes acheté
acheta	achetèrent	eut acheté	eurent acheté
4 futur		**11 futur antérieur**	
achèterai	achèterons	aurai acheté	aurons acheté
achèteras	achèterez	auras acheté	aurez acheté
achètera	achèteront	aura acheté	auront acheté
5 conditionnel		**12 conditionnel passé**	
achèterais	achèterions	aurais acheté	aurions acheté
achèterais	achèteriez	aurais acheté	auriez acheté
achèterait	achèteraient	aurait acheté	auraient acheté
6 présent du subjonctif		**13 passé du subjonctif**	
achète	achetions	aie acheté	ayons acheté
achètes	achetiez	aies acheté	ayez acheté
achète	achètent	ait acheté	aient acheté
7 imparfait du subjonctif		**14 plus-que-parfait du subjonctif**	
achetasse	achetassions	eusse acheté	eussions acheté
achetasses	achetassiez	eusses acheté	eussiez acheté
achetât	achetassent	eût acheté	eussent acheté

Impératif
achète   achetons   achetez

Samedi je vais en ville pour acheter quelques cadeaux. La semaine dernière mon père a acheté une nouvelle automobile et ma mère a acheté une jolie robe. Quand je leur ai dit que je voulais faire quelques achats, ils m'ont demandé: —Qu'est-ce que tu achèteras?
Je leur ai répondu: —Je ne suis pas acheteur d'un grand magasin! J'achèterai un petit cadeau pour toi et pour toi!

un achat   purchase; **acheter qqch à qqn**   to buy something from someone
un acheteur, une acheteuse   buyer, purchaser
achetable   purchasable; **racheter**   to ransom; to buy back
acheter comptant   to buy in cash; **acheter à crédit**   to buy on credit

4

to admit

The Seven Simple Tenses		The Seven Compound Tenses	
Singular	Plural	Singular	Plural
1 présent de l'indicatif		**8 passé composé**	
admets	admettons	ai admis	avons admis
admets	admettez	as admis	avez admis
admet	admettent	a admis	ont admis
2 imparfait de l'indicatif		**9 plus-que-parfait de l'indicatif**	
admettais	admettions	avais admis	avions admis
admettais	admettiez	avais admis	aviez admis
admettait	admettaient	avait admis	avaient admis
3 passé simple		**10 passé antérieur**	
admis	admîmes	eus admis	eûmes admis
admis	admîtes	eus admis	eûtes admis
admit	admirent	eut admis	eurent admis
4 futur		**11 futur antérieur**	
admettrai	admettrons	aurai admis	aurons admis
admettras	admettrez	auras admis	aurez admis
admettra	admettront	aura admis	auront admis
5 conditionnel		**12 conditionnel passé**	
admettrais	admettrions	aurais admis	aurions admis
admettrais	admettriez	aurais admis	auriez admis
admettrait	admettraient	aurait admis	auraient admis
6 présent du subjonctif		**13 passé du subjonctif**	
admette	admettions	aie admis	ayons admis
admettes	admettiez	aies admis	ayez admis
admette	admettent	ait admis	aient admis
7 imparfait du subjonctif		**14 plus-que-parfait du subjonctif**	
admisse	admissions	eusse admis	eussions admis
admisses	admissiez	eusses admis	eussiez admis
admît	admissent	eût admis	eussent admis

	Impératif	
admets	admettons	admettez

Je connais un élève qui n'admet pas toujours ses fautes. Un jour, dans la classe de français, Robert a lancé son crayon contre le mur. Le professeur lui a dit: Robert, ce que tu viens de faire n'est pas admissible dans cette classe.

Robert a répondu: — Mais, monsieur, ce n'est pas moi qui ai lancé ce crayon. C'était Georges.

— Ce n'est pas vrai! dit Georges. Admets la vérité, Robert. Après quelques minutes, Robert a admis que c'était lui.

admis, admise	admitted, accepted
une admission	admission, admittance

admirer

Part. pr. admirant **Part. passé admiré**

to admire

The Seven Simple Tenses		The Seven Compound Tenses	
Singular	Plural	Singular	Plural

1 présent de l'indicatif

admire	admirons
admires	admirez
admire	admirent

8 passé composé

ai admiré	avons admiré
as admiré	avez admiré
a admiré	ont admiré

2 imparfait de l'indicatif

admirais	admirions
admirais	admiriez
admirait	admiraient

9 plus-que-parfait de l'indicatif

avais admiré	avions admiré
avais admiré	aviez admiré
avait admiré	avaient admiré

3 passé simple

admirai	admirâmes
admiras	admirâtes
admira	admirèrent

10 passé antérieur

eus admiré	eûmes admiré
eus admiré	eûtes admiré
eut admiré	eurent admiré

4 futur

admirerai	admirerons
admireras	admirerez
admirera	admireront

11 futur antérieur

aurai admiré	aurons admiré
auras admiré	aurez admiré
aura admiré	auront admiré

5 conditionnel

admirerais	admirerions
admirerais	admireriez
admirerait	admireraient

12 conditionnel passé

aurais admiré	aurions admiré
aurais admiré	auriez admiré
aurait admiré	auraient admiré

6 présent du subjonctif

admire	admirions
admires	admiriez
admire	admirent

13 passé du subjonctif

aie admiré	ayons admiré
aies admiré	ayez admiré
ait admiré	aient admiré

7 imparfait du subjonctif

admirasse	admirassions
admirasses	admirassiez
admirât	admirassent

14 plus-que-parfait du subjonctif

eusse admiré	eussions admiré
eusses admiré	eussiez admiré
eût admiré	eussent admiré

Impératif
admire
admirons
admirez

Il y a des personnes admirables, n'est-ce pas? Quelle personne admirez-vous le plus? Est-ce que vous aimez une personne qui vous admire? Avez-vous des admirateurs, des admiratrices? Moi, j'admire l'art d'Auguste Rodin. Je suis toujours en admiration devant ses oeuvres sculptées.

une admiration   admiration, wonder
admirativement   admiringly
admiratif, admirative   admiring
un admirateur, une admiratrice   admirer

to worship, to adore

The Seven Simple Tenses		The Seven Compound Tenses	
Singular	Plural	Singular	Plural

1 présent de l'indicatif

adore	adorons
adores	adorez
adore	adorent

8 passé composé

ai adoré	avons adoré
as adoré	avez adoré
a adoré	ont adoré

2 imparfait de l'indicatif

adorais	adorions
adorais	adoriez
adorait	adoraient

9 plus-que-parfait de l'indicatif

avais adoré	avions adoré
avais adoré	aviez adoré
avait adoré	avaient adoré

3 passé simple

adorai	adorâmes
adoras	adorâtes
adora	adorèrent

10 passé antérieur

eus adoré	eûmes adoré
eus adoré	eûtes adoré
eut adoré	eurent adoré

4 futur

adorerai	adorerons
adoreras	adorerez
adorera	adoreront

11 futur antérieur

aurai adoré	aurons adoré
auras adoré	aurez adoré
aura adoré	auront adoré

5 conditionnel

adorerais	adorerions
adorerais	adoreriez
adorerait	adoreraient

12 conditionnel passé

aurais adoré	aurions adoré
aurais adoré	auriez adoré
aurait adoré	auraient adoré

6 présent du subjonctif

adore	adorions
adores	adoriez
adore	adorent

13 passé du subjonctif

aie adoré	ayons adoré
aies adoré	ayez adoré
ait adoré	aient adoré

7 imparfait du subjonctif

adorasse	adorassions
adorasses	adorassiez
adorât	adorassent

14 plus-que-parfait du subjonctif

eusse adoré	eussions adoré
eusses adoré	eussiez adoré
eût adoré	eussent adoré

Impératif
adore
adorons
adorez

Claudette adore dancer avec les beaux garçons. Elle adore mettre tous ses bijoux avant d'aller au bal. Elle est adorable, gracieuse, et danse adorablement.

adorable adorable, charming, delightful
une adoration adoration, worship
adorablement adorably
un adorateur, une adoratrice adorer, worshipper
dorer to gild

to be the matter, to be a question of

The Seven Simple Tenses	The Seven Compound Tenses
Singular	Singular
1 présent de l'indicatif **il s'agit**	8 passé composé **il s'est agi**
2 imparfait de l'indicatif **il s'agissait**	9 plus-que-parfait de l'indicatif **il s'était agi**
3 passé simple **il s'agit**	10 passé antérieur **il se fut agi**
4 futur **il s'agira**	11 futur antérieur **il se sera agi**
5 conditionnel **il s'agirait**	12 conditionnel passé **il se serait agi**
6 présent du subjonctif **qu'il s'agisse**	13 passé du subjonctif **qu'il se soit agi**
7 imparfait du subjonctif **qu'il s'agît**	14 plus-que-parfait du subjonctif **qu'il se fût agi**

Impératif
—

Hier, le petit Michel est entré dans la maison tout en pleurant.
—De quoi s'agit-il?! s'exclame sa mère.
—Il s'agit. . . il s'agit. . . de mon vélo. Quelqu'un a volé mon vélo!

Note that this verb is impersonal and is used primarily in the tenses given above.

s'agir de to have to do with, to be a matter of
De quoi s'agit-il? What's the matter? What's up?
Voici ce dont il s'agit This is what it's about.
Il s'agit de mon vélo It's about my bike.

to aid, to help, to assist

The Seven Simple Tenses		The Seven Compound Tenses	
Singular	Plural	Singular	Plural
1 présent de l'indicatif		**8 passé composé**	
aide	aidons	ai aidé	avons aidé
aides	aidez	as aidé	avez aidé
aide	aident	a aidé	ont aidé
2 imparfait de l'indicatif		**9 plus-que-parfait de l'indicatif**	
aidais	aidions	avais aidé	avions aidé
aidais	aidiez	avais aidé	aviez aidé
aidait	aidaient	avait aidé	avaient aidé
3 passé simple		**10 passé antérieur**	
aidai	aidâmes	eus aidé	eûmes aidé
aidas	aidâtes	eus aidé	eûtes aidé
aida	aidèrent	eut aidé	eurent aidé
4 futur		**11 futur antérieur**	
aiderai	aiderons	aurai aidé	aurons aidé
aideras	aiderez	auras aidé	aurez aidé
aidera	aideront	aura aidé	auront aidé
5 conditionnel		**12 conditionnel passé**	
aiderais	aiderions	aurais aidé	aurions aidé
aiderais	aideriez	aurais aidé	auriez aidé
aiderait	aideraient	aurait aidé	auraient aidé
6 présent du subjonctif		**13 passé du subjonctif**	
aide	aidions	aie aidé	ayons aidé
aides	aidiez	aies aidé	ayez aidé
aide	aident	ait aidé	aient aidé
7 imparfait du subjonctif		**14 plus-que-parfait du subjonctif**	
aidasse	aidassions	eusse aidé	eussions aidé
aidasses	aidassiez	eusses aidé	eussiez aidé
aidât	aidassent	eût aidé	eussent aidé

Impératif
aide
aidons
aidez

Tous les soirs Roger aide son petit frère à faire sa leçon de mathématiques. Ce soir, le petit frère lui demande: —Après cette leçon, veux-tu m'aider à écrire une composition?
— Aide-toi et le ciel t'aidera, lui répond son grand frère.

aider qqn à faire qqch   to help someone do something
s'aider   to help oneself; to help each other
une aide   aid, assistance, help; **à l'aide de**   with the help of
un aide-mémoire   handbook, memory aid
Aide-toi et le ciel t'aidera   God helps those who help themselves.

aimer

Part. pr. aimant **Part. passé aimé**

to love, to like

The Seven Simple Tenses		The Seven Compound Tenses	
Singular	Plural	Singular	Plural
1 présent de l'indicatif		**8 passé composé**	
aime	aimons	ai aimé	avons aimé
aimes	aimez	as aimé	avez aimé
aime	aiment	a aimé	ont aimé
2 imparfait de l'indicatif		**9 plus-que-parfait de l'indicatif**	
aimais	aimions	avais aimé	avions aimé
aimais	aimiez	avais aimé	aviez aimé
aimait	aimaient	avait aimé	avaient aimé
3 passé simple		**10 passé antérieur**	
aimai	aimâmes	eus aimé	eûmes aimé
aimas	aimâtes	eus aimé	eûtes aimé
aima	aimèrent	eut aimé	eurent aimé
4 futur *avoir/*		**11 futur antérieur**	
aimerai	aimerons	aurai aimé	aurons aimé
aimeras	aimerez	auras aimé	aurez aimé
aimera	aimeront	aura aimé	auront aimé
5 conditionnel		**12 conditionnel passé**	
aimerais	aimerions	aurais aimé	aurions aimé
aimerais	aimeriez	aurais aimé	auriez aimé
aimerait	aimeraient	aurait aimé	auraient aimé
6 présent du subjonctif		**13 passé du subjonctif**	
aime	aimions	aie aimé	ayons aimé
aimes	aimiez	aies aimé	ayez aimé
aime	aiment	ait aimé	aient aimé
7 imparfait du subjonctif		**14 plus-que-parfait du subjonctif**	
aimasse	aimassions	eusse aimé	eussions aimé
aimasses	aimassiez	eusses aimé	eussiez aimé
aimât	aimassent	eût aimé	eussent aimé

Impératif
aime   aimons   aimez

Qu'est-ce que vous aimez faire après le dîner? Etudier? Jouer? Regarder la télé? Est-ce que vous êtes aimable? Etes-vous aimable avec tout le monde?
Est-ce que vous aimez mieux étudier ou jouer?

amour *m.*   love; une chanson d'amour   love song (song of love)
aimer bien qqn   to like somebody
aimer (à) faire qqch   to enjoy doing something
aimer mieux   to prefer, to like better
aimable   friendly, amiable, pleasant
un amant   lover; une amante   mistress; amoureux, amoureuse de   in love with;
tomber amoureux, amoureuse   to fall in love

10

to add

The Seven Simple Tenses		The Seven Compound Tenses	
Singular	Plural	Singular	Plural
1 présent de l'indicatif		**8 passé composé**	
ajoute	ajoutons	ai ajouté	avons ajouté
ajoutes	ajoutez	as ajouté	avez ajouté
ajoute	ajoutent	a ajouté	ont ajouté
2 imparfait de l'indicatif		**9 plus-que-parfait de l'indicatif**	
ajoutais	ajoutions	avais ajouté	avions ajouté
ajoutais	ajoutiez	avais ajouté	aviez ajouté
ajoutait	ajoutaient	avait ajouté	avaient ajouté
3 passé simple		**10 passé antérieur**	
ajoutai	ajoutâmes	eus ajouté	eûmes ajouté
ajoutas	ajoutâtes	eus ajouté	eûtes ajouté
ajouta	ajoutèrent	eut ajouté	eurent ajouté
4 futur		**11 futur antérieur**	
ajouterai	ajouterons	aurai ajouté	aurons ajouté
ajouteras	ajouterez	auras ajouté	aurez ajouté
ajoutera	ajouteront	aura ajouté	auront ajouté
5 conditionnel		**12 conditionnel passé**	
ajouterais	ajouterions	aurais ajouté	aurions ajouté
ajouterais	ajouteriez	aurais ajouté	auriez ajouté
ajouterait	ajouteraient	aurait ajouté	auraient ajouté
6 présent du subjonctif		**13 passé du subjonctif**	
ajoute	ajoutions	aie ajouté	ayons ajouté
ajoutes	ajoutiez	aies ajouté	ayez ajouté
ajoute	ajoutent	ait ajouté	aient ajouté
7 imparfait du subjonctif		**14 plus-que-parfait du subjonctif**	
ajoutasse	ajoutassions	eusse ajouté	eussions ajouté
ajoutasses	ajoutassiez	eusses ajouté	eussiez ajouté
ajoutât	ajoutassent	eût ajouté	eussent ajouté

Impératif
ajoute
ajoutons
ajoutez

Si vous aimez faire un ragoût délicieux, ajoutez-y quelques petits oignons, du sel, du poivre, et une gousse d'ail pour obtenir une saveur piquante. Il y a d'autres assaisonnements et condiments que vous pouvez y ajouter aussi. Un assaisonnement ajoute du piquant dans votre ragoût.

un ajout   addition, additive
ajouter foi à   to add credence to, to give credence to
jouter   to tilt, to joust; to dispute, to fight
une joute   contest, tournament

11

aller

Part. pr. **allant**   Part. passé **allé(e)(s)**

être

to go

The Seven Simple Tenses		The Seven Compound Tenses	
Singular	Plural	Singular	Plural
1 présent de l'indicatif		**8 passé composé**	
vais	allons	suis allé(e)	sommes allé(e)s
vas	allez	es allé(e)	êtes allé(e)(s)
va	vont	est allé(e)	sont allé(e)s
2 imparfait de l'indicatif		**9 plus-que-parfait de l'indicatif**	
allais	allions	étais allé(e)	étions allé(e)s
allais	alliez	étais allé(e)	étiez allé(e)(s)
allait	allaient	était allé(e)	étaient allé(e)s
3 passé simple		**10 passé antérieur**	
allai	allâmes	fus allé(e)	fûmes allé(e)s
allas	allâtes	fus allé(e)	fûtes allé(e)(s)
alla	allèrent	fut allé(e)	furent allé(e)s
4 futur		**11 futur antérieur**	
irai	irons	serai allé(e)	serons allé(e)s
iras	irez	seras allé(e)	serez allé(e)(s)
ira	iront	sera allé(e)	seront allé(e)s
5 conditionnel		**12 conditionnel passé**	
irais	irions	serais allé(e)	serions allé(e)s
irais	iriez	serais allé(e)	seriez allé(e)(s)
irait	iraient	serait allé(e)	seraient allé(e)s
6 présent du subjonctif		**13 passé du subjonctif**	
aille	allions	sois allé(e)	soyons allé(e)s
ailles	alliez	sois allé(e)	soyez allé(e)(s)
aille	aillent	soit allé(e)	soient allé(e)s
7 imparfait du subjonctif		**14 plus-que-parfait du subjonctif**	
allasse	allassions	fusse allé(e)	fussions allé(e)s
allasses	allassiez	fusses allé(e)	fussiez allé(e)(s)
allât	allassent	fût allé(e)	fussent allé(e)s

	Impératif	
va	allons	allez

Comment allez-vous?   Je vais bien, je vais mal, je vais mieux.

aller à la pêche   to go fishing
aller à la rencontre de quelqu'un   to go to meet someone
aller à pied   to walk, to go on foot
aller au fond des choses   to get to the bottom of things
Ça va?   Is everything O.K.?   **Oui, ça va!**

to go away

The Seven Simple Tenses		The Seven Compound Tenses	
Singular	Plural	Singular	Plural
1 présent de l'indicatif		**8 passé composé**	
m'en vais	**nous en allons**	**m'en suis allé(e)**	**nous en sommes allé(e)s**
t'en vas	**vous en allez**	**t'en es allé(e)**	**vous en êtes allé(e)(s)**
s'en va	**s'en vont**	**s'en est allé(e)**	**s'en sont allé(e)s**
2 imparfait de l'indicatif		**9 plus-que-parfait de l'indicatif**	
m'en allais	**nous en allions**	**m'en étais allé(e)**	**nous en étions allé(e)s**
t'en allais	**vous en alliez**	**t'en étais allé(e)**	**vous en étiez allé(e)(s)**
s'en allait	**s'en allaient**	**s'en était allé(e)**	**s'en étaient allé(e)s**
3 passé simple		**10 passé antérieur**	
m'en allai	**nous en allâmes**	**m'en fus allé(e)**	**nous en fûmes allé(e)s**
t'en allas	**vous en allâtes**	**t'en fus allé(e)**	**vous en fûtes allé(e)(s)**
s'en alla	**s'en allèrent**	**s'en fut allé(e)**	**s'en furent allé(e)s**
4 futur		**11 futur antérieur**	
m'en irai	**nous en irons**	**m'en serai allé(e)**	**nous en serons allé(e)s**
t'en iras	**vous en irez**	**t'en seras allé(e)**	**vous en serez allé(e)(s)**
s'en ira	**s'en iront**	**s'en sera allé(e)**	**s'en seront allé(e)s**
5 conditionnel		**12 conditionnel passé**	
m'en irais	**nous en irions**	**m'en serais allé(e)**	**nous en serions allé(e)s**
t'en irais	**vous en iriez**	**t'en serais allé(e)**	**vous en seriez allé(e)(s)**
s'en irait	**s'en iraient**	**s'en serait allé(e)**	**s'en seraient allé(e)s**
6 présent du subjonctif		**13 passé du subjonctif**	
m'en aille	**nous en allions**	**m'en sois allé(e)**	**nous en soyons allé(e)s**
t'en ailles	**vous en alliez**	**t'en sois allé(e)**	**vous en soyez allé(e)(s)**
s'en aille	**s'en aillent**	**s'en soit allé(e)**	**s'en soient allé(e)s**
7 imparfait du subjonctif		**14 plus-que-parfait du subjonctif**	
m'en allasse	**nous en allassions**	**m'en fusse allé(e)**	**nous en fussions allé(e)s**
t'en allasses	**vous en allassiez**	**t'en fusses allé(e)**	**vous en fussiez allé(e)(s)**
s'en allât	**s'en allassent**	**s'en fût allé(e)**	**s'en fussent allé(e)s**

Impératif

va-t'en; ne t'en va pas   allons-nous-en; ne nous en allons pas
allez-vous-en; ne vous en allez pas

This verb also has the following idiomatic meanings: to move away (from one residence to another), to die, to pass away, to steal away.

Monsieur et Madame Moreau n'habitent plus ici. Ils s'en sont allés. Je crois qu'ils sont maintenant à Bordeaux.

Madame Morel est gravement malade; elle s'en va.

Le cambrioleur s'en est allé furtivement avec l'argent et les bijoux.

13

amener
Part. pr. **amenant** Part. passé **amené**

to bring, to lead

The Seven Simple Tenses		The Seven Compound Tenses	
Singular	Plural	Singular	Plural
1 présent de l'indicatif		**8 passé composé**	
amène	amenons	ai amené	avons amené
amènes	amenez	as amené	avez amené
amène	amènent	a amené	ont amené
2 imparfait de l'indicatif		**9 plus-que-parfait de l'indicatif**	
amenais	amenions	avais amené	avions amené
amenais	ameniez	avais amené	aviez amené
amenait	amenaient	avait amené	avaient amené
3 passé simple		**10 passé antérieur**	
amenai	amenâmes	eus amené	eûmes amené
amenas	amenâtes	eus amené	eûtes amené
amena	amenèrent	eut amené	eurent amené
4 futur		**11 futur antérieur**	
amènerai	amènerons	aurai amené	aurons amené
amèneras	amènerez	auras amené	aurez amené
amènera	amèneront	aura amené	auront amené
5 conditionnel		**12 conditionnel passé**	
amènerais	amènerions	aurais amené	aurions amené
amènerais	amèneriez	aurais amené	auriez amené
amènerait	amèneraient	aurait amené	auraient amené
6 présent du subjonctif		**13 passé du subjonctif**	
amène	amenions	aie amené	ayons amené
amènes	ameniez	aies amené	ayez amené
amène	amènent	ait amené	aient amené
7 imparfait du subjonctif		**14 plus-que-parfait du subjonctif**	
amenasse	amenassions	eusse amené	eussions amené
amenasses	amenassiez	eusses amené	eussiez amené
amenât	amenassent	eût amené	eussent amené

Impératif
amène
amenons
amenez

Aujourd'hui ma mère a amené ma petite soeur chez le dentiste. Quand elles sont entrées chez lui, le dentiste leur a demandé: —Quel bon vent vous amène ici??

amener une conversation   to direct, lead a conversation
amène   pleasant, agreeable

to amuse, to entertain

The Seven Simple Tenses		The Seven Compound Tenses	
Singular	Plural	Singular	Plural
1 présent de l'indicatif		**8** passé composé	
amuse	amusons	ai amusé	avons amusé
amuses	amusez	as amusé	avez amusé
amuse	amusent	a amusé	ont amusé
2 imparfait de l'indicatif		**9** plus-que-parfait de l'indicatif	
amusais	amusions	avais amusé	avions amusé
amusais	amusiez	avais amusé	aviez amusé
amusait	amusaient	avait amusé	avaient amusé
3 passé simple		10 passé antérieur	
amusai	amusâmes	eus amusé	eûmes amusé
amusas	amusâtes	eus amusé	eûtes amusé
amusa	amusèrent	eut amusé	eurent amusé
4 futur		11 futur antérieur	
amuserai	amuserons	aurai amusé	aurons amusé
amuseras	amuserez	auras amusé	aurez amusé
amusera	amuseront	aura amusé	auront amusé
5 conditionnel		**12** conditionnel passé	
amuserais	amuserions	aurais amusé	aurions amusé
amuserais	amuseriez	aurais amusé	auriez amusé
amuserait	amuseraient	aurait amusé	auraient amusé
6 présent du subjonctif		13 passé du subjonctif	
amuse	amusions	aie amusé	ayons amusé
amuses	amusiez	aies amusé	ayez amusé
amuse	amusent	ait amusé	aient amusé
7 imparfait du subjonctif		14 plus-que-parfait du subjonctif	
amusasse	amusassions	eusse amusé	eussions amusé
amusasses	amusassiez	eusses amusé	eussiez amusé
amusât	amusassent	eût amusé	eussent amusé

Impératif
amuse
amusons
amusez

Cet acteur sait bien jouer son rôle. Il amuse les spectateurs. C'est un comédien accompli. Il est amusant, n'est-ce pas?

amusant, amusante amusing
un amuseur amuser, entertainer
un amuse-gueule tidbit, titbit
une amusette diversion, pastime
un amusement amusement, entertainment

See also **s'amuser**.

15

s'amuser

Part. pr. s'amusant   **Part. passé amusé(e)s**

to have a good time, to amuse oneself, to enjoy oneself

The Seven Simple Tenses		The Seven Compound Tenses	
Singular	Plural	Singular	Plural
1 présent de l'indicatif		**8 passé composé**	
m'amuse	nous amusons	me suis amusé(e)	nous sommes amusé(e)s
t'amuses	vous amusez	t'es amusé(e)	vous êtes amusé(e)(s)
s'amuse	s'amusent	s'est amusé(e)	se sont amusé(e)s
2 imparfait de l'indicatif		**9 plus-que-parfait de l'indicatif**	
m'amusais	nous amusions	m'étais amusé(e)	nous étions amusé(e)s
t'amusais	vous amusiez	t'étais amusé(e)	vous étiez amusé(e)(s)
s'amusait	s'amusaient	s'était amusé(e)	s'étaient amusé(e)s
3 passé simple		**10 passé antérieur**	
m'amusai	nous amusâmes	me fus amusé(e)	nous fûmes amusé(e)s
t'amusas	vous amusâtes	te fus amusé(e)	vous fûtes amusé(e)(s)
s'amusa	s'amusèrent	se fut amusé(e)	se furent amusé(e)s
4 futur		**11 futur antérieur**	
m'amuserai	nous amuserons	me serai amusé(e)	nous serons amusé(e)s
t'amuseras	vous amuserez	te seras amusé(e)	vous serez amusé(e)(s)
s'amusera	s'amuseront	se sera amusé(e)	se seront amusé(e)s
5 conditionnel		**12 conditionnel passé**	
m'amuserais	nous amuserions	me serais amusé(e)	nous serions amusé(e)s
t'amuserais	vous amuseriez	te serais amusé(e)	vous seriez amusé(e)(s)
s'amuserait	s'amuseraient	se serait amusé(e)	se seraient amusé(e)s
6 présent du subjonctif		**13 passé du subjonctif**	
m'amuse	nous amusions	me sois amusé(e)	nous soyons amusé(e)s
t'amuses	vous amusiez	te sois amusé(e)	vous soyez amusé(e)(s)
s'amuse	s'amusent	se soit amusé(e)	se soient amusé(e)s
7 imparfait du subjonctif		**14 plus-que-parfait du subjonctif**	
m'amusasse	nous amusassions	me fusse amusé(e)	nous fussions amusé(e)s
t'amusasses	vous amusassiez	te fusses amusé(e)	vous fussiez amusé(e)(s)
s'amusât	s'amusassent	se fût amusé(e)	se fussent amusé(e)s

Impératif
amuse-toi; ne t'amuse pas
amusons-nous; ne nous amusons pas
amusez-vous; ne vous amusez pas

Il y a des élèves qui s'amusent à mettre le professeur en colère. Est-ce que vous vous amusez dans la classe de français? Moi, je m'amuse beaucoup dans cette classe.

Hier soir je suis allé au cinéma et j'ai vu un film très amusant. Je me suis bien amusé. Mon amie, Françoise, s'est bien amusée aussi.

Que faites-vous pour vous amuser?

s'amuser à + inf.   to enjoy oneself + pres. part.
s'amuser de   to make fun of
s'amuser avec   to play with

16   See also amuser.

avoir

to call, to name, to appeal

The Seven Simple Tenses		The Seven Compound Tenses	
Singular	Plural	Singular	Plural

1 présent de l'indicatif

appelle	appelons		
appelles	appelez		
appelle	appellent		

8 passé composé

ai appelé	avons appelé		
as appelé	avez appelé		
a appelé	ont appelé		

2 imparfait de l'indicatif

appelais	appelions
appelais	appeliez
appelait	appelaient

9 plus-que-parfait de l'indicatif

avais appelé	avions appelé
avais appelé	aviez appelé
avait appelé	avaient appelé

3 passé simple

appelai	appelâmes
appelas	appelâtes
appela	appelèrent

10 passé antérieur

eus appelé	eûmes appelé
eus appelé	eûtes appelé
eut appelé	eurent appelé

4 futur

appellerai	appellerons
appelleras	appellerez
appellera	appelleront

11 futur antérieur

aurai appelé	aurons appelé
auras appelé	aurez appelé
aura appelé	auront appelé

5 conditionnel

appellerais	appellerions
appellerais	appelleriez
appellerait	appelleraient

12 conditionnel passé

aurais appelé	aurions appelé
aurais appelé	auriez appelé
aurait appelé	auraient appelé

6 présent du subjonctif

appelle	appelions
appelles	appeliez
appelle	appellent

13 passé du subjonctif

aie appelé	ayons appelé
aies appelé	ayez appelé
ait appelé	aient appelé

7 imparfait du subjonctif

appelasse	appelassions
appelasses	appelassiez
appelât	appelassent

14 plus-que-parfait du subjonctif

eusse appelé	eussions appelé
eusses appelé	eussiez appelé
eût appelé	eussent appelé

Impératif
appelle
appelons
appelez

Madame Dubois va appeler le médecin parce qu'elle ne va pas bien aujourd'hui.

—As-tu appelé le docteur, chérie? lui demande son mari.
—Non, mon chéri—répond sa femme. Je souffre. Veux-tu l'appeler, s'il te plaît?

une appellation   appellation; **un appel**   appeal, summons
en appeler à qqn   to appeal to someone
rappeler   to call back, to remind, to recall
un appel   call; **appel téléphonique**   telephone call; **faire l'appel**   to call the roll

s'appeler

Part. pr. s'appelant   **Part. passé** appelé(e)(s)

to be named, to call oneself

The Seven Simple Tenses		The Seven Compound Tenses	
Singular	Plural	Singular	Plural
1 présent de l'indicatif		**8 passé composé**	
m'appelle	nous appelons	me suis appelé(e)	nous sommes appelé(e)s
t'appelles	vous appelez	t'es appelé(e)	vous êtes appelé(e)(s)
s'appelle	s'appellent	s'est appelé(e)	se sont appelé(e)s
2 imparfait de l'indicatif		**9 plus-que-parfait de l'indicatif**	
m'appelais	nous appelions	m'étais appelé(e)	nous étions appelé(e)s
t'appelais	vous appeliez	t'étais appelé(e)	vous étiez appelé(e)(s)
s'appelait	s'appelaient	s'était appelé(e)	s'étaient appelé(e)s
3 passé simp		**10 passé antérieur**	
m'appelai	nous appelâmes	me fus appelé(e)	nous fûmes appelé(e)s
t'appelas	vous appelâtes	te fus appelé(e)	vous fûtes appelé(e)(s)
s'appela	s'appelèrent	se fut appelé(e)	se furent appelé(e)s
4 futur		**11 futur antérieur**	
m'appellerai	nous appellerons	me serai appelé(e)	nous serons appelé(e)s
t'appelleras	vous appellerez	te seras appelé(e)	vous serez appelé(e)(s)
s'appellera	s'appelleront	se sera appelé(e)	se seront appelé(e)s
5 conditionn		**12 conditionnel passé**	
m'appellerais	nous appellerions	me serais appelé(e)	nous serions appelé(e)s
t'appellerais	vous appelleriez	te serais appelé(e)	vous seriez appelé(e)(s)
s'appellerait	s'appelleraient	se serait appelé(e)	se seraient appelé(e)s
6 présent du subjonctif		**13 passé du subjonctif**	
m'appelle	nous appelions	me sois appelé(e)	nous soyons appelé(e)s
t'appelles	vous appeliez	te sois appelé(e)	vous soyez appelé(e)(s)
s'appelle	s'appellent	se soit appelé(e)	se soient appelé(e)s
7 imparfait du subjonctif		**14 plus-que-parfait du subjonctif**	
m'appelasse	nous appelassions	me fusse appelé(e)	nous fussions appelé(e)s
t'appelasses	vous appelassiez	te fusses appelé(e)	vous fussiez appelé(e)(s)
s'appelât	s'appelassent	se fût appelé(e)	se fussent appelé(e)s

Impératif
appelle-toi; ne t'appelle pas
appelons-nous; ne nous appelons pas
appelez-vous; ne vous appelez pas

—Bonjour, mon enfant. Comment t'appelles-tu?
—Je m'appelle Henri.
—As-tu des frères et des soeurs?
—Oui, j'ai deux frères et trois soeurs. Ils s'appellent Joseph, Bernard, Thérèse, Paulette, et Andrée.

For other words and expressions related to this verb, see **appeler, rappeler,** and **se rappeler.**

to bring, to bear

The Seven Simple Tenses		The Seven Compound Tenses	
Singular	Plural	Singular	Plural

1 présent de l'indicatif

apporte	apportons
apportes	apportez
apporte	apportent

8 passé composé

ai apporté	avons apporté
as apporté	avez apporté
a apporté	ont apporté

2 imparfait de l'indicatif

apportais	apportions
apportais	apportiez
apportait	apportaient

9 plus-que-parfait de l'indicatif

avais apporté	avions apporté
avais apporté	aviez apporté
avait apporté	avaient apporté

3 passé simple

apportai	apportâmes
apportas	apportâtes
apporta	apportèrent

10 passé antérieur

eus apporté	eûmes apporté
eus apporté	eûtes apporté
eut apporté	eurent apporté

4 futur

apporterai	apporterons
apporteras	apporterez
apportera	apporteront

11 futur antérieur

aurai apporté	aurons apporté
auras apporté	aurez apporté
aura apporté	auront apporté

5 conditionnel

apporterais	apporterions
apporterais	apporteriez
apporterait	apporteraient

12 conditionnel passé

aurais apporté	aurions apporté
aurais apporté	auriez apporté
aurait apporté	auraient apporté

6 présent du subjonctif

apporte	apportions
apportes	apportiez
apporte	apportent

13 passé du subjonctif

aie apporté	ayons apporté
aies apporté	ayez apporté
ait apporté	aient apporté

7 imparfait du subjonctif

apportasse	apportassions
apportasses	apportassiez
apportât	apportassent

14 plus-que-parfait du subjonctif

eusse apporté	eussions apporté
eusses apporté	eussiez apporté
eût apporté	eussent apporté

Impératif
apporte
apportons
apportez

Hier soir, j'ai dîné dans un restaurant français. Quand le garçon m'a apporté mon repas, je lui ai dit: —Apportez-moi du pain, aussi, s'il vous plaît et n'oubliez pas de m'apporter un verre de vin rouge.

—Tout de suite, monsieur—il m'a répondu. Voulez-vous que je vous apporte l'addition maintenant ou après le dîner? Aimez-vous la salade que je vous ai apportée?

un apport   something brought; un apport dotal   wife's dowry
un apporteur   a person who brings something (usually news); un apporteur de bonnes
nouvelles   bearer of good news

See also porter.

apprendre

Part. pr. **apprenant**   Part. passé **appris**

to learn

avoir

The Seven Simple Tenses		The Seven Compound Tenses	
Singular	Plural	Singular	Plural
1 présent de l'indicatif		**8 passé composé**	
apprends	apprenons	ai appris	avons appris
apprends	apprenez	as appris	avez appris
apprend	apprennent	a appris	ont appris
2 imparfait de l'indicatif		**9 plus-que-parfait de l'indicatif**	
apprenais	apprenions	avais appris	avions appris
apprenais	appreniez	avais appris	aviez appris
apprenait	apprenaient	avait appris	avaient appris
3 passé simple		**10 passé antérieur**	
appris	apprîmes	eus appris	eûmes appris
appris	apprîtes	eus appris	eûtes appris
apprit	apprirent	eut appris	eurent appris
4 futur		**11 futur antérieur**	
apprendrai	apprendrons	aurai appris	aurons appris
apprendras	apprendrez	auras appris	aurez appris
apprendra	apprendront	aura appris	auront appris
5 conditionnel		**12 conditionnel passé**	
apprendrais	apprendrions	aurais appris	aurions appris
apprendrais	apprendriez	aurais appris	auriez appris
apprendrait	apprendraient	aurait appris	auraient appris
6 présent du subjonctif		**13 passé du subjonctif**	
apprenne	apprenions	aie appris	ayons appris
apprennes	appreniez	aies appris	ayez appris
apprenne	apprennent	ait appris	aient appris
7 imparfait du subjonctif		**14 plus-que-parfait du subjonctif**	
apprisse	apprissions	eusse appris	eussions appris
apprisses	apprissiez	eusses appris	eussiez appris
apprît	apprissent	eût appris	eussent appris

Impératif
apprends
apprenons
apprenez

A l'école j'apprends à lire en français. J'apprends à écrire et à parler. Ce matin mon maître de français m'a dit: —Robert, apprends ce poème par coeur pour demain.

La semaine dernière j'ai appris un poème de Verlaine. Pour demain j'apprendrai la conjugaison du verbe *apprendre*.

apprendre par coeur   to memorize
apprendre à qqn à faire qqch   to teach somebody to do something
apprendre qqch à qqn   to inform someone of something; to teach someone something
apprendre à faire qqch   to learn to do something

The Seven Simple Tenses		The Seven Compound Tenses	
Singular	Plural	Singular	Plural
1 présent de l'indicatif		**8 passé composé**	
arrange	arrangeons	ai arrangé	avons arrangé
arranges	arrangez	as arrangé	avez arrangé
arrange	arrangent	a arrangé	ont arrangé
2 imparfait de l'indicatif		**9 plus-que-parfait de l'indicatif**	
arrangeais	arrangions	avais arrangé	avions arrangé
arrangeais	arrangiez	avais arrangé	aviez arrangé
arrangeait	arrangeaient	avait arrangé	avaient arrangé
3 passé simple		**10 passé antérieur**	
arrangeai	arrangeâmes	eus arrangé	eûmes arrangé
arrangeas	arrangeâtes	eus arrangé	eûtes arrangé
arrangea	arrangèrent	eut arrangé	eurent arrangé
4 futur		**11 futur antérieur**	
arrangerai	arrangerons	aurai arrangé	aurons arrangé
arrangeras	arrangerez	auras arrangé	aurez arrangé
arrangera	arrangeront	aura arrangé	auront arrangé
5 conditionnel		**12 conditionnel passé**	
arrangerais	arrangerions	aurais arrangé	aurions arrangé
arrangerais	arrangeriez	aurais arrangé	auriez arrangé
arrangerait	arrangeraient	aurait arrangé	auraient arrangé
6 présent du subjonctif		**13 passé du subjonctif**	
arrange	arrangions	aie arrangé	ayons arrangé
arranges	arrangiez	aies arrangé	ayez arrangé
arrange	arrangent	ait arrangé	aient arrangé
7 imparfait du subjonctif		**14 plus-que-parfait du subjonctif**	
arrangeasse	arrangeassions	eusse arrangé	eussions arrangé
arrangeasses	arrangeassiez	eusses arrangé	eussiez arrangé
arrangeât	arrangeassent	eût arrangé	eussent arrangé

Impératif
arrange
arrangeons
arrangez

J'aime beaucoup un joli arrangement de fleurs. Aimez-vous les fleurs que j'ai arrangées dans ce vase? Les Japonais savent bien arranger des fleurs. Quand mon père apporte des fleurs à ma mère, nous les arrangeons dans un joli vase.

arranger qqch to arrange, contrive something
arranger l'affaire to straighten out a matter
arranger qqn to accommodate, suit someone; **Ça m'arrange bien** That suits me fine;
  Ça s'arrangera It will turn out all right.

arrêter

Part. pr. **arrêtant** Part. passé **arrêté**

to arrest, to stop (someone or something)

The Seven Simple Tenses		The Seven Compound Tenses	
Singular	Plural	Singular	Plural
1 présent de l'indicatif		**8 passé composé**	
arrête	arrêtons	ai arrêté	avons arrêté
arrêtes	arrêtez	as arrêté	avez arrêté
arrête	arrêtent	a arrêté	ont arrêté
2 imparfait de l'indicatif		**9 plus-que-parfait de l'indicatif**	
arrêtais	arrêtions	avais arrêté	avions arrêté
arrêtais	arrêtiez	avais arrêté	aviez arrêté
arrêtait	arrêtaient	avait arrêté	avaient arrêté
3 passé simple		**10 passé antérieur**	
arrêtai	arrêtâmes	eus arrêté	eûmes arrêté
arrêtas	arrêtâtes	eus arrêté	eûtes arrêté
arrêta	arrêtèrent	eut arrêté	eurent arrêté
4 futur		**11 futur antérieur**	
arrêterai	arrêterons	aurai arrêté	aurons arrêté
arrêteras	arrêterez	auras arrêté	aurez arrêté
arrêtera	arrêteront	aura arrêté	auront arrêté
5 conditionnel		**12 conditionnel passé**	
arrêterais	arrêterions	aurais arrêté	aurions arrêté
arrêterais	arrêteriez	aurais arrêté	auriez arrêté
arrêterait	arrêteraient	aurait arrêté	auraient arrêté
6 présent du subjonctif		**13 passé du subjonctif**	
arrête	arrêtions	aie arrêté	ayons arrêté
arrêtes	arrêtiez	aies arrêté	ayez arrêté
arrête	arrêtent	ait arrêté	aient arrêté
7 imparfait du subjonctif		**14 plus-que-parfait du subjonctif**	
arrêtasse	arrêtassions	eusse arrêté	eussions arrêté
arrêtasses	arrêtassiez	eusses arrêté	eussiez arrêté
arrêtât	arrêtassent	eût arrêté	eussent arrêté

Impératif
arrête
arrêtons
arrêtez

L'agent de police a arrêté les voitures pour laisser les piétons traverser la rue. Il a crié:
—Arrêtez! Arrêtez!

un arrêt halt, stop, arrest
arrêt d'autobus bus stop
un arrêté ministériel decree
arrêter qqn de faire qqch to stop someone from doing something
une arrestation arrest, apprehension
arrêter un jour to set a date; arrêter un marché to make a deal

22

See also **s'arrêter**.

to stop (oneself, itself), to pause

The Seven Simple Tenses		The Seven Compound Tenses	
Singular	Plural	Singular	Plural

1 présent de l'indicatif

m'arrête	nous arrêtons		
t'arrêtes	vous arrêtez		
s'arrête	s'arrêtent		

8 passé composé

me suis arrêté(e)	nous sommes arrêté(e)s
t'es arrêté(e)	vous êtes arrêté(e)(s)
s'est arrêté(e)	se sont arrêté(e)s

2 imparfait de l'indicatif

m'arrêtais	nous arrêtions
t'arrêtais	vous arrêtiez
s'arrêtait	s'arrêtaient

9 plus-que-parfait de l'indicatif

m'étais arrêté(e)	nous étions arrêté(e)s
t'étais arrêté(e)	vous étiez arrêté(e)(s)
s'était arrêté(e)	s'étaient arrêté(e)s

3 passé simp

m'arrêtai	nous arrêtâmes
t'arrêtas	vous arrêtâtes
s'arrêta	s'arrêtèrent

10 passé antérieur

me fus arrêté(e)	nous fûmes arrêté(e)s
te fus arrêté(e)	vous fûtes arrêté(e)(s)
se fut arrêté(e)	se furent arrêté(e)s

4 futur

m'arrêterai	nous arrêterons
t'arrêteras	vous arrêterez
s'arrêtera	s'arrêteront

11 futur antérieur

me serai arrêté(e)	nous serons arrêté(e)s
te seras arrêté(e)	vous serez arrêté(e)(s)
se sera arrêté(e)	se seront arrêté(e)s

5 conditionn

m'arrêterais	nous arrêterions
t'arrêterais	vous arrêteriez
s'arrêterait	s'arrêteraient

12 conditionnel passé

me serais arrêté(e)	nous serions arrêté(e)s
te serais arrêté(e)	vous seriez arrêté(e)(s)
se serait arrêté(e)	se seraient arrêté(e)s

6 présent du subjonctif

m'arrête	nous arrêtions
t'arrêtes	vous arrêtiez
s'arrête	s'arrêtent

13 passé du subjonctif

me sois arrêté(e)	nous soyons arrêté(e)s
te sois arrêté(e)	vous soyez arrêté(e)s
se soit arrêté(e)	se soient arrêté(e)s

7 imparfait du subjonctif

m'arrêtasse	nous arrêtassions
t'arrêtasse	vous arrêtassiez
s'arrêtât	s'arrêtassent

14 plus-que-parfait du subjonctif

me fusse arrêté(e)	nous fussions arrêté(e)s
te fusses arrêté(e)	vous fussiez arrêté(e)(s)
se fût arrêté(e)	se fussent arrêté(e)s

Impératif
arrête-toi; ne t'arrête pas
arrêtons-nous; ne nous arrêtons pas
arrêtez-vous; ne vous arrêtez pas

Madame Dumont s'est arrêtée devant une pâtisserie pour acheter une belle tarte aux cerises. Deux autres dames se sont arrêtées derrière elle et les trois sont entrées dans le magasin.

s'arrêter de faire qqch   to desist from doing something

For other words and expressions related to this verb, see **arrêter**.

23

arriver

Part. pr. **arrivant**   Part. passé **arrivé(e)(s)**

to arrive, to happen

The Seven Simple Tenses		The Seven Compound Tenses	
Singular	Plural	Singular	Plural
1 présent de l'indicatif		**8 passé composé**	
arrive	arrivons	suis arrivé(e)	sommes arrivé(e)s
arrives	arrivez	es arrivé(e)	êtes arrivé(e)(s)
arrive	arrivent	est arrivé(e)	sont arrivé(e)s
2 imparfait de l'indicatif		**9 plus-que-parfait de l'indicatif**	
arrivais	arrivions	étais arrivé(e)	étions arrivé(e)s
arrivais	arriviez	étais arrivé(e)	étiez arrivé(e)(s)
arrivait	arrivaient	était arrivé(e)	étaient arrivé(e)s
3 passé simple		**10 passé antérieur**	
arrivai	arrivâmes	fus arrivé(e)	fûmes arrivé(e)s
arrivas	arrivâtes	fus arrivé(e)	fûtes arrivé(e)(s)
arriva	arrivèrent	fut arrivé(e)	furent arrivé(e)s
4 futur		**11 futur antérieur**	
arriverai	arriverons	serai arrivé(e)	serons arrivé(e)s
arriveras	arriverez	seras arrivé(e)	serez arrivé(e)(s)
arrivera	arriveront	sera arrivé(e)	seront arrivé(e)s
5 conditionnel		**12 conditionnel passé**	
arriverais	arriverions	serais arrivé(e)	serions arrivé(e)s
arriverais	arriveriez	serais arrivé(e)	seriez arrivé(e)(s)
arriverait	arriveraient	serait arrivé(e)	seraient arrivé(e)s
6 présent du subjonctif		**13 passé du subjonctif**	
arrive	arrivions	sois arrivé(e)	soyons arrivé(e)s
arrives	arriviez	sois arrivé(e)	soyez arrivé(e)(s)
arrive	arrivent	soit arrivé(e)	soient arrivé(e)s
7 imparfait du subjonctif		**14 plus-que-parfait du subjonctif**	
arrivasse	arrivassions	fusse arrivé(e)	fussions arrivé(e)s
arrivasses	arrivassiez	fusses arrivé(e)	fussiez arrivé(e)(s)
arrivât	arrivassent	fût arrivé(e)	fussent arrivé(e)s

Impératif
arrive
arrivons
arrivez

Paulette est arrivée à la gare à deux heures. Le train pour Paris arrivera à trois heures. Elle passera une heure dans la salle d'attente. Après quelques minutes, elle voit beaucoup de personnes qui courent frénétiquement. Elle n'arrive pas à comprendre ce qui se passe.
—Qu'est-ce qui arrive? elle demande.
—Il y a eu un accident! on lui répond.

arriver à faire qqch   to succeed in + pres. part.; to manage to do something
arriver à   to happen to   **Cela n'arrive qu'à moi!**   It's just my luck! That would happen to me!

Part. pr. s'asseyant	Part. passé assis(e)(es)		s'asseoir
			to sit down

The Seven Simple Tenses		The Seven Compound Tenses	
Singular	Plural	Singular	Plural

1 présent de l'indicatif		8 passé composé	
m'assieds	nous asseyons	me suis assis(e)	nous sommes assis(es)
t'assieds	vous asseyez	t'es assis(e)	vous êtes assis(e)(es)
s'assied	s'asseyent	s'est assis(e)	se sont assis(es)

2 imparfait de l'indicatif		9 plus-que-parfait de l'indicatif	
m'asseyais	nous asseyions	m'étais assis(e)	nous étions assis(es)
t'asseyais	vous asseyiez	t'étais assis(e)	vous étiez assis(e)(es)
s'asseyait	s'asseyaient	s'était assis(e)	s'étaient assis(es)

3 passé simple		10 passé antérieur	
m'assis	nous assîmes	me fus assis(e)	nous fûmes assis(es)
t'assis	vous assîtes	te fus assis(e)	vous fûtes assis(e)(es)
s'assit	s'assirent	se fut assis(e)	se furent assis(es)

4 futur		11 futur antérieur	
m'assiérai	nous assiérons	me serai assis(e)	nous serons assis(es)
t'assiéras	vous assiérez	te seras assis(e)	vous serez assis(e)(es)
s'assiéra	s'assiéront	se sera assis(e)	se seront assis(es)

5 conditionn		12 conditionnel passé	
m'assiérais	nous assiérions	me serais assis(e)	nous serions assis(es)
t'assiérais	vous assiériez	te serais assis(e)	vous seriez assis(e)(es)
s'assiérait	s'assiéraient	se serait assis(e)	se seraient assis(es)

6 présent du subjonctif		13 passé du subjonctif	
m'asseye	nous asseyions	me sois assis(e)	nous soyons assis(es)
t'asseyes	vous asseyiez	te sois assis(e)	vous soyez assis(e)(es)
s'asseye	s'asseyent	se soit assis(e)	se soient assis(es)

7 imparfait du subjonctif		14 plus-que-parfait du subjonctif	
m'assisse	nous assissions	me fusse assis(e)	nous fussions assis(es)
t'assisses	vous assissiez	te fusses assis(e)	vous fussiez assis(e)(es)
s'assît	s'assissent	se fût assis(e)	se fussent assis(es)

Impératif
assieds-toi; ne t'assieds pas
asseyons-nous; ne nous asseyons pas
asseyez-vous; ne vous asseyez pas

Quand je voyage dans un train, je m'assieds toujours près d'une fenêtre si c'est possible.
Une fois, pendant un voyage, une belle jeune fille s'est approchée de moi et m'a demandé:
—Puis-je m'asseoir ici? Est-ce que cette place est libre?
—Certainement, j'ai répondu—asseyez-vous, je vous en prie.
Elle s'est assise auprès de moi et nous nous sommes bien amusés à raconter des histoires
drôles.

asseoir qqn to seat someone; se rasseoir to sit down again
rasseoir to seat again, to reseat

assister

Part. pr. **assistant**   Part. passé **assisté**

to assist (at), to be present (at), to attend

The Seven Simple Tenses		The Seven Compound Tenses	
Singular	Plural	Singular	Plural

1 présent de l'indicatif

assiste	assistons
assistes	assistez
assiste	assistent

8 passé composé

ai assisté	avons assisté
as assisté	avez assisté
a assisté	ont assisté

2 imparfait de l'indicatif

assistais	assistions
assistais	assistiez
assistait	assistaient

9 plus-que-parfait de l'indicatif

avais assisté	avions assisté
avais assisté	aviez assisté
avait assisté	avaient assisté

3 passé simple

assistai	assistâmes
assistas	assistâtes
assista	assistèrent

10 passé antérieur

eus assisté	eûmes assisté
eus assisté	eûtes assisté
eut assisté	eurent assisté

4 futur

assisterai	assisterons
assisteras	assisterez
assistera	assisteront

11 futur antérieur

aurai assisté	aurons assisté
auras assisté	aurez assisté
aura assisté	auront assisté

5 conditionnel

assisterais	assisterions
assisterais	assisteriez
assisterait	assisteraient

12 conditionnel passé

aurais assisté	aurions assisté
aurais assisté	auriez assisté
aurait assisté	auraient assisté

6 présent du subjonctif

assiste	assistions
assistes	assistiez
assiste	assistent

13 passé du subjonctif

aie assisté	ayons assisté
aies assisté	ayez assisté
ait assisté	aient assisté

7 imparfait du subjonctif

assistasse	assistassions
assistasses	assistassiez
assistât	assistassent

14 plus-que-parfait du subjonctif

eusse assisté	eussions assisté
eusses assisté	eussiez assisté
eût assisté	eussent assisté

Impératif
assiste
assistons
assistez

Lundi prochain j'assisterai à une conférence de musiciens. L'année dernière j'ai assisté à la même conférence et il y avait beaucoup de monde.

assistance *f.*   assistance, help; attendance; audience
assister à   to be present at, to attend
assister de   to help with
les assistants   those present; spectators

Part. pr. **s'assurant**	Part. passé **assuré(e)(s)**		**s'assurer**

to make sure, to assure oneself, to insure oneself

The Seven Simple Tenses		The Seven Compound Tenses	
Singular	Plural	Singular	Plural

1 présent de l'indicatif

m'assure	nous assurons	
t'assures	vous assurez	
s'assure	s'assurent	

8 passé composé

me suis assuré(e)	nous sommes assuré(e)s
t'es assuré(e)	vous êtes assuré(e)(s)
s'est assuré(e)	se sont assuré(e)s

2 imparfait de l'indicatif

m'assurais	nous assurions
t'assurais	vous assuriez
s'assurait	s'assuraient

9 plus-que-parfait de l'indicatif

m'étais assuré(e)	nous étions assuré(e)s
t'étais assuré(e)	vous étiez assuré(e)(s)
s'était assuré(e)	s'étaient assuré(e)s

3 passé simple

m'assurai	nous assurâmes
t'assuras	vous assurâtes
s'assura	s'assurèrent

10 passé antérieur

me fus assuré(e)	nous fûmes assuré(e)s
te fus assuré(e)	vous fûtes assuré(e)(s)
se fut assuré(e)	se furent assuré(e)s

4 futur

m'assurerai	nous assurerons
t'assureras	vous assurerez
s'assurera	s'assureront

11 futur antérieur

me serai assuré(e)	nous serons assuré(e)s
te seras assuré(e)	vous serez assuré(e)(s)
se sera assuré(e)	se seront assuré(e)s

5 conditionnel

m'assurerais	nous assurerions
t'assurerais	vous assureriez
s'assurerait	s'assureraient

12 conditionnel passé

me serais assuré(e)	nous serions assuré(e)s
te serais assuré(e)	vous seriez assuré(e)(s)
se serait assuré(e)	se seraient assuré(e)s

6 présent du subjonctif

m'assure	nous assurions
t'assures	vous assuriez
s'assure	s'assurent

13 passé du subjonctif

me sois assuré(e)	nous soyons assuré(e)s
te sois assuré(e)	vous soyez assuré(e)(s)
se soit assuré(e)	se soient assuré(e)s

7 imparfait du subjonctif

m'assurasse	nous assurassions
t'assurasses	vous assurassiez
s'assurât	s'assurassent

14 plus-que-parfait du subjonctif

me fusse assuré(e)	nous fussions assuré(e)s
te fusses assuré(e)	vous fussiez assuré(e)(s)
se fût assuré(e)	se fussent assuré(e)s

Impératif
assure-toi; ne t'assure pas
assurons-nous; ne nous assurons pas
assurez-vous; ne vous assurez pas

Pour s'assurer que la porte était bien fermée, Madame Lafontaine l'a fermée à clef. Puis elle a fermé toutes les fenêtres pour avoir de l'assurance et un sentiment de sécurité. Assurément, elle a raison. Il y a des cambrioleurs dans le voisinage.

assurément   assuredly
assurance *f.*   assurance, insurance
s'assurer de la protection de qqn   to secure someone's protection
assurance sur la vie   life insurance, life assurance

attendre

Part. pr. **attendant**   Part. passé **attendu**

to wait, to wait for, to expect

The Seven Simple Tenses		The Seven Compound Tenses	
Singular	Plural	Singular	Plural

1 présent de l'indicatif

		8 passé composé	
attends	attendons	ai attendu	avons attendu
attends	attendez	as attendu	avez attendu
attend	attendent	a attendu	ont attendu

2 imparfait de l'indicatif

		9 plus-que-parfait de l'indicatif	
attendais	attendions	avais attendu	avions attendu
attendais	attendiez	avais attendu	aviez attendu
attendait	attendaient	avait attendu	avaient attendu

3 passé simple

		10 passé antérieur	
attendis	attendîmes	eus attendu	eûmes attendu
attendis	attendîtes	eus attendu	eûtes attendu
attendit	attendirent	eut attendu	eurent attendu

4 futur

		11 futur antérieur	
attendrai	attendrons	aurai attendu	aurons attendu
attendras	attendrez	auras attendu	aurez attendu
attendra	attendront	aura attendu	auront attendu

5 conditionnel

		12 conditionnel passé	
attendrais	attendrions	aurais attendu	aurions attendu
attendrais	attendriez	aurais attendu	auriez attendu
attendrait	attendraient	aurait attendu	auraient attendu

6 présent du subjonctif

		13 passé du subjonctif	
attende	attendions	aie attendu	ayons attendu
attendes	attendiez	aies attendu	ayez attendu
attende	attendent	ait attendu	aient attendu

7 imparfait du subjonctif

		14 plus-que-parfait du subjonctif	
attendisse	attendissions	eusse attendu	eussions attendu
attendisses	attendissiez	eusses attendu	eussiez attendu
attendît	attendissent	eût attendu	eussent attendu

Impératif
attends
attendons
attendez

J'attends l'autobus depuis vingt minutes. Hier j'ai attendu dix minutes. Quand il arrivera, je m'attendrai à trouver une place libre.

faire attendre qqch à qqn   to make someone wait for something; to keep someone waiting for something
en attendant   meanwhile, in the meantime
Cela peut attendre!   It can wait!
s'attendre à   to expect; **s'attendre que** + subjunctive
J'attends l'autobus depuis vingt minutes!   I have been waiting for the bus for 20 minutes!

28

to catch

The Seven Simple Tenses		The Seven Compound Tenses	
Singular	Plural	Singular	Plural

1 présent de l'indicatif

attrape	attrapons		
attrapes	attrapez		
attrape	attrapent		

8 passé composé

ai attrapé	avons attrapé		
as attrapé	avez attrapé		
a attrapé	ont attrapé		

2 imparfait de l'indicatif

attrapais	attrapions
attrapais	attrapiez
attrapait	attrapaient

9 plus-que-parfait de l'indicatif

avais attrapé	avions attrapé
avais attrapé	aviez attrapé
avait attrapé	avaient attrapé

3 passé simple

attrapai	attrapâmes
attrapas	attrapâtes
attrapa	attrapèrent

10 passé antérieur

eus attrapé	eûmes attrapé
eus attrapé	eûtes attrapé
eut attrapé	eurent attrapé

4 futur

attraperai	attraperons
attraperas	attraperez
attrapera	attraperont

11 futur antérieur

aurai attrapé	aurons attrapé
auras attrapé	aurez attrapé
aura attrapé	auront attrapé

5 conditionnel

attraperais	attraperions
attraperais	attraperiez
attraperait	attraperaient

12 conditionnel passé

aurais attrapé	aurions attrapé
aurais attrapé	auriez attrapé
aurait attrapé	auraient attrapé

6 présent du subjonctif

attrape	attrapions
attrapes	attrapiez
attrape	attrapent

13 passé du subjonctif

aie attrapé	ayons attrapé
aies attrapé	ayez attrapé
ait attrapé	aient attrapé

7 imparfait du subjonctif

attrapasse	attrapassions
attrapasses	attrapassiez
attrapât	attrapassent

14 plus-que-parfait du subjonctif

eusse attrapé	eussions attrapé
eusses attrapé	eussiez attrapé
eût attrapé	eussent attrapé

Impératif
attrape
attrapons
attrapez

—Si tu ne veux pas attraper un rhume, mets ton manteau parce qu'il fait froid dehors.
—Je n'ai pas le temps maintenant, maman—je dois attraper l'autobus.

attraper un rhume   to catch cold
attraper qqn à qqch   to catch someone at something (to surprise)
s'attraper   to be catching, infectious
une attrape   snare
un attrape-mouches   fly paper (sticky paper to catch flies)

29

to advance, to go forward

The Seven Simple Tenses		The Seven Compound Tenses	
Singular	Plural	Singular	Plural
1 présent de l'indicatif		**8 passé composé**	
avance	avançons	ai avancé	avons avancé
avances	avancez	as avancé	avez avancé
avance	avancent	a avancé	ont avancé
2 imparfait de l'indicatif		**9 plus-que-parfait de l'indicatif**	
avançais	avancions	avais avancé	avions avancé
avançais	avanciez	avais avancé	aviez avancé
avançait	avançaient	avait avancé	avaient avancé
3 passé simple		**10 passé antérieur**	
avançai	avançâmes	eus avancé	eûmes avancé
avanças	avançâtes	eus avancé	eûtes avancé
avança	avancèrent	eut avancé	eurent avancé
4 futur		**11 futur antérieur**	
avancerai	avancerons	aurai avancé	aurons avancé
avanceras	avancerez	auras avancé	aurez avancé
avancera	avanceront	aura avancé	auront avancé
5 conditionnel		**12 conditionnel passé**	
avancerais	avancerions	aurais avancé	aurions avancé
avancerais	avanceriez	aurais avancé	auriez avancé
avancerait	avanceraient	aurait avancé	auraient avancé
6 présent du subjonctif		**13 passé du subjonctif**	
avance	avancions	aie avancé	ayons avancé
avances	avanciez	aies avancé	ayez avancé
avance	avancent	ait avancé	aient avancé
7 imparfait du subjonctif		**14 plus-que-parfait du subjonctif**	
avançasse	avançassions	eusse avancé	eussions avancé
avançasses	avançassiez	eusses avancé	eussiez avancé
avançât	avançassent	eût avancé	eussent avancé

Impératif
avance   avançons   avancez

Le docteur a dit au petit garçon: —Ouvre la bouche et avance la langue.
Le garçon n'a pas ouvert la bouche et il n'a pas avancé la langue.
Le docteur a insisté: —Ouvrons la bouche et avançons la langue!

une avance   advance, progress
à l'avance, d'avance   in advance, beforehand
arriver en avance   to arrive early
Ta montre avance   Your watch is fast.
avancer une théorie   to promote a theory
Comment avance le travail?   How is the work coming along?

The Seven Simple Tenses		The Seven Compound Tenses	
Singular	Plural	Singular	Plural
1 présent de l'indicatif		**8** passé composé	
ai	avons	ai eu	avons eu
as	avez	as eu	avez eu
a	ont	a eu	ont eu
2 imparfait de l'indicatif		**9** plus-que-parfait de l'indicatif	
avais	avions	avais eu	avions eu
avais	aviez	avais eu	aviez eu
avait	avaient	avait eu	avaient eu
3 passé simple		**10** passé antérieur	
eus	eûmes	eus eu	eûmes eu
eus	eûtes	eus eu	eûtes eu
eut	eurent	eut eu	eurent eu
4 futur		**11** futur antérieur	
aurai	aurons	aurai eu	aurons eu
auras	aurez	auras eu	aurez eu
aura	auront	aura eu	auront eu
5 conditionnel		**12** conditionnel passé	
aurais	aurions	aurais eu	aurions eu
aurais	auriez	aurais eu	auriez eu
aurait	auraient	aurait eu	auraient eu
6 présent du subjonctif		**13** passé du subjonctif	
aie	ayons	aie eu	ayons eu
aies	ayez	aies eu	ayez eu
ait	aient	ait eu	aient eu
7 imparfait du subjonctif		**14** plus-que-parfait du subjonctif	
eusse	eussions	eusse eu	eussions eu
eusses	eussiez	eusses eu	eussiez eu
eût	eussent	eût eu	eussent eu

Impératif
aie
ayons
ayez

avoir. . . ans   to be . . . years old
avoir à + inf.   to have to, to be obliged to + inf.
avoir besoin de   to need, to have need of
avoir chaud   to be (feel) warm (persons)
avoir froid   to be (feel) cold (persons)
avoir sommeil   to be (feel) sleepy

avoir qqch à faire   to have
   something to do
avoir de la chance   to be lucky
avoir faim   to be hungry
avoir soif   to be thirsty

balayer		Part. pr. **balayant**	Part. passé **balayé**

to sweep

The Seven Simple Tenses		The Seven Compound Tenses	
Singular	Plural	Singular	Plural

1 présent de l'indicatif

balaye	balayons		
balayes	balayez		
balaye	balayent		

8 passé composé

ai balayé	avons balayé
as balayé	avez balayé
a balayé	ont balayé

2 imparfait de l'indicatif

balayais	balayions
balayais	balayiez
balayait	balayaient

9 plus-que-parfait de l'indicatif

avais balayé	avions balayé
avais balayé	aviez balayé
avait balayé	avaient balayé

3 passé simple

balayai	balayâmes
balayas	balayâtes
balaya	balayèrent

10 passé antérieur

eus balayé	eûmes balayé
eus balayé	eûtes balayé
eut balayé	eurent balayé

4 futur

balayerai	balayerons
balayeras	balayerez
balayera	balayeront

11 futur antérieur

aurai balayé	aurons balayé
auras balayé	aurez balayé
aura balayé	auront balayé

5 conditionnel

balayerais	balayerions
balayerais	balayeriez
balayerait	balayeraient

12 conditionnel passé

aurais balayé	aurions balayé
aurais balayé	auriez balayé
aurait balayé	auraient balayé

6 présent du subjonctif

balaye	balayions
balayes	balayiez
balaye	balayent

13 passé du subjonctif

aie balayé	ayons balayé
aies balayé	ayez balayé
ait balayé	aient balayé

7 imparfait du subjonctif

balayasse	balayassions
balayasses	balayassiez
balayât	balayassent

14 plus-que-parfait du subjonctif

eusse balayé	eussions balayé
eusses balayé	eussiez balayé
eût balayé	eussent balayé

Impératif
balaye
balayons
balayez

—Marie, as-tu balayé les chambres?
—Non, madame.
—Et pourquoi pas?
—Parce que je n'ai pas de balai, je n'ai pas de balayette, et je ne suis pas balayeuse. Voilà pourquoi!

un balai broom; **une balayette** small broom; **un balayeur, une balayeuse** sweeper

Verbs ending in -*ayer* may change *y* to *i* before mute *e* or may keep *y*.

to build, to construct

The Seven Simple Tenses		The Seven Compound Tenses	
Singular	Plural	Singular	Plural

1 présent de l'indicatif

bâtis	bâtissons	
bâtis	bâtissez	
bâtit	bâtissent	

8 passé composé

ai bâti	avons bâti
as bâti	avez bâti
a bâti	ont bâti

2 imparfait de l'indicatif

bâtissais	bâtissions
bâtissais	bâtissiez
bâtissait	bâtissaient

9 plus-que-parfait de l'indicatif

avais bâti	avions bâti
avais bâti	aviez bâti
avait bâti	avaient bâti

3 passé simple

bâtis	bâtîmes
bâtis	bâtîtes
bâtit	bâtirent

10 passé antérieur

eus bâti	eûmes bâti
eus bâti	eûtes bâti
eut bâti	eurent bâti

4 futur

bâtirai	bâtirons
bâtiras	bâtirez
bâtira	bâtiront

11 futur antérieur

aurai bâti	aurons bâti
auras bâti	aurez bâti
aura bâti	auront bâti

5 conditionnel

bâtirais	bâtirions
bâtirais	bâtiriez
bâtirait	bâtiraient

12 conditionnel passé

aurais bâti	aurions bâti
aurais bâti	auriez bâti
aurait bâti	auraient bâti

6 présent du subjonctif

bâtisse	bâtissions
bâtisses	bâtissiez
bâtisse	bâtissent

13 passé du subjonctif

aie bâti	ayons bâti
aies bâti	ayez bâti
ait bâti	aient bâti

7 imparfait du subjonctif

bâtisse	bâtissions
bâtisses	bâtissiez
bâtît	bâtissent

14 plus-que-parfait du subjonctif

eusse bâti	eussions bâti
eusses bâti	eussiez bâti
eût bâti	eussent bâti

Impératif
bâtis
bâtissons
bâtissez

—Est-ce que tu aimes bâtir des maisons en papier mâché?
—Oui, beaucoup. J'aime surtout bâtir des petits avions en papier. Je les lance contre le mur dans la salle de classe.
—Et ton père? Aime-t-il bâtir?
—Non, il ne bâtit jamais. Il a fait bâtir cette maison. Nous bâtissons des châteaux en Espagne employant notre imagination.
—Moi, j'aime les grands bâtiments.

un bâtiment   building, edifice; un bâtisseur   builder
bâtir   to baste; du fil à bâtir   basting thread

battre

Part. pr. battant **Part. passé battu**

to beat, to hit, to strike

The Seven Simple Tenses		The Seven Compound Tenses	
Singular	Plural	Singular	Plural
1 présent de l'indicatif		**8 passé composé**	
bats	battons	ai battu	avons battu
bats	battez	as battu	avez battu
bat	battent	a battu	ont battu
2 imparfait de l'indicatif		**9 plus-que-parfait de l'indicatif**	
battais	battions	avais battu	avions battu
battais	battiez	avais battu	aviez battu
battait	battaient	avait battu	avaient battu
3 passé simple		**10 passé antérieur**	
battis	battîmes	eus battu	eûmes battu
battis	battîtes	eus battu	eûtes battu
battit	battirent	eut battu	eurent battu
4 futur		**11 futur antérieur**	
battrai	battrons	aurai battu	aurons battu
battras	battrez	auras battu	aurez battu
battra	battront	aura battu	auront battu
5 conditionnel		**12 conditionnel passé**	
battrais	battrions	aurais battu	aurions battu
battrais	battriez	aurais battu	auriez battu
battrait	battraient	aurait battu	auraient battu
6 présent du subjonctif		**13 passé du subjonctif**	
batte	battions	aie battu	ayons battu
battes	battiez	aies battu	ayez battu
batte	battent	ait battu	aient battu
7 imparfait du subjonctif		**14 plus-que-parfait du subjonctif**	
battisse	battissions	eusse battu	eussions battu
battisses	battissiez	eusses battu	eussiez battu
battît	battissent	eût battu	eussent battu

	Impératif	
bats	battons	battez

Notre femme de chambre est dans la cour. Elle est en train de battre les tapis. Elle les bat tous les samedis. Samedi dernier, pendant qu'elle battait les tapis, mon frère jouait au tennis et il a battu son adversaire.

battre des mains   to clap, to applaud
battre la campagne   to scour the countryside
le battant   leaf, flap (of a table)
une porte à deux battants   double door
une batte   bat, beater
le battement   banging (of a door); throbbing, flutter, beating

The Seven Simple Tenses		The Seven Compound Tenses	
Singular	Plural	Singular	Plural
1 présent de l'indicatif		**8 passé composé**	
me bats	nous battons	me suis battu(e)	nous sommes battu(e)s
te bats	vous battez	t'es battu(e)	vous êtes battu(e)(s)
se bat	se battent	s'est battu(e)	se sont battu(e)s
2 imparfait de l'indicatif		**9 plus-que-parfait de l'indicatif**	
me battais	nous battions	m'étais battu(e)	nous étions battu(e)s
te battais	vous battiez	t'étais battu(e)	vous étiez battu(e)(s)
se battait	se battaient	s'était battu(e)	s'étaient battu(e)s
3 passé simple		**10 passé antérieur**	
me battis	nous battîmes	me fus battu(e)	nous fûmes battu(e)s
te battis	vous battîtes	te fus battu(e)	vous fûtes battu(e)(s)
se battit	se battirent	se fut battu(e)	se furent battu(e)s
4 futur		**11 futur antérieur**	
me battrai	nous battrons	me serai battu(e)	nous serons battu(e)s
te battras	vous battrez	te seras battu(e)	vous serez battu(e)(s)
se battra	se battront	se sera battu(e)	se seront battu(e)s
5 conditionnel		**12 conditionnel passé**	
me battrais	nous battrions	me serais battu(e)	nous serions battu(e)s
te battrais	vous battriez	te serais battu(e)	vous seriez battu(e)(s)
se battrait	se battraient	se serait battu(e)	se seraient battu(e)s
6 présent du subjonctif		**13 passé du subjonctif**	
me batte	nous battions	me sois battu(e)	nous soyons battu(e)s
te battes	vous battiez	te sois battu(e)	vous soyez battu(e)(s)
se batte	se battent	se soit battu(e)	se soient battu(e)s
7 imparfait du subjonctif		**14 plus-que-parfait du subjonctif**	
me battisse	nous battissions	me fusse battu(e)	nous fussions battu(e)s
te battisses	vous battissiez	te fusses battu(e)	vous fussiez battu(e)(s)
se battît	se battissent	se fût battu(e)	se fussent battu(e)s

Impératif
bats-toi; ne te bats pas
battons-nous; ne nous battons pas
battez-vous; ne vous battez pas

Ecoutez! Nos voisins commencent à se battre. Ils se battent toujours. La dernière fois ils se sont battus à coups de poings. Il y a toujours un grand combat chez eux.

For other words and expressions related to this verb, see **battre**.

35

to chat, to chatter, to babble, to gossip

The Seven Simple Tenses		The Seven Compound Tenses	
Singular	Plural	Singular	Plural
1 présent de l'indicatif		**8 passé composé**	
bavarde	bavardons	ai bavardé	avons bavardé
bavardes	bavardez	as bavardé	avez bavardé
bavarde	bavardent	a bavardé	ont bavardé
2 imparfait de l'indicatif		**9 plus-que-parfait de l'indicatif**	
bavardais	bavardions	avais bavardé	avions bavardé
bavardais	bavardiez	avais bavardé	aviez bavardé
bavardait	bavardaient	avait bavardé	avaient bavardé
3 passé simple		**10 passé antérieur**	
bavardai	bavardâmes	eus bavardé	eûmes bavardé
bavardas	bavardâtes	eus bavardé	eûtes bavardé
bavarda	bavardèrent	eut bavardé	eurent bavardé
4 futur		**11 futur antérieur**	
bavarderai	bavarderons	aurai bavardé	aurons bavardé
bavarderas	bavarderez	auras bavardé	aurez bavardé
bavardera	bavarderont	aura bavardé	auront bavardé
5 conditionnel		**12 conditionnel passé**	
bavarderais	bavarderions	aurais bavardé	aurions bavardé
bavarderais	bavarderiez	aurais bavardé	auriez bavardé
bavarderait	bavarderaient	aurait bavardé	auraient bavardé
6 présent du subjonctif		**13 passé du subjonctif**	
bavarde	bavardions	aie bavardé	ayons bavardé
bavardes	bavardiez	aies bavardé	ayez bavardé
bavarde	bavardent	ait bavardé	aient bavardé
7 imparfait du subjonctif		**14 plus-que-parfait du subjonctif**	
bavardasse	bavardassions	eusse bavardé	eussions bavardé
bavardasses	bavardassiez	eusses bavardé	eussiez bavardé
bavardât	bavardassent	eût bavardé	eussent bavardé

Impératif
bavarde
bavardons
bavardez

Aimez-vous les personnes qui bavardent tout le temps? Je connais un homme qui est bavard. Sa femme est bavarde aussi. Elle aime à parler avec abondance. Moi, je n'aime pas le bavardage. Je ne bavarde pas parce que je n'aime pas perdre mon temps.

le bavardage   chitchat, chattering, talkativeness
bavard, bavarde   talkative, loquacious, garrulous
perdre son temps à bavarder   to waste one's time babbling

to harm, to hurt, to injure, to wound, to offend

The Seven Simple Tenses		The Seven Compound Tenses	
Singular	Plural	Singular	Plural
1 présent de l'indicatif		**8 passé composé**	
blesse	blessons	ai blessé	avons blessé
blesses	blessez	as blessé	avez blessé
blesse	blessent	a blessé	ont blessé
2 imparfait de l'indicatif		**9 plus-que-parfait de l'indicatif**	
blessais	blessions	avais blessé	avions blessé
blessais	blessiez	avais blessé	aviez blessé
blessait	blessaient	avait blessé	avaient blessé
3 passé simple		**10 passé antérieur**	
blessai	blessâmes	eus blessé	eûmes blessé
blessas	blessâtes	eus blessé	eûtes blessé
blessa	blessèrent	eut blessé	eurent blessé
4 futur		**11 futur antérieur**	
blesserai	blesserons	aurai blessé	aurons blessé
blesseras	blesserez	auras blessé	aurez blessé
blessera	blesseront	aura blessé	auront blessé
5 conditionnel		**12 conditionnel passé**	
blesserais	blesserions	aurais blessé	aurions blessé
blesserais	blesseriez	aurais blessé	auriez blessé
blesserait	blesseraient	aurait blessé	auraient blessé
6 présent du subjonctif		**13 passé du subjonctif**	
blesse	blessions	aie blessé	ayons blessé
blesses	blessiez	aies blessé	ayez blessé
blesse	blessent	ait blessé	aient blessé
7 imparfait du subjonctif		**14 plus-que-parfait du subjonctif**	
blessasse	blessassions	eusse blessé	eussions blessé
blessasses	blessassiez	eusses blessé	eussiez blessé
blessât	blessassent	eût blessé	eussent blessé

Impératif
blesse
blessons
blessez

Ma soeur est tombée sur un rocher qui l'a blessée au visage. C'était une blessure grave.

blesser à mort   to wound mortally
une blessure   wound, injury
une parole blessante   a cutting word

See also **se blesser**. Do not confuse **blesser** with **bénir**, which means *to bless*.

| **se blesser** | Part. pr. **se blessant** | Part. passé **blessé(e)(s)** |

to hurt oneself, to injure oneself, to wound oneself

The Seven Simple Tenses		The Seven Compound Tenses	
Singular	Plural	Singular	Plural
1 présent de l'indicatif		**8 passé composé**	
me blesse	nous blessons	me suis blessé(e)	nous sommes blessé(e)s
te blesses	vous blessez	t'es blessé(e)	vous êtes blessé(e)(s)
se blesse	se blessent	s'est blessé(e)	se sont blessé(e)s
2 imparfait de l'indicatif		**9 plus-que-parfait de l'indicatif**	
me blessais	nous blessions	m'étais blessé(e)	nous étions blessé(e)s
te blessais	vous blessiez	t'étais blessé(e)	vous étiez blessé(e)(s)
se blessait	se blessaient	s'était blessé(e)	s'étaient blessé(e)s
3 passé simple		**10 passé antérieur**	
me blessai	nous blessâmes	me fus blessé(e)	nous fûmes blessé(e)s
te blessas	vous blessâtes	te fus blessé(e)	vous fûtes blessé(e)(s)
se blessa	se blessèrent	se fut blessé(e)	se furent blessé(e)s
4 futur		**11 futur antérieur**	
me blesserai	nous blesserons	me serai blessé(e)	nous serons blessé(e)s
te blesseras	vous blesserez	te seras blessé(e)	vous serez blessé(e)(s)
se blessera	se blesseront	se sera blessé(e)	se seront blessé(e)s
5 conditionnel		**12 conditionnel passé**	
me blesserais	nous blesserions	me serais blessé(e)	nous serions blessé(e)s
te blesserais	vous blesseriez	te serais blessé(e)	vous seriez blessé(e)(s)
se blesserait	se blesseraient	se serait blessé(e)	se seraient blessé(e)s
6 présent du subjonctif		**13 passé du subjonctif**	
me blesse	nous blessions	me sois blessé(e)	nous soyons blessé(e)s
te blesses	vous blessiez	te sois blessé(e)	vous soyez blessé(e)(s)
se blesse	se blessent	se soit blessé(e)	se soient blessé(e)s
7 imparfait du subjonctif		**14 plus-que-parfait du subjonctif**	
me blessasse	nous blessassions	me fusse blessé(e)	nous fussions blessé(e)s
te blessasses	vous blessassiez	te fusses blessé(e)	vous fussiez blessé(e)(s)
se blessât	se blessassent	se fût blessé(e)	se fussent blessé(e)s

Impératif
blesse-toi; ne te blesse pas
blessons-nous; ne nous blessons pas
blessez-vous; ne vous blessez pas

Madame Leblanc est tombée dans la rue et elle s'est blessée au genou. C'était une blessure légère, heureusement.

se blesser de   to take offense at

For other words and expressions related to this verb, see **blesser**. Do not confuse **blesser** and **se blesser** with **bénir**, which means *to bless*.

The Seven Simple Tenses		The Seven Compound Tenses	
Singular	Plural	Singular	Plural
1 présent de l'indicatif		**8 passé composé**	
bois	buvons	ai bu	avons bu
bois	buvez	as bu	avez bu
boit	boivent	a bu	ont bu
2 imparfait de l'indicatif		**9 plus-que-parfait de l'indicatif**	
buvais	buvions	avais bu	avions bu
buvais	buviez	avais bu	aviez bu
buvait	buvaient	avait bu	avaient bu
3 passé simple		**10 passé antérieur**	
bus	bûmes	eus bu	eûmes bu
bus	bûtes	eus bu	eûtes bu
but	burent	eut bu	eurent bu
4 futur		**11 futur antérieur**	
boirai	boirons	aurai bu	aurons bu
boiras	boirez	auras bu	aurez bu
boira	boiront	aura bu	auront bu
5 conditionnel		**12 conditionnel passé**	
boirais	boirions	aurais bu	aurions bu
boirais	boiriez	aurais bu	auriez bu
boirait	boiraient	aurait bu	auraient bu
6 présent du subjonctif		**13 passé du subjonctif**	
boive	buvions	aie bu	ayons bu
boives	buviez	aies bu	ayez bu
boive	boivent	ait bu	aient bu
7 imparfait du subjonctif		**14 plus-que-parfait du subjonctif**	
busse	bussions	eusse bu	eussions bu
busses	bussiez	eusses bu	eussiez bu
bût	bussent	eût bu	eussent bu

	Impératif	
bois	buvons	buvez

—Michel, as-tu bu ton lait?
—Non, maman, je ne l'ai pas bu.
—Bois-le tout de suite, je te dis.
—Tous les jours je bois du lait. N'y a-t-il pas d'autres boissons dans la maison?
—Si, il y a d'autres boissons dans la maison mais les bons garçons comme toi boivent du lait.

boire à la santé de qqn   to drink to someone's health
une boisson   drink; boisson gazeuse   carbonated drink
un buveur, une buveuse   drinker; une buvette   bar
un buvard   ink blotter; boire un coup   to have a drink

39

brosser

Part. pr. brossant **Part. passé** brossé

to brush

The Seven Simple Tenses		The Seven Compound Tenses	
Singular	Plural	Singular	Plural
1 présent de l'indicatif		**8 passé composé**	
brosse	brossons	ai brossé	avons brossé
brosses	brossez	as brossé	avez brossé
brosse	brossent	a brossé	ont brossé
2 imparfait de l'indicatif		**9 plus-que-parfait de l'indicatif**	
brossais	brossions	avais brossé	avions brossé
brossais	brossiez	avais brossé	aviez brossé
brossait	brossaient	avait brossé	avaient brossé
3 passé simple		**10 passé antérieur**	
brossai	brossâmes	eus brossé	eûmes brossé
brossas	brossâtes	eus brossé	eûtes brossé
brossa	brossèrent	eut brossé	eurent brossé
4 futur		**11 futur antérieur**	
brosserai	brosserons	aurai brossé	aurons brossé
brosseras	brosserez	auras brossé	aurez brossé
brossera	brosseront	aura brossé	auront brossé
5 conditionnel		**12 conditionnel passé**	
brosserais	brosserions	aurais brossé	aurions brossé
brosserais	brosseriez	aurais brossé	auriez brossé
brosserait	brosseraient	aurait brossé	auraient brossé
6 présent du subjonctif		**13 passé du subjonctif**	
brosse	brossions	aie brossé	ayons brossé
brosses	brossiez	aies brossé	ayez brossé
brosse	brossent	ait brossé	aient brossé
7 imparfait du subjonctif		**14 plus-que-parfait du subjonctif**	
brossasse	brossassions	eusse brossé	eussions brossé
brossasses	brossassiez	eusses brossé	eussiez brossé
brossât	brossassent	eût brossé	eussent brossé

Impératif
brosse   brossons   brossez

—Henriette, as-tu brossé tes souliers?
—Non, maman, je ne les ai pas brossés.
—Et pourquoi pas, ma petite?
—Parce que je n'ai pas de brosse.

une brosse brush; brosse à chaussures shoebrush; brosse à dents toothbrush;
  brosse à ongles nailbrush
donner un coup de brosse to brush

See also se brosser.

to brush oneself

The Seven Simple Tenses		The Seven Compound Tenses	
Singular	Plural	Singular	Plural

1 présent de l'indicatif

me brosse	nous brossons
te brosses	vous brossez
se brosse	se brossent

8 passé composé

me suis brossé(e)	nous sommes brossé(e)s
t'es brossé(e)	vous êtes brossé(e)(s)
s'est brossé(e)	se sont brossé(e)s

2 imparfait de l'indicatif

me brossais	nous brossions
te brossais	vous brossiez
se brossait	se brossaient

9 plus-que-parfait de l'indicatif

m'étais brossé(e)	nous étions brossé(e)s
t'étais brossé(e)	vous étiez brossé(e)(s)
s'était brossé(e)	s'étaient brossé(e)s

3 passé simple

me brossai	nous brossâmes
te brossas	vous brossâtes
se brossa	se brossèrent

10 passé antérieur

me fus brossé(e)	nous fûmes brossé(e)s
te fus brossé(e)	vous fûtes brossé(e)(s)
se fut brossé(e)	se furent brossé(e)s

4 futur

me brosserai	nous brosserons
te brosseras	vous brosserez
se brossera	se brosseront

11 futur antérieur

me serai brossé(e)	nous serons brossé(e)s
te seras brossé(e)	vous serez brossé(e)(s)
se sera brossé(e)	se seront brossé(e)s

5 conditionnel

me brosserais	nous brosserions
te brosserais	vous brosseriez
se brosserait	se brosseraient

12 conditionnel passé

me serais brossé(e)	nous serions brossé(e)s
te serais brossé(e)	vous seriez brossé(e)(s)
se serait brossé(e)	se seraient brossé(e)s

6 présent du subjonctif

me brosse	nous brossions
te brosses	vous brossiez
se brosse	se brossent

13 passé du subjonctif

me sois brossé(e)	nous soyons brossé(e)s
te sois brossé(e)	vous soyez brossé(e)(s)
se soit brossé(e)	se soient brossé(e)s

7 imparfait du subjonctif

me brossasse	nous brossassions
te brossasses	vous brossassiez
se brossât	se brossassent

14 plus-que-parfait du subjonctif

me fusse brossé(e)	nous fussions brossé(e)s
te fusses brossé(e)	vous fussiez brossé(e)(s)
se fût brossé(e)	se fussent brossé(e)s

Impératif
brosse-toi; ne te brosse pas
brossons-nous; ne nous brossons pas
brossez-vous; ne vous brossez pas

—Tina Marie, est-ce que tu t'es brossée?
—Non, maman, je ne me suis pas brossée.
—Et pourquoi pas? Brosse-toi vite!
—Parce que je n'ai pas de brosse à habits, je n'ai pas de brosse à cheveux, je n'ai pas de brosse à chaussures. Je n'ai aucune brosse. Je n'ai pas de brosse à dents, non plus.
—Quelle fille!

se brosser les dents, les cheveux, etc.   to brush one's teeth, hair, etc.

For other words and expressions related to this verb, see **brosser**.

brûler

Part. pr. **brûlant**   Part. passé **brûlé**

to burn

The Seven Simple Tenses		The Seven Compound Tenses	
Singular	Plural	Singular	Plural
1 présent de l'indicatif		**8 passé composé**	
brûle	brûlons	ai brûlé	avons brûlé
brûles	brûlez	as brûlé	avez brûlé
brûle	brûlent	a brûlé	ont brûlé
2 imparfait de l'indicatif		**9 plus-que-parfait de l'indicatif**	
brûlais	brûlions	avais brûlé	avions brûlé
brûlais	brûliez	avais brûlé	aviez brûlé
brûlait	brûlaient	avait brûlé	avaient brûlé
3 passé simple		**10 passé antérieur**	
brûlai	brûlâmes	eus brûlé	eûmes brûlé
brûlas	brûlâtes	eus brûlé	eûtes brûlé
brûla	brûlèrent	eut brûlé	eurent brûlé
4 futur		**11 futur antérieur**	
brûlerai	brûlerons	aurai brûlé	aurons brûlé
brûleras	brûlerez	auras brûlé	aurez brûlé
brûlera	brûleront	aura brûlé	auront brûlé
5 conditionnel		**12 conditionnel passé**	
brûlerais	brûlerions	aurais brûlé	aurions brûlé
brûlerais	brûleriez	aurais brûlé	auriez brûlé
brûlerait	brûleraient	aurait brûlé	auraient brûlé
6 présent du subjonctif		**13 passé du subjonctif**	
brûle	brûlions	aie brûlé	ayons brûlé
brûles	brûliez	aies brûlé	ayez brûlé
brûle	brûlent	ait brûlé	aient brûlé
7 imparfait du subjonctif		**14 plus-que-parfait du subjonctif**	
brûlasse	brûlassions	eusse brûlé	eussions brûlé
brûlasses	brûlassiez	eusses brûlé	eussiez brûlé
brûlât	brûlassent	eût brûlé	eussent brûlé

Impératif
brûle
brûlons
brûlez

—Joséphine, avez-vous brûlé les vieux papiers que je vous ai donnés?
—Oui, madame, et je me suis brûlée. J'ai une brûlure aux doigts.

une brûlure   burn
un brûleur   burner, roaster
brûler d'amour   to be madly in love
brûler de faire qqch   to be eager to do something
brûler un feu rouge   to pass through a red traffic light

42

The Seven Simple Tenses		The Seven Compound Tenses	
Singular	Plural	Singular	Plural

1 présent de l'indicatif

		8 passé composé	
cache	cachons	ai caché	avons caché
caches	cachez	as caché	avez caché
cache	cachent	a caché	ont caché

2 imparfait de l'indicatif

		9 plus-que-parfait de l'indicatif	
cachais	cachions	avais caché	avions caché
cachais	cachiez	avais caché	aviez caché
cachait	cachaient	avait caché	avaient caché

3 passé simple

		10 passé antérieur	
cachai	cachâmes	eus caché	eûmes caché
cachas	cachâtes	eus caché	eûtes caché
cacha	cachèrent	eut caché	eurent caché

4 futur

		11 futur antérieur	
cacherai	cacherons	aurai caché	aurons caché
cacheras	cacherez	auras caché	aurez caché
cachera	cacheront	aura caché	auront caché

5 conditionnel

		12 conditionnel passé	
cacherais	cacherions	aurais caché	aurions caché
cacherais	cacheriez	aurais caché	auriez caché
cacherait	cacheraient	aurait caché	auraient caché

6 présent du subjonctif

		13 passé du subjonctif	
cache	cachions	aie caché	ayons caché
caches	cachiez	aies caché	ayez caché
cache	cachent	ait caché	aient caché

7 imparfait du subjonctif

		14 plus-que-parfait du subjonctif	
cachasse	cachassions	eusse caché	eussions caché
cachasses	cachassiez	eusses caché	eussiez caché
cachât	cachassent	eût caché	eussent caché

Impératif

cache   cachons   cachez

— Pierre, qu'est-ce que tu as caché derrière toi?
— Rien, papa.
— Ne me dis pas ça. Tu caches quelque chose.
— Voici, papa, c'est un petit chat que j'ai trouvé dans le parc.

une cache, une cachette hiding place	cacheter to seal up
un cachet seal, mark	cache-cache hide-and-seek
un cachetage sealing	vin cacheté vintage wine
cacher qqch à qqn to hide	un cache-poussière dust coat
something from someone	(des cache-poussière)

See also se **cacher**.

43

se cacher

Part. pr. **se cachant**   Part. passé **caché(e)(s)**

to hide oneself

The Seven Simple Tenses		The Seven Compound Tenses	
Singular	Plural	Singular	Plural

1 présent de l'indicatif

me cache	nous cachons
te caches	vous cachez
se cache	se cachent

8 passé composé

me suis caché(e)	nous sommes caché(e)s
t'es caché(e)	vous êtes caché(e)(s)
s'est caché(e)	se sont caché(e)s

2 imparfait de l'indicatif

me cachais	nous cachions
te cachais	vous cachiez
se cachait	se cachaient

9 plus-que-parfait de l'indicatif

m'étais caché(e)	nous étions caché(e)s
t'étais caché(e)	vous étiez caché(e)(s)
s'était caché(e)	s'étaient caché(e)s

3 passé simp

me cachai	nous cachâmes
te cachas	vous cachâtes
se cacha	se cachèrent

10 passé antérieur

me fus caché(e)	nous fûmes caché(e)s
te fus caché(e)	vous fûtes caché(e)(s)
se fut caché(e)	se furent caché(e)s

4 futur

me cacherai	nous cacherons
te cacheras	vous cacherez
se cachera	se cacheront

11 futur antérieur

me serai caché(e)	nous serons caché(e)s
te seras caché(e)	vous serez caché(e)(s)
se sera caché(e)	se seront caché(e)s

5 conditionn

me cacherais	nous cacherions
te cacherais	vous cacheriez
se cacherait	se cacheraient

12 conditionnel pa

me serais caché(e)	nous serions caché(e)s
te serais caché(e)	vous seriez caché(e)(s)
se serait caché(e)	se seraient caché(e)s

6 présent du subjonctif

me cache	nous cachions
te caches	vous cachiez
se cache	se cachent

13 passé du subjonctif

me sois caché(e)	nous soyons caché(e)s
te sois caché(e)	vous soyez caché(e)(s)
se soit caché(e)	se soient caché(e)s

7 imparfait du subjonctif

me cachasse	nous cachassions
te cachasses	vous cachassiez
se cachât	se cachassent

14 plus-que-parfait du subjonctif

me fusse caché(e)	nous fussions caché(e)s
te fusses caché(e)	vous fussiez caché(e)(s)
se fût caché(e)	se fussent caché(e)s

Impératif
cache-toi; ne te cache pas
cachons-nous; ne nous cachons pas
cachez-vous; ne vous cachez pas

J'ai un petit chien que j'appelle Coco. Quelquefois je ne peux pas le trouver parce qu'il se cache sous mon lit ou derrière l'arbre dans le jardin. La semaine dernière il s'est caché sous le chapeau de mon père. Il aime jouer à cache-cache. Il est très intelligent.

une cache, une cachette	hiding place	cacheter	to seal up
un cachet	seal, mark	cache-cache	hide-and-seek
un cachetage	sealing	vin cacheté	vintage wine
se cacher de qqn	to hide	un cachot	cell, prison
from someone			

See also **cacher**.

44

to break

The Seven Simple Tenses		The Seven Compound Tenses	
Singular	Plural	Singular	Plural

1 présent de l'indicatif
casse	cassons
casses	cassez
casse	cassent

8 passé composé
ai cassé	avons cassé
as cassé	avez cassé
a cassé	ont cassé

2 imparfait de l'indicatif
cassais	cassions
cassais	cassiez
cassait	cassaient

9 plus-que-parfait de l'indicatif
avais cassé	avions cassé
avais cassé	aviez cassé
avait cassé	avaient cassé

3 passé simple
cassai	cassâmes
cassas	cassâtes
cassa	cassèrent

10 passé antérieur
eus cassé	eûmes cassé
eus cassé	eûtes cassé
eut cassé	eurent cassé

4 futur
casserai	casserons
casseras	casserez
cassera	casseront

11 futur antérieur
aurai cassé	aurons cassé
auras cassé	aurez cassé
aura cassé	auront cassé

5 conditionnel
casserais	casserions
casserais	casseriez
casserait	casseraient

12 conditionnel passé
aurais cassé	aurions cassé
aurais cassé	auriez cassé
aurait cassé	auraient cassé

6 présent du subjonctif
casse	cassions
casses	cassiez
casse	cassent

13 passé du subjonctif
aie cassé	ayons cassé
aies cassé	ayez cassé
ait cassé	aient cassé

7 imparfait du subjonctif
cassasse	cassassions
cassasses	cassassiez
cassât	cassassent

14 plus-que-parfait du subjonctif
eusse cassé	eussions cassé
eusses cassé	eussiez cassé
eût cassé	eussent cassé

Impératif
casse
cassons
cassez

—Jean, c'est toi qui as cassé mon joli vase?
—Non, maman, c'était Mathilde.
—Mathilde, c'est toi qui as cassé mon joli vase?
—Non, maman, c'était Jean.
—Quels enfants!

une casse breakage, damage
un casse-croûte snack
un casse-noisettes, un casse-noix nutcracker
casser la croûte to have a snack
See also se casser.

un casse-pieds a bore, a pain in the neck
un cassement de tête puzzle, worry
concasser to crush (cereal, stones)

45

| se casser | Part. pr. **se cassant** | Part. passé **cassé(e)(s)** |

to break (a part of one's body, *e.g.*, leg, arm, nose)

The Seven Simple Tenses		The Seven Compound Tenses	
Singular	Plural	Singular	Plural
1 présent de l'indicatif		**8 passé composé**	
me casse	nous cassons	me suis cassé(e)	nous sommes cassé(e)s
te casses	vous cassez	t'es cassé(e)	vous êtes cassé(e)(s)
se casse	se cassent	s'est cassé(e)	se sont cassé(e)s
2 imparfait de l'indicatif		**9 plus-que-parfait de l'indicatif**	
me cassais	nous cassions	m'étais cassé(e)	nous étions cassé(e)s
te cassais	vous cassiez	t'étais cassé(e)	vous étiez cassé(e)(s)
se cassait	se cassaient	s'était cassé(e)	s'étaient cassé(e)s
3 passé simp		**10 passé antérieur**	
me cassai	nous cassâmes	me fus cassé(e)	nous fûmes cassé(e)s
te cassas	vous cassâtes	te fus cassé(e)	vous fûtes cassé(e)(s)
se cassa	se cassèrent	se fut cassé(e)	se furent cassé(e)s
4 futur		**11 futur antérieur**	
me casserai	nous casserons	me serai cassé(e)	nous serons cassé(e)s
te casseras	vous casserez	te seras cassé(e)	vous serez cassé(e)(s)
se cassera	se casseront	se sera cassé(e)	se seront cassé(e)s
5 conditionn		**12 conditionnel pa**	
me casserais	nous casserions	me serais cassé(e)	nous serions cassé(e)s
te casserais	vous casseriez	te serais cassé(e)	vous seriez cassé(e)(s)
se casserait	se casseraient	se serait cassé(e)	se seraient cassé(e)s
6 présent du subjonctif		**13 passé du subjonctif**	
me casse	nous cassions	me sois cassé(e)	nous soyons cassé(e)s
te casses	vous cassiez	te sois cassé(e)	vous soyez cassé(e)(s)
se casse	se cassent	se soit cassé(e)	se soient cassé(e)s
7 imparfait du subjonctif		**14 plus-que-parfait du subjonctif**	
me cassasse	nous cassassions	me fusse cassé(e)	nous fussions cassé(e)s
te cassasses	vous cassassiez	te fusses cassé(e)	vous fussiez cassé(e)(s)
se cassât	se cassassent	se fût cassé(e)	se fussent cassé(e)s

Impératif
casse-toi. . .; ne te casse pas. . .
cassons-nous. . .; ne nous cassons pas. . .
cassez-vous. . .; ne vous cassez pas. . .

Pendant les vacances d'hiver, nous sommes allés faire du ski dans les montagnes. Mon père s'est cassé le bras, ma mère s'est cassé la jambe, et moi, je me suis cassé le pied.

se casser la tête to rack one's brains
se casser le nez to find nobody answering the door
casser la tête à qqn to annoy someone

See also **casser**.

to cause, to chat

The Seven Simple Tenses		The Seven Compound Tenses	
Singular	Plural	Singular	Plural
1 présent de l'indicatif		**8 passé composé**	
cause	causons	ai causé	avons causé
causes	causez	as causé	avez causé
cause	causent	a causé	ont causé
2 imparfait de l'indicatif		**9 plus-que-parfait de l'indicatif**	
causais	causions	avais causé	avions causé
causais	causiez	avais causé	aviez causé
causait	causaient	avait causé	avaient causé
3 passé simple		**10 passé antérieur**	
causai	causâmes	eus causé	eûmes causé
causas	causâtes	eus causé	eûtes causé
causa	causèrent	eut causé	eurent causé
4 futur		**11 futur antérieur**	
causerai	causerons	aurai causé	aurons causé
causeras	causerez	auras causé	aurez causé
causera	causeront	aura causé	auront causé
5 conditionnel		**12 conditionnel passé**	
causerais	causerions	aurais causé	aurions causé
causerais	causeriez	aurais causé	auriez causé
causerait	causeraient	aurait causé	auraient causé
6 présent du subjonctif		**13 passé du subjonctif**	
cause	causions	aie causé	ayons causé
causes	causiez	aies causé	ayez causé
cause	causent	ait causé	aient causé
7 imparfait du subjonctif		**14 plus-que-parfait du subjonctif**	
causasse	causassions	eusse causé	eussions causé
causasses	causassiez	eusses causé	eussiez causé
causât	causassent	eût causé	eussent causé

Impératif
cause
causons
causez

Quand je voyage, j'aime beaucoup causer avec les passagers. Est-ce que vous causez avec vos voisins dans la salle de classe? En français, bien sûr! Je connais un garçon qui n'est pas très causant.

causant, causante   talkative
causatif, causative   causative
une cause   cause, reason
causer de la pluie et du beau temps
  to chat about the weather

une cause célèbre   famous trial
une causerie   chat, informal talk
causeur, causeuse   talkative

céder

Part. pr. **cédant**   Part. passé **cédé**

to yield, to cede

The Seven Simple Tenses		The Seven Compound Tenses	
Singular	Plural	Singular	Plural
1 présent de l'indicatif		**8 passé composé**	
cède	cédons	ai cédé	avons cédé
cèdes	cédez	as cédé	avez cédé
cède	cèdent	a cédé	ont cédé
2 imparfait de l'indicatif		**9 plus-que-parfait de l'indicatif**	
cédais	cédions	avais cédé	avions cédé
cédais	cédiez	avais cédé	aviez cédé
cédait	cédaient	avait cédé	avaient cédé
3 passé simple		**10 passé antérieur**	
cédai	cédâmes	eus cédé	eûmes cédé
cédas	cédâtes	eus cédé	eûtes cédé
céda	cédèrent	eut cédé	eurent cédé
4 futur		**11 futur antérieur**	
céderai	céderons	aurai cédé	aurons cédé
céderas	céderez	auras cédé	aurez cédé
cédera	céderont	aura cédé	auront cédé
5 conditionnel		**12 conditionnel passé**	
céderais	céderions	aurais cédé	aurions cédé
céderais	céderiez	aurais cédé	auriez cédé
céderait	céderaient	aurait cédé	auraient cédé
6 présent du subjonctif		**13 passé du subjonctif**	
cède	cédions	aie cédé	ayons cédé
cèdes	cédiez	aies cédé	ayez cédé
cède	cèdent	ait cédé	aient cédé
7 imparfait du subjonctif		**14 plus-que-parfait du subjonctif**	
cédasse	cédassions	eusse cédé	eussions cédé
cédasses	cédassiez	eusses cédé	eussiez cédé
cédât	cédassent	eût cédé	eussent cédé

	Impératif
	cède
	cédons
	cédez

Hier soir j'ai pris l'autobus pour rentrer chez moi. J'ai pris la dernière place libre. Après quelques minutes, une vieille dame est entrée dans l'autobus et j'ai cédé ma place à cette aimable personne.

céder à   to give up, give in, yield to   **céder le pas à qqn**   to give way to someone
accéder à   to accede to, to comply with
concéder à   to concede to, to grant

The Seven Simple Tenses		The Seven Compound Tenses	
Singular	Plural	Singular	Plural
1 présent de l'indicatif		**8 passé composé**	
cesse	cessons	ai cessé	avons cessé
cesses	cessez	as cessé	avez cessé
cesse	cessent	a cessé	ont cessé
2 imparfait de l'indicatif		**9 plus-que-parfait de l'indicatif**	
cessais	cessions	avais cessé	avions cessé
cessais	cessiez	avais cessé	aviez cessé
cessait	cessaient	avait cessé	avaient cessé
3 passé simple		**10 passé antérieur**	
cessai	cessâmes	eus cessé	eûmes cessé
cessas	cessâtes	eus cessé	eûtes cessé
cessa	cessèrent	eut cessé	eurent cessé
4 futur		**11 futur antérieur**	
cesserai	cesserons	aurai cessé	aurons cessé
cesseras	cesserez	auras cessé	aurez cessé
cessera	cesseront	aura cessé	auront cessé
5 conditionnel		**12 conditionnel passé**	
cesserais	cesserions	aurais cessé	aurions cessé
cesserais	cesseriez	aurais cessé	auriez cessé
cesserait	cesseraient	aurait cessé	auraient cessé
6 présent du subjonctif		**13 passé du subjonctif**	
cesse	cessions	aie cessé	ayons cessé
cesses	cessiez	aies cessé	ayez cessé
cesse	cessent	ait cessé	aient cessé
7 imparfait du subjonctif		**14 plus-que-parfait du subjonctif**	
cessasse	cessassions	eusse cessé	eussions cessé
cessasses	cessassiez	eusses cessé	eussiez cessé
cessât	cessassent	eût cessé	eussent cessé

Impératif
cesse
cessons
cessez

—Robert, cesse de parler, s'il te plaît! Tu es trop bavard dans cette classe.
—Oui, monsieur. Je cesse de parler. Je me tais.

une cesse   cease, ceasing
cesser de se voir   to stop seeing each other
cesser le feu   to cease fire

For **je me tais**, see se taire. See also **bavarder**.

49

changer

Part. pr. **changeant**   Part. passé **changé**

to change

The Seven Simple Tenses		The Seven Compound Tenses	
Singular	Plural	Singular	Plural
1 présent de l'indicatif		**8 passé composé**	
change	changeons	ai changé	avons changé
changes	changez	as changé	avez changé
change	changent	a changé	ont changé
2 imparfait de l'indicatif		**9 plus-que-parfait de l'indicatif**	
changeais	changions	avais changé	avions changé
changeais	changiez	avais changé	aviez changé
changeait	changeaient	avait changé	avaient changé
3 passé simple		**10 passé antérieur**	
changeai	changeâmes	eus changé	eûmes changé
changeas	changeâtes	eus changé	eûtes changé
changea	changèrent	eut changé	eurent changé
4 futur		**11 futur antérieur**	
changerai	changerons	aurai changé	aurons changé
changeras	changerez	auras changé	aurez changé
changera	changeront	aura changé	auront changé
5 conditionnel		**12 conditionnel passé**	
changerais	changerions	aurais changé	aurions changé
changerais	changeriez	aurais changé	auriez changé
changerait	changeraient	aurait changé	auraient changé
6 présent du subjonctif		**13 passé du subjonctif**	
change	changions	aie changé	ayons changé
changes	changiez	aies changé	ayez changé
change	changent	ait changé	aient changé
7 imparfait du subjonctif		**14 plus-que-parfait du subjonctif**	
changeasse	changeassions	eusse changé	eussions changé
changeasses	changeassiez	eusses changé	eussiez changé
changeât	changeassent	eût changé	eussent changé

Impératif
change
changeons
changez

Je vais changer de vêtements maintenant parce que je prends le train pour Paris et là je vais changer de train pour aller à Marseille.

changer d'avis to change one's mind	**échanger** to exchange
changer de route to take another road	**Plus ça change, plus c'est la même chose!** The more it changes, the more it remains the same!

50

The Seven Simple Tenses		The Seven Compound Tenses	
Singular	Plural	Singular	Plural
1 présent de l'indicatif		**8 passé composé**	
chante	chantons	ai chanté	avons chanté
chantes	chantez	as chanté	avez chanté
chante	chantent	a chanté	ont chanté
2 imparfait de l'indicatif		**9 plus-que-parfait de l'indicatif**	
chantais	chantions	avais chanté	avions chanté
chantais	chantiez	avais chanté	aviez chanté
chantait	chantaient	avait chanté	avaient chanté
3 passé simple		10 passé antérieur	
chantai	chantâmes	eus chanté	eûmes chanté
chantas	chantâtes	eus chanté	eûtes chanté
chanta	chantèrent	eut chanté	eurent chanté
4 futur		11 futur antérieur	
chanterai	chanterons	aurai chanté	aurons chanté
chanteras	chanterez	auras chanté	aurez chanté
chantera	chanteront	aura chanté	auront chanté
5 conditionnel		**12 conditionnel passé**	
chanterais	chanterions	aurais chanté	aurions chanté
chanterais	chanteriez	aurais chanté	auriez chanté
chanterait	chanteraient	aurait chanté	auraient chanté
6 présent du subjonctif		13 passé du subjonctif	
chante	chantions	aie chanté	ayons chanté
chantes	chantiez	aies chanté	ayez chanté
chante	chantent	ait chanté	aient chanté
7 imparfait du subjonctif		14 plus-que-parfait du subjonctif	
chantasse	chantassions	eusse chanté	eussions chanté
chantasses	chantassiez	eusses chanté	eussiez chanté
chantât	chantassent	eût chanté	eussent chanté

Impératif
chante
chantons
chantez

Madame Chanteclaire aime bien chanter en jouant du piano. Tous les matins elle chante dans la salle de bains et quelquefois elle chante quand elle dort. Elle donne des leçons de chant.

une chanson song	**chanson de geste** epic poem
chansons! fiddlesticks! nonsense!	**un chant** carol, chant, singing
C'est une autre chanson! That's another story!	**le chantage** blackmail
chanson d'amour love song	**chanteur, chanteuse** singer
Si ça vous chante. . . If you are in the mood for it. . .	**enchanter** to enchant

51

charger	Part. pr. **chargeant**	Part. passé **chargé**

to burden, to charge, to load

The Seven Simple Tenses		The Seven Compound Tenses	
Singular	Plural	Singular	Plural
1 présent de l'indicatif		**8 passé composé**	
charge	chargeons	ai chargé	avons chargé
charges	chargez	as chargé	avez chargé
charge	chargent	a chargé	ont chargé
2 imparfait de l'indicatif		**9 plus-que-parfait de l'indicatif**	
chargeais	chargions	avais chargé	avions chargé
chargeais	chargiez	avais chargé	aviez chargé
chargeait	chargeaient	avait chargé	avaient chargé
3 passé simple		**10 passé antérieur**	
chargeai	chargeâmes	eus chargé	eûmes chargé
chargeas	chargeâtes	eus chargé	eûtes chargé
chargea	chargèrent	eut chargé	eurent chargé
4 futur		**11 futur antérieur**	
chargerai	chargerons	aurai chargé	aurons chargé
chargeras	chargerez	auras chargé	aurez chargé
chargera	chargeront	aura chargé	auront chargé
5 conditionnel		**12 conditionnel passé**	
chargerais	chargerions	aurais chargé	aurions chargé
chargerais	chargeriez	aurais chargé	auriez chargé
chargerait	chargeraient	aurait chargé	auraient chargé
6 présent du subjonctif		**13 passé du subjonctif**	
charge	chargions	aie chargé	ayons chargé
charges	chargiez	aies chargé	ayez chargé
charge	chargent	ait chargé	aient chargé
7 imparfait du subjonctif		**14 plus-que-parfait du subjonctif**	
chargeasse	chargeassions	eusse chargé	eussions chargé
chargeasses	chargeassiez	eusses chargé	eussiez chargé
chargeât	chargeassent	eût chargé	eussent chargé

Impératif
charge
chargeons
chargez

Je connais une dame qui charge son mari de paquets chaque fois qu'ils vont faire des emplettes. Une fois quand je les ai vus en ville, il a chargé sa femme de malédictions.

une charge a load, burden	**charger de malédictions** to curse
chargé d'impôts heavily taxed	**charger de louanges** to overwhelm with
un chargé d'affaires envoy	praises
Je m'en charge I'll take care of it.	

to hunt, to pursue, to chase, to drive out

| The Seven Simple Tenses | | The Seven Compound Tenses | |
| Singular | Plural | Singular | Plural |

1 présent de l'indicatif

chasse	chassons
chasses	chassez
chasse	chassent

2 imparfait de l'indicatif

chassais	chassions
chassais	chassiez
chassait	chassaient

3 passé simple

chassai	chassâmes
chassas	chassâtes
chassa	chassèrent

4 futur

chasserai	chasserons
chasseras	chasserez
chassera	chasseront

5 conditionnel

chasserais	chasserions
chasserais	chasseriez
chasserait	chasseraient

6 présent du subjonctif

chasse	chassions
chasses	chassiez
chasse	chassent

7 imparfait du subjonctif

chassasse	chassassions
chassasses	chassassiez
chassât	chassassent

8 passé composé

ai chassé	avons chassé
as chassé	avez chassé
a chassé	ont chassé

9 plus-que-parfait de l'indicatif

avais chassé	avions chassé
avais chassé	aviez chassé
avait chassé	avaient chassé

10 passé antérieur

eus chassé	eûmes chassé
eus chassé	eûtes chassé
eut chassé	eurent chassé

11 futur antérieur

aurai chassé	aurons chassé
auras chassé	aurez chassé
aura chassé	auront chassé

12 conditionnel passé

aurais chassé	aurions chassé
aurais chassé	auriez chassé
aurait chassé	auraient chassé

13 passé du subjonctif

aie chassé	ayons chassé
aies chassé	ayez chassé
ait chassé	aient chassé

14 plus-que-parfait du subjonctif

eusse chassé	eussions chassé
eusses chassé	eussiez chassé
eût chassé	eussent chassé

Impératif
chasse
chassons
chassez

Avez-vous jamais chassé des papillons? Tout le monde aime chasser de temps en temps.
Les chasseurs aiment chasser. Les chats aiment chasser les souris. Et les garçons aiment
chasser les jolies jeunes filles.

Pronounce out loud this tongue twister as fast as you can:
Le chasseur, sachant chasser sans son chien, chassera.
(The hunter, knowing how to hunt without his dog, will hunt.)
Sachant is the pres. part. of **savoir**.

53

chercher

Part. pr. **cherchant** Part. passé **cherché**

to look for, to search, to seek

The Seven Simple Tenses		The Seven Compound Tenses	
Singular	Plural	Singular	Plural
1 présent de l'indicatif		**8 passé composé**	
cherche	cherchons	ai cherché	avons cherché
cherches	cherchez	as cherché	avez cherché
cherche	cherchent	a cherché	ont cherché
2 imparfait de l'indicatif		**9 plus-que-parfait de l'indicatif**	
cherchais	cherchions	avais cherché	avions cherché
cherchais	cherchiez	avais cherché	aviez cherché
cherchait	cherchaient	avait cherché	avaient cherché
3 passé simple		**10 passé antérieur**	
cherchai	cherchâmes	eus cherché	eûmes cherché
cherchas	cherchâtes	eus cherché	eûtes cherché
chercha	cherchèrent	eut cherché	eurent cherché
4 futur		**11 futur antérieur**	
chercherai	chercherons	aurai cherché	aurons cherché
chercheras	chercherez	auras cherché	aurez cherché
cherchera	chercheront	aura cherché	auront cherché
5 conditionnel		**12 conditionnel passé**	
chercherais	chercherions	aurais cherché	aurions cherché
chercherais	chercheriez	aurais cherché	auriez cherché
chercherait	chercheraient	aurait cherché	auraient cherché
6 présent du subjonctif		**13 passé du subjonctif**	
cherche	cherchions	aie cherché	ayons cherché
cherches	cherchiez	aies cherché	ayez cherché
cherche	cherchent	ait cherché	aient cherché
7 imparfait du subjonctif		**14 plus-que-parfait du subjonctif**	
cherchasse	cherchassions	eusse cherché	eussions cherché
cherchasses	cherchassiez	eusses cherché	eussiez cherché
cherchât	cherchassent	eût cherché	eussent cherché

Impératif
cherche   cherchons   cherchez

—Monsieur, monsieur, j'ai perdu mon livre de français. J'ai cherché partout et je n'arrive pas à le trouver.
—Continue à chercher parce que demain je donnerai un examen.

se chercher to look for one another	**rechercher** to investigate, to seek, to look for again
chercheur seeker, investigator	
aller chercher to go and get	**faire des travaux de recherches** to carry out research work
chercher à to attempt to, try to	
aller chercher qqn ou qqch to go get someone or something	**envoyer chercher** to send for

Part. pr. choisissant   **Part. passé choisi**   **choisir**

to choose, to select, to pick

The Seven Simple Tenses		The Seven Compound Tenses	
Singular	Plural	Singular	Plural
1 présent de l'indicatif		**8 passé composé**	
choisis	choisissons	ai choisi	avons choisi
choisis	choisissez	as choisi	avez choisi
choisit	choisissent	a choisi	ont choisi
2 imparfait de l'indicatif		**9 plus-que-parfait de l'indicatif**	
choisissais	choisissions	avais choisi	avions choisi
choisissais	choisissiez	avais choisi	aviez choisi
choisissait	choisissaient	avait choisi	avaient choisi
3 passé simple		**10 passé antérieur**	
choisis	choisîmes	eus choisi	eûmes choisi
choisis	choisîtes	eus choisi	eûtes choisi
choisit	choisirent	eut choisi	eurent choisi
4 futur		**11 futur antérieur**	
choisirai	choisirons	aurai choisi	aurons choisi
choisiras	choisirez	auras choisi	aurez choisi
choisira	choisiront	aura choisi	auront choisi
5 conditionnel		**12 conditionnel passé**	
choisirais	choisirions	aurais choisi	aurions choisi
choisirais	choisiriez	aurais choisi	auriez choisi
choisirait	choisiraient	aurait choisi	auraient choisi
6 présent du subjonctif		**13 passé du subjonctif**	
choisisse	choisissions	aie choisi	ayons choisi
choisisses	choisissiez	aies choisi	ayez choisi
choisisse	choisissent	ait choisi	aient choisi
7 imparfait du subjonctif		**14 plus-que-parfait du subjonctif**	
choisisse	choisissions	eusse choisi	eussions choisi
choisisses	choisissiez	eusses choisi	eussiez choisi
choisît	choisissent	eût choisi	eussent choisi

Impératif
choisis
choisissons
choisissez

Hier soir j'ai dîné dans un restaurant français avec des amis. J'ai choisi du poisson. Raymond a choisi de la viande et Joseph a choisi une omelette.

un choix   choice
faire choix de   to make choice of
l'embarras du choix   too much to choose from
Il n'y a pas grand choix   There's not much choice.

| **commander** | Part. pr. **commandant** | Part. passé **commandé** |

to command, to order

The Seven Simple Tenses		The Seven Compound Tenses	
Singular	Plural	Singular	Plural
1 présent de l'indicatif		**8 passé composé**	
commande	commandons	ai commandé	avons commandé
commandes	commandez	as commandé	avez commandé
commande	commandent	a commandé	ont commandé
2 imparfait de l'indicatif		**9 plus-que-parfait de l'indicatif**	
commandais	commandions	avais commandé	avions commandé
commandais	commandiez	avais commandé	aviez commandé
commandait	commandaient	avait commandé	avaient commandé
3 passé simple		**10 passé antérieur**	
commandai	commandâmes	eus commandé	eûmes commandé
commandas	commandâtes	eus commandé	eûtes commandé
commanda	commandèrent	eut commandé	eurent commandé
4 futur		**11 futur antérieur**	
commanderai	commanderons	aurai commandé	aurons commandé
commanderas	commanderez	auras commandé	aurez commandé
commandera	commanderont	aura commandé	auront commandé
5 conditionnel		**12 conditionnel passé**	
commanderais	commanderions	aurais commandé	aurions commandé
commanderais	commanderiez	aurais commandé	auriez commandé
commanderait	commanderaient	aurait commandé	auraient commandé
6 présent du subjonctif		**13 passé du subjonctif**	
commande	commandions	aie commandé	ayons commandé
commandes	commandiez	aies commandé	ayez commandé
commande	commandent	ait commandé	aient commandé
7 imparfait du subjonctif		**14 plus-que-parfait du subjonctif**	
commandasse	commandassions	eusse commandé	eussions commandé
commandasses	commandassiez	eusses commandé	eussiez commandé
commandât	commandassent	eût commandé	eussent commandé

Impératif
commande
commandons
commandez

Hier soir mes amis et moi avons dîné dans un restaurant chinois. Nous avons commandé beaucoup de choses intéressantes.

un commandant   commanding officer
une commande   an order
commander à qqn de faire qqch   to order someone to do something
recommander   to recommend; recommander à qqn de faire qqch   to advise someone to do something
décommander un rendez-vous   to cancel a date, an appointment

to begin, to start, to commence

The Seven Simple Tenses		The Seven Compound Tenses	
Singular	Plural	Singular	Plural

1 présent de l'indicatif

commence	commençons		
commences	commencez		
commence	commencent		

2 imparfait de l'indicatif

commençais	commencions
commençais	commenciez
commençait	commençaient

3 passé simple

commençai	commençâmes
commenças	commençâtes
commença	commencèrent

4 futur

commencerai	commencerons
commenceras	commencerez
commencera	commenceront

5 conditionnel

commencerais	commencerions
commencerais	commenceriez
commencerait	commenceraient

6 présent du subjonctif

commence	commencions
commences	commenciez
commence	commencent

7 imparfait du subjonctif

commençasse	commençassions
commençasses	commençassiez
commençât	commençassent

8 passé composé

ai commencé	avons commencé
as commencé	avez commencé
a commencé	ont commencé

9 plus-que-parfait de l'indicatif

avais commencé	avions commencé
avais commencé	aviez commencé
avait commencé	avaient commencé

10 passé antérieur

eus commencé	eûmes commencé
eus commencé	eûtes commencé
eut commencé	eurent commencé

11 futur antérieur

aurai commencé	aurons commencé
auras commencé	aurez commencé
aura commencé	auront commencé

12 conditionnel passé

aurais commencé	aurions commencé
aurais commencé	auriez commencé
aurait commencé	auraient commencé

13 passé du subjonctif

aie commencé	ayons commencé
aies commencé	ayez commencé
ait commencé	aient commencé

14 plus-que-parfait du subjonctif

eusse commencé	eussions commencé
eusses commencé	eussiez commencé
eût commencé	eussent commencé

Impératif

commence	commençons	commencez

—Alexandre, as-tu commencé tes devoirs pour la classe de français?
—Non, maman, pas encore. Je vais faire une promenade maintenant.
—Tu ne vas pas faire une promenade parce qu'il commence à pleuvoir.
—Commence à faire tes devoirs tout de suite!

commencer à + inf.	to begin + inf.	**pour commencer**	to begin with
le commencement	the beginning	**commencer par**	to begin by
au commencement	in the beginning	**recommencer à**	to begin again + inf.
du commencement à la fin	from beginning to end		

comprendre	Part. pr. **comprenant**	Part. passé **compris**

to understand

The Seven Simple Tenses		The Seven Compound Tenses	
Singular	Plural	Singular	Plural

1 présent de l'indicatif		8 passé composé	
comprends	comprenons	ai compris	avons compris
comprends	comprenez	as compris	avez compris
comprend	comprennent	a compris	ont compris

2 imparfait de l'indicatif		9 plus-que-parfait de l'indicatif	
comprenais	comprenions	avais compris	avions compris
comprenais	compreniez	avais compris	aviez compris
comprenait	comprenaient	avait compris	avaient compris

3 passé simple		10 passé antérieur	
compris	comprîmes	eus compris	eûmes compris
compris	comprîtes	eus compris	eûtes compris
comprit	comprirent	eut compris	eurent compris

4 futur		11 futur antérieur	
comprendrai	comprendrons	aurai compris	aurons compris
comprendras	comprendrez	auras compris	aurez compris
comprendra	comprendront	aura compris	auront compris

5 conditionnel		12 conditionnel passé	
comprendrais	comprendrions	aurais compris	aurions compris
comprendrais	comprendriez	aurais compris	auriez compris
comprendrait	comprendraient	aurait compris	auraient compris

6 présent du subjonctif		13 passé du subjonctif	
comprenne	comprenions	aie compris	ayons compris
comprennes	compreniez	aies compris	ayez compris
comprenne	comprennent	ait compris	aient compris

7 imparfait du subjonctif		14 plus-que-parfait du subjonctif	
comprisse	comprissions	eusse compris	eussions compris
comprisses	comprissiez	eusses compris	eussiez compris
comprît	comprissent	eût compris	eussent compris

Impératif
comprends
comprenons
comprenez

Je ne comprends jamais la maîtresse de biologie. Je n'ai pas compris la leçon d'hier, je ne comprends pas la leçon d'aujourd'hui, et je ne comprendrai jamais rien.

faire comprendre à qqn que. . . to make it clear to someone that. . .
la compréhension comprehension, understanding
Ça se comprend Of course; That is understood.
y compris included, including

to count, to intend, to expect to

The Seven Simple Tenses		The Seven Compound Tenses	
Singular	Plural	Singular	Plural
1 présent de l'indicatif		**8 passé composé**	
compte	comptons	ai compté	avons compté
comptes	comptez	as compté	avez compté
compte	comptent	a compté	ont compté
2 imparfait de l'indicatif		**9 plus-que-parfait de l'indicatif**	
comptais	comptions	avais compté	avions compté
comptais	comptiez	avais compté	aviez compté
comptait	comptaient	avait compté	avaient compté
3 passé simple		**10 passé antérieur**	
comptai	comptâmes	eus compté	eûmes compté
comptas	comptâtes	eus compté	eûtes compté
compta	comptèrent	eut compté	eurent compté
4 futur		**11 futur antérieur**	
compterai	compterons	aurai compté	aurons compté
compteras	compterez	auras compté	aurez compté
comptera	compteront	aura compté	auront compté
5 conditionnel		**12 conditionnel passé**	
compterais	compterions	aurais compté	aurions compté
compterais	compteriez	aurais compté	auriez compté
compterait	compteraient	aurait compté	auraient compté
6 présent du subjonctif		**13 passé du subjonctif**	
compte	comptions	aie compté	ayons compté
comptes	comptiez	aies compté	ayez compté
compte	comptent	ait compté	aient compté
7 imparfait du subjonctif		**14 plus-que-parfait du subjonctif**	
comptasse	comptassions	eusse compté	eussions compté
comptasses	comptassiez	eusses compté	eussiez compté
comptât	comptassent	eût compté	eussent compté

	Impératif	
	compte	
	comptons	
	comptez	

Je compte aller en France l'été prochain avec ma femme pour voir nos amis français.

la comptabilité bookkeeping	**compter sur** to count (rely) on; **Puis-je y**
comptable accountable	**compter?** Can I depend on it?
le comptage accounting	**escompter** to discount; **un escompte** discount
payer comptant to pay cash	**donner sans compter** to give generously
compter faire qqch to expect to	**sans compter. . .** to say nothing of
do something	**le comptoir** counter (in a store)

conduire

Part. pr. **conduisant**   Part. passé **conduit**

to lead, to drive, to conduct, to manage

The Seven Simple Tenses		The Seven Compound Tenses	
Singular	Plural	Singular	Plural
1 présent de l'indicatif		**8 passé composé**	
conduis	conduisons	ai conduit	avons conduit
conduis	conduisez	as conduit	avez conduit
conduit	conduisent	a conduit	ont conduit
2 imparfait de l'indicatif		**9 plus-que-parfait de l'indicatif**	
conduisais	conduisions	avais conduit	avions conduit
conduisais	conduisiez	avais conduit	aviez conduit
conduisait	conduisaient	avait conduit	avaient conduit
3 passé simple		**10 passé antérieur**	
conduisis	conduisîmes	eus conduit	eûmes conduit
conduisis	conduisîtes	eus conduit	eûtes conduit
conduisit	conduisirent	eut conduit	eurent conduit
4 futur		**11 futur antérieur**	
conduirai	conduirons	aurai conduit	aurons conduit
conduiras	conduirez	auras conduit	aurez conduit
conduira	conduiront	aura conduit	auront conduit
5 conditionnel		**12 conditionnel passé**	
conduirais	conduirions	aurais conduit	aurions conduit
conduirais	conduiriez	aurais conduit	auriez conduit
conduirait	conduiraient	aurait conduit	auraient conduit
6 présent du subjonctif		**13 passé du subjonctif**	
conduise	conduisions	aie conduit	ayons conduit
conduises	conduisiez	aies conduit	ayez conduit
conduise	conduisent	ait conduit	aient conduit
7 imparfait du subjonctif		**14 plus-que-parfait du subjonctif**	
conduisisse	conduisissions	eusse conduit	eussions conduit
conduisisses	conduisissiez	eusses conduit	eussiez conduit
conduisît	conduisissent	eût conduit	eussent conduit

	Impératif	
conduis	conduisons	conduisez

—Savez-vous conduire?
—Oui, je sais conduire. Je conduis une voiture, je dirige un orchestre, et hier j'ai conduit quelqu'un à la gare. Attendez, je vais vous conduire à la porte.
—Merci. Vous êtes très aimable.

un conducteur, une conductrice driver	**conduire une voiture** to drive a car	
la conduite conduct, behavior	**se conduire** to conduct (behave)	
induire to induce	oneself	
induire en to lead into		

See also **introduire, produire,** and **traduire.**

to know, to be acquainted with, to make the acquaintance of

The Seven Simple Tenses		The Seven Compound Tenses	
Singular	Plural	Singular	Plural

1 présent de l'indicatif

connais	connaissons		
connais	connaissez		
connaît	connaissent		

8 passé composé

ai connu	avons connu		
as connu	avez connu		
a connu	ont connu		

2 imparfait de l'indicatif

connaissais	connaissions
connaissais	connaissiez
connaissait	connaissaient

9 plus-que-parfait de l'indicatif

avais connu	avions connu
avais connu	aviez connu
avait connu	avaient connu

3 passé simple

connus	connûmes
connus	connûtes
connut	connurent

10 passé antérieur

eus connu	eûmes connu
eus connu	eûtes connu
eut connu	eurent connu

4 futur

connaîtrai	connaîtrons
connaîtras	connaîtrez
connaîtra	connaîtront

11 futur antérieur

aurai connu	aurons connu
auras connu	aurez connu
aura connu	auront connu

5 conditionnel

connaîtrais	connaîtrions
connaîtrais	connaîtriez
connaîtrait	connaîtraient

12 conditionnel passé

aurais connu	aurions connu
aurais connu	auriez connu
aurait connu	auraient connu

6 présent du subjonctif

connaisse	connaissions
connaisses	connaissiez
connaisse	connaissent

13 passé du subjonctif

aie connu	ayons connu
aies connu	ayez connu
ait connu	aient connu

7 imparfait du subjonctif

connusse	connussions
connusses	connussiez
connût	connussent

14 plus-que-parfait du subjonctif

eusse connu	eussions connu
eusses connu	eussiez connu
eût connu	eussent connu

Impératif
connais
connaissons
connaissez

—Connaissez-vous quelqu'un qui puisse m'aider? Je suis touriste et je ne connais pas cette ville.
—Non, je ne connais personne. Je suis touriste aussi.
—Voulez-vous aller prendre un café? Nous pouvons nous faire connaissance.

la connaissance   knowledge, understanding, acquaintance
connaisseur, connaisseuse   expert
se connaître   to know each other, to know oneself
faire connaissance   to get acquainted

construire	Part. pr. **construisant**	Part. passé **construit**

to construct, to build

The Seven Simple Tenses		The Seven Compound Tenses	
Singular	Plural	Singular	Plural

1 présent de l'indicatif		8 passé composé	
construis	construisons	ai construit	avons construit
construis	construisez	as construit	avez construit
construit	construisent	a construit	ont construit

2 imparfait de l'indicatif		9 plus-que-parfait de l'indicatif	
construisais	construisions	avais construit	avions construit
construisais	construisiez	avais construit	aviez construit
construisait	construisaient	avait construit	avaient construit

3 passé simple		10 passé antérieur	
construisis	construisîmes	eus construit	eûmes construit
construisis	construisîtes	eus construit	eûtes construit
construisit	construisirent	eut construit	eurent construit

4 futur		11 futur antérieur	
construirai	construirons	aurai construit	aurons construit
construiras	construirez	auras construit	aurez construit
construira	construiront	aura construit	auront construit

5 conditionnel		12 conditionnel passé	
construirais	construirions	aurais construit	aurions construit
construirais	construiriez	aurais construit	auriez construit
construirait	construiraient	aurait construit	auraient construit

6 présent du subjonctif		13 passé du subjonctif	
construise	construisions	aie construit	ayons construit
construises	construisiez	aies construit	ayez construit
construise	construisent	ait construit	aient construit

7 imparfait du subjonctif		14 plus-que-parfait du subjonctif	
construisisse	construisissions	eusse construit	eussions construit
construisisses	construisissiez	eusses construit	eussiez construit
construisît	construisissent	eût construit	eussent construit

	Impératif
	construis
	construisons
	construisez

—Je vois que vous êtes en train de construire quelque chose. Qu'est-ce que vous construisez?

—Je construis une tour comme la Tour Eiffel. Aimez-vous ce bateau que j'ai construit?

un constructeur   a manufacturer, builder, constructor
une construction   construction, building
reconstruire   to reconstruct, to rebuild

to relate, to narrate

The Seven Simple Tenses		The Seven Compound Tenses	
Singular	Plural	Singular	Plural
1 présent de l'indicatif		**8 passé composé**	
conte	contons	ai conté	avons conté
contes	contez	as conté	avez conté
conte	content	a conté	ont conté
2 imparfait de l'indicatif		**9 plus-que-parfait de l'indicatif**	
contais	contions	avais conté	avions conté
contais	contiez	avais conté	aviez conté
contait	contaient	avait conté	avaient conté
3 passé simple		**10 passé antérieur**	
contai	contâmes	eus conté	eûmes conté
contas	contâtes	eus conté	eûtes conté
conta	contèrent	eut conté	eurent conté
4 futur		**11 futur antérieur**	
conterai	conterons	aurai conté	aurons conté
conteras	conterez	auras conté	aurez conté
contera	conteront	aura conté	auront conté
5 conditionnel		**12 conditionnel passé**	
conterais	conterions	aurais conté	aurions conté
conterais	conteriez	aurais conté	auriez conté
conterait	conteraient	aurait conté	auraient conté
6 présent du subjonctif		**13 passé du subjonctif**	
conte	contions	aie conté	ayons conté
contes	contiez	aies conté	ayez conté
conte	content	ait conté	aient conté
7 imparfait du subjonctif		**14 plus-que-parfait du subjonctif**	
contasse	contassions	eusse conté	eussions conté
contasses	contassiez	eusses conté	eussiez conté
contât	contassent	eût conté	eussent conté

Impératif
conte
contons
contez

Notre professeur de français nous conte toujours des histoires intéressantes.
Son conte favori est *Un coeur simple* de Flaubert.

un conte   a story, tale
un conte de fées   fairy tale
un conte à dormir debout   cock-and-bull story
un conteur, une conteuse   writer of short stories

See also **raconter**.

continuer

Part. pr. **continuant**   Part. passé **continué**

to continue

The Seven Simple Tenses		The Seven Compound Tenses	
Singular	Plural	Singular	Plural
1 présent de l'indicatif		**8 passé composé**	
continue	continuons	ai continué	avons continué
continues	continuez	as continué	avez continué
continue	continuent	a continué	ont continué
2 imparfait de l'indicatif		**9 plus-que-parfait de l'indicatif**	
continuais	continuions	avais continué	avions continué
continuais	continuiez	avais continué	aviez continué
continuait	continuaient	avait continué	avaient continué
3 passé simple		**10 passé antérieur**	
continuai	continuâmes	eus continué	eûmes continué
continuas	continuâtes	eus continué	eûtes continué
continua	continuèrent	eut continué	eurent continué
4 futur		**11 futur antérieur**	
continuerai	continuerons	aurai continué	aurons continué
continueras	continuerez	auras continué	aurez continué
continuera	continueront	aura continué	auront continué
5 conditionnel		**12 conditionnel passé**	
continuerais	continuerions	aurais continué	aurions continué
continuerais	continueriez	aurais continué	auriez continué
continuerait	continueraient	aurait continué	auraient continué
6 présent du subjonctif		**13 passé du subjonctif**	
continue	continuions	aie continué	ayons continué
continues	continuiez	aies continué	ayez continué
continue	continuent	ait continué	aient continué
7 imparfait du subjonctif		**14 plus-que-parfait du subjonctif**	
continuasse	continuassions	eusse continué	eussions continué
continuasses	continuassiez	eusses continué	eussiez continué
continuât	continuassent	eût continué	eussent continué

Impératif
continue
continuons
continuez

—Allez-vous continuer à étudier le français l'année prochaine?
—Certainement. Je compte étudier cette belle langue continuellement.

la continuation continuation
continuel, continuelle continual
continuellement continually

continuer à + inf. to continue + inf.
continuer de + inf. to continue
    (persist) in;
  Cet ivrogne continue de boire This
  drunkard persists in drinking (habit).

The Seven Simple Tenses		The Seven Compound Tenses	
Singular	Plural	Singular	Plural

1 présent de l'indicatif		8 passé composé	
corrige	corrigeons	ai corrigé	avons corrigé
corriges	corrigez	as corrigé	avez corrigé
corrige	corrigent	a corrigé	ont corrigé

2 imparfait de l'indicatif		9 plus-que-parfait de l'indicatif	
corrigeais	corrigions	avais corrigé	avions corrigé
corrigeais	corrigiez	avais corrigé	aviez corrigé
corrigeait	corrigeaient	avait corrigé	avaient corrigé

3 passé simple		10 passé antérieur	
corrigeai	corrigeâmes	eus corrigé	eûmes corrigé
corrigeas	corrigeâtes	eus corrigé	eûtes corrigé
corrigea	corrigèrent	eut corrigé	eurent corrigé

4 futur		11 futur antérieur	
corrigerai	corrigerons	aurai corrigé	aurons corrigé
corrigeras	corrigerez	auras corrigé	aurez corrigé
corrigera	corrigeront	aura corrigé	auront corrigé

5 conditionnel		12 conditionnel passé	
corrigerais	corrigerions	aurais corrigé	aurions corrigé
corrigerais	corrigeriez	aurais corrigé	auriez corrigé
corrigerait	corrigeraient	aurait corrigé	auraient corrigé

6 présent du subjonctif		13 passé du subjonctif	
corrige	corrigions	aie corrigé	ayons corrigé
corriges	corrigiez	aies corrigé	ayez corrigé
corrige	corrigent	ait corrigé	aient corrigé

7 imparfait du subjonctif		14 plus-que-parfait du subjonctif	
corrigeasse	corrigeassions	eusse corrigé	eussions corrigé
corrigeasses	corrigeassiez	eusses corrigé	eussiez corrigé
corrigeât	corrigeassent	eût corrigé	eussent corrigé

Impératif
corrige
corrigeons
corrigez

Dans la classe de français nous corrigeons toujours nos devoirs en classe. La maîtresse de français écrit les corrections au tableau.

une correction   correction; **recorriger**   to correct again
corriger qqn de   to correct someone of
se corriger de   to correct one's ways
corrigible   corrigible; **incorrigible**   incorrigible
incorrectement   inaccurately, incorrectly

se coucher

Part. pr. **se couchant**   Part. passé **couché(e)(s)**

to go to bed, to lie down

The Seven Simple Tenses		The Seven Compound Tenses	
Singular	Plural	Singular	Plural
1 présent de l'indicatif		**8 passé composé**	
me couche	nous couchons	me suis couché(e)	nous sommes couché(e)s
te couches	vous couchez	t'es couché(e)	vous êtes couché(e)(s)
se couche	se couchent	s'est couché(e)	se sont couché(e)s
2 imparfait de l'indicatif		**9 plus-que-parfait de l'indicatif**	
me couchais	nous couchions	m'étais couché(e)	nous étions couché(e)s
te couchais	vous conchiez	t'étais couché(e)	vous étiez couché(e)(s)
se couchait	se couchaient	s'était couché(e)	s'étaient couché(e)s
3 passé simple		**10 passé antérieur**	
me couchai	nous couchâmes	me fus couché(e)	nous fûmes couché(e)s
te couchas	vous couchâtes	te fus couché(e)	vous fûtes couché(e)(s)
se coucha	se couchèrent	se fut couché(e)	se furent couché(e)s
4 futur		**11 futur antérieur**	
me coucherai	nous coucherons	me serai couché(e)	nous serons couché(e)s
te coucheras	vous coucherez	te seras couché(e)	vous serez couché(e)(s)
se couchera	se coucheront	se sera couché(e)	se seront couché(e)s
5 conditionnel		**12 conditionnel passé**	
me coucherais	nous coucherions	me serais couché(e)	nous serions couché(e)s
te coucherais	vous coucheriez	te serais couché(e)	vous seriez couché(e)(s)
se coucherait	se coucheraient	se serait couché(e)	se seraient couché(e)s
6 présent du subjonctif		**13 passé du subjonctif**	
me couche	nous couchions	me sois couché(e)	nous soyons couché(e)s
te couches	vous couchiez	te sois couché(e)	vous soyez couché(e)(s)
se couche	se couchent	se soit couché(e)	se soient couché(e)s
7 imparfait du subjonctif		**14 plus-que-parfait du subjonctif**	
me couchasse	nous couchassions	me fusse couché(e)	nous fussions couché(e)s
te couchasses	vous couchassiez	te fusses couché(e)	vous fussiez couché(e)(s)
se couchât	se couchassent	se fût couché(e)	se fussent couché(e)s

Impératif
couche-toi; ne te couche pas
couchons-nous; ne nous couchons pas
couchez-vous; ne vous couchez pas

—Couche-toi, Hélène! Il est minuit. Hier soir tu t'es couchée tard.
—Donne-moi ma poupée pour nous coucher ensemble.

le coucher du soleil sunset	**se recoucher** to go back to bed
une couche a layer	**se coûcher tôt** to go to bed early
une couchette bunk, cot	**Comme on fait son lit on se couche!**
Le soleil se couche The sun is setting.	You've made your bed; now lie in it!

to cut, to switch off

The Seven Simple Tenses		The Seven Compound Tenses	
Singular	Plural	Singular	Plural

1 présent de l'indicatif

coupe	coupons
coupes	coupez
coupe	coupent

8 passé composé

ai coupé	avons coupé
as coupé	avez coupé
a coupé	ont coupé

2 imparfait de l'indicatif

coupais	coupions
coupais	coupiez
coupait	coupaient

9 plus-que-parfait de l'indicatif

avais coupé	avions coupé
avais coupé	aviez coupé
avait coupé	avaient coupé

3 passé simple

coupai	coupâmes
coupas	coupâtes
coupa	coupèrent

10 passé antérieur

eus coupé	eûmes coupé
eus coupé	eûtes coupé
eut coupé	eurent coupé

4 futur

couperai	couperons
couperas	couperez
coupera	couperont

11 futur antérieur

aurai coupé	aurons coupé
auras coupé	aurez coupé
aura coupé	auront coupé

5 conditionnel

couperais	couperions
couperais	couperiez
couperait	couperaient

12 conditionnel passé

aurais coupé	aurions coupé
aurais coupé	auriez coupé
aurait coupé	auraient coupé

6 présent du subjonctif

coupe	coupions
coupes	coupiez
coupe	coupent

13 passé du subjonctif

aie coupé	ayons coupé
aies coupé	ayez coupé
ait coupé	aient coupé

7 imparfait du subjonctif

coupasse	coupassions
coupasses	coupassiez
coupât	coupassent

14 plus-que-parfait du subjonctif

eusse coupé	eussions coupé
eusses coupé	eussiez coupé
eût coupé	eussent coupé

Impératif
coupe
coupons
coupez

Ce morceau de pain est trop grand. Je vais le couper en deux.

un coupon	coupon	découper	to cut out
une coupure	cut, gash, crack	entrecouper	to interrupt
couper les cheveux en quatre	to split hairs	couper la fièvre	to reduce
se faire couper les cheveux	to have one's hair cut		a fever

courir

Part. pr. **courant**   Part. passé **couru**

to run, to race

The Seven Simple Tenses		The Seven Compound Tenses	
Singular	Plural	Singular	Plural
1 présent de l'indicatif		**8 passé composé**	
cours	courons	ai couru	avons couru
cours	courez	as couru	avez couru
court	courent	a couru	ont couru
2 imparfait de l'indicatif		**9 plus-que-parfait de l'indicatif**	
courais	courions	avais couru	avions couru
courais	couriez	avais couru	aviez couru
courait	couraient	avait couru	avaient couru
3 passé simple		**10 passé antérieur**	
courus	courûmes	eus couru	eûmes couru
courus	courûtes	eus couru	eûtes couru
courut	coururent	eut couru	eurent couru
4 futur		**11 futur antérieur**	
courrai	courrons	aurai couru	aurons couru
courras	courrez	auras couru	aurez couru
courra	courront	aura couru	auront couru
5 conditionnel		**12 conditionnel passé**	
courrais	courrions	aurais couru	aurions couru
courrais	courriez	aurais couru	auriez couru
courrait	courraient	aurait couru	auraient couru
6 présent du subjonctif		**13 passé du subjonctif**	
coure	courions	aie couru	ayons couru
coures	couriez	aies couru	ayez couru
coure	courent	ait couru	aient couru
7 imparfait du subjonctif		**14 plus-que-parfait du subjonctif**	
courusse	courussions	eusse couru	eussions couru
courusses	courussiez	eusses couru	eussiez couru
courût	courussent	eût couru	eussent couru

Impératif
cours
courons
courez

Les enfants sont toujours prêts à courir. Quand on est jeune on court sans se fatiguer.
Michel a couru de la maison jusqu'à l'école. Il a seize ans.

le courrier   courier, messenger, mail
un coureur   runner
faire courir un bruit   to spread a rumor
courir une course   to run a race
courir le monde   to roam all over
  the world

accourir vers   to come running toward
courir les rues   to run about the streets
par le temps qui court   these days, nowadays
parcourir   to go through, to travel through,
  to cover (distance)

68

The Seven Simple Tenses		The Seven Compound Tenses	
Singular	Plural	Singular	Plural
1　présent de l'indicatif		8　passé composé	
il coûte	**ils coûtent**	**il a coûté**	**ils ont coûté**
2　imparfait de l'indicatif		9　plus-que-parfait de l'indicatif	
il coûtait	**ils coûtaient**	**il avait coûté**	**ils avaient coûté**
3　passé simple		10　passé antérieur	
il coûta	**ils coûtèrent**	**il eut coûté**	**ils eurent coûté**
4　futur		11　futur antérieur	
il coûtera	**ils coûteront**	**il aura coûté**	**ils auront coûté**
5　conditionnel		12　conditionnel passé	
il coûterait	**ils coûteraient**	**il aurait coûté**	**ils auraient coûté**
6　présent du subjonctif		13　passé du subjonctif	
qu'il coûte	**qu'ils coûtent**	**qu'il ait coûté**	**qu'ils aient coûté**
7　imparfait du subjonctif		14　plus-que-parfait du subjonctif	
qu'il coûtât	**qu'ils coûtassent**	**qu'il eût coûté**	**qu'ils eussent coûté**

Impératif

—

—Combien coûte cette table?
—Elle coûte dix mille francs.
—Et combien coûte ce lit?
—Il coûte dix mille francs aussi.
—Ils coûtent joliment cher!

coûteusement　expensively, dearly
coûte que coûte　at any cost
coûteux, coûteuse　costly, expensive
Cela coûte joliment cher　That costs a pretty penny.
coûter cher, coûter peu　to be expensive, inexpensive
coûter à qqn　to cost someone;
　Cela lui en a coûté sa vie
　That cost him his life.

This verb is generally regarded as impersonal and is used primarily in the third person singular and plural.

69

couvrir   Part. pr. **couvrant**   Part. passé **couvert**

to cover

The Seven Simple Tenses		The Seven Compound Tenses	
Singular	Plural	Singular	Plural
1 présent de l'indicatif		**8 passé composé**	
couvre	couvrons	ai couvert	avons couvert
couvres	couvrez	as couvert	avez couvert
couvre	couvrent	a couvert	ont couvert
2 imparfait de l'indicatif		**9 plus-que-parfait de l'indicatif**	
couvrais	couvrions	avais couvert	avions couvert
couvrais	couvriez	avais couvert	aviez couvert
couvrait	couvraient	avait couvert	avaient couvert
3 passé simple		**10 passé antérieur**	
couvris	couvrîmes	eus couvert	eûmes couvert
couvris	couvrîtes	eus couvert	eûtes couvert
couvrit	couvrirent	eut couvert	eurent couvert
4 futur		**11 futur antérieur**	
couvrirai	couvrirons	aurai couvert	aurons couvert
couvriras	couvrirez	auras couvert	aurez couvert
couvrira	couvriront	aura couvert	auront couvert
5 conditionnel		**12 conditionnel passé**	
couvrirais	couvririons	aurais couvert	aurions couvert
couvrirais	couvririez	aurais couvert	auriez couvert
couvrirait	couvriraient	aurait couvert	auraient couvert
6 présent du subjonctif		**13 passé du subjonctif**	
couvre	couvrions	aie couvert	ayons couvert
couvres	couvriez	aies couvert	ayez couvert
couvre	couvrent	ait couvert	aient couvert
7 imparfait du subjonctif		**14 plus-que-parfait du subjonctif**	
couvrisse	couvrissions	eusse couvert	eussions couvert
couvrisses	couvrissiez	eusses couvert	eussiez couvert
couvrît	couvrissent	eût couvert	eussent couvert

Impératif
couvre
couvrons
couvrez

Avant de quitter la maison, Madame Champlain a couvert le lit d'un dessus-de-lit. Puis, elle a couvert son mari de caresses et de baisers.

un couvert place setting (spoon, knife, fork, *etc.*)	**découvrir** to discover, disclose, uncover
acheter des couverts to buy cutlery	**se couvrir** to cover oneself, to put on one's hat
mettre le couvert to lay the table	**le couvre-feu** curfew
une couverture blanket	**un couvre-lit** bedspread **(des couvre-lits)**
Le temps se couvre The sky is overcast.	**un dessus-de-lit** bedspread **(des dessus-de-lits)**

See also **découvrir**.

70

to fear, to be afraid

The Seven Simple Tenses		The Seven Compound Tenses	
Singular	Plural	Singular	Plural
1 présent de l'indicatif		**8 passé composé**	
crains	craignons	ai craint	avons craint
crains	craignez	as craint	avez craint
craint	craignent	a craint	ont craint
2 imparfait de l'indicatif		**9 plus-que-parfait de l'indicatif**	
craignais	craignions	avais craint	avions craint
craignais	craigniez	avais craint	aviez craint
craignait	craignaient	avait craint	avaient craint
3 passé simple		**10 passé antérieur**	
craignis	craignîmes	eus craint	eûmes craint
craignis	craignîtes	eus craint	eûtes craint
craignit	craignirent	eut craint	eurent craint
4 futur		**11 futur antérieur**	
craindrai	craindrons	aurai craint	aurons craint
craindras	craindrez	auras craint	aurez craint
craindra	craindront	aura craint	auront craint
5 conditionnel		**12 conditionnel passé**	
craindrais	craindrions	aurais craint	aurions craint
craindrais	craindriez	aurais craint	auriez craint
craindrait	craindraient	aurait craint	auraient craint
6 présent du subjonctif		**13 passé du subjonctif**	
craigne	craignions	aie craint	ayons craint
craignes	craigniez	aies craint	ayez craint
craigne	craignent	ait craint	aient craint
7 imparfait du subjonctif		**14 plus-que-parfait du subjonctif**	
craignisse	craignissions	eusse craint	eussions craint
craignisses	craignissiez	eusses craint	eussiez craint
craignît	craignissent	eût craint	eussent craint

Impératif
crains
craignons
craignez

Le petit garçon craint de traverser le parc pendant la nuit. Il a raison parce que c'est dangereux. Il a des craintes.

une crainte fear, dread		**craintif, craintive** fearful
craindre pour sa vie to be in fear of one's life		**craintivement** fearfully
sans crainte fearless		

The Seven Simple Tenses		The Seven Compound Tenses	
Singular	Plural	Singular	Plural
1 présent de l'indicatif		**8 passé composé**	
crie	crions	ai crié	avons crié
cries	criez	as crié	avez crié
crie	crient	a crié	ont crié
2 imparfait de l'indicatif		**9 plus-que-parfait de l'indicatif**	
criais	criions	avais crié	avions crié
criais	criiez	avais crié	aviez crié
criait	criaient	avait crié	avaient crié
3 passé simple		**10 passé antérieur**	
criai	criâmes	eus crié	eûmes crié
crias	criâtes	eus crié	eûtes crié
cria	crièrent	eut crié	eurent crié
4 futur		**11 futur antérieur**	
crierai	crierons	aurai crié	aurons crié
crieras	crierez	auras crié	aurez crié
criera	crieront	aura crié	auront crié
5 conditionnel		**12 conditionnel passé**	
crierais	crierions	aurais crié	aurions crié
crierais	crieriez	aurais crié	auriez crié
crierait	crieraient	aurait crié	auraient crié
6 présent du subjonctif		**13 passé du subjonctif**	
crie	criions	aie crié	ayons crié
cries	criiez	aies crié	ayez crié
crie	crient	ait crié	aient crié
7 imparfait du subjonctif		**14 plus-que-parfait du subjonctif**	
criasse	criassions	eusse crié	eussions crié
criasses	criassiez	eusses crié	eussiez crié
criât	criassent	eût crié	eussent crié

Impératif
crie
crions
criez

Cet enfant crie toujours. Hier il a crié à tue-tête quand il a vu un avion dans le ciel.

un cri   a shout, a cry
pousser un cri   to utter a cry
crier à tue-tête   to shout one's head off
un crieur   hawker
un crieur de journaux   newsboy

un criailleur, une criailleuse   nagger
un criard, une criarde   someone who constantly shouts, nags, scolds; screecher

The Seven Simple Tenses		The Seven Compound Tenses	
Singular	Plural	Singular	Plural

1 présent de l'indicatif

crois	croyons		
crois	croyez		
croit	croient		

8 passé composé

ai cru	avons cru		
as cru	avez cru		
a cru	ont cru		

2 imparfait de l'indicatif

croyais	croyions
croyais	croyiez
croyait	croyaient

9 plus-que-parfait de l'indicatif

avais cru	avions cru
avais cru	aviez cru
avait cru	avaient cru

3 passé simple

crus	crûmes
crus	crûtes
crut	crurent

10 passé antérieur

eus cru	eûmes cru
eus cru	eûtes cru
eut cru	eurent cru

4 futur

croirai	croirons
croiras	croirez
croira	croiront

11 futur antérieur

aurai cru	aurons cru
auras cru	aurez cru
aura cru	auront cru

5 conditionnel

croirais	croirions
croirais	croiriez
croirait	croiraient

12 conditionnel passé

aurais cru	aurions cru
aurais cru	auriez cru
aurait cru	auraient cru

6 présent du subjonctif

croie	croyions
croies	croyiez
croie	croient

13 passé du subjonctif

aie cru	ayons cru
aies cru	ayez cru
ait cru	aient cru

7 imparfait du subjonctif

crusse	crussions
crusses	crussiez
crût	crussent

14 plus-que-parfait du subjonctif

eusse cru	eussions cru
eusses cru	eussiez cru
eût cru	eussent cru

Impératif
crois
croyons
croyez

Est-ce que vous croyez tout ce que vous entendez? Avez-vous cru l'histoire que je vous ai racontée?

Croyez-m'en! Take my word for it!
se croire to think oneself; to consider oneself
Paul se croit beau Paul thinks himself handsome.
croyable believable

incroyable unbelievable
croire à qqch to believe in something
croire en qqn to believe in someone

73

cueillir

Part. pr. **cueillant**   Part. passé **cueilli**

to gather, to pick

The Seven Simple Tenses		The Seven Compound Tenses	
Singular	Plural	Singular	Plural
1 présent de l'indicatif		**8 passé composé**	
cueille	cueillons	ai cueilli	avons cueilli
cueilles	cueillez	as cueilli	avez cueilli
cueille	cueillent	a cueilli	ont cueilli
2 imparfait de l'indicatif		**9 plus-que-parfait de l'indicatif**	
cueillais	cueillions	avais cueilli	avions cueilli
cueillais	cueilliez	avais cueilli	aviez cueilli
cueillait	cueillaient	avait cueilli	avaient cueilli
3 passé simple		**10 passé antérieur**	
cueillis	cueillîmes	eus cueilli	eûmes cueilli
cueillis	cueillîtes	eus cueilli	eûtes cueilli
cueillit	cueillirent	eut cueilli	eurent cueilli
4 futur		**11 futur antérieur**	
cueillerai	cueillerons	aurai cueilli	aurons cueilli
cueilleras	cueillerez	auras cueilli	aurez cueilli
cueillera	cueilleront	aura cueilli	auront ceuilli
5 conditionnel		**12 conditionnel passé**	
cueillerais	cueillerions	aurais cueilli	aurions cueilli
cueillerais	cueilleriez	aurais cueilli	auriez cueilli
cueillerait	cueilleraient	aurait cueilli	auraient cueilli
6 présent du subjonctif		**13 passé du subjonctif**	
cueille	cueillions	aie cueilli	ayons cueilli
cueilles	cueilliez	aies cueilli	ayez cueilli
cueille	cueillent	ait cueilli	aient cueilli
7 imparfait du subjonctif		**14 plus-que-parfait du subjonctif**	
cueillisse	cueillissions	eusse cueilli	eussions cueilli
cueillisses	cueillissiez	eusses cueilli	eussiez cueilli
cueillît	cueillissent	eût cueilli	eussent cueilli

Impératif
cueille
cueillons
cueillez

Je vois que tu cueilles des fleurs. As-tu cueilli toutes les fleurs qui sont dans ce vase?

un cueilleur, une cueilleuse   gatherer, picker
la cueillaison, la cueillette   gathering, picking
un cueilloir   basket for picking fruit; instrument for picking fruit on high branches
Cueillez, cueillez votre jeunesse (Ronsard) − Seize the day (Horace: *Carpe diem*).

For other words related to this verb, see **accueillir**.

Part. pr. **cuisant**   Part. passé **cuit**   **cuire**

The Seven Simple Tenses		The Seven Compound Tenses	
Singular	Plural	Singular	Plural
1 présent de l'indicatif		**8 passé composé**	
cuis	cuisons	ai cuit	avons cuit
cuis	cuisez	as cuit	avez cuit
cuit	cuisent	a cuit	ont cuit
2 imparfait de l'indicatif		**9 plus-que-parfait de l'indicatif**	
cuisais	cuisions	avais cuit	avions cuit
cuisais	cuisiez	avais cuit	aviez cuit
cuisait	cuisaient	avait cuit	avaient cuit
3 passé simple		**10 passé antérieur**	
cuisis	cuisîmes	eus cuit	eûmes cuit
cuisis	cuisîtes	eus cuit	eûtes cuit
cuisit	cuisirent	eut cuit	eurent cuit
4 futur		**11 futur antérieur**	
cuirai	cuirons	aurai cuit	aurons cuit
cuiras	cuirez	auras cuit	aurez cuit
cuira	cuiront	aura cuit	auront cuit
5 conditionnel		**12 conditionnel passé**	
cuirais	cuirions	aurais cuit	aurions cuit
cuirais	cuiriez	aurais cuit	auriez cuit
cuirait	cuiraient	aurait cuit	auraient cuit
6 présent du subjonctif		**13 passé du subjonctif**	
cuise	cuisions	aie cuit	ayons cuit
cuises	cuisiez	aies cuit	ayez cuit
cuise	cuisent	ait cuit	aient cuit
7 imparfait du subjonctif		**14 plus-que-parfait du subjonctif**	
cuisisse	cuisissions	eusse cuit	eussions cuit
cuisisses	cuisissiez	eusses cuit	eussiez cuit
cuisît	cuisissent	eût cuit	eussent cuit
	Impératif		
	cuis		
	cuisons		
	cuisez		

Qui a cuit ce morceau de viande? C'est dégoûtant! Il est trop cuit. Ne savez-vous pas faire cuire un bon morceau de viande? Vous n'êtes pas bon cuisinier.

la cuisine	kitchen	une cuisinière	kitchen range (stove)
cuisinier, cuisinière	cook	un cuiseur	pressure cooker
faire cuire à la poêle	to pan fry	trop cuit	overcooked, overdone
Il est cuit He's done for; His goose is cooked.		la cuisson	cooking (time)

danser

Part. pr. **dansant**   Part. passé **dansé**

to dance

The Seven Simple Tenses		The Seven Compound Tenses	
Singular	Plural	Singular	Plural

1 présent de l'indicatif		8 passé composé	
danse	dansons	ai dansé	avons dansé
danses	dansez	as dansé	avez dansé
danse	dansent	a dansé	ont dansé

2 imparfait de l'indicatif		9 plus-que-parfait de l'indicatif	
dansais	dansions	avais dansé	avions dansé
dansais	dansiez	avais dansé	aviez dansé
dansait	dansaient	avait dansé	avaient dansé

3 passé simple		10 passé antérieur	
dansai	dansâmes	eus dansé	eûmes dansé
dansas	dansâtes	eus dansé	eûtes dansé
dansa	dansèrent	eut dansé	eurent dansé

4 futur		11 futur antérieur	
danserai	danserons	aurai dansé	aurons dansé
danseras	danserez	auras dansé	aurez dansé
dansera	danseront	aura dansé	auront dansé

5 conditionnel		12 conditionnel passé	
danserais	danserions	aurais dansé	aurions dansé
danserais	danseriez	aurais dansé	auriez dansé
danserait	danseraient	aurait dansé	auraient dansé

6 présent du subjonctif		13 passé du subjonctif	
danse	dansions	aie dansé	ayons dansé
danses	dansiez	aies dansé	ayez dansé
danse	dansent	ait dansé	aient dansé

7 imparfait du subjonctif		14 plus-que-parfait du subjonctif	
dansasse	dansassions	eusse dansé	eussions dansé
dansasses	dansassiez	eusses dansé	eussiez dansé
dansât	dansassent	eût dansé	eussent dansé

Impératif

danse   dansons   dansez

René: **Veux-tu danser avec moi?**
René: **Je ne sais pas danser.**
René: **Je suis bon danseur. Je vais t'apprendre à danser. Viens! Dansons!**

danser de joie to dance for joy
une soirée dansante evening dancing party
un thé dansant dancing at teatime (usually 5 o'clock)

un danseur, une danseuse dancer
une danse dance; **un bal** ball (dance)

discover, to uncover

The Seven Simple Tenses		The Seven Compound Tenses	
Singular	Plural	Singular	Plural
1 présent de l'indicatif		**8 passé composé**	
découvre	découvrons	ai découvert	avons découvert
découvres	découvrez	as découvert	avez découvert
découvre	découvrent	a découvert	ont découvert
2 imparfait de l'indicatif		**9 plus-que-parfait de l'indicatif**	
découvrais	découvrions	avais découvert	avions découvert
découvrais	découvriez	avais découvert	aviez découvert
découvrait	découvraient	avait découvert	avaient découvert
3 passé simple		**10 passé antérieur**	
découvris	découvrîmes	eus découvert	eûmes découvert
découvris	découvrîtes	eus découvert	eûtes découvert
découvrit	découvrirent	eut découvert	eurent découvert
4 futur		**11 futur antérieur**	
découvrirai	découvrirons	aurai découvert	aurons découvert
découvriras	découvrirez	auras découvert	aurez découvert
découvrira	découvriront	aura découvert	auront découvert
5 conditionnel		**12 conditionnel passé**	
découvrirais	découvririons	aurais découvert	aurions découvert
découvrirais	découvririez	aurais découvert	auriez découvert
découvrirait	découvriraient	aurait découvert	auraient découvert
6 présent du subjonctif		**13 passé du subjonctif**	
découvre	découvrions	aie découvert	ayons découvert
découvres	découvriez	aies découvert	ayez découvert
découvre	découvrent	ait découvert	aient découvert
7 imparfait du subjonctif		**14 plus-que-parfait du subjonctif**	
découvrisse	découvrissions	eusse découvert	eussions découvert
découvrisses	découvrissiez	eusses découvert	eussiez découvert
découvrît	découvrissent	eût découvert	eussent découvert

Impératif
découvre   découvrons   découvrez

Ce matin j'ai couvert ce panier de fruits et maintenant il est découvert. Qui l'a découvert?

un découvreur   discoverer
une découverte   a discovery, invention
se découvrir   to take off one's clothes; to take off one's hat
aller à la découverte   to explore
Découvrir saint Pierre pour couvrir saint Paul   To rob Peter to pay Paul.

See also **couvrir**.

décrire

Part. pr. **décrivant** Part. passé **décrit**

to describe

The Seven Simple Tenses		The Seven Compound Tenses	
Singular	Plural	Singular	Plural
1 présent de l'indicatif		**8 passé composé**	
décris	décrivons	ai décrit	avons décrit
décris	décrivez	as décrit	avez décrit
décrit	décrivent	a décrit	ont décrit
2 imparfait de l'indicatif		**9 plus-que-parfait de l'indicatif**	
décrivais	décrivions	avais décrit	avions décrit
décrivais	décriviez	avais décrit	aviez décrit
décrivait	décrivaient	avait décrit	avaient décrit
3 passé simple		**10 passé antérieur**	
décrivis	décrivîmes	eus décrit	eûmes décrit
décrivis	décrivîtes	eus décrit	eûtes décrit
décrivit	décrivirent	eut décrit	eurent décrit
4 futur		**11 futur antérieur**	
décrirai	décrirons	aurai décrit	aurons décrit
décriras	décrirez	auras décrit	aurez décrit
décrira	décriront	aura décrit	auront décrit
5 conditionnel		**12 conditionnel passé**	
décrirais	décririons	aurais décrit	aurions décrit
décrirais	décririez	aurais décrit	auriez décrit
décrirait	décriraient	aurait décrit	auraient décrit
6 présent du subjonctif		**13 passé du subjonctif**	
décrive	décrivions	aie décrit	ayons décrit
décrives	décriviez	aies décrit	ayez décrit
décrive	décrivent	ait décrit	aient décrit
7 imparfait du subjonctif		**14 plus-que-parfait du subjonctif**	
décrivisse	décrivissions	eusse décrit	eussions décrit
décrivisses	décrivissiez	eusses décrit	eussiez décrit
décrivît	décrivissent	eût décrit	eussent décrit

Impératif
décris
décrivons
décrivez

Quel beau paysage! Je le décrirai dans une lettre à mon ami. Je ferai une description en détail.

une description	description	**proscrire**	to proscribe
écrire	to write	**prescrire**	to prescribe, stipulate
See also **écrire**.		**une prescription**	prescription

Part. pr. défendant   Part. passé défendu   **défendre**

to defend, to forbid, to prohibit

The Seven Simple Tenses		The Seven Compound Tenses	
Singular	Plural	Singular	Plural
1 présent de l'indicatif		**8 passé composé**	
défends	défendons	ai défendu	avons défendu
défends	défendez	as défendu	avez défendu
défend	défendent	a défendu	ont défendu
2 imparfait de l'indicatif		**9 plus-que-parfait de l'indicatif**	
défendais	défendions	avais défendu	avions défendu
défendais	défendiez	avais défendu	aviez défendu
défendait	défendaient	avait défendu	avaient défendu
3 passé simple		**10 passé antérieur**	
défendis	défendîmes	eus défendu	eûmes défendu
défendis	défendîtes	eus défendu	eûtes défendu
défendit	défendirent	eut défendu	eurent défendu
4 futur		**11 futur antérieur**	
défendrai	défendrons	aurai défendu	aurons défendu
défendras	défendrez	auras défendu	aurez défendu
défendra	défendront	aura défendu	auront défendu
5 conditionnel		**12 conditionnel passé**	
défendrais	défendrions	aurais défendu	aurions défendu
défendrais	défendriez	aurais défendu	auriez défendu
défendrait	défendraient	aurait défendu	auraient défendu
6 présent du subjonctif		**13 passé du subjonctif**	
défende	défendions	aie défendu	ayons défendu
défendes	défendiez	aies défendu	ayez défendu
défende	défendent	ait défendu	aient défendu
7 imparfait du subjonctif		**14 plus-que-parfait du subjonctif**	
défendisse	défendissions	eusse défendu	eussions défendu
défendisses	défendissiez	eusses défendu	eussiez défendu
défendît	défendissent	eût défendu	eussent défendu

Impératif
défends
défendons
défendez

Le père: **Je te défends de fumer. C'est une mauvaise habitude.**
Le fils: **Alors, pourquoi fumes-tu, papa?**

une défense defense	se défendre to defend oneself
DÉFENSE DE FUMER SMOKING PROHIBITED	défensif, défensive defensive
défendable justifiable	défensivement defensively
défendre qqch à qqn to forbid someone something	se défendre d'avoir fait qqch to deny having done something

79

déjeuner

Part. pr. **déjeunant**   Part. passé **déjeuné**

to lunch, to have lunch, breakfast

The Seven Simple Tenses		The Seven Compound Tenses	
Singular	Plural	Singular	Plural
1 présent de l'indicatif		**8 passé composé**	
déjeune	déjeunons	ai déjeuné	avons déjeuné
déjeunes	déjeunez	as déjeuné	avez déjeuné
déjeune	déjeunent	a déjeuné	ont déjeuné
2 imparfait de l'indicatif		**9 plus-que-parfait de l'indicatif**	
déjeunais	déjeunions	avais déjeuné	avions déjeuné
déjeunais	déjeuniez	avais déjeuné	aviez déjeuné
déjeunait	déjeunaient	avait déjeuné	avaient déjeuné
3 passé simple		**10 passé antérieur**	
déjeunai	déjeunâmes	eus déjeuné	eûmes déjeuné
déjeunas	déjeunâtes	eus déjeuné	eûtes déjeuné
déjeuna	déjeunèrent	eut déjeuné	eurent déjeuné
4 futur		**11 futur antérieur**	
déjeunerai	déjeunerons	aurai déjeuné	aurons déjeuné
déjeuneras	déjeunerez	auras déjeuné	aurez déjeuné
déjeunera	déjeuneront	aura déjeuné	auront déjeuné
5 conditionnel		**12 conditionnel passé**	
déjeunerais	déjeunerions	aurais déjeuné	aurions déjeuné
déjeunerais	déjeuneriez	aurais déjeuné	auriez déjeuné
déjeunerait	déjeuneraient	aurait déjeuné	auraient déjeuné
6 présent du subjonctif		**13 passé du subjonctif**	
déjeune	déjeunions	aie déjeuné	ayons déjeuné
déjeunes	déjeuniez	aies déjeuné	ayez déjeuné
déjeune	déjeunent	ait déjeuné	aient déjeuné
7 imparfait du subjonctif		**14 plus-que-parfait du subjonctif**	
déjeunasse	déjeunassions	eusse déjeuné	eussions déjeuné
déjeunasses	déjeunassiez	eusses déjeuné	eussiez déjeuné
déjeunât	déjeunassent	eût déjeuné	eussent déjeuné

	Impératif	
	déjeune	
	déjeunons	
	déjeunez	

Tous les matins je me lève et je prends mon petit déjeuner à sept heures et demie. A midi je déjeune avec mes camarades à l'école. Avec qui déjeunez-vous?

le déjeuner lunch
le petit déjeuner breakfast
jeûner to fast
le jeûne fast, fasting

rompre le jeûne to break one's fast
un jour de jeûne a day of fasting

to ask (for), to request

The Seven Simple Tenses		The Seven Compound Tenses	
Singular	Plural	Singular	Plural

1 présent de l'indicatif		8 passé composé	
demande	demandons	ai demandé	avons demandé
demandes	demandez	as demandé	avez demandé
demande	demandent	a demandé	ont demandé

2 imparfait de l'indicatif		9 plus-que-parfait de l'indicatif	
demandais	demandions	avais demandé	avions demandé
demandais	demandiez	avais demandé	aviez demandé
demandait	demandaient	avait demandé	avaient demandé

3 passé simple		10 passé antérieur	
demandai	demandâmes	eus demandé	eûmes demandé
demandas	demandâtes	eus demandé	eûtes demandé
demanda	demandèrent	eut demandé	eurent demandé

4 futur		11 futur antérieur	
demanderai	demanderons	aurai demandé	aurons demandé
demanderas	demanderez	auras demandé	aurez demandé
demandera	demanderont	aura demandé	auront demandé

5 conditionnel		12 conditionnel passé	
demanderais	demanderions	aurais demandé	aurions demandé
demanderais	demanderiez	aurais demandé	auriez demandé
demanderait	demanderaient	aurait demandé	auraient demandé

6 présent du subjonctif		13 passé du subjonctif	
demande	demandions	aie demandé	ayons demandé
demandes	demandiez	aies demandé	ayez demandé
demande	demandent	ait demandé	aient demandé

7 imparfait du subjonctif		14 plus-que-parfait du subjonctif	
demandasse	demandassions	eusse demandé	eussions demandé
demandasses	demandassiez	eusses demandé	eussiez demandé
demandât	demandassent	eût demandé	eussent demandé

Impératif
demande
demandons
demandez

J'ai demandé à une dame où s'arrête l'autobus. Elle m'a répondu: —Je ne sais pas, monsieur. Demandez à l'agent de police.

une demande a request	**mander** to send word by letter
sur demande on request, on application	**un mandat** mandate; **un mandat-lettre**
faire une demande de to apply for	letter money order; **un mandat-poste**
se demander to wonder	postal money order

demeurer

Part. pr. **demeurant**   Part. passé **demeuré**

to reside, to live, to remain, to stay

The Seven Simple Tenses		The Seven Compound Tenses	
Singular	Plural	Singular	Plural
1 présent de l'indicatif		**8 passé composé**	
demeure	demeurons	ai demeuré	avons demeuré
demeures	demeurez	as demeuré	avez demeuré
demeure	demeurent	a demeuré	ont demeuré
2 imparfait de l'indicatif		**9 plus-que-parfait de l'indicatif**	
demeurais	demeurions	avais demeuré	avions demeuré
demeurais	demeuriez	avais demeuré	aviez demeuré
demeurait	demeuraient	avait demeuré	avaient demeuré
3 passé simple		**10 passé antérieur**	
demeurai	demeurâmes	eus demeuré	eûmes demeuré
demeuras	demeurâtes	eus demeuré	eûtes demeuré
demeura	demeurèrent	eut demeuré	eurent demeuré
4 futur		**11 futur antérieur**	
demeurerai	demeurerons	aurai demeuré	aurons demeuré
demeureras	demeurerez	auras demeuré	aurez demeuré
demeurera	demeureront	aura demeuré	auront demeuré
5 conditionnel		**12 conditionnel passé**	
demeurerais	demeurerions	aurais demeuré	aurions demeuré
demeurerais	demeureriez	aurais demeuré	auriez demeuré
demeurerait	demeureraient	aurait demeuré	auraient demeuré
6 présent du subjonctif		**13 passé du subjonctif**	
demeure	demeurions	aie demeuré	ayons demeuré
demeures	demeuriez	aies demeuré	ayez demeuré
demeure	demeurent	ait demeuré	aient demeuré
7 imparfait du subjonctif		**14 plus-que-parfait du subjonctif**	
demeurasse	demeurassions	eusse demeuré	eussions demeuré
demeurasses	demeurassiez	eusses demeuré	eussiez demeuré
demeurât	demeurassent	eût demeuré	eussent demeuré

Impératif
demeure
demeurons
demeurez

—Où demeurez-vous?
—Je demeure dans un appartement, rue des Jardins.

une demeure dwelling, residence
au demeurant after all
demeurer couché to stay in bed
demeurer court to stop short

demeurer à un hôtel to stay at a hotel
une personne demeurée mentally retarded

to hurry, to hasten

The Seven Simple Tenses		The Seven Compound Tenses	
Singular	Plural	Singular	Plural
1 présent de l'indicatif		**8 passé composé**	
me dépêche	nous dépêchons	me suis dépêché(e)	nous sommes dépêché(e)s
te dépêches	vous dépêchez	t'es dépêché(e)	vous êtes dépêché(e)(s)
se dépêche	se dépêchent	s'est dépêché(e)	se sont dépêché(e)s
2 imparfait de l'indicatif		**9 plus-que-parfait de l'indicatif**	
me dépêchais	nous dépêchions	m'étais dépêché(e)	nous étions dépêché(e)s
te dépêchais	vous dépêchiez	t'étais dépêché(e)	vous étiez dépêché(e)(s)
se dépêchait	se dépêchaient	s'était dépêché(e)	s'étaient dépêché(e)s
3 passé simple		**10 passé antérieur**	
me dépêchai	nous dépêchâmes	me fus dépêché(e)	nous fûmes dépêché(e)s
te dépêchas	vous dépêchâtes	te fus dépêché(e)	vous fûtes dépêché(e)(s)
se dépêcha	se dépêchèrent	se fut dépêché(e)	se furent dépêché(e)s
4 futur		**11 futur antérieur**	
me dépêcherai	nous dépêcherons	me serai dépêché(e)	nous serons dépêché(e)s
te dépêcheras	vous dépêcherez	te seras dépêché(e)	vous serez dépêché(e)(s)
se dépêchera	se dépêcheront	se sera dépêché(e)	se seront dépêché(e)s
5 conditionnel		**12 conditionnel passé**	
me dépêcherais	nous dépêcherions	me serais dépêché(e)	nous serions dépêché(e)s
te dépêcherais	vous dépêcheriez	te serais dépêché(e)	vous seriez dépêché(e)(s)
se dépêcherait	se dépêcheraient	se serait dépêché(e)	se seraient dépêché(e)s
6 présent du subjonctif		**13 passé du subjonctif**	
me dépêche	nous dépêchions	me sois dépêché(e)	nous soyons dépêché(e)s
te dépêches	vous dépêchiez	te sois dépêché(e)	vous soyez dépêché(e)(s)
se dépêche	se dépêchent	se soit dépêché(e)	se soient dépêché(e)s
7 imparfait du subjonctif		**14 plus-que-parfait du subjonctif**	
me dépêchasse	nous dépêchassions	me fusse dépêché(e)	nous fussions dépêché(e)s
te dépêchasses	vous dépêchassiez	te fusses dépêché(e)	vous fussiez dépêché(e)(s)
se dépêchât	se dépêchassent	se fût dépêché(e)	se fussent dépêché(e)s

Impératif
dépêche-toi; ne te dépêche pas
dépêchons-nous; ne nous dépêchons pas
dépêchez-vous; ne vous dépêchez pas

En me dépêchant pour attraper l'autobus, je suis tombé et je me suis fait mal au genou.
Je me dépêchais de venir chez vous pour vous dire quelque chose de très important.

une dépêche a telegram, a dispatch
dépêcher to dispatch

to spend (money)

The Seven Simple Tenses		The Seven Compound Tenses	
Singular	Plural	Singular	Plural
1 présent de l'indicatif		**8 passé composé**	
dépense	dépensons	ai dépensé	avons dépensé
dépenses	dépensez	as dépensé	avez dépensé
dépense	dépensent	a dépensé	ont dépensé
2 imparfait de l'indicatif		**9 plus-que-parfait de l'indicatif**	
dépensais	dépensions	avais dépensé	avions dépensé
dépensais	dépensiez	avais dépensé	aviez dépensé
dépensait	dépensaient	avait dépensé	avaient dépensé
3 passé simple		**10 passé antérieur**	
dépensai	dépensâmes	eus dépensé	eûmes dépensé
dépensas	dépensâtes	eus dépensé	eûtes dépensé
dépensa	dépensèrent	eut dépensé	eurent dépensé
4 futur		**11 futur antérieur**	
dépenserai	dépenserons	aurai dépensé	aurons dépensé
dépenseras	dépenserez	auras dépensé	aurez dépensé
dépensera	dépenseront	aura dépensé	auront dépensé
5 conditionnel		**12 conditionnel passé**	
dépenserais	dépenserions	aurais dépensé	aurions dépensé
dépenserais	dépenseriez	aurais dépensé	auriez dépensé
dépenserait	dépenseraient	aurait dépensé	auraient dépensé
6 présent du subjonctif		**13 passé du subjonctif**	
dépense	dépensions	aie dépensé	ayons dépensé
dépenses	dépensiez	aies dépensé	ayez dépensé
dépense	dépensent	ait dépensé	aient dépensé
7 imparfait du subjonctif		**14 plus-que-parfait du subjonctif**	
dépensasse	dépensassions	eusse dépensé	eussions dépensé
dépensasses	dépensassiez	eusses dépensé	eussiez dépensé
dépensât	dépensassent	eût dépensé	eussent dépensé

Impératif
dépense
dépensons
dépensez

Mon père m'a dit que je dépense sottement. Je lui ai répondu que je n'ai rien dépensé cette semaine.

dépensier, dépensière   extravagant, unthrifty, spendthrift
dépenser sottement   to spend money foolishly
aux dépens de quelqu'un   at someone's expense

to disturb, to derange

The Seven Simple Tenses		The Seven Compound Tenses	
Singular	Plural	Singular	Plural

1 présent de l'indicatif

dérange	dérangeons
déranges	dérangez
dérange	dérangent

8 passé composé

ai dérangé	avons dérangé
as dérangé	avez dérangé
a dérangé	ont dérangé

2 imparfait de l'indicatif

dérangeais	dérangions
dérangeais	dérangiez
dérangeait	dérangeaient

9 plus-que-parfait de l'indicatif

avais dérangé	avions dérangé
avais dérangé	aviez dérangé
avait dérangé	avaient dérangé

3 passé simple

dérangeai	dérangeâmes
dérangeas	dérangeâtes
dérangea	dérangèrent

10 passé antérieur

eus dérangé	eûmes dérangé
eus dérangé	eûtes dérangé
eut dérangé	eurent dérangé

4 futur

dérangerai	dérangerons
dérangeras	dérangerez
dérangera	dérangeront

11 futur antérieur

aurai dérangé	aurons dérangé
auras dérangé	aurez dérangé
aura dérangé	auront dérangé

5 conditionnel

dérangerais	dérangerions
dérangerais	dérangeriez
dérangerait	dérangeraient

12 conditionnel passé

aurais dérangé	aurions dérangé
aurais dérangé	auriez dérangé
aurait dérangé	auraient dérangé

6 présent du subjonctif

dérange	dérangions
déranges	dérangiez
dérange	dérangent

13 passé du subjonctif

aie dérangé	ayons dérangé
aies dérangé	ayez dérangé
ait dérangé	aient dérangé

7 imparfait du subjonctif

dérangeasse	dérangeassions
dérangeasses	dérangeassiez
dérangeât	dérangeassent

14 plus-que-parfait du subjonctif

eusse dérangé	eussions dérangé
eusses dérangé	eussiez dérangé
eût dérangé	eussent dérangé

Impératif
dérange   dérangeons   dérangez

Le professeur: **Entrez!**
    L'élève: **Excusez-moi, monsieur. Est-ce que je vous dérange?**
Le professeur: **Non, tu ne me déranges pas. Qu'est-ce que tu veux?**
    L'élève: **Je veux savoir si nous avons un jour de congé demain.**

dérangé, dérangée   upset, out of order, broken down
une personne dérangée   a deranged person
un dérangement   disarrangement, disorder, inconvenience
se déranger   to inconvenience oneself
Je vous prie, ne vous dérangez pas!   I beg you (please), don't disturb yourself!

descendre   Part. pr. **descendant**   Part. passe **descendu(e)(s)**

to go down, to descend, to take down, to bring down

The Seven Simple Tenses		The Seven Compound Tenses	
Singular	Plural	Singular	Plural
1 présent de l'indicatif		**8 passé composé**	
descends	descendons	suis descendu(e)	sommes descendu(e)s
descends	descendez	es descendu(e)	êtes descendu(e)(s)
descend	descendent	est descendu(e)	sont descendu(e)s
2 imparfait de l'indicatif		**9 plus-que-parfait de l'indicatif**	
descendais	descendions	étais descendu(e)	étions descendu(e)s
descendais	descendiez	étais descendu(e)	étiez descendu(e)(s)
descendait	descendaient	était descendu(e)	étaient descendu(e)s
3 passé simple		**10 passé antérieur**	
descendis	descendîmes	fus descendu(e)	fûmes descendu(e)s
descendis	descendîtes	fus descendu(e)	fûtes descendu(e)(s)
descendit	descendirent	fut descendu(e)	furent descendu(e)s
4 futur		**11 futur antérieur**	
descendrai	descendrons	serai descendu(e)	serons descendu(e)s
descendras	descendrez	seras descendu(e)	serez descendu(e)(s)
descendra	descendront	sera descendu(e)	seront descendu(e)s
5 conditionnel		**12 conditionnel passé**	
descendrais	descendrions	serais descendu(e)	serions descendu(e)s
descendrais	descendriez	serais descendu(e)	seriez descendu(e)(s)
descendrait	descendraient	serait descendu(e)	seraient descendu(e)s
6 présent du subjonctif		**13 passé du subjonctif**	
descende	descendions	sois descendu(e)	soyons descendu(e)s
descendes	descendiez	sois descendu(e)	soyez descendu(e)(s)
descende	descendent	soit descendu(e)	soient descendu(e)s
7 imparfait du subjonctif		**14 plus-que-parfait du subjonctif**	
descendisse	descendissions	fusse descendu(e)	fussions descendu(e)s
descendisses	descendissiez	fusses descendu(e)	fussiez descendu(e)(s)
descendît	descendissent	fût descendu(e)	fussent descendu(e)s

Impératif
descends
descendons
descendez

This verb is conjugated with *avoir* when it has a direct object.

Examples: **J'ai descendu l'escalier**   I went down the stairs.
           J'ai descendu les valises   I brought down the suitcases.

BUT: **Elle est descendue vite**   She came down quickly.

descendre à un hôtel   to stop (stay over) at a hotel
descendre le store   to pull down the window shade

See also the verb **monter.**

to desire

The Seven Simple Tenses		The Seven Compound Tenses	
Singular	Plural	Singular	Plural
1 présent de l'indicatif		**8 passé composé**	
désire	désirons	ai désiré	avons désiré
désires	désirez	as désiré	avez désiré
désire	désirent	a désiré	ont désiré
2 imparfait de l'indicatif		**9 plus-que-parfait de l'indicatif**	
désirais	désirions	avais désiré	avions désiré
désirais	désiriez	avais désiré	aviez désiré
désirait	désiraient	avait désiré	avaient désiré
3 passé simple		**10 passé antérieur**	
désirai	désirâmes	eus désiré	eûmes désiré
désiras	désirâtes	eus désiré	eûtes désiré
désira	désirèrent	eut désiré	eurent désiré
4 futur		**11 futur antérieur**	
désirerai	désirerons	aurai désiré	aurons désiré
désireras	désirerez	auras désiré	aurez désiré
désirera	désireront	aura désiré	auront désiré
5 conditionnel		**12 conditionnel passé**	
désirerais	désirerions	aurais désiré	aurions désiré
désirerais	désireriez	aurais désiré	auriez désiré
désirerait	désireraient	aurait désiré	auraient désiré
6 présent du subjonctif		**13 passé du subjonctif**	
désire	désirions	aie désiré	ayons désiré
désires	désiriez	aies désiré	ayez désiré
désire	désirent	ait désiré	aient désiré
7 imparfait du subjonctif		**14 plus-que-parfait du subjonctif**	
désirasse	désirassions	eusse désiré	eussions désiré
désirasses	désirassiez	eusses désiré	eussiez désiré
désirât	désirassent	eût désiré	eussent désiré

Impératif
désire
désirons
désirez

La vendeuse: **Bonjour, monsieur. Vous désirez?**
Le client: **Je désire acheter une cravate.**
La vendeuse: **Bien, monsieur. Vous pouvez choisir. Voici toutes nos cravates.**

un désir   desire, wish
désirable   desirable
un désir de plaire   a desire to please
laisser à désirer   to leave much to be desired

87

déteste. Part. pr. **détestant** Part. passé **détesté**

to detest, to dislike, to hate

The Seven Simple Tenses		The Seven Compound Tenses	
Singular	Plural	Singular	Plural
1 présent de l'indicatif		**8 passé composé**	
déteste	détestons	ai détesté	avons détesté
détestes	détestez	as détesté	avez détesté
déteste	détestent	a détesté	ont détesté
2 imparfait de l'indicatif		**9 plus-que-parfait de l'indicatif**	
détestais	détestions	avais détesté	avions détesté
détestais	détestiez	avais détesté	aviez détesté
détestait	détestaient	avait détesté	avaient détesté
3 passé simple		**10 passé antérieur**	
détestai	détestâmes	eus détesté	eûmes détesté
détestas	détestâtes	eus détesté	eûtes détesté
détesta	détestèrent	eut détesté	eurent détesté
4 futur		**11 futur antérieur**	
détesterai	détesterons	aurai détesté	aurons détesté
détesteras	détesterez	auras détesté	aurez détesté
détestera	détesteront	aura détesté	auront détesté
5 conditionnel		**12 conditionnel passé**	
détesterais	détesterions	aurais détesté	aurions détesté
détesterais	détesteriez	aurais détesté	auriez détesté
détesterait	détesteraient	aurait détesté	auraient détesté
6 présent du subjonctif		**13 passé du subjonctif**	
déteste	détestions	aie détesté	ayons détesté
détestes	détestiez	aies détesté	ayez détesté
déteste	détestent	ait détesté	aient détesté
7 imparfait du subjonctif		**14 plus-que-parfait du subjonctif**	
détestasse	détestassions	eusse détesté	eussions détesté
détestasses	détestassiez	eusses détesté	eussiez détesté
détestât	détestassent	eût détesté	eussent détesté

Impératif
déteste
détestons
détestez

Je déteste la médiocrité, je déteste le mensonge, et je déteste la calomnie. Ce sont des choses détestables.

détestable   loathsome, hateful
détestablement   detestably

88

to destroy

The Seven Simple Tenses		The Seven Compound Tenses	
Singular	Plural	Singular	Plural
1 présent de l'indicatif		**8 passé composé**	
détruis	détruisons	ai détruit	avons détruit
détruis	détruisez	as détruit	avez détruit
détruit	détruisent	a détruit	ont détruit
2 imparfait de l'indicatif		**9 plus-que-parfait de l'indicatif**	
détruisais	détruisions	avais détruit	avions détruit
détruisais	détruisiez	avais détruit	aviez détruit
détruisait	détruisaient	avait détruit	avaient détruit
3 passé simple		**10 passé antérieur**	
détruisis	détruisîmes	eus détruit	eûmes détruit
détruisis	détruisîtes	eus détruit	eûtes détruit
détruisit	détruisirent	eut détruit	eurent détruit
4 futur		**11 futur antérieur**	
détruirai	détruirons	aurai détruit	aurons détruit
détruiras	détruirez	auras détruit	aurez détruit
détruira	détruiront	aura détruit	auront détruit
5 conditionnel		**12 conditionnel passé**	
détruirais	détruirions	aurais détruit	aurions détruit
détruirais	détruiriez	aurais détruit	auriez détruit
détruirait	détruiraient	aurait détruit	auraient détruit
6 présent du subjonctif		**13 passé du subjonctif**	
détruise	détruisions	aie détruit	ayons détruit
détruises	détruisiez	aies détruit	ayez détruit
détruise	détruisent	ait détruit	aient détruit
7 imparfait du subjonctif		**14 plus-que-parfait du subjonctif**	
détruisisse	détruisissions	eusse détruit	eussions détruit
détruisisses	détruisissiez	eusses détruit	eussiez détruit
détruisît	détruisissent	eût détruit	eussent détruit

Impératif
détruis
détruisons
détruisez

la destruction	destruction	**se détruire**	to destroy (to do
destructif, destructive	destructive		away with) oneself
la destructivité	destructiveness		
destructible	destructible		

devenir

Part. pr. devenant **Part. passé devenu(e)(s)**

to become

The Seven Simple Tenses		The Seven Compound Tenses	
Singular	Plural	Singular	Plural
1 présent de l'indicatif		**8 passé composé**	
deviens	devenons	suis devenu(e)	sommes devenu(e)s
deviens	devenez	es devenu(e)	êtes devenu(e)(s)
devient	deviennent	est devenu(e)	sont devenu(e)s
2 imparfait de l'indicatif		**9 plus-que-parfait de l'indicatif**	
devenais	devenions	étais devenu(e)	étions devenu(e)s
devenais	deveniez	étais devenu(e)	étiez devenu(e)(s)
devenait	devenaient	était devenu(e)	étaient devenu(e)s
3 passé simple		**10 passé antérieur**	
devins	devînmes	fus devenu(e)	fûmes devenu(e)s
devins	devîntes	fus devenu(e)	fûtes devenu(e)(s)
devint	devinrent	fut devenu(e)	furent devenu(e)s
4 futur		**11 futur antérieur**	
deviendrai	deviendrons	serai devenu(e)	serons devenu(e)s
deviendras	deviendrez	seras devenu(e)	serez devenu(e)(s)
deviendra	deviendront	sera devenu(e)	seront devenu(e)s
5 conditionnel		**12 conditionnel passé**	
deviendrais	deviendrions	serais devenu(e)	serions devenu(e)s
deviendrais	deviendriez	serais devenu(e)	seriez devenu(e)(s)
deviendrait	deviendraient	serait devenu(e)	seraient devenu(e)s
6 présent du subjonctif		**13 passé du subjonctif**	
devienne	devenions	sois devenu(e)	soyons devenu(e)s
deviennes	deveniez	sois devenu(e)	soyez devenu(e)(s)
devienne	deviennent	soit devenu(e)	soient devenu(e)s
7 imparfait du subjonctif		**14 plus-que-parfait du subjonctif**	
devinsse	devinssions	fusse devenu(e)	fussions devenu(e)s
devinsses	devinssiez	fusses devenu(e)	fussiez devenu(e)(s)
devînt	devinssent	fût devenu(e)	fussent devenu(e)s

	Impératif
	deviens
	devenons
	devenez

J'entends dire que Claudette est devenue docteur. Et vous, qu'est-ce que vous voulez devenir?

devenir fou, devenir folle   to go mad, crazy
Qu'est devenue votre soeur?   What has become of your sister?

90

to have to, must, ought, owe, should

The Seven Simple Tenses		The Seven Compound Tenses	
Singular	Plural	Singular	Plural
1 présent de l'indicatif		**8 passé composé**	
dois	devons	ai dû	avons dû
dois	devez	as dû	avez dû
doit	doivent	a dû	ont dû
2 imparfait de l'indicatif		**9 plus-que-parfait de l'indicatif**	
devais	devions	avais dû	avions dû
devais	deviez	avais dû	aviez dû
devait	devaient	avait dû	avaient dû
3 passé simple		**10 passé antérieur**	
dus	dûmes	eus dû	eûmes dû
dus	dûtes	eus dû	eûtes dû
dut	durent	eut dû	eurent dû
4 futur		**11 futur antérieur**	
devrai	devrons	aurai dû	aurons dû
devras	devrez	auras dû	aurez dû
devra	devront	aura dû	auront dû
5 conditionnel		**12 conditionnel passé**	
devrais	devrions	aurais dû	aurions dû
devrais	devriez	aurais dû	auriez dû
devrait	devraient	aurait dû	auraient dû
6 présent du subjonctif		**13 passé du subjonctif**	
doive	devons	aie dû	ayons dû
doives	deviez	aies dû	ayez dû
doive	doivent	ait dû	aient dû
7 imparfait du subjonctif		**14 plus-que-parfait du subjonctif**	
dusse	dussions	eusse dû	eussions dû
dusses	dussiez	eusses dû	eussiez dû
dût	dussent	eût dû	eussent dû

Impératif
dois
devons
devez

Hier soir je suis allé au cinéma avec mes amis. Vous auriez dû venir avec nous. Le film était excellent.

Vous auriez dû venir   You should have come.
le devoir   duty, obligation
les devoirs   homework
Cette grosse somme d'argent est due lundi.

dîner Part. pr. **dînant** Part. passé **dîné**

to dine, to have dinner

The Seven Simple Tenses		The Seven Compound Tenses	
Singular	Plural	Singular	Plural
1 présent de l'indicatif		**8 passé composé**	
dîne	dînons	ai dîné	avons dîné
dînes	dînez	as dîné	avez dîné
dîne	dînent	a dîné	ont dîné
2 imparfait de l'indicatif		**9 plus-que-parfait de l'indicatif**	
dînais	dînions	avais dîné	avions dîné
dînais	dîniez	avais dîné	aviez dîné
dînait	dînaient	avait dîné	avaient dîné
3 passé simple		**10 passé antérieur**	
dînai	dînâmes	eus dîné	eûmes dîné
dînas	dînâtes	eus dîné	eûtes dîné
dîna	dînèrent	eut dîné	eurent dîné
4 futur		**11 futur antérieur**	
dînerai	dînerons	aurai dîné	aurons dîné
dîneras	dînerez	auras dîné	aurez dîné
dînera	dîneront	aura dîné	auront dîné
5 conditionnel		**12 conditionnel passé**	
dînerais	dînerions	aurais dîné	aurions dîné
dînerais	dîneriez	aurais dîné	auriez dîné
dînerait	dîneraient	aurait dîné	auraient dîné
6 présent du subjonctif		**13 passé du subjonctif**	
dîne	dînions	aie dîné	ayons dîné
dînes	dîniez	aies dîné	ayez dîné
dîne	dînent	ait dîné	aient dîné
7 imparfait du subjonctif		**14 plus-que-parfait du subjonctif**	
dînasse	dînassions	eusse dîné	eussions dîné
dînasses	dînassiez	eusses dîné	eussiez dîné
dînât	dînassent	eût dîné	eussent dîné

	Impératif
	dîne
	dînons
	dînez

Lundi j'ai dîné chez des amis. Mardi tu as dîné chez moi. Mercredi nous avons dîné chez Pierre. J'aurais dû dîner seul.

le dîner dinner	un dîneur diner
une dînette child's dinner party	donner un dîner to give a dinner
l'heure du dîner dinner time	dîner en ville to dine out
j'aurais dû I should have	j'aurais dû dîner I should have had dinner.

Try reading aloud this play on sounds (the letter d) as fast as you can:
  Denis a dîné du dos d'un dindon dodu.
  Dennis dined on (ate) the back of a plump turkey.

92

Part. pr. **disant**	Part. passé **dit**		**dire**

to say, to tell

The Seven Simple Tenses		The Seven Compound Tenses	
Singular	Plural	Singular	Plural
1 présent de l'indicatif		**8 passé composé**	
dis	disons	ai dit	avons dit
dis	dites	as dit	avez dit
dit	disent	a dit	ont dit
2 imparfait de l'indicatif		**9 plus-que-parfait de l'indicatif**	
disais	disions	avais dit	avions dit
disais	disiez	avais dit	aviez dit
disait	disaient	avait dit	avaient dit
3 passé simple		**10 passé antérieur**	
dis	dîmes	eus dit	eûmes dit
dis	dîtes	eus dit	eûtes dit
dit	dirent	eut dit	eurent dit
4 futur		**11. futur antérieur**	
dirai	dirons	aurai dit	aurons dit
diras	direz	auras dit	aurez dit
dira	diront	aura dit	auront dit
5 conditionnel		**12 conditionnel passé**	
dirais	dirions	aurais dit	aurions dit
dirais	diriez	aurais dit	auriez dit
dirait	diraient	aurait dit	auraient dit
6 présent du subjonctif		**13 passé du subjonctif**	
dise	disions	aie dit	ayons dit
dises	disiez	aies dit	ayez dit
dise	disent	ait dit	aient dit
7 imparfait du subjonctif		**14 plus-que-parfait du subjonctif**	
disse	dissions	eusse dit	eussions dit
disses	dissiez	eusses dit	eussiez dit
dît	dissent	eût dit	eussent dit

Impératif
dis
disons
dites

—Qu'est-ce que vous avez dit? Je n'ai pas entendu.
—J'ai dit que je ne vous ai pas entendu. Parlez plus fort.

c'est-à-dire that is, that is to say
entendre dire que to hear it said that
vouloir dire to mean
dire du bien de to speak well of

donner

Part. pr. donnant   **Part. passé donné**

to give

The Seven Simple Tenses		The Seven Compound Tenses	
Singular	Plural	Singular	Plural
1 présent de l'indicatif		**8 passé composé**	
donne	donnons	ai donné	avons donné
donnes	donnez	as donné	avez donné
donne	donnent	a donné	ont donné
2 imparfait de l'indicatif		**9 plus-que-parfait de l'indicatif**	
donnais	donnions	avais donné	avions donné
donnais	donniez	avais donné	aviez donné
donnait	donnaient	avait donné	avaient donné
3 passé simple		**10 passé antérieur**	
donnai	donnâmes	eus donné	eûmes donné
donnas	donnâtes	eus donné	eûtes donné
donna	donnèrent	eut donné	eurent donné
4 futur		**11 futur antérieur**	
donnerai	donnerons	aurai donné	aurons donné
donneras	donnerez	auras donné	aurez donné
donnera	donneront	aura donné	auront donné
5 conditionnel		**12 conditionnel passé**	
donnerais	donnerions	aurais donné	aurions donné
donnerais	donneriez	aurais donné	auriez donné
donnerait	donneraient	aurait donné	auraient donné
6 présent du subjonctif		**13 passé du subjonctif**	
donne	donnions	aie donné	ayons donné
donnes	donniez	aies donné	ayez donné
donne	donnent	ait donné	aient donné
7 imparfait du subjonctif		**14 plus-que-parfait du subjonctif**	
donnasse	donnassions	eusse donné	eussions donné
donnasses	donnassiez	eusses donné	eussiez donné
donnât	donnassent	eût donné	eussent donné

Impératif
donne
donnons
donnez

---

donner rendez-vous à qqn   to make an appointment (a date) with someone
donner sur   to look out upon: **La salle à manger donne sur un joli jardin**   The dining room looks out upon (faces) a pretty garden.
donner congé à   to grant leave to
abandonner   to abandon;   **ordonner**   to order;   **pardonner**   to pardon

94

Part. pr. **dormant**	Part. passé **dormi**		**dormir**
			to sleep

The Seven Simple Tenses		The Seven Compound Tenses	
Singular	Plural	Singular	Plural
1 présent de l'indicatif		**8 passé composé**	
dors	dormons	ai dormi	avons dormi
dors	dormez	as dormi	avez dormi
dort	dorment	a dormi	ont dormi
2 imparfait de l'indicatif		**9 plus-que-parfait de l'indicatif**	
dormais	dormions	avais dormi	avions dormi
dormais	dormiez	avais dormi	aviez dormi
dormait	dormaient	avait dormi	avaient dormi
3 passé simple		**10 passé antérieur**	
dormis	dormîmes	eus dormi	eûmes dormi
dormis	dormîtes	eus dormi	eûtes dormi
dormit	dormirent	eut dormi	eurent dormi
4 futur		**11 futur antérieur**	
dormirai	dormirons	aurai dormi	aurons dormi
dormiras	dormirez	auras dormi	aurez dormi
dormira	dormiront	aura dormi	auront dormi
5 conditionnel		**12 conditionnel passé**	
dormirais	dormirions	aurais dormi	aurions dormi
dormirais	dormiriez	aurais dormi	auriez dormi
dormirait	dormiraient	aurait dormi	auraient dormi
6 présent du subjonctif		**13 passé du subjonctif**	
dorme	dormions	aie dormi	ayons dormi
dormes	dormiez	aies dormi	ayez dormi
dorme	dorment	ait dormi	aient dormi
7 imparfait du subjonctif		**14 plus-que-parfait du subjonctif**	
dormisse	dormissions	eusse dormi	eussions dormi
dormisses	dormissiez	eusses dormi	eussiez dormi
dormît	dormissent	eût dormi	eussent dormi

Impératif
dors
dormons
dormez

dormir toute la nuit to sleep through the night		**endormir** to put to sleep	
parler en dormant to talk in one's sleep		**s'endormir** to fall asleep	
empêcher de dormir to keep from sleeping			
la dormition dormition			
le dortoir dormitory			
dormir à la belle étoile to sleep outdoors			
dormir sur les deux oreilles to sleep soundly			

douter

Part. pr. **doutant**   Part. passé **douté**

to doubt

The Seven Simple Tenses		The Seven Compound Tenses	
Singular	Plural	Singular	Plural
1 présent de l'indicatif		**8 passé composé**	
doute	doutons	ai douté	avons douté
doutes	doutez	as douté	avez douté
doute	doutent	a douté	ont douté
2 imparfait de l'indicatif		**9 plus-que-parfait de l'indicatif**	
doutais	doutions	avais douté	avions douté
doutais	doutiez	avais douté	aviez douté
doutait	doutaient	avait douté	avaient douté
3 passé simple		**10 passé antérieur**	
doutai	doutâmes	eus douté	eûmes douté
doutas	doutâtes	eus douté	eûtes douté
douta	doutèrent	eut douté	eurent douté
4 futur		**11 futur antérieur**	
douterai	douterons	aurai douté	aurons douté
douteras	douterez	auras douté	aurez douté
doutera	douteront	aura douté	auront douté
5 conditionnel		**12 conditionnel passé**	
douterais	douterions	aurais douté	aurions douté
douterais	douteriez	aurais douté	auriez douté
douterait	douteraient	aurait douté	auraient douté
6 présent du subjonctif		**13 passé du subjonctif**	
doute	doutions	aie douté	ayons douté
doutes	doutiez	aies douté	ayez douté
doute	doutent	ait douté	aient douté
7 imparfait du subjonctif		**14 plus-que-parfait du subjonctif**	
doutasse	doutassions	eusse douté	eussions douté
doutasses	doutassiez	eusses douté	eussiez douté
doutât	doutassent	eût douté	eussent douté

	Impératif
	doute
	doutons
	doutez

Je doute que cet homme soit coupable. Il n'y a pas de doute qu'il est innocent.

le doute	doubt	ne douter de rien	to doubt nothing,
sans doute	no doubt		to be too credulous
sans aucun doute	undoubtedly	ne se douter de rien	to suspect nothing
d'un air de doute	dubiously	se douter de	to suspect
redouter	to dread, to fear		

96

to listen (to)

The Seven Simple Tenses		The Seven Compound Tenses	
Singular	Plural	Singular	Plural

1 présent de l'indicatif

écoute	écoutons
écoutes	écoutez
écoute	écoutent

8 passé composé

ai écouté	avons écouté
as écouté	avez écouté
a écouté	ont écouté

2 imparfait de l'indicatif

écoutais	écoutions
écoutais	écoutiez
écoutait	écoutaient

9 plus-que-parfait de l'indicatif

avais écouté	avions écouté
avais écouté	aviez écouté
avait écouté	avaient écouté

3 passé simple

écoutai	écoutâmes
écoutas	écoutâtes
écouta	écoutèrent

10 passé antérieur

eus écouté	eûmes écouté
eus écouté	eûtes écouté
eut écouté	eurent écouté

4 futur

écouterai	écouterons
écouteras	écouterez
écoutera	écouteront

11 futur antérieur

aurai écouté	aurons écouté
auras écouté	aurez écouté
aura écouté	auront écouté

5 conditionnel

écouterais	écouterions
écouterais	écouteriez
écouterait	écouteraient

12 conditionnel passé

aurais écouté	aurions écouté
aurais écouté	auriez écouté
aurait écouté	auraient écouté

6 présent du subjonctif

écoute	écoutions
écoutes	écoutiez
écoute	écoutent

13 passé du subjonctif

aie écouté	ayons écouté
aies écouté	ayez écouté
ait écouté	aient écouté

7 imparfait du subjonctif

écoutasse	écoutassions
écoutasses	écoutassiez
écoutât	écoutassent

14 plus-que-parfait du subjonctif

eusse écouté	eussions écouté
eusses écouté	eussiez écouté
eût écouté	eussent écouté

Impératif
écoute
écoutons
écoutez

Ecoutez-vous le professeur quand il explique la leçon? L'avez-vous écouté ce matin en classe?

aimer à s'écouter parler   to love to hear one's own voice
un écouteur   telephone receiver (ear piece)
être à l'écoute   to be listening in
n'écouter personne   not to heed anyone
savoir écouter   to be a good listener
écouter aux portes   to eavesdrop, to listen secretly

écrire

Part. pr. **écrivant**   Part. passé **écrit**

to write

The Seven Simple Tenses		The Seven Compound Tenses	
Singular	Plural	Singular	Plural
1 présent de l'indicatif		**8 passé composé**	
écris	écrivons	ai écrit	avons écrit
écris	écrivez	as écrit	avez écrit
écrit	écrivent	a écrit	ont écrit
2 imparfait de l'indicatif		**9 plus-que-parfait de l'indicatif**	
écrivais	écrivions	avais écrit	avions écrit
écrivais	écriviez	avais écrit	aviez écrit
écrivait	écrivaient	avait écrit	avaient écrit
3 passé simple		**10 passé antérieur**	
écrivis	écrivîmes	eus écrit	eûmes écrit
écrivis	écrivîtes	eus écrit	eûtes écrit
écrivit	écrivirent	eut écrit	eurent écrit
4 futur		**11 futur antérieur**	
écrirai	écrirons	aurai écrit	aurons écrit
écriras	écrirez	auras écrit	aurez écrit
écrira	écriront	aura écrit	auront écrit
5 conditionnel		**12 conditionnel passé**	
écrirais	écririons	aurais écrit	aurions écrit
écrirais	écririez	aurais écrit	auriez écrit
écrirait	écriraient	aurait écrit	auraient écrit
6 présent du subjonctif		**13 passé du subjonctif**	
écrive	écrivions	aie écrit	ayons écrit
écrives	écriviez	aies écrit	ayez écrit
écrive	écrivent	ait écrit	aient écrit
7 imparfait du subjonctif		**14 plus-que-parfait du subjonctif**	
écrivisse	écrivissions	eusse écrit	eussions écrit
écrivisses	écrivissiez	eusses écrit	eussiez écrit
écrivît	écrivissent	eût écrit	eussent écrit

Impératif
écris
écrivons
écrivez

Jean: **As-tu écrit ta composition pour la classe de français?**
Jacques: **Non, je ne l'ai pas écrite.**
Jean: **Écrivons-la ensemble.**

un écrivain   writer; **une femme écrivain**   woman writer
écriture *(f.)*   handwriting, writing
écrire un petit mot à qqn   to write a note to someone

See also **décrire**.

The Seven Simple Tenses		The Seven Compound Tenses	
Singular	Plural	Singular	Plural
1 présent de l'indicatif		**8 passé composé**	
effraye	effrayons	ai effrayé	avons effrayé
effrayes	effrayez	as effrayé	avez effrayé
effraye	effrayent	a effrayé	ont effrayé
2 imparfait de l'indicatif		**9 plus-que-parfait de l'indicatif**	
effrayais	effrayions	avais effrayé	avions effrayé
effrayais	effrayiez	avais effrayé	aviez effrayé
effrayait	effrayaient	avait effrayé	avaient effrayé
3 passé simple		**10 passé antérieur**	
effrayai	effrayâmes	eus effrayé	eûmes effrayé
effrayas	effrayâtes	eus effrayé	eûtes effrayé
effraya	effrayèrent	eut effrayé	eurent effrayé
4 futur		**11 futur antérieur**	
effrayerai	effrayerons	aurai effrayé	aurons effrayé
effrayeras	effrayerez	auras effrayé	aurez effrayé
effrayera	effrayeront	aura effrayé	auront effrayé
5 conditionnel		**12 conditionnel passé**	
effrayerais	effrayerions	aurais effrayé	aurions effrayé
effrayerais	effrayeriez	aurais effrayé	auriez effrayé
effrayerait	effrayeraient	aurait effrayé	auraient effrayé
6 présent du subjonctif		**13 passé du subjonctif**	
effraye	effrayions	aie effrayé	ayons effrayé
effrayes	effrayiez	aies effrayé	ayez effrayé
effraye	effrayent	ait effrayé	aient effrayé
7 imparfait du subjonctif		**14 plus-que-parfait du subjonctif**	
effrayasse	effrayassions	eusse effrayé	eussions effrayé
effrayasses	effrayassiez	eusses effrayé	eussiez effrayé
effrayât	effrayassent	eût effrayé	eussent effrayé

Impératif
effraye
effrayons
effrayez

Le tigre a effrayé l'enfant. L'enfant a effrayé le singe. Le singe effraiera le bébé. C'est effrayant!

effrayant, effrayante frightful, awful	**effroyable** dreadful, fearful
effrayé, effrayée frightened	**effroyablement** dreadfully, fearfully

Verbs ending in -ayer may change y to i before mute e or may keep y.

égayer

Part. pr. **égayant** Part. passé **égayé**

to amuse, to cheer up, to enliven, to entertain

The Seven Simple Tenses		The Seven Compound Tenses	
Singular	Plural	Singular	Plural

1 présent de l'indicatif

égaye	égayons	**8 passé composé**	
égayes	égayez	ai égayé	avons égayé
égaye	égayent	as égayé	avez égayé
		a égayé	ont égayé

2 imparfait de l'indicatif

		9 plus-que-parfait de l'indicatif	
égayais	égayions	avais égayé	avions égayé
égayais	égayiez	avais égayé	aviez égayé
égayait	égayaient	avait égayé	avaient égayé

3 passé simple

		10 passé antérieur	
égayai	égayâmes	eus égayé	eûmes égayé
égayas	égayâtes	eus égayé	eûtes égayé
égaya	égayèrent	eut égayé	eurent égayé

4 futur

		11 futur antérieur	
égayerai	égayerons	aurai égayé	aurons égayé
égayeras	égayerez	auras égayé	aurez égayé
égayera	égayeront	aura égayé	auront égayé

5 conditionnel

		12 conditionnel passé	
égayerais	égayerions	aurais égayé	aurions égayé
égayerais	égayeriez	aurais égayé	auriez égayé
égayerait	égayeraient	aurait égayé	auraient égayé

6 présent du subjonctif

		13 passé du subjonctif	
égaye	égayions	aie égayé	ayons égayé
égayes	égayiez	aies égayé	ayez égayé
égaye	égayent	ait égayé	aient égayé

7 imparfait du subjonctif

		14 plus-que-parfait du subjonctif	
égayasse	égayassions	eusse égayé	eussions égayé
égayasses	égayassiez	eusses égayé	eussiez égayé
égayât	égayassent	eût égayé	eussent égayé

Impératif
égaye
égayons
égayez

égayant, égayante lively
s'égayer aux dépens de to make fun of
gai, gaie gay, cheerful, merry
gaiment gaily, cheerfully

Verbs ending in *-ayer* may change *y* to *i* before mute *e* or may keep *y*.

100

Part. pr. **embrassant**	Part. passé **embrassé**		**embrasser**

to kiss, to embrace

The Seven Simple Tenses		The Seven Compound Tenses	
Singular	Plural	Singular	Plural

1 présent de l'indicatif		8 passé composé	
embrasse	embrassons	ai embrassé	avons embrassé
embrasses	embrassez	as embrassé	avez embrassé
embrasse	embrassent	a embrassé	ont embrassé

2 imparfait de l'indicatif		9 plus-que-parfait de l'indicatif	
embrassais	embrassions	avais embrassé	avions embrassé
embrassais	embrassiez	avais embrassé	aviez embrassé
embrassait	embrassaient	avait embrassé	avaient embrassé

3 passé simple		10 passé antérieur	
embrassai	embrassâmes	eus embrassé	eûmes embrassé
embrassas	embrassâtes	eus embrassé	eûtes embrassé
embrassa	embrassèrent	eut embrassé	eurent embrassé

4 futur		11 futur antérieur	
embrasserai	embrasserons	aurai embrassé	aurons embrassé
embrasseras	embrasserez	auras embrassé	aurez embrassé
embrassera	embrasseront	aura embrassé	auront embrassé

5 conditionnel		12 conditionnel passé	
embrasserais	embrasserions	aurais embrassé	aurions embrassé
embrasserais	embrasseriez	aurais embrassé	auriez embrassé
embrasserait	embrasseraient	aurait embrassé	auraient embrassé

6 présent du subjonctif		13 passé du subjonctif	
embrasse	embrassions	aie embrassé	ayons embrassé
embrasses	embrassiez	aies embrassé	ayez embrassé
embrasse	embrassent	ait embrassé	aient embrassé

7 imparfait du subjonctif		14 plus-que-parfait du subjonctif	
embrassasse	embrassassions	eusse embrassé	eussions embrassé
embrassasses	embrassassiez	eusses embrassé	eussiez embrassé
embrassât	embrassassent	eût embrassé	eussent embrassé

Impératif
embrasse
embrassons
embrassez

—Embrasse-moi. Je t'aime. Ne me laisse pas.
—Je t'embrasse. Je t'aime aussi. Je ne te laisse pas. Embrassons-nous.

le bras arm
un embrassement embracement, embrace
s'embrasser to embrace each other, to hug each other
embrasseur, embrasseuse a person who likes to kiss a lot

emmener

Part. pr. **emmenant**   Part. passé **emmené**

to lead, to lead away, to take away (persons)

The Seven Simple Tenses		The Seven Compound Tenses	
Singular	Plural	Singular	Plural

1 présent de l'indicatif

emmène	emmenons
emmènes	emmenez
emmène	emmènent

2 imparfait de l'indicatif

emmenais	emmenions
emmenais	emmeniez
emmenait	emmenaient

3 passé simple

emmenai	emmenâmes
emmenas	emmenâtes
emmena	emmenèrent

4 futur

emmènerai	emmènerons
emmèneras	emmènerez
emmènera	emmèneront

5 conditionnel

emmènerais	emmènerions
emmènerais	emmèneriez
emmènerait	emmèneraient

6 présent du subjonctif

emmène	emmenions
emmènes	emmeniez
emmène	emmènent

7 imparfait du subjonctif

emmenasse	emmenassions
emmenasses	emmenassiez
emmenât	emmenassent

8 passé composé

ai emmené	avons emmené
as emmené	avez emmené
a emmené	ont emmené

9 plus-que-parfait de l'indicatif

avais emmené	avions emmené
avais emmené	aviez emmené
avait emmené	avaient emmené

10 passé antérieur

eus emmené	eûmes emmené
eus emmené	eûtes emmené
eut emmené	eurent emmené

11 futur antérieur

aurai emmené	aurons emmené
auras emmené	aurez emmené
aura emmené	auront emmené

12 conditionnel passé

aurais emmené	aurions emmené
aurais emmené	auriez emmené
aurait emmené	auraient emmené

13 passé du subjonctif

aie emmené	ayons emmené
aies emmené	ayez emmené
ait emmené	aient emmené

14 plus-que-parfait du subjonctif

eusse emmené	eussions emmené
eusses emmené	eussiez emmené
eût emmené	eussent emmené

Impératif
emmène
emmenons
emmenez

Quand j'emmène une personne d'un lieu dans un autre, je mène cette personne avec moi. Mon père nous emmènera au cinéma lundi prochain. Samedi dernier il nous a emmenés au théâtre.

Le train m'a emmené à Paris   The train took me to Paris.
Un agent de police a emmené l'assassin   A policeman took away the assassin.

See also **mener**.

Part. pr. **empêchant**   Part. passé **empêché**   **empêcher**

to hinder, to prevent

The Seven Simple Tenses		The Seven Compound Tenses	
Singular	Plural	Singular	Plural
1 présent de l'indicatif		**8 passé composé**	
empêche	empêchons	ai empêché	avons empêché
empêches	empêchez	as empêché	avez empêché
empêche	empêchent	a empêché	ont empêché
2 imparfait de l'indicatif		**9 plus-que-parfait de l'indicatif**	
empêchais	empêchions	avais empêché	avions empêché
empêchais	empêchiez	avais empêché	aviez empêché
empêchait	empêchaient	avait empêché	avaient empêché
3 passé simple		**10 passé antérieur**	
empêchai	empêchâmes	eus empêché	eûmes empêché
empêchas	empêchâtes	eus empêché	eûtes empêché
empêcha	empêchèrent	eut empêché	eurent empêché
4 futur		**11 futur antérieur**	
empêcherai	empêcherons	aurai empêché	aurons empêché
empêcheras	empêcherez	auras empêché	aurez empêché
empêchera	empêcheront	aura empêché	auront empêché
5 conditionnel		**12 conditionnel passé**	
empêcherais	empêcherions	aurais empêché	aurions empêché
empêcherais	empêcheriez	aurais empêché	auriez empêché
empêcherait	empêcheraient	aurait empêché	auraient empêché
6 présent du subjonctif		**13 passé du subjonctif**	
empêche	empêchions	aie empêché	ayons empêché
empêches	empêchiez	aies empêché	ayez empêché
empêche	empêchent	ait empêché	aient empêché
7 imparfait du subjonctif		**14 plus-que-parfait du subjonctif**	
empêchasse	empêchassions	eusse empêché	eussions empêché
empêchasses	empêchassiez	eusses empêché	eussiez empêché
empêchât	empêchassent	eût empêché	eussent empêché

Impératif
empêche
empêchons
empêchez

Georgette a empêché son frère de finir ses devoirs parce qu'elle jouait des disques en même temps. Le bruit était un vrai empêchement.

un empêchement   impediment, hindrance
en cas d'empêchement   in case of prevention
empêcher qqn de faire qqch   to prevent someone from doing something
empêcher d'entrer   to keep from entering
s'empêcher de faire qqch   to refrain from doing something

employer

Part. pr. employant   **Part. passé employé**

to use, to employ

The Seven Simple Tenses		The Seven Compound Tenses	
Singular	Plural	Singular	Plural
1 présent de l'indicatif		**8 passé composé**	
emploie	employons	ai employé	avons employé
emploies	employez	as employé	avez employé
emploie	emploient	a employé	ont employé
2 imparfait de l'indicatif		**9 plus-que-parfait de l'indicatif**	
employais	employions	avais employé	avions employé
employais	employiez	avais employé	aviez employé
employait	employaient	avait employé	avaient employé
3 passé simple		**10 passé antérieur**	
employai	employâmes	eus employé	eûmes employé
employas	employâtes	eus employé	eûtes employé
employa	employèrent	eut employé	eurent employé
4 futur		**11 futur antérieur**	
emploierai	emploierons	aurai employé	aurons employé
emploieras	emploierez	auras employé	aurez employé
emploiera	emploieront	aura employé	auront employé
5 conditionnel		**12 conditionnel passé**	
emploierais	emploierions	aurais employé	aurions employé
emploierais	emploieriez	aurais employé	auriez employé
emploierait	emploieraient	aurait employé	auraient employé
6 présent du subjonctif		**13 passé du subjonctif**	
emploie	employions	aie employé	ayons employé
emploies	employiez	aies employé	ayez employé
emploie	emploient	ait employé	aient employé
7 imparfait du subjonctif		**14 plus-que-parfait du subjonctif**	
employasse	employassions	eusse employé	eussions employé
employasses	employassiez	eusses employé	eussiez employé
employât	employassent	eût employé	eussent employé

Impératif
emploie
employons
employez

un employé, une employée employee	**s'employer à faire qqch** to occupy oneself
employeur employer	doing something
sans emploi jobless	**employer son temps** to spend one's time
un emploi employment	

Verbs ending in *-oyer* must change *y* to *i* before mute *e*.

104

Part. pr. empruntant   **Part. passé emprunté**   **emprunter**

to borrow

The Seven Simple Tenses		The Seven Compound Tenses	
Singular	Plural	Singular	Plural
1 présent de l'indicatif		**8 passé composé**	
emprunte	empruntons	ai emprunté	avons emprunté
empruntes	empruntez	as emprunté	avez emprunté
emprunte	empruntent	a emprunté	ont emprunté
2 imparfait de l'indicatif		**9 plus-que-parfait de l'indicatif**	
empruntais	empruntions	avais emprunté	avions emprunté
empruntais	empruntiez	avais emprunté	aviez emprunté
empruntait	empruntaient	avait emprunté	avaient emprunté
3 passé simple		**10 passé antérieur**	
empruntai	empruntâmes	eus emprunté	eûmes emprunté
empruntas	empruntâtes	eus emprunté	eûtes emprunté
emprunta	empruntèrent	eut emprunté	eurent emprunté
4 futur		**11 futur antérieur**	
emprunterai	emprunterons	aurai emprunté	aurons emprunté
emprunteras	emprunterez	auras emprunté	aurez emprunté
empruntera	emprunteront	aura emprunté	auront emprunté
5 conditionnel		**12 conditionnel passé**	
emprunterais	emprunterions	aurais emprunté	aurions emprunté
emprunterais	emprunteriez	aurais emprunté	auriez emprunté
emprunterait	emprunteraient	aurait emprunté	auraient emprunté
6 présent du subjonctif		**13 passé du subjonctif**	
emprunte	empruntions	aie emprunté	ayons emprunté
empruntes	empruntiez	aies emprunté	ayez emprunté
emprunte	empruntent	ait emprunté	aient emprunté
7 imparfait du subjonctif		**14 plus-que-parfait du subjonctif**	
empruntasse	empruntassions	eusse emprunté	eussions emprunté
empruntasses	empruntassiez	eusses emprunté	eussiez emprunté
empruntât	empruntassent	eût emprunté	eussent emprunté

Impératif
emprunte
empruntons
empruntez

---

emprunteur, emprunteuse   a person who makes a habit of borrowing
un emprunt   loan, borrowing
emprunter quelque chose à quelqu'un   to borrow something from someone
   Monsieur Leblanc a emprunté de l'argent à mon père   Mr. Leblanc borrowed some
   money from my father.

enlever

Part. pr. enlevant   **Part. passé enlevé**

to carry away, to take away, to remove

The Seven Simple Tenses		The Seven Compound Tenses	
Singular	Plural	Singular	Plural
1 présent de l'indicatif		**8 passé composé**	
enlève	enlevons	ai enlevé	avons enlevé
enlèves	enlevez	as enlevé	avez enlevé
enlève	enlèvent	a enlevé	ont enlevé
2 imparfait de l'indicatif		**9 plus-que-parfait de l'indicatif**	
enlevais	enlevions	avais enlevé	avions enlevé
enlevais	enleviez	avais enlevé	aviez enlevé
enlevait	enlevaient	avait enlevé	avaient enlevé
3 passé simple		**10 passé antérieur**	
enlevai	enlevâmes	eus enlevé	eûmes enlevé
enlevas	enlevâtes	eus enlevé	eûtes enlevé
enleva	enlevèrent	eut enlevé	eurent enlevé
4 futur		**11 futur antérieur**	
enlèverai	enlèverons	aurai enlevé	aurons enlevé
enlèveras	enlèverez	auras enlevé	aurez enlevé
enlèvera	enlèveront	aura enlevé	auront enlevé
5 conditionnel		**12 conditionnel passé**	
enlèverais	enlèverions	aurais enlevé	aurions enlevé
enlèverais	enlèveriez	aurais enlevé	auriez enlevé
enlèverait	enlèveraient	aurait enlevé	auraient enlevé
6 présent du subjonctif		**13 passé du subjonctif**	
enlève	enlevions	aie enlevé	ayons enlevé
enlèves	enleviez	aies enlevé	ayez enlevé
enlève	enlèvent	ait enlevé	aient enlevé
7 imparfait du subjonctif		**14 plus-que-parfait du subjonctif**	
enlevasse	enlevassions	eusse enlevé	eussions enlevé
enlevasses	enlevassiez	eusses enlevé	eussiez enlevé
enlevât	enlevassent	eût enlevé	eussent enlevé

	Impératif
	enlève
	enlevons
	enlevez

Madame Dubac est entrée dans sa maison. Elle a enlevé son chapeau, son manteau et ses gants. Puis, elle est allée directement au salon pour enlever une chaise et la mettre dans la salle à manger. Après cela, elle a enlevé les ordures.

enlever les ordures to take the garbage out
un enlèvement lifting, carrying off, removal
enlèvement d'un enfant baby snatching, kidnapping
un enlevage spurt (sports)

to bore, to annoy, to weary

The Seven Simple Tenses		The Seven Compound Tenses	
Singular	Plural	Singular	Plural
1 présent de l'indicatif		**8 passé composé**	
ennuie	ennuyons	ai ennuyé	avons ennuyé
ennuies	ennuyez	as ennuyé	avez ennuyé
ennuie	ennuient	a ennuyé	ont ennuyé
2 imparfait de l'indicatif		**9 plus-que-parfait de l'indicatif**	
ennuyais	ennuyions	avais ennuyé	avions ennuyé
ennuyais	ennuyiez	avais ennuyé	aviez ennuyé
ennuyait	ennuyaient	avait ennuyé	avaient ennuyé
3 passé simple		**10 passé antérieur**	
ennuyai	ennuyâmes	eus ennuyé	eûmes ennuyé
ennuyas	ennuyâtes	eus ennuyé	eûtes ennuyé
ennuya	ennuyèrent	eut ennuyé	eurent ennuyé
4 futur		**11 futur antérieur**	
ennuierai	ennuierons	aurai ennuyé	aurons ennuyé
ennuieras	ennuierez	auras ennuyé	aurez ennuyé
ennuiera	ennuieront	aura ennuyé	auront ennuyé
5 conditionnel		**12 conditionnel passé**	
ennuierais	ennuierions	aurais ennuyé	aurions ennuyé
ennuierais	ennuieriez	aurais ennuyé	auriez ennuyé
ennuierait	ennuieraient	aurait ennuyé	auraient ennuyé
6 présent du subjonctif		**13 passé du subjonctif**	
ennuie	ennuyions	aie ennuyé	ayons ennuyé
ennuies	ennuyiez	aies ennuyé	ayez ennuyé
ennuie	ennuient	ait ennuyé	aient ennuyé
7 imparfait du subjonctif		**14 plus-que-parfait du subjonctif**	
ennuyasse	ennuyassions	eusse ennuyé	eussions ennuyé
ennuyasses	ennuyassiez	eusses ennuyé	eussiez ennuyé
ennuyât	ennuyassent	eût ennuyé	eussent ennuyé

Impératif
ennuie
ennuyons
ennuyez

—Est-ce que je vous ennuie?
—Oui, vous m'ennuyez. Allez-vous en!

un ennui weariness, boredom, ennui   **mourir d'ennui** to be bored to tears
des ennuis worries, troubles   **s'ennuyer** to become bored, to get bored
ennuyeux, ennuyeuse boring

Verbs ending in *-uyer* must change *y* to *i* before mute *e*.

107

enseigner		Part. pr. **enseignant**	Part. passé **enseigné**

to teach

The Seven Simple Tenses		The Seven Compound Tenses	
Singular	Plural	Singular	Plural

1 présent de l'indicatif		8 passé composé	
enseigne	enseignons	ai enseigné	avons enseigné
enseignes	enseignez	as enseigné	avez enseigné
enseigne	enseignent	a enseigné	ont enseigné

2 imparfait de l'indicatif		9 plus-que-parfait de l'indicatif	
enseignais	enseignions	avais enseigné	avions enseigné
enseignais	enseigniez	avais enseigné	aviez enseigné
enseignait	enseignaient	avait enseigné	avaient enseigné

3 passé simple		10 passé antérieur	
enseignai	enseignâmes	eus enseigné	eûmes enseigné
enseignas	enseignâtes	eus enseigné	eûtes enseigné
enseigna	enseignèrent	eut enseigné	eurent enseigné

4 futur		11 futur antérieur	
enseignerai	enseignerons	aurai enseigné	aurons enseigné
enseigneras	enseignerez	auras enseigné	aurez enseigné
enseignera	enseigneront	aura enseigné	auront enseigné

5 conditionnel		12 conditionnel passé	
enseignerais	enseignerions	aurais enseigné	aurions enseigné
enseignerais	enseigneriez	aurais enseigné	auriez enseigné
enseignerait	enseigneraient	aurait enseigné	auraient enseigné

6 présent du subjonctif		13 passé du subjonctif	
enseigne	enseignions	aie enseigné	ayons enseigné
enseignes	enseigniez	aies enseigné	ayez enseigné
enseigne	enseignent	ait enseigné	aient enseigné

7 imparfait du subjonctif		14 plus-que-parfait du subjonctif	
enseignasse	enseignassions	eusse enseigné	eussions enseigné
enseignasses	enseignassiez	eusses enseigné	eussiez enseigné
enseignât	enseignassent	eût enseigné	eussent enseigné

	Impératif
	enseigne
	enseignons
	enseignez

J'enseigne aux élèves à lire en français. L'enseignement est une profession.

enseigner quelque chose à quelqu'un   to teach something to someone
une enseigne   sign, flag
un enseigne   ensign
l'enseignement *(m.)*   teaching
renseigner qqn de qqch   to inform someone about something
se renseigner   to get information, to inquire
un renseignement, des renseignements   information

108

to hear, to understand

The Seven Simple Tenses		The Seven Compound Tenses	
Singular	Plural	Singular	Plural
1 présent de l'indicatif		**8 passé composé**	
entends	entendons	ai entendu	avons entendu
entends	entendez	as entendu	avez entendu
entend	entendent	a entendu	ont entendu
2 imparfait de l'indicatif		**9 plus-que-parfait de l'indicatif**	
entendais	entendions	avais entendu	avions entendu
entendais	entendiez	avais entendu	aviez entendu
entendait	entendaient	avait entendu	avaient entendu
3 passé simple		**10 passé antérieur**	
entendis	entendîmes	eus entendu	eûmes entendu
entendis	entendîtes	eus entendu	eûtes entendu
entendit	entendirent	eut entendu	eurent entendu
4 futur		**11 futur antérieur**	
entendrai	entendrons	aurai entendu	aurons entendu
entendras	entendrez	auras entendu	aurez entendu
entendra	entendront	aura entendu	auront entendu
5 conditionnel		**12 conditionnel passé**	
entendrais	entendrions	aurais entendu	aurions entendu
entendrais	entendriez	aurais entendu	auriez entendu
entendrait	entendraient	aurait entendu	auraient entendu
6 présent du subjonctif		**13 passé du subjonctif**	
entende	entendions	aie entendu	ayons entendu
entendes	entendiez	aies entendu	ayez entendu
entende	entendent	ait entendu	aient entendu
7 imparfait du subjonctif		**14 plus-que-parfait du subjonctif**	
entendisse	entendissions	eusse entendu	eussions entendu
entendisses	entendissiez	eusses entendu	eussiez entendu
entendît	entendissent	eût entendu	eussent entendu
		Impératif	
		entends	
		entendons	
		entendez	

—As-tu entendu quelque chose?
—Non, chéri, je n'ai rien entendu.
—J'ai entendu un bruit. . . de la cuisine. . . silence . . . je l'entends encore.
—Oh! Un cambrioleur!

un entendement understanding	**bien entendu** of course
sous-entendre to imply	**C'est entendu!** It's understood! Agreed!
un sous-entendu innuendo	**s'entendre avec qqn** to get along with
une sous-entente implication	someone, to understand each other
Je m'entends bien avec ma sœur	
I get along very well with my sister.	

109

entrer	Part. pr. **entrant**	Part. passé **entré(e)(s)**

to enter, to come in, to go in

The Seven Simple Tenses		The Seven Compound Tenses	
Singular	Plural	Singular	Plural
1 présent de l'indicatif		**8 passé composé**	
entre	entrons	suis entré(e)	sommes entré(e)s
entres	entrez	es entré(e)	êtes entré(e)(s)
entre	entrent	est entré(e)	sont entré(e)s
2 imparfait de l'indicatif		**9 plus-que-parfait de l'indicatif**	
entrais	entrions	étais entré(e)	étions entré(e)s
entrais	entriez	étais entré(e)	étiez entré(e)(s)
entrait	entraient	était entré(e)	étaient entré(e)s
3 passé simple		**10 passé antérieur**	
entrai	entrâmes	fus entré(e)	fûmes entré(e)s
entras	entrâtes	fus entré(e)	fûtes entré(e)(s)
entra	entrèrent	fut entré(e)	furent entré(e)s
4 futur		**11 futur antérieur**	
entrerai	entrerons	serai entré(e)	serons entré(e)s
entreras	entrerez	seras entré(e)	serez entré(e)(s)
entrera	entreront	sera entré(e)	seront entré(e)s
5 conditionnel		**12 conditionnel passé**	
entrerais	entrerions	serais entré(e)	serions entré(e)s
entrerais	entreriez	serais entré(e)	seriez entré(e)(s)
entrerait	entreraient	serait entré(e)	seraient entré(e)s
6 présent du subjonctif		**13 passé du subjonctif**	
entre	entrions	sois entré(e)	soyons entré(e)s
entres	entriez	sois entré(e)	soyez entré(e)(s)
entre	entrent	soit entré(e)	soient entré(e)s
7 imparfait du subjonctif		**14 plus-que-parfait du subjonctif**	
entrasse	entrassions	fusse entré(e)	fussions entré(e)s
entrasses	entrassiez	fusses entré(e)	fussiez entré(e)(s)
entrât	entrassent	fût entré(e)	fussent entré(e)s

Impératif
entre
entrons
entrez

Mes parents veulent acheter une nouvelle maison. Nous sommes allés voir quelques maisons à vendre. Nous avons vu une jolie maison et nous y sommes entrés. Ma mère est entrée dans la cuisine pour regarder. Mon père est entré dans le garage pour regarder. Ma soeur est entrée dans la salle à manger et moi, je suis entré dans la salle de bains pour voir s'il y avait une douche.

l'entrée (f.)   entrance
entrer par la fenêtre   to enter through the window
entrer dans + noun   to enter (into) + noun
See also rentrer.

Part. pr. **envoyant** Part. passé **envoyé**

envoyer

to send

The Seven Simple Tenses		The Seven Compound Tenses	
Singular	Plural	Singular	Plural

1 présent de l'indicatif

envoie	envoyons		
envoies	envoyez		
envoie	envoient		

8 passé composé

ai envoyé	avons envoyé
as envoyé	avez envoyé
a envoyé	ont envoyé

2 imparfait de l'indicatif

envoyais	envoyions
envoyais	envoyiez
envoyait	envoyaient

9 plus-que-parfait de l'indicatif

avais envoyé	avions envoyé
avais envoyé	aviez envoyé
avait envoyé	avaient envoyé

3 passé simple

envoyai	envoyâmes
envoyas	envoyâtes
envoya	envoyèrent

10 passé antérieur

eus envoyé	eûmes envoyé
eus envoyé	eûtes envoyé
eut envoyé	eurent envoyé

4 futur

enverrai	enverrons
enverras	enverrez
enverra	enverront

11 futur antérieur

aurai envoyé	aurons envoyé
auras envoyé	aurez envoyé
aura envoyé	auront envoyé

5 conditionnel

enverrais	enverrions
enverrais	enverriez
enverrait	enverraient

12 conditionnel passé

aurais envoyé	aurions envoyé
aurais envoyé	auriez envoyé
aurait envoyé	auraient envoyé

6 présent du subjonctif

envoie	envoyions
envoies	envoyiez
envoie	envoient

13 passé du subjonctif

aie envoyé	ayons envoyé
aies envoyé	ayez envoyé
ait envoyé	aient envoyé

7 imparfait du subjonctif

envoyasse	envoyassions
envoyasses	envoyassiez
envoyât	envoyassent

14 plus-que-parfait du subjonctif

eusse envoyé	eussions envoyé
eusses envoyé	eussiez envoyé
eût envoyé	eussent envoyé

Impératif
envoie
envoyons
envoyez

Hier j'ai envoyé une lettre à des amis en France. Demain j'enverrai une lettre à mes amis en Italie. J'enverrais une lettre en Chine mais je ne connais personne dans ce pays.

Verbs ending in *-oyer* must change *y* to *i* before mute *e*.

envoyer chercher   to send for;   **Mon père a envoyé chercher le docteur parce que mon petit frère est malade.**
un envoi   envoy
envoyeur, envoyeuse   sender
renvoyer   to send away (back), to discharge someone

épouser

Part. pr. **épousant**   Part. passé **épousé**

to marry, to wed

The Seven Simple Tenses		The Seven Compound Tenses	
Singular	Plural	Singular	Plural
1 présent de l'indicatif		**8 passé composé**	
épouse	épousons	ai épousé	avons épousé
épouses	épousez	as épousé	avez épousé
épouse	épousent	a épousé	ont épousé
2 imparfait de l'indicatif		**9 plus-que-parfait de l'indicatif**	
épousais	épousions	avais épousé	avions épousé
épousais	épousiez	avais épousé	aviez épousé
épousait	épousaient	avait épousé	avaient épousé
3 passé simple		**10 passé antérieur**	
épousai	épousâmes	eus épousé	eûmes épousé
épousas	épousâtes	eus épousé	eûtes épousé
épousa	épousèrent	eut épousé	eurent épousé
4 futur		**11 futur antérieur**	
épouserai	épouserons	aurai épousé	aurons épousé
épouseras	épouserez	auras épousé	aurez épousé
épousera	épouseront	aura épousé	auront épousé
5 conditionnel		**12 conditionnel passé**	
épouserais	épouserions	aurais épousé	aurions épousé
épouserais	épouseriez	aurais épousé	auriez épousé
épouserait	épouseraient	aurait épousé	auraient épousé
6 présent du subjonctif		**13 passé du subjonctif**	
épouse	épousions	aie épousé	ayons épousé
épouses	épousiez	aies épousé	ayez épousé
épouse	épousent	ait épousé	aient épousé
7 imparfait du subjonctif		**14 plus-que-parfait du subjonctif**	
épousasse	épousassions	eusse épousé	eussions épousé
épousasses	épousassiez	eusses épousé	eussiez épousé
épousât	épousassent	eût épousé	eussent épousé

Impératif
épouse
épousons
épousez

J'ai trois frères. Le premier a épousé une jolie jeune fille française. Le deuxième a épousé une belle jeune fille italienne, et le troisième a épousé une jolie fille espagnole. Elles sont très intelligentes.

un époux   husband
une épouse   wife
les nouveaux mariés   the newlyweds
se marier avec quelqu'un   to get married to someone

112

Part. pr. **espérant**	Part. passé **espéré**		**espérer**
			to hope

The Seven Simple Tenses		The Seven Compound Tenses	
Singular	Plural	Singular	Plural

1 présent de l'indicatif		8 passé composé	
espère	espérons	ai espéré	avons espéré
espères	espérez	as espéré	avez espéré
espère	espèrent	a espéré	ont espéré

2 imparfait de l'indicatif		9 plus-que-parfait de l'indicatif	
espérais	espérions	avais espéré	avions espéré
espérais	espériez	avais espéré	aviez espéré
espérait	espéraient	avait espéré	avaient espéré

3 passé simple		10 passé antérieur	
espérai	espérâmes	eus espéré	eûmes espéré
espéras	espérâtes	eus espéré	eûtes espéré
espéra	espérèrent	eut espéré	eurent espéré

4 futur		11 futur antérieur	
espérerai	espérerons	aurai espéré	aurons espéré
espéreras	espérerez	auras espéré	aurez espéré
espérera	espéreront	aura espéré	auront espéré

5 conditionnel		12 conditionnel passé	
espérerais	espérerions	aurais espéré	aurions espéré
espérerais	espéreriez	aurais espéré	auriez espéré
espérerait	espéreraient	aurait espéré	auraient espéré

6 présent du subjonctif		13 passé du subjonctif	
espère	espérions	aie espéré	ayons espéré
espères	espériez	aies espéré	ayez espéré
espère	espèrent	ait espéré	aient espéré

7 imparfait du subjonctif		14 plus-que-parfait du subjonctif	
espérasse	espérassions	eusse espéré	eussions espéré
espérasses	espérassiez	eusses espéré	eussiez espéré
espérât	espérassent	eût espéré	eussent espéré

	Impératif	
	espère	
	espérons	
	espérez	

J'espère que Paul viendra mais je n'espère pas que son frère vienne.

l'espérance (f.) hope, expectation
plein d'espérance hopeful, full of hope
l'espoir (m.) hope
avoir bon espoir de réussir to have good hopes of succeeding
désespérer de to despair of; **se désespérer** to be in despair
le désespoir despair; **un désespoir d'amour** disappointed love

essayer

Part. pr. **essayant** Part. passé **essayé**

to try, to try on

The Seven Simple Tenses		The Seven Compound Tenses	
Singular	Plural	Singular	Plural
1 présent de l'indicatif		**8 passé composé**	
essaye	essayons	ai essayé	avons essayé
essayes	essayez	as essayé	avez essayé
essaye	essayent	a essayé	ont essayé
2 imparfait de l'indicatif		**9 plus-que-parfait de l'indicatif**	
essayais	essayions	avais essayé	avions essayé
essayais	essayiez	avais essayé	aviez essayé
essayait	essayaient	avait essayé	avaient essayé
3 passé simple		**10 passé antérieur**	
essayai	essayâmes	eus essayé	eûmes essayé
essayas	essayâtes	eus essayé	eûtes essayé
essaya	essayèrent	eut essayé	eurent essayé
4 futur		**11 futur antérieur**	
essayerai	essayerons	aurai essayé	aurons essayé
essayeras	essayerez	auras essayé	aurez essayé
essayera	essayeront	aura essayé	auront essayé
5 conditionnel		**12 conditionnel passé**	
essayerais	essayerions	aurais essayé	aurions essayé
essayerais	essayeriez	aurais essayé	auriez essayé
essayerait	essayeraient	aurait essayé	auraient essayé
6 présent du subjonctif		**13 passé du subjonctif**	
essaye	essayions	aie essayé	ayons essayé
essayes	essayiez	aies essayé	ayez essayé
essaye	essayent	ait essayé	aient essayé
7 imparfait du subjonctif		**14 plus-que-parfait du subjonctif**	
essayasse	essayassions	eusse essayé	eussions essayé
essayasses	essayassiez	eusses essayé	eussiez essayé
essayât	essayassent	eût essayé	eussent essayé

Impératif
essaye
essayons
essayez

Marcel a essayé d'écrire un essai sur la vie des animaux sauvages mais il n'a pas pu réussir à écrire une seule phrase. Alors, il est allé dans la chambre de son grand frère pour travailler ensemble.

un essai essay
essayiste essayist
essayer de faire qqch to try to do something

essayeur, essayeuse fitter (clothing)
essayage *(m.)* fitting (clothing)

Verbs ending in -*ayer* may change *y* to *i* before mute *e* or may keep *y*.

The Seven Simple Tenses		The Seven Compound Tenses	
Singular	Plural	Singular	Plural
1 présent de l'indicatif		**8 passé composé**	
essuie	essuyons	ai essuyé	avons essuyé
essuies	essuyez	as essuyé	avez essuyé
essuie	essuient	a essuyé	ont essuyé
2 imparfait de l'indicatif		**9 plus-que-parfait de l'indicatif**	
essuyais	essuyions	avais essuyé	avions essuyé
essuyais	essuyiez	avais essuyé	aviez essuyé
essuyait	essuyaient	avait essuyé	avaient essuyé
3 passé simple		**10 passé antérieur**	
essuyai	essuyâmes	eus essuyé	eûmes essuyé
essuyas	essuyâtes	eus essuyé	eûtes essuyé
essuya	essuyèrent	eut essuyé	eurent essuyé
4 futur		**11 futur antérieur**	
essuierai	essuierons	aurai essuyé	aurons essuyé
essuieras	essuierez	auras essuyé	aurez essuyé
essuiera	essuieront	aura essuyé	auront essuyé
5 conditionnel		**12 conditionnel passé**	
essuierais	essuierions	aurais essuyé	aurions essuyé
essuierais	essuieriez	aurais essuyé	auriez essuyé
essuierait	essuieraient	aurait essuyé	auraient essuyé
6 présent du subjonctif		**13 passé du subjonctif**	
essuie	essuyions	aie essuyé	ayons essuyé
essuies	essuyiez	aies essuyé	ayez essuyé
essuie	essuient	ait essuyé	aient essuyé
7 imparfait du subjonctif		**14 plus-que-parfait du subjonctif**	
essuyasse	essuyassions	eusse essuyé	eussions essuyé
essuyasses	essuyassiez	eusses essuyé	eussiez essuyé
essuyât	essuyassent	eût essuyé	eussent essuyé

Impératif
essuie
essuyons
essuyez

---

un essuie-mains   hand towel   un essuie-verres   glass cloth
un essuie-glace   windshield wiper   s'essuyer   to wipe oneself
l'essuyage (m.)   wiping   s'essuyer le front   to wipe one's brow

Verbs ending in -*uyer* must change *y* to *i* before mute *e*.

to extinguish

The Seven Simple Tenses		The Seven Compound Tenses	
Singular	Plural	Singular	Plural
1 présent de l'indicatif		**8 passé composé**	
éteins	éteignons	ai éteint	avons éteint
éteins	éteignez	as éteint	avez éteint
éteint	éteignent	a éteint	ont éteint
2 imparfait de l'indicatif		**9 plus-que-parfait de l'indicatif**	
éteignais	éteignions	avais éteint	avions éteint
éteignais	éteigniez	avais éteint	aviez éteint
éteignait	éteignaient	avait éteint	avaient éteint
3 passé simple		**10 passé antérieur**	
éteignis	éteignîmes	eus éteint	eûmes éteint
éteignis	éteignîtes	eus éteint	eûtes éteint
éteignit	éteignirent	eut éteint	eurent éteint
4 futur		**11 futur antérieur**	
éteindrai	éteindrons	aurai éteint	aurons éteint
éteindras	éteindrez	auras éteint	aurez éteint
éteindra	éteindront	aura éteint	auront éteint
5 conditionnel		**12 conditionnel passé**	
éteindrais	éteindrions	aurais éteint	aurions éteint
éteindrais	éteindriez	aurais éteint	auriez éteint
éteindrait	éteindraient	aurait éteint	auraient éteint
6 présent du subjonctif		**13 passé du subjonctif**	
éteigne	éteignions	aie éteint	ayons éteint
éteignes	éteigniez	aies éteint	ayez éteint
éteigne	éteignent	ait éteint	aient éteint
7 imparfait du subjonctif		**14 plus-que-parfait du subjonctif**	
éteignisse	éteignissions	eusse éteint	eussions éteint
éteignisses	éteignissiez	eusses éteint	eussiez éteint
éteignît	éteignissent	eût éteint	eussent éteint

Impératif
éteins
éteignons
éteignez

Il est minuit. Je vais me coucher. Je dois me lever tôt le matin pour aller à l'école.
J'éteins la lumière. Bonne nuit!

éteint, éteinte   extinct
un éteignoir   extinguisher, snuffer
s'éteindre   to flicker out, to die out, to die
éteindre le feu   to put out the fire
éteindre la lumière   to turn off the light

Part. pr. s'étendant   Part. passé étendu(e)(s)   **s'étendre**

to stretch oneself, to stretch out, to lie down

The Seven Simple Tenses		The Seven Compound Tenses	
Singular	Plural	Singular	Plural

1 présent de l'indicatif		8 passé composé	
m'étends	nous étendons	me suis étendu(e)	nous sommes étendu(e)s
t'étends	vous étendez	t'es étendu(e)	vous êtes étendu(e)(s)
s'étend	s'étendent	s'est étendu(e)	se sont étendu(e)s

2 imparfait de l'indicatif		9 plus-que-parfait de l'indicatif	
m'étendais	nous étendions	m'étais étendu(e)	nous étions étendu(e)s
t'étendais	vous étendiez	t'étais étendu(e)	vous étiez étendu(e)(s)
s'étendait	s'étendaient	s'était étendu(e)	s'étaient étendu(e)s

3 passé simple		10 passé antérieur	
m'étendis	nous étendîmes	me fus étendu(e)	nous fûmes étendu(e)s
t'étendis	vous étendîtes	te fus étendu(e)	vous fûtes étendu(e)(s)
s'étendit	s'étendirent	se fut étendu(e)	se furent étendu(e)s

4 futur		11 futur antérieur	
m'étendrai	nous étendrons	me serai étendu(e)	nous serons étendu(e)s
t'étendras	vous étendrez	te seras étendu(e)	vous serez étendu(e)(s)
s'étendra	s'étendront	se sera étendu(e)	se seront étendu(e)s

5 conditionnel		12 conditionnel passé	
m'étendrais	nous étendrions	me serais étendu(e)	nous serions étendu(e)s
t'étendrais	vous étendriez	te serais étendu(e)	vous seriez étendu(e)(s)
s'étendrait	s'étendraient	se serait étendu(e)	se seraient étendu(e)s

6 présent du subjonctif		13 passé du subjonctif	
m'étende	nous étendions	me sois étendu(e)	nous soyons étendu(e)s
t'étendes	vous étendiez	te sois étendu(e)	vous soyez étendu(e)(s)
s'étende	s'étendent	se soit étendu(e)	se soient étendu(e)s

7 imparfait du subjonctif		14 plus-que-parfait du subjonctif	
m'étendisse	nous étendissions	me fusse étendu(e)	nous fussions étendu(e)s
t'étendisses	vous étendissiez	te fusses étendu(e)	vous fussiez étendu(e)(s)
s'étendît	s'étendissent	se fût étendu(e)	se fussent étendu(e)s

Impératif
étends-toi; ne t'étends pas
étendons-nous; ne nous étendons pas
étendez-vous; ne vous étendez pas

Ma mère était si fatiguée quand elle est rentrée à la maison après avoir fait du shopping, qu'elle est allée directement au lit et elle s'est étendue.

étendre du linge	to hang out the wash
étendre la main	to hold out your hand
étendre le bras	to extend your arm
étendre d'eau	to water down
s'étendre sur qqch	to dwell on something

étonner	Part. pr. **étonnant**	Part. passé **étonné**

to amaze, to astonish, to stun, to surprise

The Seven Simple Tenses		The Seven Compound Tenses	
Singular	Plural	Singular	Plural

1 présent de l'indicatif		8 passé composé	
étonne	étonnons	ai étonné	avons étonné
étonnes	étonnez	as étonné	avez étonné
étonne	étonnent	a étonné	ont étonné

2 imparfait de l'indicatif		9 plus-que-parfait de l'indicatif	
étonnais	étonnions	avais étonné	avions étonné
étonnais	étonniez	avais étonné	aviez étonné
étonnait	étonnaient	avait étonné	avaient étonné

3 passé simple		10 passé antérieur	
étonnai	étonnâmes	eus étonné	eûmes étonné
étonnas	étonnâtes	eus étonné	eûtes étonné
étonna	étonnèrent	eut étonné	eurent étonné

4 futur		11 futur antérieur	
étonnerai	étonnerons	aurai étonné	aurons étonné
étonneras	étonnerez	auras étonné	aurez étonné
étonnera	étonneront	aura étonné	auront étonné

5 conditionnel		12 conditionnel passé	
étonnerais	étonnerions	aurais étonné	aurions étonné
étonnerais	étonneriez	aurais étonné	auriez étonné
étonnerait	étonneraient	aurait étonné	auraient étonné

6 présent du subjonctif		13 passé du subjonctif	
étonne	étonnions	aie étonné	ayons étonné
étonnes	étonniez	aies étonné	ayez étonné
étonne	étonnent	ait étonné	aient étonné

7 imparfait du subjonctif		14 plus-que-parfait du subjonctif	
étonnasse	étonnassions	eusse étonné	eussions étonné
étonnasses	étonnassiez	eusses étonné	eussiez étonné
étonnât	étonnassent	eût étonné	eussent étonné

	Impératif
	étonne
	étonnons
	étonnez

étonnant, étonnante astonishing
C'est bien étonnant! It's quite astonishing!
l'étonnement *(m.)* astonishment, amazement
s'étonner de to be astonished at
Cela m'étonne! That astonishes me!
Cela ne m'étonne pas! That does not surprise me!

The Seven Simple Tenses		The Seven Compound Tenses	
Singular	Plural	Singular	Plural
1 présent de l'indicatif		**8 passé composé**	
suis	sommes	ai été	avons été
es	êtes	as été	avez été
est	sont	a été	ont été
2 imparfait de l'indicatif		**9 plus-que-parfait de l'indicatif**	
étais	étions	avais été	avions été
étais	étiez	avais été	aviez été
était	étaient	avait été	avaient été
3 passé simple		**10 passé antérieur**	
fus	fûmes	eus été	eûmes été
fus	fûtes	eus été	eûtes été
fut	furent	eut été	eurent été
4 futur		**11 futur antérieur**	
serai	serons	aurai été	aurons été
seras	serez	auras été	aurez été
sera	seront	aura été	auront été
5 conditionnel		**12 conditionnel passé**	
serais	serions	aurais été	aurions été
serais	seriez	aurais été	auriez été
serait	seraient	aurait été	auraient été
6 présent du subjonctif		**13 passé du subjonctif**	
sois	soyons	aie été	ayons été
sois	soyez	aies été	ayez été
soit	soient	ait été	aient été
7 imparfait du subjonctif		**14 plus-que-parfait du subjonctif**	
fusse	fussions	eusse été	eussions été
fusses	fussiez	eusses été	eussiez été
fût	fussent	eût été	eussent été

Impératif
sois
soyons
soyez

être en train de + inf.   to be in the act of + pres. part., to be in the process of, to be busy + pres. part.;
Mon père est en train d'écrire une lettre à mes grands-parents.

être à l'heure	to be on time	Je suis à vous I am at your service.
être à temps	to be in time	Je suis d'avis que. . . I am of the opinion that. . .
être pressé(e)	to be in a hurry	

119

étudier

Part. pr. **étudiant** Part. passé **étudié**

to study

The Seven Simple Tenses		The Seven Compound Tenses	
Singular	Plural	Singular	Plural
1 présent de l'indicatif		**8 passé composé**	
étudie	étudions	ai étudié	avons étudié
étudies	étudiez	as étudié	avez étudié
étudie	étudient	a étudié	ont étudié
2 imparfait de l'indicatif		**9 plus-que-parfait de l'indicatif**	
étudiais	étudiions	avais étudié	avions étudié
étudiais	étudiiez	avais étudié	aviez étudié
étudiait	étudiaient	avait étudié	avaient étudié
3 passé simple		**10 passé antérieur**	
étudiai	étudiâmes	eus étudié	eûmes étudié
étudias	étudiâtes	eus étudié	eûtes étudié
étudia	étudièrent	eut étudié	eurent étudié
4 futur		**11 futur antérieur**	
étudierai	étudierons	aurai étudié	aurons étudié
étudieras	étudierez	auras étudié	aurez étudié
étudiera	étudieront	aura étudié	auront étudié
5 conditionnel		**12 conditionnel passé**	
étudierais	étudierions	aurais étudié	aurions étudié
étudierais	étudieriez	aurais étudié	auriez étudié
étudierait	étudieraient	aurait étudié	auraient étudié
6 présent du subjonctif		**13 passé du subjonctif**	
étudie	étudiions	aie étudié	ayons étudié
étudies	étudiiez	aies étudié	ayez étudié
étudie	étudient	ait étudié	aient étudié
7 imparfait du subjonctif		**14 plus-que-parfait du subjonctif**	
étudiasse	étudiassions	eusse étudié	eussions étudié
étudiasses	étudiassiez	eusses étudié	eussiez étudié
étudiât	étudiassent	eût étudié	eussent étudié

	Impératif	
	étudie	
	étudions	
	étudiez	

Je connais une jeune fille qui étudie le piano depuis deux ans. Je connais un garçon qui étudie ses leçons à fond. Je connais un astronome qui étudie les étoiles dans le ciel depuis dix ans.

étudier à fond to study thoroughly
un étudiant, une étudiante student
l'étude (f.) study; **les études** studies
faire ses études to study, to go to school
à l'étude under consideration, under study

Part. pr. **s'excusant**   Part. passé **excusé(e)(s)**   **s'excuser**

to excuse oneself, to apologize

The Seven Simple Tenses		The Seven Compound Tenses	
Singular	Plural	Singular	Plural

1   présent de l'indicatif
m'excuse	nous excusons	
t'excuses	vous excusez	
s'excuse	s'excusent	

8   passé composé
me suis excusé(e)	nous sommes excusé(e)s
t'es excusé(e)	vous êtes excusé(e)(s)
s'est excusé(e)	se sont excusé(e)s

2   imparfait de l'indicatif
m'excusais	nous excusions
t'excusais	vous excusiez
s'excusait	s'excusaient

9   plus-que-parfait de l'indicatif
m'étais excusé(e)	nous étions excusé(e)s
t'étais excusé(e)	vous étiez excusé(e)(s)
s'était excusé(e)	s'étaient excusé(e)s

3   passé simp
m'excusai	nous excusâmes
t'excusas	vous excusâtes
s'excusa	s'excusèrent

10   passé antérieur
me fus excusé(e)	nous fûmes excusé(e)s
te fus excusé(e)	vous fûtes excusé(e)(s)
se fut excusé(e)	se furent excusé(e)s

4   futur
m'excuserai	nous excuserons
t'excuseras	vous excuserez
s'excusera	s'excuseront

11   futur antérieur
me serai excusé(e)	nous serons excusé(e)s
te seras excusé(e)	vous serez excusé(e)(s)
se sera excusé(e)	se seront excusé(e)s

5   conditionn
m'excuserais	nous excuserions
t'excuserais	vous excuseriez
s'excuserait	s'excuseraient

12   conditionnel passé
me serais excusé(e)	nous serions excusé(e)s
te serais excusé(e)	vous seriez excusé(e)(s)
se serait excusé(e)	se seraient excusé(e)s

6   présent du subjonctif
m'excuse	nous excusions
t'excuses	vous excusiez
s'excuse	s'excusent

13   passé du subjonctif
me sois excusé(e)	nous soyons excusé(e)s
te sois excusé(e)	vous soyez excusé(e)(s)
se soit excusé(e)	se soient excusé(e)s

7   imparfait du subjoncti
m'excusasse	nous excusassions
t'excusasses	vous excusassiez
s'excusât	s'excusassent

14   plus-que-parfait du subjonctif
me fusse excusé(e)	nous fussions excusé(e)s
te fusses excusé(e)	vous fussiez excusé(e)(s)
se fût excusé(e)	se fussent excusé(e)s

Impératif
excuse-toi; ne t'excuse pas
excusons-nous; ne nous excusons pas
excusez-vous; ne vous excusez pas

L'élève:	Je m'excuse, madame. Excusez-moi. Je m'excuse de vous déranger. Est-ce que vous m'excusez? Est-ce que je vous dérange?
La maîtresse:	Oui, je t'excuse. Non, tu ne me déranges pas. Que veux-tu?
L'élève:	Est-ce que je peux quitter la salle de classe pour aller aux toilettes?
La maîtresse:	Oui, vas-y.

s'excuser de   to apologize for
Veuillez m'excuser   Please (Be good enough to) excuse me.
Qui s'excuse s'accuse   A guilty conscience needs no accuser.

121

exiger

Part. pr. **exigeant**   Part. passé **exigé**

to demand, to require

The Seven Simple Tenses		The Seven Compound Tenses	
Singular	Plural	Singular	Plural
1 présent de l'indicatif		**8 passé composé**	
exige	exigeons	ai exigé	avons exigé
exiges	exigez	as exigé	avez exigé
exige	exigent	a exigé	ont exigé
2 imparfait de l'indicatif		**9 plus-que-parfait de l'indicatif**	
exigeais	exigions	avais exigé	avions exigé
exigeais	exigiez	avais exigé	aviez exigé
exigeait	exigeaient	avait exigé	avaient exigé
3 passé simple		**10 passé antérieur**	
exigeai	exigeâmes	eus exigé	eûmes exigé
exigeas	exigeâtes	eus exigé	eûtes exigé
exigea	exigèrent	eut exigé	eurent exigé
4 futur		**11 futur antérieur**	
exigerai	exigerons	aurai exigé	aurons exigé
exigeras	exigerez	auras exigé	aurez exigé
exigera	exigeront	aura exigé	auront exigé
5 conditionnel		**12 conditionnel passé**	
exigerais	exigerions	aurais exigé	aurions exigé
exigerais	exigeriez	aurais exigé	auriez exigé
exigerait	exigeraient	aurait exigé	auraient exigé
6 présent du subjonctif		**13 passé du subjonctif**	
exige	exigions	aie exigé	ayons exigé
exiges	exigiez	aies exigé	ayez exigé
exige	exigent	ait exigé	aient exigé
7 imparfait du subjonctif		**14 plus-que-parfait du subjonctif**	
exigeasse	exigeassions	eusse exigé	eussions exigé
exigeasses	exigeassiez	eusses exigé	eussiez exigé
exigeât	exigeassent	eût exigé	eussent exigé

Impératif
exige
exigeons
exigez

La maîtresse de français:	Paul, viens ici. Ta composition est chargée de fautes. J'exige que tu refasses. Rends-la-moi dans dix minutes.
L'élève:	Ce n'est pas de ma faute, madame. C'est mon père qui l'a écrite. Dois-je la refaire?

exigeant, exigeante   exacting
l'exigence *(f.)*   exigency
exiger des soins attentifs   to demand great care
les exigences   requirements

122

to explain

The Seven Simple Tenses		The Seven Compound Tenses	
Singular	Plural	Singular	Plural
1 présent de l'indicatif		**8 passé composé**	
explique	expliquons	ai expliqué	avons expliqué
expliques	expliquez	as expliqué	avez expliqué
explique	expliquent	a expliqué	ont expliqué
2 imparfait de l'indicatif		**9 plus-que-parfait de l'indicatif**	
expliquais	expliquions	avais expliqué	avions expliqué
expliquais	expliquiez	avais expliqué	aviez expliqué
expliquait	expliquaient	avait expliqué	avaient expliqué
3 passé simple		**10 passé antérieur**	
expliquai	expliquâmes	eus expliqué	eûmes expliqué
expliquas	expliquâtes	eus expliqué	eûtes expliqué
expliqua	expliquèrent	eut expliqué	eurent expliqué
4 futur		**11 futur antérieur**	
expliquerai	expliquerons	aurai expliqué	aurons expliqué
expliqueras	expliquerez	auras expliqué	aurez expliqué
expliquera	expliqueront	aura expliqué	auront expliqué
5 conditionnel		**12 conditionnel passé**	
expliquerais	expliquerions	aurais expliqué	aurions expliqué
expliquerais	expliqueriez	aurais expliqué	auriez expliqué
expliquerait	expliqueraient	aurait expliqué	auraient expliqué
6 présent du subjonctif		**13 passé du subjonctif**	
explique	expliquions	aie expliqué	ayons expliqué
expliques	expliquiez	aies expliqué	ayez expliqué
explique	expliquent	ait expliqué	aient expliqué
7 imparfait du subjonctif		**14 plus-que-parfait du subjonctif**	
expliquasse	expliquassions	eusse expliqué	eussions expliqué
expliquasses	expliquassiez	eusses expliqué	eussiez expliqué
expliquât	expliquassent	eût expliqué	eussent expliqué

Impératif
explique
expliquons
expliquez

explicite explicit
explicitement explicitly
l'explication *(f.)* explanation
explicateur, explicatrice explainer

explicable explainable
explicatif, explicative explanatory
s'expliciter to be explicit

Note the difference in meaning in the following two sentences. See p. xxii (b).

J'ai étudié la leçon que le professeur avait expliquée.   I studied the lesson which the
 teacher had explained.
J'avais étudié la leçon que le professeur a expliquée.   I had studied the lesson which the
 teacher explained.

123

se fâcher

Part. pr. se fâchant **Part. passé fâché(e)(s)**

to become angry, to get angry

The Seven Simple Tenses		The Seven Compound Tenses	
Singular	Plural	Singular	Plural
1 présent de l'indicatif		**8 passé composé**	
me fâche	nous fâchons	me suis fâché(e)	nous sommes fâché(e)s
te fâches	vous fâchez	t'es fâché(e)	vous êtes fâché(e)(s)
se fâche	se fâchent	s'est fâché(e)	se sont fâché(e)s
2 imparfait de l'indicatif		**9 plus-que-parfait de l'indicatif**	
me fâchais	nous fâchions	m'étais fâché(e)	nous étions fâché(e)s
te fâchais	vous fâchiez	t'étais fâché(e)	vous étiez fâché(e)(s)
se fâchait	se fâchaient	s'était fâché(e)	s'étaient fâché(e)s
3 passé simple		**10 passé antérieur**	
me fâchai	nous fâchâmes	me fus fâché(e)	nous fûmes fâché(e)s
te fâchas	vous fâchâtes	te fus fâché(e)	vous fûtes fâché(e)(s)
se fâcha	se fâchèrent	se fut fâché(e)	se furent fâché(e)s
4 futur		**11 futur antérieur**	
me fâcherai	nous fâcherons	me serai fâché(e)	nous serons fâché(e)s
te fâcheras	vous fâcherez	te seras fâché(e)	vous serez fâché(e)(s)
se fâchera	se fâcheront	se sera fâché(e)	se seront fâché(e)s
5 conditionnel		**12 conditionnel passé**	
me fâcherais	nous fâcherions	me serais fâché(e)	nous serions fâché(e)s
te fâcherais	vous fâcheriez	te serais fâché(e)	vous seriez fâché(e)(s)
se fâcherait	se fâcheraient	se serait fâché(e)	se seraient fâché(e)s
6 présent du subjonctif		**13 passé du subjonctif**	
me fâche	nous fâchions	me sois fâché(e)	nous soyons fâché(e)s
te fâches	vous fâchiez	te sois fâché(e)	vous soyez fâché(e)(s)
se fâche	se fâchent	se soit fâché(e)	se soient fâché(e)s
7 imparfait du subjonctif		**14 plus-que-parfait du subjonctif**	
me fâchasse	nous fâchassions	me fusse fâché(e)	nous fussions fâché(e)s
te fâchasses	vous fâchassiez	te fusses fâché(e)	vous fussiez fâché(e)(s)
se fâchât	se fâchassent	se fût fâché(e)	se fussent fâché(e)s

Impératif
fâche-toi; ne te fâche pas
fâchons-nous; ne nous fâchons pas
fâchez-vous; ne vous fâchez pas

---

fâcher qqn   to anger someone, to offend someone
se fâcher contre qqn   to become angry at someone
une fâcherie   tiff
C'est fâcheux!   It's a nuisance! It's annoying!
fâcheusement   annoyingly

to fail

The Seven Simple Tenses		The Seven Compound Tenses	
Singular	Plural	Singular	Plural

1 présent de l'indicatif

faux	faillons		
faux	faillez		
faut	faillent		

8 passé composé

ai failli	avons failli		
as failli	avez failli		
a failli	ont failli		

2 imparfait de l'indicatif

faillais	faillions
faillais	failliez
faillait	faillaient

9 plus-que-parfait de l'indicatif

avais failli	avions failli
avais failli	aviez failli
avait failli	avaient failli

3 passé simple

faillis	faillîmes
faillis	faillîtes
faillit	faillirent

10 passé antérieur

eus failli	eûmes failli
eus failli	eûtes failli
eut failli	eurent failli

4 futur

faillirai or faudrai	faillirons or faudrons
failliras or faudras	faillirez or faudrez
faillira or faudra	failliront or faudront

11 futur antérieur

aurai failli	aurons failli
auras failli	aurez failli
aura failli	auront failli

5 conditionnel

faillirais or faudrais	faillirions or faudrions
faillirais or faudrais	failliriez or faudriez
faillirait or faudrait	failliraient or faudraient

12 conditionnel passé

aurais failli	aurions failli
aurais failli	auriez failli
aurait failli	auraient failli

6 présent du subjonctif

faille	faillions
failles	failliez
faille	faillent

13 passé du subjonctif

aie failli	ayons failli
aies failli	ayez failli
ait failli	aient failli

7 imparfait du subjonctif

faillisse	faillissions
faillisses	faillissiez
faillît	faillissent

14 plus-que-parfait du subjonctif

eusse failli	eussions failli
eusses failli	eussiez failli
eût failli	eussent failli

Impératif
—

la faillite bankruptcy, failure	**défaillir** to weaken, to faint
failli, faillie bankrupt	**défaillant, défaillante** feeble
J'ai failli tomber I almost fell.	**une défaillance** faint (swoon)
faire faillite to go bankrupt	

faire

Part. pr. faisant   Part. passé fait

to do, to make

The Seven Simple Tenses		The Seven Compound Tenses	
Singular	Plural	Singular	Plural
1 présent de l'indicatif		**8 passé composé**	
fais	faisons	ai fait	avons fait
fais	faites	as fait	avez fait
fait	font	a fait	ont fait
2 imparfait de l'indicatif		**9 plus-que-parfait de l'indicatif**	
faisais	faisions	avais fait	avions fait
faisais	faisiez	avais fait	aviez fait
faisait	faisaient	avait fait	avaient fait
3 passé simple		**10 passé antérieur**	
fis	fîmes	eus fait	eûmes fait
fis	fîtes	eus fait	eûtes fait
fit	firent	eut fait	eurent fait
4 futur		**11 futur antérieur**	
ferai	ferons	aurai fait	aurons fait
feras	ferez	auras fait	aurez fait
fera	feront	aura fait	auront fait
5 conditionnel		**12 conditionnel passé**	
ferais	ferions	aurais fait	aurions fait
ferais	feriez	aurais fait	auriez fait
ferait	feraient	aurait fait	auraient fait
6 présent du subjonctif		**13 passé du subjonctif**	
fasse	fassions	aie fait	ayons fait
fasses	fassiez	aies fait	ayez fait
fasse	fassent	ait fait	aient fait
7 imparfait du subjonctif		**14 plus-que-parfait du subjonctif**	
fisse	fissions	eusse fait	eussions fait
fisses	fissiez	eusses fait	eussiez fait
fît	fissent	eût fait	eussent fait

Impératif
fais
faisons
faites

---

faire beau   to be beautiful weather
faire chaud   to be warm weather
faire froid   to be cold weather
faire de l'autostop   to hitchhike
faire attention à qqn ou à qqch   to pay attention to someone or to something

to be necessary, must, to be lacking to (à), to need

The Seven Simple Tenses	The Seven Compound Tenses
Singular	Singular
1 présent de l'indicatif **il faut**	8 passé composé **il a fallu**
2 imparfait de l'indicatif **il fallait**	9 plus-que-parfait de l'indicatif **il avait fallu**
3 passé simple **il fallut**	10 passé antérieur **il eut fallu**
4 futur **il faudra**	11 futur antérieur **il aura fallu**
5 conditionnel **il faudrait**	12 conditionnel passé **il aurait fallu**
6 présent du subjonctif **qu'il faille**	13 passé du subjonctif **qu'il ait fallu**
7 imparfait du subjonctif **qu'il fallût**	14 plus-que-parfait du subjonctif **qu'il eût fallu**

Impératif
—

Il faut que je fasse mes leçons avant de regarder la télé. Il faut me coucher tôt parce qu'il faut me lever tôt. Il faut faire attention en classe, et il faut être sage. Si je fais toutes ces choses, je serai récompensé.

comme il faut as is proper
agir comme il faut to behave properly
Il me faut de l'argent I need some money.

Il faut manger pour vivre It is necessary to eat in order to live.
Il ne faut pas parler sans politesse One must not talk impolitely.

This is an impersonal verb and is used in the tenses given above with the subject *il*.

127

fermer

Part. pr. **fermant**   Part. passé **fermé**

to close

The Seven Simple Tenses		The Seven Compound Tenses	
Singular	Plural	Singular	Plural
1 présent de l'indicatif		**8 passé composé**	
ferme	fermons	ai fermé	avons fermé
fermes	fermez	as fermé	avez fermé
ferme	ferment	a fermé	ont fermé
2 imparfait de l'indicatif		**9 plus-que-parfait de l'indicatif**	
fermais	fermions	avais fermé	avions fermé
fermais	fermiez	avais fermé	aviez fermé
fermait	fermaient	avait fermé	avaient fermé
3 passé simple		**10 passé antérieur**	
fermai	fermâmes	eus fermé	eûmes fermé
fermas	fermâtes	eus fermé	eûtes fermé
ferma	fermèrent	eut fermé	eurent fermé
4 futur		**11 futur antérieur**	
fermerai	fermerons	aurai fermé	aurons fermé
fermeras	fermerez	auras fermé	aurez fermé
fermera	fermeront	aura fermé	auront fermé
5 conditionnel		**12 conditionnel passé**	
fermerais	fermerions	aurais fermé	aurions fermé
fermerais	fermeriez	aurais fermé	auriez fermé
fermerait	fermeraient	aurait fermé	auraient fermé
6 présent du subjonctif		**13 passé du subjonctif**	
ferme	fermions	aie fermé	ayons fermé
fermes	fermiez	aies fermé	ayez fermé
ferme	ferment	ait fermé	aient fermé
7 imparfait du subjonctif		**14 plus-que-parfait du subjonctif**	
fermasse	fermassions	eusse fermé	eussions fermé
fermasses	fermassiez	eusses fermé	eussiez fermé
fermât	fermassent	eût fermé	eussent fermé

Impératif
ferme
fermons
fermez

Georges est rentré tard hier soir. Il a ouvert la porte, puis il l'a fermée. Il a ouvert la garde-robe pour y mettre son manteau, son chapeau et ses gants et il l'a fermée. Il a ouvert la fenêtre mais il ne l'a pas fermée parce qu'il faisait trop chaud dans sa chambre et il ne peut pas dormir dans une chambre où l'air est lourd.

enfermer to shut in	renfermer to enclose
fermer à clef to lock	une fermeture closing, shutting
fermer au verrou to bolt	une fermeture éclair, une fermeture à glissière
Ferme-la! Shut up! Zip it!	zipper
fermer le robinet to turn off the tap	l'heure de fermer closing time

to depend on, to rely on, to trust in

The Seven Simple Tenses		The Seven Compound Tenses	
Singular	Plural	Singular	Plural
1 présent de l'indicatif		**8 passé composé**	
me fie	nous fions	me suis fié(e)	nous sommes fié(e)s
te fies	vous fiez	t'es fié(e)	vous êtes fié(e)(s)
se fie	se fient	s'est fié(e)	se sont fié(e)s
2 imparfait de l'indicatif		**9 plus-que-parfait de l'indicatif**	
me fiais	nous fiions	m'étais fié(e)	nous étions fié(e)s
te fiais	vous fiiez	t'étais fié(e)	vous étiez fié(e)(s)
se fiait	se fiaient	s'était fié(e)	s'étaient fié(e)s
3 passé simple		**10 passé antérieur**	
me fiai	nous fiâmes	me fus fié(e)	nous fûmes fié(e)s
te fias	vous fiâtes	te fus fié(e)	vous fûtes fié(e)(s)
se fia	se fièrent	se fut fié(e)	se furent fié(e)s
4 futur		**11 futur antérieur**	
me fierai	nous fierons	me serai fié(e)	nous serons fié(e)s
te fieras	vous fierez	te seras fié(e)	vous serez fié(e)(s)
se fiera	se fieront	se sera fié(e)	se seront fié(e)s
5 conditionnel		**12 conditionnel passé**	
me fierais	nous fierions	me serais fié(e)	nous serions fié(e)s
te fierais	vous fieriez	te serais fié(e)	vous seriez fié(e)(s)
se fierait	se fieraient	se serait fié(e)	se seraient fié(e)s
6 présent du subjonctif		**13 passé du subjonctif**	
me fie	nous fiions	me sois fié(e)	nous soyons fié(e)s
te fies	vous fiiez	te sois fié(e)	vous soyez fié(e)(s)
se fie	se fient	se soit fié(e)	se soient fié(e)s
7 imparfait du subjonctif		**14 plus-que-parfait du subjonctif**	
me fiasse	nous fiassions	me fusse fié(e)	nous fussions fié(e)s
te fiasses	vous fiassiez	te fusses fié(e)	vous fussiez fié(e)(s)
se fiât	se fiassent	se fût fié(e)	se fussent fié(e)s

Impératif
fie-toi; ne te fie pas
fions-nous; ne nous fions pas
fiez-vous; ne vous fiez pas

la confiance confidence, trust	**se fier à** to depend on, to trust in, to
avoir confiance en soi to be self-confident	rely on
confier à to confide to	**se confier à** to trust to, to confide in
se méfier de to mistrust, to distrust, to beware of	
la méfiance mistrust, distrust	

finir

Part. pr. finissant **Part. passé fini**

to finish, to end, to terminate, to complete

The Seven Simple Tenses		The Seven Compound Tenses	
Singular	Plural	Singular	Plural
1 présent de l'indicatif		**8 passé composé**	
finis	finissons	ai fini	avons fini
finis	finissez	as fini	avez fini
finit	finissent	a fini	ont fini
2 imparfait de l'indicatif		**9 plus-que-parfait de l'indicatif**	
finissais	finissions	avais fini	avions fini
finissais	finissiez	avais fini	aviez fini
finissait	finissaient	avait fini	avaient fini
3 passé simple		**10 passé antérieur**	
finis	finîmes	eus fini	eûmes fini
finis	finîtes	eus fini	eûtes fini
finit	finirent	eut fini	eurent fini
4 futur		**11 futur antérieur**	
finirai	finirons	aurai fini	aurons fini
finiras	finirez	auras fini	aurez fini
finira	finiront	aura fini	auront fini
5 conditionnel		**12 conditionnel passé**	
finirais	finirions	aurais fini	aurions fini
finirais	finiriez	aurais fini	auriez fini
finirait	finiraient	aurait fini	auraient fini
6 présent du subjonctif		**13 passé du subjonctif**	
finisse	finissions	aie fini	ayons fini
finisses	finissiez	aies fini	ayez fini
finisse	finissent	ait fini	aient fini
7 imparfait du subjonctif		**14 plus-que-parfait du subjonctif**	
finisse	finissions	eusse fini	eussions fini
finisses	finissiez	eusses fini	eussiez fini
finît	finissent	eût fini	eussent fini

Impératif
finis
finissons
finissez

---

finir de + inf. to finish + pr. part.
J'ai fini de travailler pour aujourd'hui I have finished working for today.

finir par + inf. to end up by + pr. part.
Louis a fini par épouser une femme plus âgée que lui Louis ended up by marrying a
woman older than he.

la fin the end; la fin de semaine weekend; C'est fini! It's all over!
afin de in order to; enfin finally; finalement finally
mettre fin à to put an end to; final, finale final; définir to define

130

The Seven Simple Tenses		The Seven Compound Tenses	
Singular	Plural	Singular	Plural

1 présent de l'indicatif

force	forçons		
forces	forcez		
force	forcent		

8 passé composé

ai forcé	avons forcé		
as forcé	avez forcé		
a forcé	ont forcé		

2 imparfait de l'indicatif

forçais	forcions
forçais	forciez
forçait	forçaient

9 plus-que-parfait de l'indicatif

avais forcé	avions forcé
avais forcé	aviez forcé
avait forcé	avaient forcé

3 passé simple

forçai	forçâmes
forças	forçâtes
força	forcèrent

10 passé antérieur

eus forcé	eûmes forcé
eus forcé	eûtes forcé
eut forcé	eurent forcé

4 futur

forcerai	forcerons
forceras	forcerez
forcera	forceront

11 futur antérieur

aurai forcé	aurons forcé
auras forcé	aurez forcé
aura forcé	auront forcé

5 conditionnel

forcerais	forcerions
forcerais	forceriez
forcerait	forceraient

12 conditionnel passé

aurais forcé	aurions forcé
aurais forcé	auriez forcé
aurait forcé	auraient forcé

6 présent du subjonctif

force	forcions
forces	forciez
force	forcent

13 passé du subjonctif

aie forcé	ayons forcé
aies forcé	ayez forcé
ait forcé	aient forcé

7 imparfait du subjonctif

forçasse	forçassions
forçasses	forçassiez
forçât	forçassent

14 plus-que-parfait du subjonctif

eusse forcé	eussions forcé
eusses forcé	eussiez forcé
eût forcé	eussent forcé

Impératif
force
forçons
forcez

---

forcer la porte de qqn   to force one's way into someone's house
être forcé de faire qqch   to be obliged to do something
se forcer la voix   to strain one's voice
un forçat   a convict
à force de   by dint of
la force   strength, force;   **avec force**   forcefully, with force
forcément   necessarily, inevitably
forcer qqn à faire qqch   to force someone to do something

| **frapper** | Part. pr. **frappant** | Part. passé **frappé** |

to knock, to hit, to frap, to rap, to strike (hit)

The Seven Simple Tenses		The Seven Compound Tenses	
Singular	Plural	Singular	Plural

1 présent de l'indicatif

frappe	frappons
frappes	frappez
frappe	frappent

8 passé composé

ai frappé	avons frappé
as frappé	avez frappé
a frappé	ont frappé

2 imparfait de l'indicatif

frappais	frappions
frappais	frappiez
frappait	frappaient

9 plus-que-parfait de l'indicatif

avais frappé	avions frappé
avais frappé	aviez frappé
avait frappé	avaient frappé

3 passé simple

frappai	frappâmes
frappas	frappâtes
frappa	frappèrent

10 passé antérieur

eus frappé	eûmes frappé
eus frappé	eûtes frappé
eut frappé	eurent frappé

4 futur

frapperai	frapperons
frapperas	frapperez
frappera	frapperont

11 futur antérieur

aurai frappé	aurons frappé
auras frappé	aurez frappé
aura frappé	auront frappé

5 conditionnel

frapperais	frapperions
frapperais	frapperiez
frapperait	frapperaient

12 conditionnel passé

aurais frappé	aurions frappé
aurais frappé	auriez frappé
aurait frappé	auraient frappé

6 présent du subjonctif

frappe	frappions
frappes	frappiez
frappe	frappent

13 passé du subjonctif

aie frappé	ayons frappé
aies frappé	ayez frappé
ait frappé	aient frappé

7 imparfait du subjonctif

frappasse	frappassions
frappasses	frappassiez
frappât	frappassent

14 plus-que-parfait du subjonctif

eusse frappé	eussions frappé
eusses frappé	eussiez frappé
eût frappé	eussent frappé

Impératif
frappe
frappons
frappez

---

se frapper la poitrine to beat one's chest	frappé (frappée) de
le frappage striking (medals, coins)	stricken with
une faute de frappe a typing mistake	le frappement beating,
frapper à la porte to knock on the door	striking
frapper du pied to stamp one's foot	frappé à mort mortally
entrer sans frapper enter without knocking	wounded
C'est frappant! It's striking!	

to fry

The Seven Simple Tenses		The Seven Compound Tenses	
Singular	Plural	Singular	Plural
1 présent de l'indicatif		**8 passé composé**	
fris		**ai frit**	**avons frit**
fris		**as frit**	**avez frit**
frit		**a frit**	**ont frit**
		9 plus-que-parfait de l'indicatif	
		avais frit	**avions frit**
		avais frit	**aviez frit**
		avait frit	**avaient frit**
		10 passé antérieur	
		eus frit	**eûmes frit**
		eus frit	**eûtes frit**
		eut frit	**eurent frit**
4 futur		**11 futur antérieur**	
frirai	**frirons**	**aurai frit**	**aurons frit**
friras	**frirez**	**auras frit**	**aurez frit**
frira	**friront**	**aura frit**	**auront frit**
5 conditionnel		**12 conditionnel passé**	
frirais	**fririons**	**aurais frit**	**aurions frit**
frirais	**fririez**	**aurais frit**	**auriez frit**
frirait	**friraient**	**aurait frit**	**auraient frit**
		13 passé du subjonctif	
		aie frit	**ayons frit**
		aies frit	**ayez frit**
		ait frit	**aient frit**
		14 plus-que-parfait du subjonctif	
		eusse frit	**eussions frit**
		eusses frit	**eussiez frit**
		eût frit	**eussent frit**

Impératif
fris
faisons frire
faites frire

---

friable   friable
pommes frites   French fries
une friteuse   frying basket
la friture   frying

des pommes de terre frites   fried potatoes
(French style)
un bifteck frites   steak with French fries

This verb is generally used only in the persons and tenses given above. To supply the forms that are lacking, use the appropriate form of **faire** plus the infinitive **frire**, e.g., the plural of the present indicative is: **nous faisons frire, vous faites frire, ils font frire.**

133

fuir

Part. pr. fuyant **Part. passé fui**

to flee, to fly off, to shun, to leak

The Seven Simple Tenses		The Seven Compound Tenses	
Singular	Plural	Singular	Plural
1 présent de l'indicatif		**8 passé composé**	
fuis	fuyons	ai fui	avons fui
fuis	fuyez	as fui	avez fui
fuit	fuient	a fui	ont fui
2 imparfait de l'indicatif		**9 plus-que-parfait de l'indicatif**	
fuyais	fuyions	avais fui	avions fui
fuyais	fuyiez	avais fui	aviez fui
fuyait	fuyaient	avait fui	avaient fui
3 passé simple		**10 passé antérieur**	
fuis	fuîmes	eus fui	eûmes fui
fuis	fuîtes	eus fui	eûtes fui
fuit	fuirent	eut fui	eurent fui
4 futur		**11 futur antérieur**	
fuirai	fuirons	aurai fui	aurons fui
fuiras	fuirez	auras fui	aurez fui
fuira	fuiront	aura fui	auront fui
5 conditionnel		**12 conditionnel passé**	
fuirais	fuirions	aurais fui	aurions fui
fuirais	fuiriez	aurais fui	auriez fui
fuirait	fuiraient	aurait fui	auraient fui
6 présent du subjonctif		**13 passé du subjonctif**	
fuie	fuyions	aie fui	ayons fui
fuies	fuyiez	aies fui	ayez fui
fuie	fuient	ait fui	aient fui
7 imparfait du subjonctif		**14 plus-que-parfait du subjonctif**	
fuisse	fuissions	eusse fui	eussions fui
fuisses	fuissiez	eusses fui	eussiez fui
fuît	fuissent	eût fui	eussent fui

Impératif
fuis
fuyons
fuyez

faire fuir to put to flight	**s'enfuir de** to flee from, to run away from
la fuite flight	**fugitif, fugitive** fugitive, fleeting, runaway
prendre la fuite to take to flight	**fugitivement** fugitively

to smoke, to steam

The Seven Simple Tenses		The Seven Compound Tenses	
Singular	Plural	Singular	Plural
1 présent de l'indicatif		**8 passé composé**	
fume	fumons	ai fumé	avons fumé
fumes	fumez	as fumé	avez fumé
fume	fument	a fumé	ont fumé
2 imparfait de l'indicatif		**9 plus-que-parfait de l'indicatif**	
fumais	fumions	avais fumé	avions fumé
fumais	fumiez	avais fumé	aviez fumé
fumait	fumaient	avait fumé	avaient fumé
3 passé simple		**10 passé antérieur**	
fumai	fumâmes	eus fumé	eûmes fumé
fumas	fumâtes	eus fumé	eûtes fumé
fuma	fumèrent	eut fumé	eurent fumé
4 futur		**11 futur antérieur**	
fumerai	fumerons	aurai fumé	aurons fumé
fumeras	fumerez	auras fumé	aurez fumé
fumera	fumeront	aura fumé	auront fumé
5 conditionnel		**12 conditionnel passé**	
fumerais	fumerions	aurais fumé	aurions fumé
fumerais	fumeriez	aurais fumé	auriez fumé
fumerait	fumeraient	aurait fumé	auraient fumé
6 présent du subjonctif		**13 passé du subjonctif**	
fume	fumions	aie fumé	ayons fumé
fumes	fumiez	aies fumé	ayez fumé
fume	fument	ait fumé	aient fumé
7 imparfait du subjonctif		**14 plus-que-parfait du subjonctif**	
fumasse	fumassions	eusse fumé	eussions fumé
fumasses	fumassiez	eusses fumé	eussiez fumé
fumât	fumassent	eût fumé	eussent fumé

Impératif
fume
fumons
fumez

Le père: **Je te défends de fumer. C'est une mauvaise habitude.**
Le fils: **Alors, pourquoi fumes-tu, papa?**

Défense de fumer No smoking allowed
la fumée smoke
un rideau de fumée smoke screen
parfumer to perfume
compartiment (pour) fumeurs
 smoking car (on a train)

fumeux, fumeuse smoky
un fume-cigare cigar holder
un fume-cigarette cigarette holder
un fumeur, une fumeuse smoker
 (person who smokes)

gagner

Part. pr. **gagnant**   Part. passé **gagné**

to win, to earn, to gain

The Seven Simple Tenses		The Seven Compound Tenses	
Singular	Plural	Singular	Plural
1 présent de l'indicatif		**8 passé composé**	
gagne	gagnons	ai gagné	avons gagné
gagnes	gagnez	as gagné	avez gagné
gagne	gagnent	a gagné	ont gagné
2 imparfait de l'indicatif		**9 plus-que-parfait de l'indicatif**	
gagnais	gagnions	avais gagné	avions gagné
gagnais	gagniez	avais gagné	aviez gagné
gagnait	gagnaient	avait gagné	avaient gagné
3 passé simple		**10 passé antérieur**	
gagnai	gagnâmes	eus gagné	eûmes gagné
gagnas	gagnâtes	eus gagné	eûtes gagné
gagna	gagnèrent	eut gagné	eurent gagné
4 futur		**11 futur antérieur**	
gagnerai	gagnerons	aurai gagné	aurons gagné
gagneras	gagnerez	auras gagné	aurez gagné
gagnera	gagneront	aura gagné	auront gagné
5 conditionnel		**12 conditionnel passé**	
gagnerais	gagnerions	aurais gagné	aurions gagné
gagnerais	gagneriez	aurais gagné	auriez gagné
gagnerait	gagneraient	aurait gagné	auraient gagné
6 présent du subjonctif		**13 passé du subjonctif**	
gagne	gagnions	aie gagné	ayons gagné
gagnes	gagniez	aies gagné	ayez gagné
gagne	gagnent	ait gagné	aient gagné
7 imparfait du subjonctif		**14 plus-que-parfait du subjonctif**	
gagnasse	gagnassions	eusse gagné	eussions gagné
gagnasses	gagnassiez	eusses gagné	eussiez gagné
gagnât	gagnassent	eût gagné	eussent gagné

Impératif
gagne
gagnons
gagnez

---

gagner sa vie   to earn one's living
gagner du poids   to gain weight
gagner de l'argent   to earn money
gagnable   obtainable
gagner du temps   to save time

regagner   to regain, to recover, to win back
regagner le temps perdu   to make up (to recover) time lost

to guard, to keep, to retain

The Seven Simple Tenses		The Seven Compound Tenses	
Singular	Plural	Singular	Plural
1 présent de l'indicatif		**8 passé composé**	
garde	gardons	ai gardé	avons gardé
gardes	gardez	as gardé	avez gardé
garde	gardent	a gardé	ont gardé
2 imparfait de l'indicatif		**9 plus-que-parfait de l'indicatif**	
gardais	gardions	avais gardé	avions gardé
gardais	gardiez	avais gardé	aviez gardé
gardait	gardaient	avait gardé	avaient gardé
3 passé simple		**10 passé antérieur**	
gardai	gardâmes	eus gardé	eûmes gardé
gardas	gardâtes	eus gardé	eûtes gardé
garda	gardèrent	eut gardé	eurent gardé
4 futur		**11 futur antérieur**	
garderai	garderons	aurai gardé	aurons gardé
garderas	garderez	auras gardé	aurez gardé
gardera	garderont	aura gardé	auront gardé
5 conditionnel		**12 conditionnel passé**	
garderais	garderions	aurais gardé	aurions gardé
garderais	garderiez	aurais gardé	auriez gardé
garderait	garderaient	aurait gardé	auraient gardé
6 présent du subjonctif		**13 passé du subjonctif**	
garde	gardions	aie gardé	ayons gardé
gardes	gardiez	aies gardé	ayez gardé
garde	gardent	ait gardé	aient gardé
7 imparfait du subjonctif		**14 plus-que-parfait du subjonctif**	
gardasse	gardassions	eusse gardé	eussions gardé
gardasses	gardassiez	eusses gardé	eussiez gardé
gardât	gardassent	eût gardé	eussent gardé

Impératif
garde
gardons
gardez

Madame Mimi a mis son enfant chez une gardienne d'enfants parce qu'elle va passer la journée en ville. Elle a besoin d'acheter une nouvelle garde-robe.

se garder to protect oneself	**regarder** to look at, to watch, to
se garder de tomber to take care not to fall	consider, to regard
un gardien, une gardienne guardian	**un garde-manger** pantry
prendre garde de to take care not to	**un garde-vue** eyeshade (visor)
une gardienne d'enfants babysitter	**En garde!** On guard!
une garde-robe wardrobe (closet)	**Dieu m'en garde!** God forbid!
un gardien de but goalie	

gâter

Part. pr. gâtant　　**Part. passé gâté**

to spoil, to damage

The Seven Simple Tenses		The Seven Compound Tenses	
Singular	Plural	Singular	Plural

1　présent de l'indicatif		8　passé composé	
gâte	gâtons	ai gâté	avons gâté
gâtes	gâtez	as gâté	avez gâté
gâte	gâtent	a gâté	ont gâté

2　imparfait de l'indicatif		9　plus-que-parfait de l'indicatif	
gâtais	gâtions	avais gâté	avions gâté
gâtais	gâtiez	avais gâté	aviez gâté
gâtait	gâtaient	avait gâté	avaient gâté

3　passé simple		10　passé antérieur	
gâtai	gâtâmes	eus gâté	eûmes gâté
gâtas	gâtâtes	eus gâté	eûtes gâté
gâta	gâtèrent	eut gâté	eurent gâté

4　futur		11　futur antérieur	
gâterai	gâterons	aurai gâté	aurons gâté
gâteras	gâterez	auras gâté	aurez gâté
gâtera	gâteront	aura gâté	auront gâté

5　conditionnel		12　conditionnel passé	
gâterais	gâterions	aurais gâté	aurions gâté
gâterais	gâteriez	aurais gâté	auriez gâté
gâterait	gâteraient	aurait gâté	auraient gâté

6　présent du subjonctif		13　passé du subjonctif	
gâte	gâtions	aie gâté	ayons gâté
gâtes	gâtiez	aies gâté	ayez gâté
gâte	gâtent	ait gâté	aient gâté

7　imparfait du subjonctif		14　plus-que-parfait du subjonctif	
gâtasse	gâtassions	eusse gâté	eussions gâté
gâtasses	gâtassiez	eusses gâté	eussiez gâté
gâtât	gâtassent	eût gâté	eussent gâté

	Impératif
	gâte
	gâtons
	gâtez

Marcel est un enfant gâté. Je n'aime pas jouer avec lui. Il gâte tout. Il demande toujours des gâteries.

gâter un enfant　to spoil a child	un enfant gâté　a spoiled child
se gâter　to pamper oneself	une gâterie　a treat

138

The Seven Simple Tenses		The Seven Compound Tenses	
Singular	Plural	Singular	Plural

1 présent de l'indicatif

		8 passé composé	
gèle	gelons	ai gelé	avons gelé
gèles	gelez	as gelé	avez gelé
gèle	gèlent	a gelé	ont gelé

2 imparfait de l'indicatif

		9 plus-que-parfait de l'indicatif	
gelais	gelions	avais gelé	avions gelé
gelais	geliez	avais gelé	aviez gelé
gelait	gelaient	avait gelé	avaient gelé

3 passé simple

		10 passé antérieur	
gelai	gelâmes	eus gelé	eûmes gelé
gelas	gelâtes	eus gelé	eûtes gelé
gela	gelèrent	eut gelé	eurent gelé

4 futur

		11 futur antérieur	
gèlerai	gèlerons	aurai gelé	aurons gelé
gèleras	gèlerez	auras gelé	aurez gelé
gèlera	gèleront	aura gelé	auront gelé

5 conditionnel

		12 conditionnel passé	
gèlerais	gèlerions	aurais gelé	aurions gelé
gèlerais	gèleriez	aurais gelé	auriez gelé
gèlerait	gèleraient	aurait gelé	auraient gelé

6 présent du subjonctif

		13 passé du subjonctif	
gèle	gelions	aie gelé	ayons gelé
gèles	geliez	aies gelé	ayez gelé
gèle	gèlent	ait gelé	aient gelé

7 imparfait du subjonctif

		14 plus-que-parfait du subjonctif	
gelasse	gelassions	eusse gelé	eussions gelé
gelasses	gelassiez	eusses gelé	eussiez gelé
gelât	gelassent	eût gelé	eussent gelé

Impératif
gèle
gelons
gelez

Je ne veux pas sortir aujourd'hui parce qu'il gèle. Quand je me suis levé ce matin, j'ai regardé par la fenêtre et j'ai vu de la gelée partout.

Il gèle!	It's freezing!	congeler to congeal, to freeze
Qu'il gèle! Let it freeze!		la congélation congelation, freezing, icing
le gel frost, freezing		le point de congélation freezing point
la gelée frost		à la gelée jellied

goûter

Part. pr. **goûtant** Part. passé **goûté**

to taste, to have a snack, to enjoy

The Seven Simple Tenses		The Seven Compound Tenses	
Singular	Plural	Singular	Plural
1 présent de l'indicatif		**8 passé composé**	
goûte	goûtons	ai goûté	avons goûté
goûtes	goûtez	as goûté	avez goûté
goûte	goûtent	a goûté	ont goûté
2 imparfait de l'indicatif		**9 plus-que-parfait de l'indicatif**	
goûtais	goûtions	avais goûté	avions goûté
goûtais	goûtiez	avais goûté	aviez goûté
goûtait	goûtaient	avait goûté	avaient goûté
3 passé simple		**10 passé antérieur**	
goûtai	goûtâmes	eus goûté	eûmes goûté
goûtas	goûtâtes	eus goûté	eûtes goûté
goûta	goûtèrent	eut goûté	eurent goûté
4 futur		**11 futur antérieur**	
goûterai	goûterons	aurai goûté	aurons goûté
goûteras	goûterez	auras goûté	aurez goûté
goûtera	goûteront	aura goûté	auront goûté
5 conditionnel		**12 conditionnel passé**	
goûterais	goûterions	aurais goûté	aurions goûté
goûterais	goûteriez	aurais goûté	auriez goûté
goûterait	goûteraient	aurait goûté	auraient goûté
6 présent du subjonctif		**13 passé du subjonctif**	
goûte	goûtions	aie goûté	ayons goûté
goûtes	goûtiez	aies goûté	ayez goûté
goûte	goûtent	ait goûté	aient goûté
7 imparfait du subjonctif		**14 plus-que-parfait du subjonctif**	
goûtasse	goûtassions	eusse goûté	eussions goûté
goûtasses	goûtassiez	eusses goûté	eussiez goûté
goûtât	goûtassent	eût goûté	eussent goûté

	Impératif	
	goûte	
	goûtons	
	goûtez	

Quand j'arrive chez moi de l'école l'après-midi, j'ai l'habitude de prendre le goûter à quatre heures.

le goûter snack, bite to eat	**de mauvais goût** in bad taste
goûter sur l'herbe to have a picnic	**avoir un goût de** to taste like
à chacun son goût to each his own	**goûter de** to eat or drink something for
goûter à to drink or eat only a small	the first time
quantity	**dégoûter** to disgust
le goût taste	**C'est dégoûtant!** It's disgusting!

140

to grow (up, taller), to increase

The Seven Simple Tenses		The Seven Compound Tenses	
Singular	Plural	Singular	Plural
1 présent de l'indicatif		**8 passé composé**	
grandis	grandissons	ai grandi	avons grandi
grandis	grandissez	as grandi	avez grandi
grandit	grandissent	a grandi	ont grandi
2 imparfait de l'indicatif		**9 plus-que-parfait de l'indicatif**	
grandissais	grandissions	avais grandi	avions grandi
grandissais	grandissiez	avais grandi	aviez grandi
grandissait	grandissaient	avait grandi	avaient grandi
3 passé simple		**10 passé antérieur**	
grandis	grandîmes	eus grandi	eûmes grandi
grandis	grandîtes	eus grandi	eûtes grandi
grandit	grandirent	eut grandi	eurent grandi
4 futur		**11 futur antérieur**	
grandirai	grandirons	aurai grandi	aurons grandi
grandiras	grandirez	auras grandi	aurez grandi
grandira	grandiront	aura grandi	auront grandi
5 conditionnel		**12 conditionnel passé**	
grandirais	grandirions	aurais grandi	aurions grandi
grandirais	grandiriez	aurais grandi	auriez grandi
grandirait	grandiraient	aurait grandi	auraient grandi
6 présent du subjonctif		**13 passé du subjonctif**	
grandisse	grandissions	aie grandi	ayons grandi
grandisses	grandissiez	aies grandi	ayez grandi
grandisse	grandissent	ait grandi	aient grandi
7 imparfait du subjonctif		**14 plus-que-parfait du subjonctif**	
grandisse	grandissions	eusse grandi	eussions grandi
grandisses	grandissiez	eusses grandi	eussiez grandi
grandît	grandissent	eût grandi	eussent grandi

Impératif
grandis
grandissons
grandissez

Voyez-vous comme Joseph et Joséphine ont grandi? C'est incroyable! Quel âge ont-ils maintenant?

le grandissement growth	**agrandir** to expand, to enlarge
grandiose grandiose, grand	**un agrandissement** enlargement,
grand, grande tall	extension, aggrandizement
la grandeur size, greatness, grandeur	
grandiosement grandiosely	

gronder

Part. pr. **grondant**   Part. passé **grondé**

to chide, to reprimand, to scold

The Seven Simple Tenses		The Seven Compound Tenses	
Singular	Plural	Singular	Plural
1 présent de l'indicatif		**8 passé composé**	
gronde	grondons	ai grondé	avons grondé
grondes	grondez	as grondé	avez grondé
gronde	grondent	a grondé	ont grondé
2 imparfait de l'indicatif		**9 plus-que-parfait de l'indicatif**	
grondais	grondions	avais grondé	avions grondé
grondais	grondiez	avais grondé	aviez grondé
grondait	grondaient	avait grondé	avaient grondé
3 passé simple		**10 passé antérieur**	
grondai	grondâmes	eus grondé	eûmes grondé
grondas	grondâtes	eus grondé	eûtes grondé
gronda	grondèrent	eut grondé	eurent grondé
4 futur		**11 futur antérieur**	
gronderai	gronderons	aurai grondé	aurons grondé
gronderas	gronderez	auras grondé	aurez grondé
grondera	gronderont	aura grondé	auront grondé
5 conditionnel		**12 conditionnel passé**	
gronderais	gronderions	aurais grondé	aurions grondé
gronderais	gronderiez	aurais grondé	auriez grondé
gronderait	gronderaient	aurait grondé	auraient grondé
6 présent du subjonctif		**13 passé du subjonctif**	
gronde	grondions	aie grondé	ayons grondé
grondes	grondiez	aies grondé	ayez grondé
gronde	grondent	ait grondé	aient grondé
7 imparfait du subjonctif		**14 plus-que-parfait du subjonctif**	
grondasse	grondassions	eusse grondé	eussions grondé
grondasses	grondassiez	eusses grondé	eussiez grondé
grondât	grondassent	eût grondé	eussent grondé

Impératif
gronde
grondons
grondez

—Victor, pourquoi pleures-tu?
—La maîtresse de mathématiques m'a grondé.
—Pourquoi est-ce qu'elle t'a grondé? Qu'est-ce que tu as fait?
—Ce n'est pas parce que j'ai fait quelque chose. C'est parce que je n'ai rien fait. Je n'ai pas préparé la leçon.
—Alors, tu mérites une gronderie et une réprimande.
—C'est une grondeuse. Elle gronde à chaque instant. C'est une criarde.

une grondeuse   a scolder
une criarde   a nag, nagger

une gronderie   a scolding
à chaque instant   constantly

to cure, to heal, to remedy, to recover

The Seven Simple Tenses		The Seven Compound Tenses	
Singular	Plural	Singular	Plural
1 présent de l'indicatif		**8 passé composé**	
guéris	guérissons	ai guéri	avons guéri
guéris	guérissez	as guéri	avez guéri
guérit	guérissent	a guéri	ont guéri
2 imparfait de l'indicatif		**9 plus-que-parfait de l'indicatif**	
guérissais	guérissions	avais guéri	avions guéri
guérissais	guérissiez	avais guéri	aviez guéri
guérissait	guérissaient	avait guéri	avaient guéri
3 passé simple		**10 passé antérieur**	
guéris	guérîmes	eus guéri	eûmes guéri
guéris	guérîtes	eus guéri	eûtes guéri
guérit	guérirent	eut guéri	eurent guéri
4 futur		**11 futur antérieur**	
guérirai	guérirons	aurai guéri	aurons guéri
guériras	guérirez	auras guéri	aurez guéri
guérira	guériront	aura guéri	auront guéri
5 conditionnel		**12 conditionnel passé**	
guérirais	guéririons	aurais guéri	aurions guéri
guérirais	guéririez	aurais guéri	auriez guéri
guérirait	guériraient	aurait guéri	auraient guéri
6 présent du subjonctif		**13 passé du subjonctif**	
guérisse	guérissions	aie guéri	ayons guéri
guérisses	guérissiez	aies guéri	ayez guéri
guérisse	guérissent	ait guéri	aient guéri
7 imparfait du subjonctif		**14 plus-que-parfait du subjonctif**	
guérisse	guérissions	eusse guéri	eussions guéri
guérisses	guérissiez	eusses guéri	eussiez guéri
guérît	guérissent	eût guéri	eussent guéri

Impératif
guéris
guérissons
guérissez

Madame Gérard est tombée dans l'escalier la semaine dernière et elle a reçu une blessure au genou. Elle est allée chez le médecin et maintenant elle est guérie.

une guérison healing, cure	**guérir de** to recover from,
guérisseur, guérisseuse healer, faith healer	to cure of
guérissable curable	

s'habiller

Part. pr. **s'habillant** Part. passé **habillé(e)(s)**

to get dressed, to dress (oneself)

The Seven Simple Tenses		The Seven Compound Tenses	
Singular	Plural	Singular	Plural

1 présent de l'indicatif		8 passé composé	
m'habille	nous habillons	me suis habillé(e)	nous sommes habillé(e)s
t'habilles	vous habillez	t'es habillé(e)	vous êtes habillé(e)(s)
s'habille	s'habillent	s'est habillé(e)	se sont habillé(e)s

2 imparfait de l'indicatif		9 plus-que-parfait de l'indicatif	
m'habillais	nous habillions	m'étais habillé(e)	nous étions habillé(e)s
t'habillais	vous habilliez	t'étais habillé(e)	vous étiez habillé(e)(s)
s'habillait	s'habillaient	s'était habillé(e)	s'étaient habillé(e)s

3 passé simple		10 passé antérieur	
m'habillai	nous habillâmes	me fus habillé(e)	nous fûmes habillé(e)s
t'habillas	vous habillâtes	te fus habillé(e)	vous fûtes habillé(e)(s)
s'habilla	s'habillèrent	se fut habillé(e)	se furent habillé(e)s

4 futur		11 futur antérieur	
m'habillerai	nous habillerons	me serai habillé(e)	nous serons habillé(e)s
t'habilleras	vous habillerez	te seras habillé(e)	vous serez habillé(e)(s)
s'habillera	s'habilleront	se sera habillé(e)	se seront habillé(e)s

5 conditionnel		12 conditionnel passé	
m'habillerais	nous habillerions	me serais habillé(e)	nous serions habillé(e)s
t'habillerais	vous habilleriez	te serais habillé(e)	vous seriez habillé(e)(s)
s'habillerait	s'habilleraient	se serait habillé(e)	se seraient habillé(e)s

6 présent du subjonctif		13 passé du subjonctif	
m'habille	nous habillions	me sois habillé(e)	nous soyons habillé(e)s
t'habilles	vous habilliez	te sois habillé(e)	vous soyez habillé(e)(s)
s'habille	s'habillent	se soit habillé(e)	se soient habillé(e)s

7 imparfait du subjonctif		14 plus-que-parfait du subjonctif	
m'habillasse	nous habillassions	me fusse habillé(e)	nous fussions habillé(e)s
t'habillasses	vous habillassiez	te fusses habillé(e)	vous fussiez habillé(e)(s)
s'habillât	s'habillassent	se fût habillé(e)	se fussent habillé(e)s

Impératif
habille-toi; ne t'habille pas
habillons-nous; ne nous habillons pas
habillez-vous; ne vous habillez pas

---

un habit costume, outfit
les habits clothes
habiller qqn to dress someone
habillement *(m.)* garment, wearing apparel
L'habit ne fait pas le moine. Clothes
  don't make the person (the monk).

déshabiller to undress
se déshabiller to undress oneself, to get
  undressed
habiller de to clothe with

to live(in), to dwell (in), to inhabit

The Seven Simple Tenses		The Seven Compound Tenses	
Singular	Plural	Singular	Plural
1 présent de l'indicatif		**8 passé composé**	
habite	habitons	ai habité	avons habité
habites	habitez	as habité	avez habité
habite	habitent	a habité	ont habité
2 imparfait de l'indicatif		**9 plus-que-parfait de l'indicatif**	
habitais	habitions	avais habité	avions habité
habitais	habitiez	avais habité	aviez habité
habitait	habitaient	avait habité	avaient habité
3 passé simple		**10 passé antérieur**	
habitai	habitâmes	eus habité	eûmes habité
habitas	habitâtes	eus habité	eûtes habité
habita	habitèrent	eut habité	eurent habité
4 futur		**11 futur antérieur**	
habiterai	habiterons	aurai habité	aurons habité
habiteras	habiterez	auras habité	aurez habité
habitera	habiteront	aura habité	auront habité
5 conditionnel		**12 conditionnel passé**	
habiterais	habiterions	aurais habité	aurions habité
habiterais	habiteriez	aurais habité	auriez habité
habiterait	habiteraient	aurait habité	auraient habité
6 présent du subjonctif		**13 passé du subjonctif**	
habite	habitions	aie habité	ayons habité
habites	habitiez	aies habité	ayez habité
habite	habitent	ait habité	aient habité
7 imparfait du subjonctif		**14 plus-que-parfait du subjonctif**	
habitasse	habitassions	eusse habité	eussions habité
habitasses	habitassiez	eusses habité	eussiez habité
habitât	habitassent	eût habité	eussent habité

Impératif
habite
habitons
habitez

—Où habitez-vous?
—J'habite 27 rue Duparc dans une petite maison blanche.
—Avec qui habitez-vous?
—J'habite avec mes parents, mes frères, mes soeurs, et mon chien.

une habitation   dwelling, residence, abode
un habitat   habitat
un habitant   inhabitant

H.L.M. (habitation à loyer modéré)
 lodging at a moderate rental

habitable   habitable, inhabitable
l'amélioration de l'habitat
 improvement of living conditions

145

haïr

Part. pr. haïssant **Part. passé haï**

to hate

The Seven Simple Tenses		The Seven Compound Tenses	
Singular	Plural	Singular	Plural
1 présent de l'indicatif		**8 passé composé**	
hais	haïssons	ai haï	avons haï
hais	haïssez	as haï	avez haï
hait	haïssent	a haï	ont haï
2 imparfait de l'indicatif		**9 plus-que-parfait de l'indicatif**	
haïssais	haïssions	avais haï	avions haï
haïssais	haïssiez	avais haï	aviez haï
haïssait	haïssaient	avait haï	avaient haï
3 passé simple		**10 passé antérieur**	
haïs	haïmes	eus haï	eûmes haï
haïs	haïtes	eus haï	eûtes haï
haït	haïrent	eut haï	eurent haï
4 futur		**11 futur antérieur**	
haïrai	haïrons	aurai haï	aurons haï
haïras	haïrez	auras haï	aurez haï
haïra	haïront	aura haï	auront haï
5 conditionnel		**12 conditionnel passé**	
haïrais	haïrions	aurais haï	aurions haï
haïrais	haïriez	aurais haï	auriez haï
haïrait	haïraient	aurait haï	auraient haï
6 présent du subjonctif		**13 passé du subjonctif**	
haïsse	haïssions	aie haï	ayons haï
haïsses	haïssiez	aies haï	ayez haï
haïsse	haïssent	ait haï	aient haï
7 imparfait du subjonctif		**14 plus-que-parfait du subjonctif**	
haïsse	haïssions	eusse haï	eussions haï
haïsses	haïssiez	eusses haï	eussiez haï
haïsse	haïssent	eût haï	eussent haï

Impératif
hais
haïssons
haïssez

Je hais le mensonge, je hais la médiocrité, et je hais la calomnie. Ces choses sont haïssables. Je hais Marguerite et Jeanne; elles sont haineuses.

haïssable detestable, hateful	**haïr qqn comme la peste**
la haine hatred, hate	to hate somebody like poison
haineux, haineuse hateful, heinous	

This verb begins with aspirate *h;* make no liaison and use *je* instead of *j'.*

The Seven Simple Tenses		The Seven Compound Tenses	
Singular	Plural	Singular	Plural
1 présent de l'indicatif		**8 passé composé**	
insiste	insistons	ai insisté	avons insisté
insistes	insistez	as insisté	avez insisté
insiste	insistent	a insisté	ont insisté
2 imparfait de l'indicatif		**9 plus-que-parfait de l'indicatif**	
insistais	insistions	avais insisté	avions insisté
insistais	insistiez	avais insisté	aviez insisté
insistait	insistaient	avait insisté	avaient insisté
3 passé simple		**10 passé antérieur**	
insistai	insistâmes	eus insisté	eûmes insisté
insistas	insistâtes	eus insisté	eûtes insisté
insista	insistèrent	eut insisté	eurent insisté
4 futur		**11 futur antérieur**	
insisterai	insisterons	aurai insisté	aurons insisté
insisteras	insisterez	auras insisté	aurez insisté
insistera	insisteront	aura insisté	auront insisté
5 conditionnel		**12 conditionnel passé**	
insisterais	insisterions	aurais insisté	aurions insisté
insisterais	insisteriez	aurais insisté	auriez insisté
insisterait	insisteraient	aurait insisté	auraient insisté
6 présent du subjonctif		**13 passé du subjonctif**	
insiste	insistions	aie insisté	ayons insisté
insistes	insistiez	aies insisté	ayez insisté
insiste	insistent	ait insisté	aient insisté
7 imparfait du subjonctif		**14 plus-que-parfait du subjonctif**	
insistasse	insistassions	eusse insisté	eussions insisté
insistasses	insistassiez	eusses insisté	eussiez insisté
insistât	insistassent	eût insisté	eussent insisté

Impératif
insiste
insistons
insistez

Madame Albertine, maîtresse de français, insiste que les élèves fassent les devoirs tous les jours, qu'ils parlent en français dans la salle de classe, et qu'ils soient attentifs.

insistant, insistante   insistent, persistent
l'insistance (f.)   insistence

instruire

Part. pr. instruisant   **Part. passé instruit**

to instruct

The Seven Simple Tenses		The Seven Compound Tenses	
Singular	Plural	Singular	Plural
1 présent de l'indicatif		**8 passé composé**	
instruis	instruisons	ai instruit	avons instruit
instruis	instruisez	as instruit	avez instruit
instruit	instruisent	a instruit	ont instruit
2 imparfait de l'indicatif		**9 plus-que-parfait de l'indicatif**	
instruisais	instruisions	avais instruit	avions instruit
instruisais	instruisiez	avais instruit	aviez instruit
instruisait	instruisaient	avait instruit	avaient instruit
3 passé simple		**10 passé antérieur**	
instruisis	instruisîmes	eus instruit	eûmes instruit
instruisis	instruisîtes	eus instruit	eûtes instruit
instruisit	instruisirent	eut instruit	eurent instruit
4 futur		**11 futur antérieur**	
instruirai	instruirons	aurai instruit	aurons instruit
instruiras	instruirez	auras instruit	aurez instruit
instruira	instruiront	aura instruit	auront instruit
5 conditionnel		**12 conditionnel passé**	
instruirais	instruirions	aurais instruit	aurions instruit
instruirais	instruiriez	aurais instruit	auriez instruit
instruirait	instruiraient	aurait instruit	auraient instruit
6 présent du subjonctif		**13 passé du subjonctif**	
instruise	instruisions	aie instruit	ayons instruit
instruises	instruisiez	aies instruit	ayez instruit
instruise	instruisent	ait instruit	aient instruit
7 imparfait du subjonctif		**14 plus-que-parfait du subjonctif**	
instruisisse	instruisissions	eusse instruit	eussions instruit
instruisisses	instruisissiez	eusses instruit	eussiez instruit
instruisît	instruisissent	eût instruit	eussent instruit

Impératif
instruis
instruisons
instruisez

---

instruit, instruite educated
instruction *(f.)* instruction, teaching
sans instruction uneducated
instructeur, instructrice instructor
instructif, instructive instructive
les instructions instructions

s'instruire to teach oneself, to educate oneself
l'instruction publique public education
bien instruit (instruite), fort instruit (instruite) well educated

148

to forbid, to prohibit

The Seven Simple Tenses		The Seven Compound Tenses	
Singular	Plural	Singular	Plural
1 présent de l'indicatif		**8 passé composé**	
interdis	**interdisons**	**ai interdit**	**avons interdit**
interdis	**interdisez**	**as interdit**	**avez interdit**
interdit	**interdisent**	**a interdit**	**ont interdit**
2 imparfait de l'indicatif		**9 plus-que-parfait de l'indicatif**	
interdisais	**interdisions**	**avais interdit**	**avions interdit**
interdisais	**interdisiez**	**avais interdit**	**aviez interdit**
interdisait	**interdisaient**	**avait interdit**	**avaient interdit**
3 passé simple		**10 passé antérieur**	
interdis	**interdîmes**	**eus interdit**	**eûmes interdit**
interdis	**interdîtes**	**eus interdit**	**eûtes interdit**
interdit	**interdirent**	**eut interdit**	**eurent interdit**
4 futur		**11 futur antérieur**	
interdirai	**interdirons**	**aurai interdit**	**aurons interdit**
interdiras	**interdirez**	**auras interdit**	**aurez interdit**
interdira	**interdiront**	**aura interdit**	**auront interdit**
5 conditionnel		**12 conditionnel passé**	
interdirais	**interdirions**	**aurais interdit**	**aurions interdit**
inerdirais	**interdiriez**	**aurais interdit**	**auriez interdit**
interdirait	**interdiraient**	**aurait interdit**	**auraient interdit**
6 présent du subjonctif		**13 passé du subjonctif**	
interdise	**interdisions**	**aie interdit**	**ayons interdit**
interdises	**interdisiez**	**aies interdit**	**ayez interdit**
interdise	**interdisent**	**ait interdit**	**aient interdit**
7 imparfait du subjonctif		**14 plus-que-parfait du subjonctif**	
interdisse	**interdissions**	**eusse interdit**	**eussions interdit**
interdisses	**interdissiez**	**eusses interdit**	**eussiez interdit**
interdît	**interdissent**	**eût interdit**	**eussent interdit**

Impératif
interdis
interdisons
interdisez

Je vous interdis de m'interrompre constamment, je vous interdis d'entrer dans la salle de classe en retard, et je vous interdis de quitter la salle sans permission.

interdire qqch à qqn   to forbid someone something
l'interdit *(m.)*   interdict; *(adj.)* **les jeux interdits**   forbidden games
l'interdiction *(f.)*   interdiction, prohibition
Il est interdit de marcher sur l'herbe   Do not walk on the grass.
interdire à qqn de faire qqch   to forbid someone from doing something
STATIONNEMENT INTERDIT   NO PARKING

interrompre

Part. pr. **interrompant**   Part. passé **interrompu**

to interrupt

The Seven Simple Tenses		The Seven Compound Tenses	
Singular	Plural	Singular	Plural
1 présent de l'indicatif		**8 passé composé**	
interromps	interrompons	ai interrompu	avons interrompu
interromps	interrompez	as interrompu	avez interrompu
interrompt	interrompent	a interrompu	ont interrompu
2 imparfait de l'indicatif		**9 plus-que-parfait de l'indicatif**	
interrompais	interrompions	avais interrompu	avions interrompu
interrompais	interrompiez	avais interrompu	aviez interrompu
interrompait	interrompaient	avait interrompu	avaient interrompu
3 passé simple		**10 passé antérieur**	
interrompis	interrompîmes	eus interrompu	eûmes interrompu
interrompis	interrompîtes	eus interrompu	eûtes interrompu
interrompit	interrompirent	eut interrompu	eurent interrompu
4 futur		**11 futur antérieur**	
interromprai	interromprons	aurai interrompu	aurons interrompu
interrompras	interromprez	auras interrompu	aurez interrompu
interrompra	interrompront	aura interrompu	auront interrompu
5 conditionnel		**12 conditionnel passé**	
interromprais	interromprions	aurais interrompu	aurions interrompu
interromprais	interrompriez	aurais interrompu	auriez interrompu
interromprait	interrompraient	aurait interrompu	auraient interrompu
6 présent du subjonctif		**13 passé du subjonctif**	
interrompe	interrompions	aie interrompu	ayons interrompu
interrompes	interrompiez	aies interrompu	ayez interrompu
interrompe	interrompent	ait interrompu	aient interrompu
7 imparfait du subjonctif		**14 plus-que-parfait du subjonctif**	
interrompisse	interrompissions	eusse interrompu	eussions interrompu
interrompisses	interrompissiez	eusses interrompu	eussiez interrompu
interrompît	interrompissent	eût interrompu	eussent interrompu
		Impératif	
		interromps	
		interrompons	
		interrompez	

—Maurice, tu m'interromps à chaque instant. Cesse de m'interrompre, s'il te plaît! C'est une mauvaise habitude et je ne l'aime pas. Est-ce que tu l'aimes quand on t'interrompt continuellement?

une interruption   interruption   un interrupteur, une interruptrice
interrompu, interrompue   interrupted   interrupter

150

to introduce, to show in

The Seven Simple Tenses		The Seven Compound Tenses	
Singular	Plural	Singular	Plural
1 présent de l'indicatif		**8 passé composé**	
introduis	introduisons	ai introduit	avons introduit
introduis	introduisez	as introduit	avez introduit
introduit	introduisent	a introduit	ont introduit
2 imparfait de l'indicatif		**9 plus-que-parfait de l'indicatif**	
introduisais	introduisions	avais introduit	avions introduit
introduisais	introduisiez	avais introduit	aviez introduit
introduisait	introduisaient	avait introduit	avaient introduit
3 passé simple		**10 passé antérieur**	
introduisis	introduisîmes	eus introduit	eûmes introduit
introduisis	introduisîtes	eus introduit	eûtes introduit
introduisit	introduisirent	eut introduit	eurent introduit
4 futur		**11 futur antérieur**	
introduirai	introduirons	aurai introduit	aurons introduit
introduiras	introduirez	auras introduit	aurez introduit
introduira	introduiront	aura introduit	auront introduit
5 conditionnel		**12 conditionnel passé**	
introduirais	introduirions	aurais introduit	aurions introduit
introduirais	introduiriez	aurais introduit	auriez introduit
introduirait	introduiraient	aurait introduit	auraient introduit
6 présent du subjonctif		**13 passé du subjonctif**	
introduise	introduisions	aie introduit	ayons introduit
introduises	introduisiez	aies introduit	ayez introduit
introduise	introduisent	ait introduit	aient introduit
7 imparfait du subjonctif		**14 plus-que-parfait du subjonctif**	
introduisisse	introduisissions	eusse introduit	eussions introduit
introduisisses	introduisissiez	eusses introduit	eussiez introduit
introduisît	introduisissent	eût introduit	eussent introduit

Impératif
introduis
introduisons
introduisez

introductoire introductory
introducteur, introductrice introducer
introductif, introductive introductory
introduction *(f.)* introduction

inviter

Part. pr. **invitant**   Part. passé **invité**

to invite

The Seven Simple Tenses		The Seven Compound Tenses	
Singular	Plural	Singular	Plural
1 présent de l'indicatif		**8 passé composé**	
invite	invitons	ai invité	avons invité
invites	invitez	as invité	avez invité
invite	invitent	a invité	ont invité
2 imparfait de l'indicatif		**9 plus-que-parfait de l'indicatif**	
invitais	invitions	avais invité	avions invité
invitais	invitiez	avais invité	aviez invité
invitait	invitaient	avait invité	avaient invité
3 passé simple		**10 passé antérieur**	
invitai	invitâmes	eus invité	eûmes invité
invitas	invitâtes	eus invité	eûtes invité
invita	invitèrent	eut invité	eurent invité
4 futur		**11 futur antérieur**	
inviterai	inviterons	aurai invité	aurons invité
inviteras	inviterez	auras invité	aurez invité
invitera	inviteront	aura invité	auront invité
5 conditionnel		**12 conditionnel passé**	
inviterais	inviterions	aurais invité	aurions invité
inviterais	inviteriez	aurais invité	auriez invité
inviterait	inviteraient	aurait invité	auraient invité
6 présent du subjonctif		**13 passé du subjonctif**	
invite	invitions	aie invité	ayons invité
invites	invitiez	aies invité	ayez invité
invite	invitent	ait invité	aient invité
7 imparfait du subjonctif		**14 plus-que-parfait du subjonctif**	
invitasse	invitassions	eusse invité	eussions invité
invitasses	invitassiez	eusses invité	eussiez invité
invitât	invitassent	eût invité	eussent invité

Impératif
invite
invitons
invitez

J'ai reçu une invitation à dîner chez les Martin. C'est pour samedi soir. J'ai accepté avec plaisir et maintenant je vais en ville acheter un cadeau pour eux.

l'invitation (f.) invitation
les invités the guests
sur l'invitation de at the invitation of
sans invitation without invitation, uninvited

inviter qqn à faire qqch
to invite someone to do something

152

to throw, to cast

The Seven Simple Tenses		The Seven Compound Tenses	
Singular	Plural	Singular	Plural

1 présent de l'indicatif

jette	jetons		
jettes	jetez		
jette	jettent		

8 passé composé

ai jeté	avons jeté
as jeté	avez jeté
a jeté	ont jeté

2 imparfait de l'indicatif

jetais	jetions
jetais	jetiez
jetait	jetaient

9 plus-que-parfait de l'indicatif

avais jeté	avions jeté
avais jeté	aviez jeté
avait jeté	avaient jeté

3 passé simple

jetai	jetâmes
jetas	jetâtes
jeta	jetèrent

10 passé antérieur

eus jeté	eûmes jeté
eus jeté	eûtes jeté
eut jeté	eurent jeté

4 futur

jetterai	jetterons
jetteras	jetterez
jettera	jetteront

11 futur antérieur

aurai jeté	aurons jeté
auras jeté	aurez jeté
aura jeté	auront jeté

5 conditionnel

jetterais	jetterions
jetterais	jetteriez
jetterait	jetteraient

12 conditionnel passé

aurais jeté	aurions jeté
aurais jeté	auriez jeté
aurait jeté	auraient jeté

6 présent du subjonctif

jette	jetions
jettes	jetiez
jette	jettent

13 passé du subjonctif

aie jeté	ayons jeté
aies jeté	ayez jeté
ait jeté	aient jeté

7 imparfait du subjonctif

jetasse	jetassions
jetasses	jetassiez
jetât	jetassent

14 plus-que-parfait du subjonctif

eusse jeté	eussions jeté
eusses jeté	eussiez jeté
eût jeté	eussent jeté

Impératif
jette
jetons
jetez

jeter un cri to utter a cry
jeter son argent par la fenêtre to throw out one's money
se jeter sur (contre) to throw oneself at (against)
un jeton de téléphone telephone slug
une jetée jetty
un jet d'eau fountain
jeter un coup d'oeil à to glance at; **se jeter au cou de qqn**
   to throw oneself at somebody
rejeter to reject, to throw back; **projeter** to plan, to project

joindre

Part. pr. **joignant**   Part. passé **joint**

to join

The Seven Simple Tenses		The Seven Compound Tenses	
Singular	Plural	Singular	Plural
1 présent de l'indicatif		**8 passé composé**	
joins	joignons	ai joint	avons joint
joins	joignez	as joint	avez joint
joint	joignent	a joint	ont joint
2 imparfait de l'indicatif		**9 plus-que-parfait de l'indicatif**	
joignais	joignions	avais joint	avions joint
joignais	joigniez	avais joint	aviez joint
joignait	joignaient	avait joint	avaient joint
3 passé simple		**10 passé antérieur**	
joignis	joignîmes	eus joint	eûmes joint
joignis	joignîtes	eus joint	eûtes joint
joignit	joignirent	eut joint	eurent joint
4 futur		**11 futur antérieur**	
joindrai	joindrons	aurai joint	aurons joint
joindras	joindrez	auras joint	aurez joint
joindra	joindront	aura joint	auront joint
5 conditionnel		**12 conditionnel passé**	
joindrais	joindrions	aurais joint	aurions joint
joindrais	joindriez	aurais joint	auriez joint
joindrait	joindraient	aurait joint	auraient joint
6 présent du subjonctif		**13 passé du subjonctif**	
joigne	joignions	aie joint	ayons joint
joignes	joigniez	aies joint	ayez joint
joigne	joignent	ait joint	aient joint
7 imparfait du subjonctif		**14 plus-que-parfait du subjonctif**	
joignisse	joignissions	eusse joint	eussions joint
joignisses	joignissiez	eusses joint	eussiez joint
joignît	joignissent	eût joint	eussent joint

Impératif
joins
joignons
joignez

joindre les deux bouts to make ends meet
les jointures des doigts knuckles
joint, jointe joined
joignant, joignante adjoining
ci-joint herewith, attached
joindre à to join to, to add to

rejoindre to rejoin,
   to join together
se rejoindre to meet,
   to come together again

154

to play, to act (in a play), to gamble

The Seven Simple Tenses		The Seven Compound Tenses	
Singular	Plural	Singular	Plural

1 présent de l'indicatif		8 passé composé	
joue	jouons	ai joué	avons joué
joues	jouez	as joué	avez joué
joue	jouent	a joué	ont joué

2 imparfait de l'indicatif		9 plus-que-parfait de l'indicatif	
jouais	jouions	avais joué	avions joué
jouais	jouiez	avais joué	aviez joué
jouait	jouaient	avait joué	avaient joué

3 passé simple		10 passé antérieur	
jouai	jouâmes	eus joué	eûmes joué
jouas	jouâtes	eus joué	eûtes joué
joua	jouèrent	eut joué	eurent joué

4 futur		11 futur antérieur	
jouerai	jouerons	aurai joué	aurons joué
joueras	jouerez	auras joué	aurez joué
jouera	joueront	aura joué	auront joué

5 conditionnel		12 conditionnel passé	
jouerais	jouerions	aurais joué	aurions joué
jouerais	joueriez	aurais joué	auriez joué
jouerait	joueraient	aurait joué	auraient joué

6 présent du subjonctif		13 passé du subjonctif	
joue	jouions	aie joué	ayons joué
joues	jouiez	aies joué	ayez joué
joue	jouent	ait joué	aient joué

7 imparfait du subjonctif		14 plus-que-parfait du subjonctif	
jouasse	jouassions	eusse joué	eussions joué
jouasses	jouassiez	eusses joué	eussiez joué
jouât	jouassent	eût joué	eussent joué

Impératif
joue
jouons
jouez

---

jouer au tennis to play tennis	**jouer un rôle** to play a part
jouer aux cartes to play cards	**jouer une partie de qqch** to play a game
jouer du piano to play the piano	of something
jouer un tour à qqn to play a trick on	**jouer de la flûte** to play the flute
someone	**se jouer de** to make fun of, to deride
un jouet toy, plaything	**un joujou, des joujoux** toy, toys
joueur, joueuse player, gambler	(child's language)
jouer sur les mots to play with words	
déjouer to baffle, to thwart	

laisser

Part. pr. **laissant**   Part. passé **laissé**

to let, to allow, to leave

The Seven Simple Tenses		The Seven Compound Tenses	
Singular	Plural	Singular	Plural
1 présent de l'indicatif		**8 passé composé**	
laisse	laissons	ai laissé	avons laissé
laisses	laissez	as laissé	avez laissé
laisse	laissent	a laissé	ont laissé
2 imparfait de l'indicatif		**9 plus-que-parfait de l'indicatif**	
laissais	laissions	avais laissé	avions laissé
laissais	laissiez	avais laissé	aviez laissé
laissait	laissaient	avait laissé	avaient laissé
3 passé simple		**10 passé antérieur**	
laissai	laissâmes	eus laissé	eûmes laissé
laissas	laissâtes	eus laissé	eûtes laissé
laissa	laissèrent	eut laissé	eurent laissé
4 futur		**11 futur antérieur**	
laisserai	laisserons	aurai laissé	aurons laissé
laisseras	laisserez	auras laissé	aurez laissé
laissera	laisseront	aura laissé	auront laissé
5 conditionnel		**12 conditionnel passé**	
laisserais	laisserions	aurais laissé	aurions laissé
laisserais	laisseriez	aurais laissé	auriez laissé
laisserait	laisseraient	aurait laissé	auraient laissé
6 présent du subjonctif		**13 passé du subjonctif**	
laisse	laissions	aie laissé	ayons laissé
laisses	laissiez	aies laissé	ayez laissé
laisse	laissent	ait laissé	aient laissé
7 imparfait du subjonctif		**14 plus-que-parfait du subjonctif**	
laissasse	laissassions	eusse laissé	eussions laissé
laissasses	laissassiez	eusses laissé	eussiez laissé
laissât	laissassent	eût laissé	eussent laissé

Impératif
laisse
laissons
laissez

Quand j'ai quitté la maison ce matin pour aller à l'école, j'ai laissé mes livres sur la table dans la cuisine. Dans la classe de français, le professeur m'a demandé où étaient mes livres et je lui ai répondu que je les avais laissés sur la table chez moi. C'était fâcheux.

laissez-faire   do not interfere;   **Laissez-moi faire**   Let me do as I please.
une laisse   a leash; délaisser   to abandon, to forsake
laisser entrer   to let in, to allow to enter; laisser tomber   to drop
laisser aller   to let go; se laisser aller   to let oneself go
C'était fâcheux!   (See se fâcher)

156

to hurl, to launch, to throw

The Seven Simple Tenses		The Seven Compound Tenses	
Singular	Plural	Singular	Plural
1 présent de l'indicatif		**8 passé composé**	
lance	lançons	ai lancé	avons lancé
lances	lancez	as lancé	avez lancé
lance	lancent	a lancé	ont lancé
2 imparfait de l'indicatif		**9 plus-que-parfait de l'indicatif**	
lançais	lancions	avais lancé	avions lancé
lançais	lanciez	avais lancé	aviez lancé
lançait	lançaient	avait lancé	avaient lancé
3 passé simple		**10 passé antérieur**	
lançai	lançâmes	eus lancé	eûmes lancé
lanças	lançâtes	eus lancé	eûtes lancé
lança	lancèrent	eut lancé	eurent lancé
4 futur		**11 futur antérieur**	
lancerai	lancerons	aurai lancé	aurons lancé
lanceras	lancerez	auras lancé	aurez lancé
lancera	lanceront	aura lancé	auront lancé
5 conditionnel		**12 conditionnel passé**	
lancerais	lancerions	aurais lancé	aurions lancé
lancerais	lanceriez	aurais lancé	auriez lancé
lancerait	lanceraient	aurait lancé	auraient lancé
6 présent du subjonctif		**13 passé du subjonctif**	
lance	lancions	aie lancé	ayons lancé
lances	lanciez	aies lancé	ayez lancé
lance	lancent	ait lancé	aient lancé
7 imparfait du subjonctif		**14 plus-que-parfait du subjonctif**	
lançasse	lançassions	eusse lancé	eussions lancé
lançasses	lançassiez	eusses lancé	eussiez lancé
lançât	lançassent	eût lancé	eussent lancé

Impératif
lance
lançons
lancez

---

se lancer contre   to throw oneself at, against   un lancement   hurling, casting
un départ lancé   a flying start (sports)   un lanceur   thrower, pitcher (sports)
une lance   a spear

laver

Part. pr. lavant   **Part. passé lavé**

to wash

The Seven Simple Tenses		The Seven Compound Tenses	
Singular	Plural	Singular	Plural
1 présent de l'indicatif		**8 passé composé**	
lave	lavons	ai lavé	avons lavé
laves	lavez	as lavé	avez lavé
lave	lavent	a lavé	ont lavé
2 imparfait de l'indicatif		**9 plus-que-parfait de l'indicatif**	
lavais	lavions	avais lavé	avions lavé
lavais	laviez	avais lavé	aviez lavé
lavait	lavaient	avait lavé	avaient lavé
3 passé simple		**10 passé antérieur**	
lavai	lavâmes	eus lavé	eûmes lavé
lavas	lavâtes	eus lavé	eûtes lavé
lava	lavèrent	eut lavé	eurent lavé
4 futur		**11 futur antérieur**	
laverai	laverons	aurai lavé	aurons lavé
laveras	laverez	auras lavé	aurez lavé
lavera	laveront	aura lavé	auront lavé
5 conditionnel		**12 conditionnel passé**	
laverais	laverions	aurais lavé	aurions lavé
laverais	laveriez	aurais lavé	auriez lavé
laverait	laveraient	aurait lavé	auraient lavé
6 présent du subjonctif		**13 passé du subjonctif**	
lave	lavions	aie lavé	ayons lavé
laves	laviez	aies lavé	ayez lavé
lave	lavent	ait lavé	aient lavé
7 imparfait du subjonctif		**14 plus-que-parfait du subjonctif**	
lavasse	lavassions	eusse lavé	eussions lavé
lavasses	lavassiez	eusses lavé	eussiez lavé
lavât	lavassent	eût lavé	eussent lavé

Impératif
lave
lavons
lavez

Samedi après-midi j'ai lavé la voiture de mon père et il m'a donné de l'argent pour mon travail.

le lavage washing	la lavure dish water
le lavement enema	un laveur, une laveuse washer
la lavette dish mop	une laveuse mécanique washing machine

See also se laver.

to wash oneself

The Seven Simple Tenses		The Seven Compound Tenses	
Singular	**Plural**	**Singular**	**Plural**

1 présent de l'indicatif

me lave	nous lavons		
te laves	vous lavez		
se lave	se lavent		

8 passé composé

me suis lavé(e)	nous sommes lavé(e)s
t'es lavé(e)	vous êtes lavé(e)(s)
s'est lavé(e)	se sont lavé(e)s

2 imparfait de l'indicatif

me lavais	nous lavions
te lavais	vous laviez
se lavait	se lavaient

9 plus-que-parfait de l'indicatif

m'étais lavé(e)	nous étions lavé(e)s
t'étais lavé(e)	vous étiez lavé(e)(s)
s'était lavé(e)	s'étaient lavé(e)s

3 passé simple

me lavai	nous lavâmes
te lavas	vous lavâtes
se lava	se lavèrent

10 passé antérieur

me fus lavé(e)	nous fûmes lavé(e)s
te fus lavé(e)	vous fûtes lavé(e)(s)
se fut lavé(e)	se furent lavé(e)s

4 futur

me laverai	nous laverons
te laveras	vous laverez
se lavera	se laveront

11 futur antérieur

me serai lavé(e)	nous serons lavé(e)s
te seras lavé(e)	vous serez lavé(e)(s)
se sera lavé(e)	se seront lavé(e)s

5 conditionnel

me laverais	nous laverions
te laverais	vous laveriez
se laverait	se laveraient

12 conditionnel passé

me serais lavé(e)	nous serions lavé(e)s
te serais lavé(e)	vous seriez lavé(e)(s)
se serait lavé(e)	se seraient lavé(e)s

6 présent du subjonctif

me lave	nous lavions
te laves	vous laviez
se lave	se lavent

13 passé du subjonctif

me sois lavé(e)	nous soyons lavé(e)s
te sois lavé(e)	vous soyez lavé(e)(s)
se soit lavé(e)	se soient lavé(e)s

7 imparfait du subjonctif

me lavasse	nous lavassions
te lavasses	vous lavassiez
se lavât	se lavassent

14 plus-que-parfait du subjonctif

me fusse lavé(e)	nous fussions lavé(e)s
te fusses lavé(e)	vous fussiez lavé(e)(s)
se fût lavé(e)	se fussent lavé(e)s

Impératif
lave-toi; ne te lave pas
lavons-nous; ne nous lavons pas
lavez-vous; ne vous lavez pas

Tous les matins je me lave. Je me lave le visage, je me lave les mains, le cou et les oreilles. Hier soir je me suis lavé les pieds.
   Ma mère m'a demandé: —Henriette, est-ce que tu t'es bien lavée?
   Je lui ai répondu: —Oui, maman, je me suis lavée! Je me suis bien lavé les mains!

For words related to se laver, see the verb laver.

lever

Part. pr. levant **Part. passé levé**

to lift, to raise

The Seven Simple Tenses		The Seven Compound Tenses	
Singular	Plural	Singular	Plural

1 présent de l'indicatif

lève	levons		
lèves	levez		
lève	lèvent		

8 passé composé

ai levé	avons levé
as levé	avez levé
a levé	ont levé

2 imparfait de l'indicatif

levais	levions
levais	leviez
levait	levaient

9 plus-que-parfait de l'indicatif

avais levé	avions levé
avais levé	aviez levé
avait levé	avaient levé

3 passé simple

levai	levâmes
levas	levâtes
leva	levèrent

10 passé antérieur

eus levé	eûmes levé
eus levé	eûtes levé
eut levé	eurent levé

4 futur

lèverai	lèverons
lèveras	lèverez
lèvera	lèveront

11 futur antérieur

aurai levé	aurons levé
auras levé	aurez levé
aura levé	auront levé

5 conditionnel

lèverais	lèverions
lèverais	lèveriez
lèverait	lèveraient

12 conditionnel passé

aurais levé	aurions levé
aurais levé	auriez levé
aurait levé	auraient levé

6 présent du subjonctif

lève	levions
lèves	leviez
lève	lèvent

13 passé du subjonctif

aie levé	ayons levé
aies levé	ayez levé
ait levé	aient levé

7 imparfait du subjonctif

levasse	levassions
levasses	levassiez
levât	levassent

14 plus-que-parfait du subjonctif

eusse levé	eussions levé
eusses levé	eussiez levé
eût levé	eussent levé

Impératif
lève
levons
levez

---

voter à main levée to vote by a show of hands	**se relever** to get up on one's feet
le levage raising, lifting	**lever la main** to raise one's hand
faire lever qqn to get someone out of bed	**élever** to raise, to rear, to bring up
le levant the East	**enlever** to remove
le levain leaven	**relever** to raise again, to pick up
du pain sans levain unleavened bread	
le lever du soleil sunrise	

The Seven Simple Tenses		The Seven Compound Tenses	
Singular	Plural	Singular	Plural
1 présent de l'indicatif		**8 passé composé**	
me lève	nous levons	me suis levé(e)	nous sommes levé(e)s
te lèves	vous levez	t'es levé(e)	vous êtes levé(e)(s)
se lève	se lèvent	s'est levé(e)	se sont levé(e)s
2 imparfait de l'indicatif		**9 plus-que-parfait de l'indicatif**	
me levais	nous levions	m'étais levé(e)	nous étions levé(e)s
te levais	vous leviez	t'étais levé(e)	vous étiez levé(e)(s)
se levait	se levaient	s'était levé(e)	s'étaient levé(e)s
3 passé simple		**10 passé antérieur**	
me levai	nous levâmes	me fus levé(e)	nous fûmes levé(e)s
te levas	vous levâtes	te fus levé(e)	vous fûtes levé(e)(s)
se leva	se levèrent	se fut levé(e)	se furent levé(e)s
4 futur		**11 futur antérieur**	
me lèverai	nous lèverons	me serai levé(e)	nous serons levé(e)s
te lèveras	vous lèverez	te seras levé(e)	vous serez levé(e)(s)
se lèvera	se lèveront	se sera levé(e)	se seront levé(e)s
5 conditionnel		**12 conditionnel passé**	
me lèverais	nous lèverions	me serais levé(e)	nous serions levé(e)s
te lèverais	vous lèveriez	te serais levé(e)	vous seriez levé(e)(s)
se lèverait	se lèveraient	se serait levé(e)	se seraient levé(e)s
6 présent du subjonctif		**13 passé du subjonctif**	
me lève	nous levions	me sois levé(e)	nous soyons levé(e)s
te lèves	vous leviez	te sois levé(e)	vous soyez levé(e)(s)
se lève	se lèvent	se soit levé(e)	se soient levé(e)s
7 imparfait du subjonctif		**14 plus-que-parfait du subjonctif**	
me levasse	nous levassions	me fusse levé(e)	nous fussions levé(e)s
te levasses	vous levassiez	te fusses levé(e)	vous fussiez levé(e)(s)
se levât	se levassent	se fût levé(e)	se fussent levé(e)s

Impératif
lève-toi; ne te lève pas
levons-nous; ne nous levons pas
levez-vous; ne vous levez pas

Caroline est entrée dans le salon. Elle s'est assise, puis elle s'est levée. Après s'être levée, elle a quitté la maison.

For words related to **se lever**, see the verb **lever**.

161

lire

Part. pr. lisant   **Part. passé lu**

to read

The Seven Simple Tenses		The Seven Compound Tenses	
Singular	Plural	Singular	Plural
1 présent de l'indicatif		**8 passé composé**	
lis	lisons	ai lu	avons lu
lis	lisez	as lu	avez lu
lit	lisent	a lu	ont lu
2 imparfait de l'indicatif		**9 plus-que-parfait de l'indicatif**	
lisais	lisions	avais lu	avions lu
lisais	lisiez	avais lu	aviez lu
lisait	lisaient	avait lu	avaient lu
3 passé simple		**10 passé antérieur**	
lus	lûmes	eus lu	eûmes lu
lus	lûtes	eus lu	eûtes lu
lut	lurent	eut lu	eurent lu
4 futur		**11 futur antérieur**	
lirai	lirons	aurai lu	aurons lu
liras	lirez	auras lu	aurez lu
lira	liront	aura lu	auront lu
5 conditionnel		**12 conditionnel passé**	
lirais	lirions	aurais lu	aurions lu
lirais	liriez	aurais lu	auriez lu
lirait	liraient	aurait lu	auraient lu
6 présent du subjonctif		**13 passé du subjonctif**	
lise	lisions	aie lu	ayons lu
lises	lisiez	aies lu	ayez lu
lise	lisent	ait lu	aient lu
7 imparfait du subjonctif		**14 plus-que-parfait du subjonctif**	
lusse	lussions	eusse lu	eussions lu
lusses	lussiez	eusses lu	eussiez lu
lût	lussent	eût lu	eussent lu

Impératif
lis
lisons
lisez

C'est un livre à lire It's a book worth reading.
lisible legible, readable
lisiblement legibly
lecteur, lectrice reader (a person who reads)
un lecteur d'épreuves, une lectrice d'épreuves proof reader
la lecture reading
lectures pour la jeunesse juvenile reading
Dans l'espoir de vous lire. . .
  I hope to receive a letter from you soon.

lire à haute voix to read aloud
lire à voix basse to read in a low voice
lire tout bas to read to oneself
relire to reread

luire

to shine

The Seven Simple Tenses		The Seven Compound Tenses	
Singular	Plural	Singular	Plural
1 présent de l'indicatif		8 passé composé	
il luit		il a lui	
2 imparfait de l'indicatif		9 plus-que-parfait de l'indicatif	
il luisait		il avait lui	
3 passé simple		10 passé antérieur	
—		il eut lui	
4 futur		11 futur antérieur	
il luira		il aura lui	
5 conditionnel		12 conditionnel passé	
il luirait		il aurait lui	
6 présent du subjonctif		13 passé du subjonctif	
qu'il luise		qu'il ait lui	
7 imparfait du subjonctif		14 plus-que-parfait du subjonctif	
—		qu'il eût lui	

Impératif
Qu'il luise!   Let it shine!

---

la lueur   glimmer, glean, glow
luisant, luisante   shining

Le soleil luit   The sun is shining.
J'ai le nez qui luit   My nose is shiny.

This verb is used ordinarily when referring to the sun.

163

maigrir

Part. pr. **magrissant**   Part. passé **maigri**

to reduce (one's weight), to grow thin, to lose weight

The Seven Simple Tenses		The Seven Compound Tenses	
Singular	Plural	Singular	Plural
1 présent de l'indicatif		**8 passé composé**	
maigris	maigrissons	ai maigri	avons maigri
maigris	maigrissez	as maigri	avez maigri
maigrit	maigrissent	a maigri	ont maigri
2 imparfait de l'indicatif		**9 plus-que-parfait de l'indicatif**	
maigrissais	maigrissions	avais maigri	avions maigri
maigrissais	maigrissiez	avais maigri	aviez maigri
maigrissait	maigrissaient	avait maigri	avaient maigri
3 passé simple		**10 passé antérieur**	
maigris	maigrîmes	eus maigri	eûmes maigri
maigris	maigrîtes	eus maigri	eûtes maigri
maigrit	maigrirent	eut maigri	eurent maigri
4 futur		**11 futur antérieur**	
maigrirai	maigrirons	aurai maigri	aurons maigri
maigriras	maigrirez	auras maigri	aurez maigri
maigrira	maigriront	aura maigri	auront maigri
5 conditionnel		**12 conditionnel passé**	
maigrirais	maigririons	aurais maigri	aurions maigri
maigrirais	maigririez	aurais maigri	auriez maigri
maigrirait	maigriraient	aurait maigri	auraient maigri
6 présent du subjonctif		**13 passé du subjonctif**	
maigrisse	maigrissions	aie maigri	ayons maigri
maigrisses	maigrissiez	aies maigri	ayez maigri
maigrisse	maigrissent	ait maigri	aient maigri
7 imparfait du subjonctif		**14 plus-que-parfait du subjonctif**	
maigrisse	maigrissions	eusse maigri	eussions maigri
maigrisses	maigrissiez	eusses maigri	eussiez maigri
maigrît	maigrissent	eût maigri	eussent maigri

	Impératif
	maigris
	maigrissons
	maigrissez

---

maigre thin
la maigreur thinness
maigrement meagerly
se faire maigrir to slim down one's weight
être en régime pour maigrir to be on a diet to lose weight

The Seven Simple Tenses		The Seven Compound Tenses	
Singular	Plural	Singular	Plural

1 présent de l'indicatif

		8 passé composé	
mange	mangeons	ai mangé	avons mangé
manges	mangez	as mangé	avez mangé
mange	mangent	a mangé	ont mangé

2 imparfait de l'indicatif

		9 plus-que-parfait de l'indicatif	
mangeais	mangions	avais mangé	avions mangé
mangeais	mangiez	avais mangé	aviez mangé
mangeait	mangeaient	avait mangé	avaient mangé

3 passé simple

		10 passé antérieur	
mangeai	mangeâmes	eus mangé	eûmes mangé
mangeas	mangeâtes	eus mangé	eûtes mangé
mangea	mangèrent	eut mangé	eurent mangé

4 futur

		11 futur antérieur	
mangerai	mangerons	aurai mangé	aurons mangé
mangeras	mangerez	auras mangé	aurez mangé
mangera	mangeront	aura mangé	auront mangé

5 conditionnel

		12 conditionnel passé	
mangerais	mangerions	aurais mangé	aurions mangé
mangerais	mangeriez	aurais mangé	auriez mangé
mangerait	mangeraient	aurait mangé	auraient mangé

6 présent du subjonctif

		13 passé du subjonctif	
mange	mangions	aie mangé	ayons mangé
manges	mangiez	aies mangé	ayez mangé
mange	mangent	ait mangé	aient mangé

7 imparfait du subjonctif

		14 plus-que-parfait du subjonctif	
mangeasse	mangeassions	eusse mangé	eussions mangé
mangeasses	mangeassiez	eusses mangé	eussiez mangé
mangeât	mangeassent	eût mangé	eussent mangé

Impératif
mange
mangeons
mangez

---

le manger food
gros mangeur big eater
manger de l'argent to spend money foolishly
ne pas manger à sa faim not to have much to eat
un mange-tout spendthrift

manger à sa faim to eat until filled
manger comme quatre to eat like a horse
une mangeoire manger

165

manquer

Part. pr. **manquant**   Part. passé **manqué**

to miss, to lack

The Seven Simple Tenses		The Seven Compound Tenses	
Singular	Plural	Singular	Plural
1 présent de l'indicatif		**8 passé composé**	
manque	manquons	ai manqué	avons manqué
manques	manquez	as manqué	avez manqué
manque	manquent	a manqué	ont manqué
2 imparfait de l'indicatif		**9 plus-que-parfait de l'indicatif**	
manquais	manquions	avais manqué	avions manqué
manquais	manquiez	avais manqué	aviez manqué
manquait	manquaient	avait manqué	avaient manqué
3 passé simple		**10 passé antérieur**	
manquai	manquâmes	eus manqué	eûmes manqué
manquas	manquâtes	eus manqué	eûtes manqué
manqua	manquèrent	eut manqué	eurent manqué
4 futur		**11 futur antérieur**	
manquerai	manquerons	aurai manqué	aurons manqué
manqueras	manquerez	auras manqué	aurez manqué
manquera	manqueront	aura manqué	auront manqué
5 conditionnel		**12 conditionnel passé**	
manquerais	manquerions	aurais manqué	aurions manqué
manquerais	manqueriez	aurais manqué	auriez manqué
manquerait	manqueraient	aurait manqué	auraient manqué
6 présent du subjonctif		**13 passé du subjonctif**	
manque	manquions	aie manqué	ayons manqué
manques	manquiez	aies manqué	ayez manqué
manque	manquent	ait manqué	aient manqué
7 imparfait du subjonctif		**14 plus-que-parfait du subjonctif**	
manquasse	manquassions	eusse manqué	eussions manqué
manquasses	manquassiez	eusses manqué	eussiez manqué
manquât	manquassent	eût manqué	eussent manqué

Impératif
manque
manquons
manquez

manquer à to lack; **Le courage lui manque** He lacks courage.
Elle me manque I miss her.
Est-ce que je te manque? Do you miss me?
manquer de qqch to be lacking something; **manquer de sucre** to be out of sugar
Ne manquez pas de venir Don't fail to come.
un mariage manqué a broken engagement
un héros manqué a would-be hero
Il me manque un franc I am lacking (I need) one franc.

166

Part. pr. marchant   **Part. passé marché**   **marcher**

to walk, to march, to run (machine), to function

The Seven Simple Tenses		The Seven Compound Tenses	
Singular	Plural	Singular	Plural
1 présent de l'indicatif		**8 passé composé**	
marche	marchons	ai marché	avons marché
marches	marchez	as marché	avez marché
marche	marchent	a marché	ont marché
2 imparfait de l'indicatif		**9 plus-que-parfait de l'indicatif**	
marchais	marchions	avais marché	avions marché
marchais	marchiez	avais marché	aviez marché
marchait	marchaient	avait marché	avaient marché
3 passé simple		**10 passé antérieur**	
marchai	marchâmes	eus marché	eûmes marché
marchas	marchâtes	eus marché	eûtes marché
marcha	marchèrent	eut marché	eurent marché
4 futur		**11 futur antérieur**	
marcherai	marcherons	aurai marché	aurons marché
marcheras	marcherez	auras marché	aurez marché
marchera	marcheront	aura marché	auront marché
5 conditionnel		**12 conditionnel passé**	
marcherais	marcherions	aurais marché	aurions marché
marcherais	marcheriez	aurais marché	auriez marché
marcherait	marcheraient	aurait marché	auraient marché
6 présent du subjonctif		**13 passé du subjonctif**	
marche	marchions	aie marché	ayons marché
marches	marchiez	aies marché	ayez marché
marche	marchent	ait marché	aient marché
7 imparfait du subjonctif		**14 plus-que-parfait du subjonctif**	
marchasse	marchassions	eusse marché	eussions marché
marchasses	marchassiez	eusses marché	eussiez marché
marchât	marchassent	eût marché	eussent marché

Impératif
marche
marchons
marchez

la marche march, walking	**marcher bien** to function (go, run, work)
ralentir sa marche to slow down one's pace	well
le marché market	**marcher sur les pas de qqn** to follow in
le marché aux fleurs flower market	someone's footsteps
le marché aux puces flea market	**faire marcher qqch** to make something go
à bon marché cheap	(run, function)
faire marcher qqn to put someone on	**Ça ne marche plus** It's out of order.
une démarche gait, walk	
faire une démarche to take a step	

se méfier

Part. pr. **se méfiant**   Part. passé **méfié(e)(s)**

to beware, distrust, mistrust

The Seven Simple Tenses		The Seven Compound Tenses	
Singular	Plural	Singular	Plural
1 présent de l'indicatif		**8 passé composé**	
me méfie	nous méfions	me suis méfié(e)	nous sommes méfié(e)s
te méfies	vous méfiez	t'es méfié(e)	vous êtes méfié(e)(s)
se méfie	se méfient	s'est méfié(e)	se sont méfié(e)s
2 imparfait de l'indicatif		**9 plus-que-parfait de l'indicatif**	
me méfiais	nous méfiions	m'étais méfié(e)	nous étions méfié(e)s
te méfiais	vous méfiiez	t'étais méfié(e)	vous étiez méfié(e)(s)
se méfiait	se méfiaient	s'était méfié(e)	s'étaient méfié(e)s
3 passé simple		**10 passé antérieur**	
me méfiai	nous méfiâmes	me fus méfié(e)	nous fûmes méfié(e)s
te méfias	vous méfiâtes	te fus méfié(e)	vous fûtes méfié(e)(s)
se méfia	se méfièrent	se fut méfié(e)	se furent méfié(e)s
4 futur		**11 futur antérieur**	
me méfierai	nous méfierons	me serai méfié(e)	nous serons méfié(e)s
te méfieras	vous méfierez	te seras méfié(e)	vous serez méfié(e)(s)
se méfiera	se méfieront	se sera méfié(e)	se seront méfié(e)s
5 conditionnel		**12 conditionnel passé**	
me méfierais	nous méfierions	me serais méfié(e)	nous serions méfié(e)s
te méfierais	vous méfieriez	te serais méfié(e)	vous seriez méfié(e)(s)
se méfierait	se méfieraient	se serait méfié(e)	se seraient méfié(e)s
6 présent du subjonctif		**13 passé du subjonctif**	
me méfie	nous méfiions	me sois méfié(e)	nous soyons méfié(e)s
te méfies	vous méfiiez	te sois méfié(e)	vous soyez méfié(e)(s)
se méfie	se méfient	se soit méfié(e)	se soient méfié(e)s
7 imparfait du subjonctif		**14 plus-que-parfait du subjonctif**	
me méfiasse	nous méfiassions	me fusse méfié(e)	nous fussions méfié(e)s
te méfiasses	vous méfiassiez	te fusses méfié(e)	vous fussiez méfié(e)(s)
se méfiât	se méfiassent	se fût méfié(e)	se fussent méfié(e)s

	Impératif
	méfie-toi; ne te méfie pas
	méfions-nous; ne nous méfions pas
	méfiez-vous; ne vous méfiez pas

---

se méfier de   to distrust, to mistrust
méfiez-vous!   Watch out!
méfiant, méfiante   distrustful
la méfiance   distrust, mistrust
un méfait   misdeed, wrongdoing

to lead, to control

The Seven Simple Tenses		The Seven Compound Tenses	
Singular	Plural	Singular	Plural

1   présent de l'indicatif

mène	menons		
mènes	menez		
mène	mènent		

8   passé composé

ai mené	avons mené		
as mené	avez mené		
a mené	ont mené		

2   imparfait de l'indicatif

menais	menions
menais	meniez
menait	menaient

9   plus-que-parfait de l'indicatif

avais mené	avions mené
avais mené	aviez mené
avait mené	avaient mené

3   passé simple

menai	menâmes
menas	menâtes
mena	menèrent

10   passé antérieur

eus mené	eûmes mené
eus mené	eûtes mené
eut mené	eurent mené

4   futur

mènerai	mènerons
mèneras	mènerez
mènera	mèneront

11   futur antérieur

aurai mené	aurons mené
auras mené	aurez mené
aura mené	auront mené

5   conditionnel

mènerais	mènerions
mènerais	mèneriez
mènerait	mèneraient

12   conditionnel passé

aurais mené	aurions mené
aurais mené	auriez mené
aurait mené	auraient mené

6   présent du subjonctif

mène	menions
mènes	meniez
mène	mènent

13   passé du subjonctif

aie mené	ayons mené
aies mené	ayez mené
ait mené	aient mené

7   imparfait du subjonctif

menasse	menassions
menasses	menassiez
menât	menassent

14   plus-que-parfait du subjonctif

eusse mené	eussions mené
eusses mené	eussiez mené
eût mené	eussent mené

Impératif
mène
menons
menez

un meneur, une meneuse   leader
Cela ne mène à rien   That leads to nothing
mener qqn par le bout du nez   to lead someone around by the nose
mener une vie vagabonde   to lead a vagabond life
mener tout le monde   to be bossy with everyone
mener la bande   to lead the group
Cela vous mènera loin   That will take you a long way.

See also emmener.

mentir

Part. pr. **mentant**   Part. passé **menti**

to lie, to tell a lie

The Seven Simple Tenses		The Seven Compound Tenses	
Singular	Plural	Singular	Plural
1 présent de l'indicatif		**8 passé composé**	
mens	mentons	ai menti	avons menti
mens	mentez	as menti	avez menti
ment	mentent	a menti	ont menti
2 imparfait de l'indicatif		**9 plus-que-parfait de l'indicatif**	
mentais	mentions	avais menti	avions menti
mentais	mentiez	avais menti	aviez menti
mentait	mentaient	avait menti	avaient menti
3 passé simple		**10 passé antérieur**	
mentis	mentîmes	eus menti	eûmes menti
mentis	mentîtes	eus menti	eûtes menti
mentit	mentirent	eut menti	eurent menti
4 futur		**11 futur antérieur**	
mentirai	mentirons	aurai menti	aurons menti
mentiras	mentirez	auras menti	aurez menti
mentira	mentiront	aura menti	auront menti
5 conditionnel		**12 conditionnel passé**	
mentirais	mentirions	aurais menti	aurions mnti
mentirais	mentiriez	aurais menti	auriez menti
mentirait	mentiraient	aurait menti	auraient menti
6 présent du subjonctif		**13 passé du subjonctif**	
mente	mentions	aie menti	ayons menti
mentes	mentiez	aies menti	ayez menti
mente	mentent	ait menti	aient menti
7 imparfait du subjonctif		**14 plus-que-parfait du subjonctif**	
mentisse	mentissions	eusse menti	eussions menti
mentisses	mentissiez	eusses menti	eussiez menti
mentît	mentissent	eût menti	eussent menti

Impératif
mens
mentons
mentez

un mensonge a lie	démentir to belie, to deny, to falsify,
dire des mensonges to tell lies	to refute
un menteur, une menteuse a liar	une menterie fib

to put, to place

The Seven Simple Tenses		The Seven Compound Tenses	
Singular	Plural	Singular	Plural
1 présent de l'indicatif		**8 passé composé**	
mets	mettons	ai mis	avons mis
mets	mettez	as mis	avez mis
met	mettent	a mis	ont mis
2 imparfait de l'indicatif		**9 plus-que-parfait de l'indicatif**	
mettais	mettions	avais mis	avions mis
mettais	mettiez	avais mis	aviez mis
mettait	mettaient	avait mis	avaient mis
3 passé simple		**10 passé antérieur**	
mis	mîmes	eus mis	eûmes mis
mis	mîtes	eus mis	eûtes mis
mit	mirent	eut mis	eurent mis
4 futur		**11 futur antérieur**	
mettrai	mettrons	aurai mis	aurons mis
mettras	mettrez	auras mis	aurez mis
mettra	mettront	aura mis	auront mis
5 conditionnel		**12 conditionnel passé**	
mettrais	mettrions	aurais mis	aurions mis
mettrais	mettriez	aurais mis	auriez mis
mettrait	mettraient	aurait mis	auraient mis
6 présent du subjonctif		**13 passé du subjonctif**	
mette	mettions	aie mis	ayons mis
mettes	mettiez	aies mis	ayez mis
mette	mettent	ait mis	aient mis
7 imparfait du subjonctif		**14 plus-que-parfait du subjonctif**	
misse	missions	eusse mis	eussions mis
misses	missiez	eusses mis	eussiez mis
mît	missent	eût mis	eussent mis

Impératif
mets
mettons
mettez

mettre la table	to set the table	**mettre au courant**	to inform
mettre de côté	to lay aside, to save	**mettre le couvert**	to set the table
mettre en cause	to question	**mettre au point**	to make clear
mettre qqn à la porte	to kick	**mettre la télé**	to turn on the TV
	somebody out the door	**mettre la radio**	to turn on the radio

See also se mettre.

Try reading aloud as fast as you can this play on the sound **mi**: **Mimi a mis ses amis à Miami.**   Mimi dropped off her friends in Miami.

se mettre

Part. pr. **se mettant**   Part. passé **mis(e)(es)**

to begin, to start, to place oneself

The Seven Simple Tenses		The Seven Compound Tenses	
Singular	Plural	Singular	Plural
1 présent de l'indicatif		**8 passé composé**	
me mets	nous mettons	me suis mis(e)	nous sommes mis(es)
te mets	vous mettez	t'es mis(e)	vous êtes mis(e)(es)
se met	se mettent	s'est mis(e)	se sont mis(es)
2 imparfait de l'indicatif		**9 plus-que-parfait de l'indicatif**	
me mettais	nous mettions	m'étais mis(e)	nous étions mis(es)
te mettais	vous mettiez	t'étais mis(e)	vous étiez mis(e)(es)
se mettait	se mettaient	s'était mis(e)	s'étaient mis(es)
3 passé simple		**10 passé antérieur**	
me mis	nous mîmes	me fus mis(e)	nous fûmes mis(es)
te mis	vous mîtes	te fus mis(e)	vous fûtes mis(e)(es)
se mit	se mirent	se fut mis(e)	se furent mis(es)
4 futur		**11 futur antérieur**	
me mettrai	nous mettrons	me serai mis(e)	nous serons mis(es)
te mettras	vous mettrez	te seras mis(e)	vous serez mis(e)(es)
se mettra	se mettront	se sera mis(e)	se seront mis(es)
5 conditionnel		**12 conditionnel passé**	
me mettrais	nous mettrions	me serais mis(e)	nous serions mis(es)
te mettrais	vous mettriez	te serais mis(e)	vous seriez mis(e)(es)
se mettrait	se mettraient	se serait mis(e)	se seraient mis(es)
6 présent du subjonctif		**13 passé du subjonctif**	
me mette	nous mettions	me sois mis(e)	nous soyons mis(es)
te mettes	vous mettiez	te sois mis(e)	vous soyez mis(e)(es)
se mette	se mettent	se soit mis(e)	se soient mis(es)
7 imparfait du subjonctif		**14 plus-que-parfait du subjonctif**	
me misse	nous missions	me fusse mis(e)	nous fussions mis(es)
te misses	vous missiez	te fusses mis(e)	vous fussiez mis(e)(es)
se mît	se missent	se fût mis(e)	se fussent mis(es)

Impératif
mets-toi; ne te mets pas
mettons-nous; ne nous mettons pas
mettez-vous; ne vous mettez pas

se mettre à + inf.   to begin, to start + inf.
se mettre à table   to go sit at the table
se mettre en colère   to get angry
mettable   wearable; se mettre en grande toilette   to dress for an occasion;
    se mettre en smoking   to put on a dinner jacket
mettre en scène   to stage; un metteur en scène   director of a play, film

See also **mettre**.

RACHEL

VOGT .

172

to go up, to ascend, to take up, to bring up, to mount

The Seven Simple Tenses		The Seven Compound Tenses	
Singular	Plural	Singular	Plural

1 présent de l'indicatif		8 passé composé	
monte	montons	suis monté(e)	sommes monté(e)s
montes	montez	es monté(e)	êtes monté(e)(s)
monte	montent	est monté(e)	sont monté(e)s

2 imparfait de l'indicatif		9 plus-que-parfait de l'indicatif	
montais	montions	étais monté(e)	étions monté(e)s
montais	montiez	étais monté(e)	étiez monté(e)(s)
montait	montaient	était monté(e)	étaient monté(e)s

3 passé simple		10 passé antérieur	
montai	montâmes	fus monté(e)	fûmes monté(e)s
montas	montâtes	fus monté(e)	fûtes monté(e)(s)
monta	montèrent	fut monté(e)	furent monté(e)s

4 futur		11 futur antérieur	
monterai	monterons	serai monté(e)	serons monté(e)s
monteras	monterez	seras monté(e)	serez monté(e)(s)
montera	monteront	sera monté(e)	seront monté(e)s

5 conditionnel		12 conditionnel passé	
monterais	monterions	serais monté(e)	serions monté(e)s
monterais	monteriez	serais monté(e)	seriez monté(e)(s)
monterait	monteraient	serait monté(e)	seraient monté(e)s

6 présent du subjonctif		13 passé du subjonctif	
monte	montions	sois monté(e)	soyons monté(e)s
montes	montiez	sois monté(e)	soyez monté(e)(s)
monte	montent	soit monté(e)	soient monté(e)s

7 imparfait du subjonctif		14 plus-que-parfait du subjonctif	
montasse	montassions	fusse monté(e)	fussions monté(e)s
montasses	montassiez	fusses monté(e)	fussiez monté(e)(s)
montât	montassent	fût monté(e)	fussent monté(e)s

Impératif
monte
montons
montez

This verb is conjugated with *avoir* when it has a direct object.

Examples: **J'ai monté l'escalier**   I went up the stairs.
                  J'ai monté les valises   I brought up the suitcases.

BUT: **Elle est montée vite**   She went up quickly.

See also the verb **descendre**.

monter à bicyclette   to ride a bicycle
monter dans un train   to get on a train
monter une pièce de théâtre   to stage a play

montrer

Part. pr. **montrant**   Part. passé **montré**

to show, to display, to exhibit, to point out

The Seven Simple Tenses		The Seven Compound Tenses	
Singular	Plural	Singular	Plural
1 présent de l'indicatif		**8 passé composé**	
montre	montrons	ai montré	avons montré
montres	montrez	as montré	avez montré
montre	montrent	a montré	ont montré
2 imparfait de l'indicatif		**9 plus-que-parfait de l'indicatif**	
montrais	montrions	avais montré	avions montré
montrais	montriez	avais montré	aviez montré
montrait	montraient	avait montré	avaient montré
3 passé simple		**10 passé antérieur**	
montrai	montrâmes	eus montré	eûmes montré
montras	montrâtes	eus montré	eûtes montré
montra	montrèrent	eut montré	eurent montré
4 futur		**11 futur antérieur**	
montrerai	montrerons	aurai montré	aurons montré
montreras	montrerez	auras montré	aurez montré
montrera	montreront	aura montré	auront montré
5 conditionnel		**12 conditionnel passé**	
montrerais	montrerions	aurais montré	aurions montré
montrerais	montreriez	aurais montré	auriez montré
montrerait	montreraient	aurait montré	auraient montré
6 présent du subjonctif		**13 passé du subjonctif**	
montre	montrions	aie montré	ayons montré
montres	montriez	aies montré	ayez montré
montre	montrent	ait montré	aient montré
7 imparfait du subjonctif		**14 plus-que-parfait du subjonctif**	
montrasse	montrassions	eusse montré	eussions montré
montrasses	montrassiez	eusses montré	eussiez montré
montrât	montrassent	eût montré	eussent montré

Impératif
montre
montrons
montrez

une montre   a watch, display
une montre-bracelet   wrist watch
faire montre de sa richesse   to display, to show off one's wealth
Quelle heure est-il à votre montre?   What time is it on your watch?
se faire montrer la porte   to be put out the door
démontrer   to demonstrate
se démontrer   to be proved
se montrer   to show oneself, to appear

174

The Seven Simple Tenses		The Seven Compound Tenses	
Singular	Plural	Singular	Plural
1 présent de l'indicatif		**8 passé composé**	
mords	mordons	ai mordu	avons mordu
mords	mordez	as mordu	avez mordu
mord	mordent	a mordu	ont mordu
2 imparfait de l'indicatif		**9 plus-que-parfait de l'indicatif**	
mordais	mordions	avais mordu	avions mordu
mordais	mordiez	avais mordu	aviez mordu
mordait	mordaient	avait mordu	avaient mordu
3 passé simple		**10 passé antérieur**	
mordis	mordîmes	eus mordu	eûmes mordu
mordis	mordîtes	eus mordu	eûtes mordu
mordit	mordirent	eut mordu	eurent mordu
4 futur		**11 futur antérieur**	
mordrai	mordrons	aurai mordu	aurons mordu
mordras	mordrez	auras mordu	aurez mordu
mordra	mordront	aura mordu	auront mordu
5 conditionnel		**12 conditionnel passé**	
mordrais	mordrions	aurais mordu	aurions mordu
mordrais	mordriez	aurais mordu	auriez mordu
mordrait	mordraient	aurait mordu	auraient mordu
6 présent du subjonctif		**13 passé du subjonctif**	
morde	mordions	aie mordu	ayons mordu
mordes	mordiez	aies mordu	ayez mordu
morde	mordent	ait mordu	aient mordu
7 imparfait du subjonctif		**14 plus-que-parfait du subjonctif**	
mordisse	mordissions	eusse mordu	eussions mordu
mordisses	mordissiez	eusses mordu	eussiez mordu
mordît	mordissent	eût mordu	eussent mordu

Impératif
mords
mordons
mordez

Chien qui aboie ne mord pas A barking dog does not bite; (aboyer, to bark)
Tous les chiens qui aboient ne mordent pas All dogs that bark do not bite.
mordre la poussière to bite the dust
se mordre les lèvres to bite one's lips

mordeur, mordeuse biter (one who bites)
mordiller to bite playfully, to nibble
mordant, mordante biting, trenchant
une morsure bite

| **mourir** | Part. pr. **mourant** | Part. passé **mort(e)(s)** |

to die

The Seven Simple Tenses		The Seven Compound Tenses	
Singular	Plural	Singular	Plural
1 présent de l'indicatif		**8 passé composé**	
meurs	mourons	suis mort(e)	sommes mort(e)s
meurs	mourez	es mort(e)	êtes mort(e)(s)
meurt	meurent	est mort(e)	sont mort(e)s
2 imparfait de l'indicatif		**9 plus-que-parfait de l'indicatif**	
mourais	mourions	étais mort(e)	étions mort(e)s
mourais	mouriez	étais mort(e)	étiez mort(e)(s)
mourait	mouraient	était mort(e)	étaient mort(e)s
3 passé simple		**10 passé antérieur**	
mourus	mourûmes	fus mort(e)	fûmes mort(e)s
mourus	mourûtes	fus mort(e)	fûtes mort(e)(s)
mourut	moururent	fut mort(e)	furent mort(e)s
4 futur		**11 futur antérieur**	
mourrai	mourrons	serai mort(e)	serons mort(e)s
mourras	mourrez	seras mort(e)	serez mort(e)(s)
mourra	mourront	sera mort(e)	seront mort(e)s
5 conditionnel		**12 conditionnel passé**	
mourrais	mourrions	serais mort(e)	serions mort(e)s
mourrais	mourriez	serais mort(e)	seriez mort(e)(s)
mourrait	mourraient	serait mort(e)	seraient mort(e)s
6 présent du subjonctif		**13 passé du subjonctif**	
meure	mourions	sois mort(e)	soyons mort(e)s
meures	mouriez	sois mort(e)	soyez mort(e)(s)
meure	meurent	soit mort(e)	soient mort(e)s
7 imparfait du subjonctif		**14 plus-que-parfait du subjonctif**	
mourusse	mourussions	fusse mort(e)	fussions mort(e)s
mourusses	mourussiez	fusses mort(e)	fussiez mort(e)(s)
mourût	mourussent	fût mort(e)	fussent mort(e)s

		Impératif	
		meurs	
		mourons	
		mourez	

mourir de faim   to starve to death
la mort   death
Elle est mourante   She is dying; **Elle se meure**   She is dying.
mourir d'ennui   to be bored to tears
mourir de chagrin   to die of a broken heart
mourir de soif   to die of thirst
mourir de rire   to die laughing
mourir d'envie de faire qqch   to be very eager to do something

to move

The Seven Simple Tenses		The Seven Compound Tenses	
Singular	Plural	Singular	Plural
1 présent de l'indicatif		**8 passé composé**	
meus	mouvons	ai mû	avons mû
meus	mouvez	as mû	avez mû
meut	meuvent	a mû	ont mû
2 imparfait de l'indicatif		**9 plus-que-parfait de l'indicatif**	
mouvais	mouvions	avais mû	avions mû
mouvais	mouviez	avais mû	aviez mû
mouvait	mouvaient	avait mû	avaient mû
3 passé simple		**10 passé antérieur**	
mus	mûmes	eus mû	eûmes mû
mus	mûtes	eus mû	eûtes mû
mut	murent	eut mû	eurent mû
4 futur		**11 futur antérieur**	
mouvrai	mouvrons	aurai mû	aurons mû
mouvras	mouvrez	auras mû	aurez mû
mouvra	mouvront	aura mû	auront mû
5 conditionnel		**12 conditionnel passé**	
mouvrais	mouvrions	aurais mû	aurions mû
mouvrais	mouvriez	aurais mû	auriez mû
mouvrait	mouvraient	aurait mû	auraient mû
6 présent du subjonctif		**13 passé du subjonctif**	
meuve	mouvions	aie mû	ayons mû
meuves	mouviez	aies mû	ayez mû
meuve	meuvent	ait mû	aient mû
7 imparfait du subjonctif		**14 plus-que-parfait du subjonctif**	
musse	mussions	eusse mû	eussions mû
musses	mussiez	eusses mû	eussiez mû
mût	mussent	eût mû	eussent mû

Impératif
meus
mouvons
mouvez

émouvoir   to move, to affect (emotionally)
s'émouvoir   to be moved, to be touched, to be affected (emotionally)
faire mouvoir   to move, to set in motion

Do not confuse this verb with **déménager,** which means to move from one dwelling to another or from one city to another.

177

nager

Part. pr. nageant   **Part. passé nagé**

to swim

The Seven Simple Tenses		The Seven Compound Tenses	
Singular	Plural	Singular	Plural
1 présent de l'indicatif		**8 passé composé**	
nage	nageons	ai nagé	avons nagé
nages	nagez	as nagé	avez nagé
nage	nagent	a nagé	ont nagé
2 imparfait de l'indicatif		**9 plus-que-parfait de l'indicatif**	
nageais	nagions	avais nagé	avions nagé
nageais	nagiez	avais nagé	aviez nagé
nageait	nageaient	avait nagé	avaient nagé
3 passé simple		**10 passé antérieur**	
nageai	nageâmes	eus nagé	eûmes nagé
nageas	nageâtes	eus nagé	eûtes nagé
nagea	nagèrent	eut nagé	eurent nagé
4 futur		**11 futur antérieur**	
nagerai	nagerons	aurai nagé	aurons nagé
nageras	nagerez	auras nagé	aurez nagé
nagera	nageront	aura nagé	auront nagé
5 conditionnel		**12 conditionnel passé**	
nagerais	nagerions	aurais nagé	aurions nagé
nagerais	nageriez	aurais nagé	auriez nagé
nagerait	nageraient	aurait nagé	auraient nagé
6 présent du subjonctif		**13 passé du subjonctif**	
nage	nagions	aie nagé	ayons nagé
nages	nagiez	aies nagé	ayez nagé
nage	nagent	ait nagé	aient nagé
7 imparfait du subjonctif		**14 plus-que-parfait du subjonctif**	
nageasse	nageassions	eusse nagé	eussions nagé
nageasses	nageassiez	eusses nagé	eussiez nagé
nageât	nageassent	eût nagé	eussent nagé

Impératif
nage
nageons
nagez

un nageur, une nageuse   swimmer
la piscine   swimming pool
savoir nager   to know how to swim
la natation   swimming
nager entre deux eaux   to swim under water
la nage   swimming; la nage libre   free style swimming
se sauver à la nage   to swim to safety

178

to be born

The Seven Simple Tenses		The Seven Compound Tenses	
Singular	Plural	Singular	Plural

1 présent de l'indicatif

nais	naissons		
nais	naissez		
naît	naissent		

8 passé composé

suis né(e)	sommes né(e)s
es né(e)	êtes né(e)(s)
est né(e)	sont né(e)s

2 imparfait de l'indicatif

naissais	naissions
naissais	naissiez
naissait	naissaient

9 plus-que-parfait de l'indicatif

étais né(e)	étions né(e)s
étais né(e)	étiez né(e)(s)
était né(e)	étaient né(e)s

3 passé simple

naquis	naquîmes
naquis	naquîtes
naquit	naquirent

10 passé antérieur

fus né(e)	fûmes né(e)s
fus né(e)	fûtes né(e)(s)
fut né(e)	furent né(e)s

4 futur

naîtrai	naîtrons
naîtras	naîtrez
naîtra	naîtront

11 futur antérieur

serai né(e)	serons né(e)s
seras né(e)	serez né(e)(s)
sera né(e)	seront né(e)s

5 conditionnel

naîtrais	naîtrions
naîtrais	naîtriez
naîtrait	naîtraient

12 conditionnel passé

serais né(e)	serions né(e)s
serais né(e)	seriez né(e)(s)
serait né(e)	seraient né(e)s

6 présent du subjonctif

naisse	naissions
naisses	naissiez
naisse	naissent

13 passé du subjonctif

sois né(e)	soyons né(e)s
sois né(e)	soyez né(e)(s)
soit né(e)	soient né(e)s

7 imparfait du subjonctif

naquisse	naquissions
naquisses	naquissiez
naquît	naquissent

14 plus-que-parfait du subjonctif

fusse né(e)	fussions né(e)s
fusses né(e)	fussiez né(e)(s)
fût né(e)	fussent né(e)s

Impératif
nais
naissons
naissez

---

la naissance birth
un anniversaire de naissance a birthday anniversary
donner naissance à to give birth to; **la naissance du monde** beginning of the world
Anne est Française de naissance Anne was born French.
renaître to be born again
faire naître to cause, to give rise to
Je ne suis pas né(e) d'hier! I wasn't born yesterday!

neiger

Part. pr. **neigeant**   Part. passé **neigé**

to snow

The Seven Simple Tenses	The Seven Compound Tenses
Singular	Singular
1 présent de l'indicatif **il neige**	8 passé composé **il a neigé**
2 imparfait de l'indicatif **il neigeait**	9 plus-que-parfait de l'indicatif **il avait neigé**
3 passé simple **il neigea**	10 passé antérieur **il eut neigé**
4 futur **il neigera**	11 futur antérieur **il aura neigé**
5 conditionnel **il neigerait**	12 conditionnel passé **il aurait neigé**
6 présent du subjonctif **qu'il neige**	13 passé du subjonctif **qu'il ait neigé**
7 imparfait du subjonctif **qu'il neigeât**	14 plus-que-parfait du subjonctif **qu'il eût neigé**

Impératif
Qu'il neige! (Let it snow)!

---

la neige snow
un bonhomme de neige a snowman
neige fondue slush
neigeux, neigeuse snowy
Blanche-Neige Snow-White
une boule de neige snowball
lancer des boules de neige to throw snowballs
une chute de neige snowfall

The Seven Simple Tenses		The Seven Compound Tenses	
Singular	Plural	Singular	Plural
1 présent de l'indicatif		**8 passé composé**	
nettoie	nettoyons	ai nettoyé	avons nettoyé
nettoies	nettoyez	as nettoyé	avez nettoyé
nettoie	nettoient	a nettoyé	ont nettoyé
2 imparfait de l'indicatif		**9 plus-que-parfait de l'indicatif**	
nettoyais	nettoyions	avais nettoyé	avions nettoyé
nettoyais	nettoyiez	avais nettoyé	aviez nettoyé
nettoyait	nettoyaient	avait nettoyé	avaient nettoyé
3 passé simple		**10 passé antérieur**	
nettoyai	nettoyâmes	eus nettoyé	eûmes nettoyé
nettoyas	nettoyâtes	eus nettoyé	eûtes nettoyé
nettoya	nettoyèrent	eut nettoyé	eurent nettoyé
4 futur		**11 futur antérieur**	
nettoierai	nettoierons	aurai nettoyé	aurons nettoyé
nettoieras	nettoierez	auras nettoyé	aurez nettoyé
nettoiera	nettoieront	aura nettoyé	auront nettoyé
5 conditionnel		**12 conditionnel passé**	
nettoierais	nettoierions	aurais nettoyé	aurions nettoyé
nettoierais	nettoieriez	aurais nettoyé	auriez nettoyé
nettoierait	nettoieraient	aurait nettoyé	auraient nettoyé
6 présent du subjonctif		**13 passé du subjonctif**	
nettoie	nettoyions	aie nettoyé	ayons nettoyé
nettoies	nettoyiez	aies nettoyé	ayez nettoyé
nettoie	nettoient	ait nettoyé	aient nettoyé
7 imparfait du subjonctif		**14 plus-que-parfait du subjonctif**	
nettoyasse	nettoyassions	eusse nettoyé	eussions nettoyé
nettoyasses	nettoyassiez	eusses nettoyé	eussiez nettoyé
nettoyât	nettoyassent	eût nettoyé	eussent nettoyé

Impératif
nettoie
nettoyons
nettoyez

le nettoyage cleaning; **le nettoyage à sec**   dry cleaning
nettoyer à sec to dry clean
une nettoyeuse cleaning machine
un nettoyeur de fenêtres window cleaner

Verbs ending in *-oyer* must change *y* to *i* before mute *e*.

nourrir

Part. pr. nourrissant   **Part. passé nourri**

to feed, to nourish

The Seven Simple Tenses		The Seven Compound Tenses	
Singular	Plural	Singular	Plural
1 présent de l'indicatif		**8 passé composé**	
nourris	nourrissons	ai nourri	avons nourri
nourris	nourrissez	as nourri	avez nourri
nourrit	nourrissent	a nourri	ont nourri
2 imparfait de l'indicatif		**9 plus-que-parfait de l'indicatif**	
nourrissais	nourrissions	avais nourri	avions nourri
nourrissais	nourrissiez	avais nourri	aviez nourri
nourrissait	nourrissaient	avait nourri	avaient nourri
3 passé simple		**10 passé antérieur**	
nourris	nourrîmes	eus nourri	eûmes nourri
nourris	nourrîtes	eus nourri	eûtes nourri
nourrit	nourrirent	eut nourri	eurent nourri
4 futur		**11 futur antérieur**	
nourrirai	nourrirons	aurai nourri	aurons nourri
nourriras	nourrirez	auras nourri	aurez nourri
nourrira	nourriront	aura nourri	auront nourri
5 conditionnel		**12 conditionnel passé**	
nourrirais	nourririons	aurais nourri	aurions nourri
nourrirais	nourririez	aurais nourri	auriez nourri
nourrirait	nourriraient	aurait nourri	auraient nourri
6 présent du subjonctif		**13 passé du subjonctif**	
nourrisse	nourrissions	aie nourri	ayons nourri
nourrisses	nourrissiez	aies nourri	ayez nourri
nourrisse	nourrissent	ait nourri	aient nourri
7 imparfait du subjonctif		**14 plus-que-parfait du subjonctif**	
nourrisse	nourrissions	eusse nourri	eussions nourri
nourrisses	nourrissiez	eusses nourri	eussiez nourri
nourrît	nourrissent	eût nourri	eussent nourri

Impératif
nourris
nourrissons
nourrissez

---

la nourriture   nourishment, food
une nourrice   wet nurse
bien nourri   well fed; **mal nourri**   poorly fed
nourrissant, nourrissante   nourishing

un nourrisson   infant
nourricier, nourricière   nutritious
une mère nourricière   foster mother
un père nourricier   foster father

182

to harm, to hinder

The Seven Simple Tenses		The Seven Compound Tenses	
Singular	Plural	Singular	Plural

1   présent de l'indicatif
nuis	nuisons		
nuis	nuisez		
nuit	nuisent		

8   passé composé
ai nui	avons nui
as nui	avez nui
a nui	ont nui

2   imparfait de l'indicatif
nuisais	nuisions
nuisais	nuisiez
nuisait	nuisaient

9   plus-que-parfait de l'indicatif
avais nui	avions nui
avais nui	aviez nui
avait nui	avaient nui

3   passé simple
nuisis	nuisîmes
nuisis	nuisîtes
nuisit	nuisirent

10   passé antérieur
eus nui	eûmes nui
eus nui	eûtes nui
eut nui	eurent nui

4   futur
nuirai	nuirons
nuiras	nuirez
nuira	nuiront

11   futur antérieur
aurai nui	aurons nui
auras nui	aurez nui
aura nui	auront nui

5   conditionnel
nuirais	nuirions
nuirais	nuiriez
nuirait	nuiraient

12   conditionnel passé
aurais nui	aurions nui
aurais nui	auriez nui
aurait nui	auraient nui

6   présent du subjonctif
nuise	nuisions
nuises	nuisiez
nuise	nuisent

13   passé du subjonctif
aie nui	ayons nui
aies nui	ayez nui
ait nui	aient nui

7   imparfait du subjonctif
nuisisse	nuisissions
nuisisses	nuisissiez
nuisît	nuisissent

14   plus-que-parfait du subjonctif
eusse nui	eussions nui
eusses nui	eussiez nui
eût nui	eussent nui

Impératif
nuis
nuisons
nuisez

la nuisance nuisance	**nuire à** to do harm to, to be injurious to,
la nuisibilité harmfulness	to be harmful to
nuisible harmful	**Cela peut nuire à la réputation de votre famille**
	That may harm the reputation of your family.

obéir

Part. pr. obéissant   **Part. passé obéi**

to obey

The Seven Simple Tenses		The Seven Compound Tenses	
Singular	Plural	Singular	Plural
1 présent de l'indicatif		**8 passé composé**	
obéis	obéissons	ai obéi	avons obéi
obéis	obéissez	as obéi	avez obéi
obéit	obéissent	a obéi	ont obéi
2 imparfait de l'indicatif		**9 plus-que-parfait de l'indicatif**	
obéissais	obéissions	avais obéi	avions obéi
obéissais	obéissiez	avais obéi	aviez obéi
obéissait	obéissaient	avait obéi	avaient obéi
3 passé simple		**10 passé antérieur**	
obéis	obéîmes	eus obéi	eûmes obéi
obéis	obéîtes	eus obéi	eûtes obéi
obéit	obéirent	eut obéi	eurent obéi
4 futur		**11 futur antérieur**	
obéirai	obéirons	aurai obéi	aurons obéi
obéiras	obéirez	auras obéi	aurez obéi
obéira	obéiront	aura obéi	auront obéi
5 conditionnel		**12 conditionnel passé**	
obéirais	obéirions	aurais obéi	aurions obéi
obéirais	obéiriez	aurais obéi	auriez obéi
obéirait	obéiraient	aurait obéi	auraient obéi
6 présent du subjonctif		**13 passé du subjonctif**	
obéisse	obéissions	aie obéi	ayons obéi
obéisses	obéissiez	aies obéi	ayez obéi
obéisse	obéissent	ait obéi	aient obéi
7 imparfait du subjonctif		**14 plus-que-parfait du subjonctif**	
obéisse	obéissions	eusse obéi	eussions obéi
obéisses	obéissiez	eusses obéi	eussiez obéi
obéît	obéissent	eût obéi	eussent obéi

Impératif
obéis
obéissons
obéissez

---

obéir à qqn to obey someone	**obéissant, obéissante** obedient
désobéir à qqn to disobey someone	**désobéissant, désobéissante** disobedient
l'obéissance *(f.)* obedience	

The Seven Simple Tenses		The Seven Compound Tenses	
Singular	Plural	Singular	Plural

1 présent de l'indicatif		8 passé composé	
oblige	obligeons	ai obligé	avons obligé
obliges	obligez	as obligé	avez obligé
oblige	obligent	a obligé	ont obligé

2 imparfait de l'indicatif		9 plus-que-parfait de l'indicatif	
obligeais	obligions	avais obligé	avions obligé
obligeais	obligiez	avais obligé	aviez obligé
obligeait	obligeaient	avait obligé	avaient obligé

3 passé simple		10 passé antérieur	
obligeai	obligeâmes	eus obligé	eûmes obligé
obligeas	obligeâtes	eus obligé	eûtes obligé
obligea	obligèrent	eut obligé	eurent obligé

4 futur		11 futur antérieur	
obligerai	obligerons	aurai obligé	aurons obligé
obligeras	obligerez	auras obligé	aurez obligé
obligera	obligeront	aura obligé	auront obligé

5 conditionnel		12 conditionnel passé	
obligerais	obligerions	aurais obligé	aurions obligé
obligerais	obligeriez	aurais obligé	auriez obligé
obligerait	obligeraient	aurait obligé	auraient obligé

6 présent du subjonctif		13 passé du subjonctif	
oblige	obligions	aie obligé	ayons obligé
obliges	obligiez	aies obligé	ayez obligé
oblige	obligent	ait obligé	aient obligé

7 imparfait du subjonctif		14 plus-que-parfait du subjonctif	
obligeasse	obligeassions	eusse obligé	eussions obligé
obligeasses	obligeassiez	eusses obligé	eussiez obligé
obligeât	obligeassent	eût obligé	eussent obligé

Impératif
oblige
obligeons
obligez

obligatoire   obligatory
obligation *(f.)*   obligation
avoir beaucoup d'obligation à qqn   to be much obliged to someone
obligeant, obligeante   obliging
se montrer obligeant envers qqn   to show kindness to someone
obligé, obligée   obliged
Noblesse oblige   Nobility obliges. (i.e., the moral obligation of a highborn person is to show honorable conduct)

obtenir

Part. pr. **obtenant**   Part. passé **obtenu**

to obtain, to get

The Seven Simple Tenses		The Seven Compound Tenses	
Singular	Plural	Singular	Plural
1 présent de l'indicatif		**8 passé composé**	
obtiens	obtenons	ai obtenu	avons obtenu
obtiens	obtenez	as obtenu	avez obtenu
obtient	obtiennent	a obtenu	ont obtenu
2 imparfait de l'indicatif		**9 plus-que-parfait de l'indicatif**	
obtenais	obtenions	avais obtenu	avions obtenu
obtenais	obteniez	avais obtenu	aviez obtenu
obtenait	obtenaient	avait obtenu	avaient obtenu
3 passé simple		**10 passé antérieur**	
obtins	obtînmes	eus obtenu	eûmes obtenu
obtins	obtîntes	eus obtenu	eûtes obtenu
obtint	obtinrent	eut obtenu	eurent obtenu
4 futur		**11 futur antérieur**	
obtiendrai	obtiendrons	aurai obtenu	aurons obtenu
obtiendras	obtiendrez	auras obtenu	aurez obtenu
obtiendra	obtiendront	aura obtenu	auront obtenu
5 conditionnel		**12 conditionnel passé**	
obtiendrais	obtiendrions	aurais obtenu	aurions obtenu
obtiendrais	obtiendriez	aurais obtenu	auriez obtenu
obtiendrait	obtiendraient	aurait obtenu	auraient obtenu
6 présent du subjonctif		**13 passé du subjonctif**	
obtienne	obtenions	aie obtenu	ayons obtenu
obtiennes	obteniez	aies obtenu	ayez obtenu
obtienne	obtiennent	ait obtenu	aient obtenu
7 imparfait du subjonctif		**14 plus-que-parfait du subjonctif**	
obtinsse	obtinssions	eusse obtenu	eussions obtenu
obtinsses	obtinssiez	eusses obtenu	eussiez obtenu
obtînt	obtinssent	eût obtenu	eussent obtenu

Impératif
obtiens
obtenons
obtenez

l'obtention   obtainment
obtenir de qqn qqch de force   to get something out of someone by force
s'obtenir de   to be obtained from

See also **tenir**.

186

Part. pr. **occupant**   Part. passé   **occupé**   **occuper**

to occupy

The Seven Simple Tenses		The Seven Compound Tenses	
Singular	Plural	Singular	Plural
1 présent de l'indicatif		**8 passé composé**	
occupe	occupons	ai occupé	avons occupé
occupes	occupez	as occupé	avez occupé
occupe	occupent	a occupé	ont occupé
2 imparfait de l'indicatif		**9 plus-que-parfait de l'indicatif**	
occupais	occupions	avais occupé	avions occupé
occupais	occupiez	avais occupé	aviez occupé
occupait	occupaient	avait occupé	avaient occupé
3 passé simple		**10 passé antérieur**	
occupai	occupâmes	eus occupé	eûmes occupé
occupas	occupâtes	eus occupé	eûtes occupé
occupa	occupèrent	eut occupé	eurent occupé
4 futur		**11 futur antérieur**	
occuperai	occuperons	aurai occupé	aurons occupé
occuperas	occuperez	auras occupé	aurez occupé
occupera	occuperont	aura occupé	auront occupé
5 conditionnel		**12 conditionnel passé**	
occuperais	occuperions	aurais occupé	aurions occupé
occuperais	occuperiez	aurais occupé	auriez occupé
occuperait	occuperaient	aurait occupé	auraient occupé
6 présent du subjonctif		**13 passé du subjonctif**	
occupe	occupions	aie occupé	ayons occupé
occupes	occupiez	aies occupé	ayez occupé
occupe	occupent	ait occupé	aient occupé
7 imparfait du subjonctif		**14 plus-que-parfait du subjonctif**	
occupasse	occupassions	eusse occupé	eussions occupé
occupasses	occupassiez	eusses occupé	eussiez occupé
occupât	occupassent	eût occupé	eussent occupé

Impératif
occupe
occupons
occupez

occupation *(f.)*   occupation
être occupé(e)   to be busy
occuper qqn   to keep someone busy
occuper trop de place   to take up too much room
occupant, occupante   occupying; du travail occupant   engrossing work
occuper l'attention de qqn   to hold someone's attention
préoccuper   to preoccupy; une préoccupation   preoccupation

s'occuper

Part. pr. **s'occupant**   Part. passé **occupé(e)(s)**

to be busy, to keep oneself busy

The Seven Simple Tenses		The Seven Compound Tenses	
Singular	Plural	Singular	Plural
1 présent de l'indicatif		**8 passé composé**	
m'occupe	nous occupons	me suis occupé(e)	nous sommes occupé(e)s
t'occupes	vous occupez	t'es occupé(e)	vous êtes occupé(e)(s)
s'occupe	s'occupent	s'est occupé(e)	se sont occupé(e)s
2 imparfait de l'indicatif		**9 plus-que-parfait de l'indicatif**	
m'occupais	nous occupions	m'étais occupé(e)	nous étions occupé(e)s
t'occupais	vous occupiez	t'étais occupé(e)	vous étiez occupé(e)(s)
s'occupait	s'occupaient	s'était occupé(e)	s'étaient occupé(e)s
3 passé simple		**10 passé antérieur**	
m'occupai	nous occupâmes	me fus occupé(e)	nous fûmes occupé(e)s
t'occupas	vous occupâtes	te fus occupé(e)	vous fûtes occupé(e)(s)
s'occupa	s'occupèrent	se fut occupé(e)	se furent occupé(e)s
4 futur		**11 futur antérieur**	
m'occuperai	nous occuperons	me serai occupé(e)	nous serons occupé(e)s
t'occuperas	vous occuperez	te seras occupé(e)	vous serez occupé(e)(s)
s'occupera	s'occuperont	se sera occupé(e)	se seront occupé(e)s
5 conditionnel		**12 conditionnel passé**	
m'occuperais	nous occuperions	me serais occupé(e)	nous serions occupé(e)s
t'occuperais	vous occuperiez	te serais occupé(e)	vous seriez occupé(e)(s)
s'occuperait	s'occuperaient	se serait occupé(e)	se seraient occupé(e)s
6 présent du subjonctif		**13 passé du subjonctif**	
m'occupe	nous occupions	me sois occupé(e)	nous soyons occupé(e)s
t'occupes	vous occupiez	te sois occupé(e)	vous soyez occupé(e)(s)
s'occupe	s'occupent	se soit occupé(e)	se soient occupé(e)s
7 imparfait du subjonctif		**14 plus-que-parfait du subjonctif**	
m'occupasse	nous occupassions	me fusse occupé(e)	nous fussions occupé(e)s
t'occupasses	vous occupassiez	te fusses occupé(e)	vous fussiez occupé(e)(s)
s'occupât	s'occupassent	se fût occupé(e)	se fussent occupé(e)s
		Impératif	
		occupe-toi; ne t'occupe pas	
		occupons-nous; ne nous occupons pas	
		occupez-vous; ne vous occupez pas	

s'occuper de ses affaires   to mind one's own business
Je m'occupe de mes affaires   I mind my own business.
s'occuper des enfants   to look after children
s'occuper de   to look after, to tend to
s'occuper à   to be engaged in

See also the verb **occuper.**

Occupez-vous de vos affaires!
  Mind your own business!
**Ne vous occupez pas de mes
affaires!**   Don't mind my
business!
Est-ce qu'on s'occupe de vous?
  Is someone helping you?

The Seven Simple Tenses		The Seven Compound Tenses	
Singular	Plural	Singular	Plural
1 présent de l'indicatif		**8 passé composé**	
offre	offrons	ai offert	avons offert
offres	offrez	as offert	avez offert
offre	offrent	a offert	ont offert
2 imparfait de l'indicatif		**9 plus-que-parfait de l'indicatif**	
offrais	offrions	avais offert	avions offert
offrais	offriez	avais offert	aviez offert
offrait	offraient	avait offert	avaient offert
3 passé simple		**10 passé antérieur**	
offris	offrîmes	eus offert	eûmes offert
offris	offrîtes	eus offert	eûtes offert
offrit	offrirent	eut offert	eurent offert
4 futur		**11 futur antérieur**	
offrirai	offrirons	aurai offert	aurons offert
offriras	offrirez	auras offert	aurez offert
offrira	offriront	aura offert	auront offert
5 conditionnel		**12 conditionnel passé**	
offrirais	offririons	aurais offert	aurions offert
offrirais	offririez	aurais offert	auriez offert
offrirait	offriraient	aurait offert	auraient offert
6 présent du subjonctif		**13 passé du subjonctif**	
offre	offrions	aie offert	ayons offert
offres	offriez	aies offert	ayez offert
offre	offrent	ait offert	aient offert
7 imparfait du subjonctif		**14 plus-que-parfait du subjonctif**	
offrisse	offrissions	eusse offert	eussions offert
offrisses	offrissiez	eusses offert	eussiez offert
offrît	offrissent	eût offert	eussent offert

Impératif
offre
offrons
offrez

---

offrir qqch à qqn   to offer (to present) something to someone
une offre   an offer, a proposal
une offrande   gift, offering
l'offre et la demande   supply and demand

omettre

Part. pr. omettant   **Part. passé omis**

to omit

The Seven Simple Tenses		The Seven Compound Tenses	
Singular	Plural	Singular	Plural
1 présent de l'indicatif		**8 passé composé**	
omets	omettons	ai omis	avons omis
omets	omettez	as omis	avez omis
omet	omettent	a omis	ont omis
2 imparfait de l'indicatif		**9 plus-que-parfait de l'indicatif**	
omettais	omettions	avais omis	avions omis
omettais	omettiez	avais omis	aviez omis
omettait	omettaient	avait omis	avaient omis
3 passé simple		**10 passé antérieur**	
omis	omîmes	eus omis	eûmes omis
omis	omîtes	eus omis	eûtes omis
omit	omirent	eut omis	eurent omis
4 futur		**11 futur antérieur**	
omettrai	omettrons	aurai omis	aurons omis
omettras	omettrez	auras omis	aurez omis
omettra	omettront	aura omis	auront omis
5 conditionnel		**12 conditionnel passé**	
omettrais	omettrions	aurais omis	aurions omis
omettrais	omettriez	aurais omis	auriez omis
omettrait	omettraient	aurait omis	auraient omis
6 présent du subjonctif		**13 passé du subjonctif**	
omette	omettions	aie omis	ayons omis
omettes	omettiez	aies omis	ayez omis
omette	omettent	ait omis	aient omis
7 imparfait du subjonctif		**14 plus-que-parfait du subjonctif**	
omisse	omissions	eusse omis	eussions omis
omisses	omissiez	eusses omis	eussiez omis
omît	omissent	eût omis	eussent omis

Impératif
omets
omettons
omettez

omettre de faire qqch   to neglect to do something
une omission   an omission
omis, omise   omitted
commettre   to commit

190

The Seven Simple Tenses		The Seven Compound Tenses	
Singular	Plural	Singular	Plural
1 présent de l'indicatif		**8 passé composé**	
oublie	**oublions**	**ai oublié**	**avons oublié**
oublies	**oubliez**	**as oublié**	**avez oublié**
oublie	**oublient**	**a oublié**	**ont oublié**
2 imparfait de l'indicatif		**9 plus-que-parfait de l'indicatif**	
oubliais	**oubliions**	**avais oublié**	**avions oublié**
oubliais	**oubliiez**	**avais oublié**	**aviez oublié**
oubliait	**oubliaient**	**avait oublié**	**avaient oublié**
3 passé simple		**10 passé antérieur**	
oubliai	**oubliâmes**	**eus oublié**	**eûmes oublié**
oublias	**oubliâtes**	**eus oublié**	**eûtes oublié**
oublia	**oublièrent**	**eut oublié**	**eurent oublié**
4 futur		**11 futur antérieur**	
oublierai	**oublierons**	**aurai oublié**	**aurons oublié**
oublieras	**oublierez**	**auras oublié**	**aurez oublié**
oubliera	**oublieront**	**aura oublié**	**auront oublié**
5 conditionnel		**12 conditionnel passé**	
oublierais	**oublierions**	**aurais oublié**	**aurions oublié**
oublierais	**oublieriez**	**aurais oublié**	**auriez oublié**
oublierait	**oublieraient**	**aurait oublié**	**auraient oublié**
6 présent du subjonctif		**13 passé du subjonctif**	
oublie	**oubliions**	**aie oublié**	**ayons oublié**
oublies	**oubliiez**	**aies oublié**	**ayez oublié**
oublie	**oublient**	**ait oublié**	**aient oublié**
7 imparfait du subjonctif		**14 plus-que-parfait du subjonctif**	
oubliasse	**oubliassions**	**eusse oublié**	**eussions oublié**
oubliasses	**oubliassiez**	**eusses oublié**	**eussiez oublié**
oubliât	**oubliassent**	**eût oublié**	**eussent oublié**

Impératif
oublie
oublions
oubliez

un oubli oversight; oblivion	**oublier de faire qqch** to forget to do
oubliable forgettable	something
inoubliable unforgettable	**oublieux, oublieuse** oblivious; **oublieux de**
s'oublier to forget oneself, to be	unmindful of
unmindful of oneself	

ouvrir

Part. pr. ouvrant   **Part. passé ouvert**

to open

The Seven Simple Tenses		The Seven Compound Tenses	
Singular	**Plural**	**Singular**	**Plural**
1 présent de l'indicatif		**8 passé composé**	
ouvre	ouvrons	ai ouvert	avons ouvert
ouvres	ouvrez	as ouvert	avez ouvert
ouvre	ouvrent	a ouvert	ont ouvert
2 imparfait de l'indicatif		**9 plus-que-parfait de l'indicatif**	
ouvrais	ouvrions	avais ouvert	avions ouvert
ouvrais	ouvriez	avais ouvert	aviez ouvert
ouvrait	ouvraient	avait ouvert	avaient ouvert
3 passé simple		**10 passé antérieur**	
ouvris	ouvrîmes	eus ouvert	eûmes ouvert
ouvris	ouvrîtes	eus ouvert	eûtes ouvert
ouvrit	ouvrirent	eut ouvert	eurent ouvert
4 futur		**11 futur antérieur**	
ouvrirai	ouvrirons	aurai ouvert	aurons ouvert
ouvriras	ouvrirez	auras ouvert	aurez ouvert
ouvrira	ouvriront	aura ouvert	auront ouvert
5 conditionnel		**12 conditionnel passé**	
ouvrirais	ouvririons	aurais ouvert	aurions ouvert
ouvrirais	ouvririez	aurais ouvert	auriez ouvert
ouvrirait	ouvriraient	aurait ouvert	auraient ouvert
6 présent du subjonctif		**13 passé du subjonctif**	
ouvre	ouvrions	aie ouvert	ayons ouvert
ouvres	ouvriez	aies ouvert	ayez ouvert
ouvre	ouvrent	ait ouvert	aient ouvert
7 imparfait du subjonctif		**14 plus-que-parfait du subjonctif**	
ouvrisse	ouvrissions	eusse ouvert	eussions ouvert
ouvrisses	ouvrissiez	eusses ouvert	eussiez ouvert
ouvrît	ouvrissent	eût ouvert	eussent ouvert

Impératif
ouvre
ouvrons
ouvrez

---

ouvert, ouverte open	**rouvrir** to reopen, to open again
ouverture (f.) opening	**entrouvrir** to open just a bit
ouvrir le gaz to turn on the gas	**s'ouvrir à** to confide in
ouvrir de force to force open	

to appear, to seem

The Seven Simple Tenses		The Seven Compound Tenses	
Singular	Plural	Singular	Plural

1 présent de l'indicatif

parais	paraissons		
parais	paraissez		
paraît	paraissent		

8 passé composé

ai paru	avons paru		
as paru	avez paru		
a paru	ont paru		

2 imparfait de l'indicatif

paraissais	paraissions
paraissais	paraissiez
paraissait	paraissaient

9 plus-que-parfait de l'indicatif

avais paru	avions paru
avais paru	aviez paru
avait paru	avaient paru

3 passé simple

parus	parûmes
parus	parûtes
parut	parurent

10 passé antérieur

eus paru	eûmes paru
eus paru	eûtes paru
eut paru	eurent paru

4 futur

paraîtrai	paraîtrons
paraîtras	paraîtrez
paraîtra	paraîtront

11 futur antérieur

aurai paru	aurons paru
auras paru	aurez paru
aura paru	auront paru

5 conditionnel

paraîtrais	paraîtrions
paraîtrais	paraîtriez
paraîtrait	paraîtraient

12 conditionnel passé

aurais paru	aurions paru
aurais paru	auriez paru
aurait paru	auraient paru

6 présent du subjonctif

paraisse	paraissions
paraisses	paraissiez
paraisse	paraissent

13 passé du subjonctif

aie paru	ayons paru
aies paru	ayez paru
ait paru	aient paru

7 imparfait du subjonctif

parusse	parussions
parusses	parussiez
parût	parussent

14 plus-que-parfait du subjonctif

eusse paru	eussions paru
eusses paru	eussiez paru
eût paru	eussent paru

Impératif
parais
paraissons
paraissez

---

apparition *(f.)* apparition, appearance
Cela me paraît incroyable That seems unbelievable to me.
Le jour paraît Day is breaking.
apparaître to appear, to come into view
disparaître to disappear
réapparaître to reappear
Ce livre vient de paraître This book has just been published.

pardonner

Part. pr. pardonnant **Part. passé pardonné**

to pardon, to forgive

The Seven Simple Tenses		The Seven Compound Tenses	
Singular	Plural	Singular	Plural
1 présent de l'indicatif		**8 passé composé**	
pardonne	pardonnons	ai pardonné	avons pardonné
pardonnes	pardonnez	as pardonné	avez pardonné
pardonne	pardonnent	a pardonné	ont pardonné
2 imparfait de l'indicatif		**9 plus-que-parfait de l'indicatif**	
pardonnais	pardonnions	avais pardonné	avions pardonné
pardonnais	pardonniez	avais pardonné	aviez pardonné
pardonnait	pardonnaient	avait pardonné	avaient pardonné
3 passé simple		**10 passé antérieur**	
pardonnai	pardonnâmes	eus pardonné	eûmes pardonné
pardonnas	pardonnâtes	eus pardonné	eûtes pardonné
pardonna	pardonnèrent	eut pardonné	eurent pardonné
4 futur		**11 futur antérieur**	
pardonnerai	pardonnerons	aurai pardonné	aurons pardonné
pardonneras	pardonnerez	auras pardonné	aurez pardonné
pardonnera	pardonneront	aura pardonné	auront pardonné
5 conditionnel		**12 conditionnel passé**	
pardonnerais	pardonnerions	aurais pardonné	aurions pardonné
pardonnerais	pardonneriez	aurais pardonné	auriez pardonné
pardonnerait	pardonneraient	aurait pardonné	auraient pardonné
6 présent du subjonctif		**13 passé du subjonctif**	
pardonne	pardonnions	aie pardonné	ayons pardonné
pardonnes	pardonniez	aies pardonné	ayez pardonné
pardonne	pardonnent	ait pardonné	aient pardonné
7 imparfait du subjonctif		**14 plus-que-parfait du subjonctif**	
pardonnasse	pardonnassions	eusse pardonné	eussions pardonné
pardonnasses	pardonnassiez	eusses pardonné	eussiez pardonné
pardonnât	pardonnassent	eût pardonné	eussent pardonné

	Impératif
	pardonne
	pardonnons
	pardonnez

---

pardonner à qqn de qqch to forgive someone for something
   J'ai pardonné à mon ami d'être arrivé en retard I forgave my friend for having arrived late.
un pardon forgiveness, pardon
un don gift
pardonnable forgivable, pardonable
Pardonnez-moi Pardon me.

to talk, to speak

The Seven Simple Tenses		The Seven Compound Tenses	
Singular	Plural	Singular	Plural

1 présent de l'indicatif

parle	parlons		
parles	parlez		
parle	parlent		

8 passé composé

ai parlé	avons parlé
as parlé	avez parlé
a parlé	ont parlé

2 imparfait de l'indicatif

parlais	parlions
parlais	parliez
parlait	parlaient

9 plus-que-parfait de l'indicatif

avais parlé	avions parlé
avais parlé	aviez parlé
avait parlé	avaient parlé

3 passé simple

parlai	parlâmes
parlas	parlâtes
parla	parlèrent

10 passé antérieur

eus parlé	eûmes parlé
eus parlé	eûtes parlé
eut parlé	eurent parlé

4 futur

parlerai	parlerons
parleras	parlerez
parlera	parleront

11 futur antérieur

aurai parlé	aurons parlé
auras parlé	aurez parlé
aura parlé	auront parlé

5 conditionnel

parlerais	parlerions
parlerais	parleriez
parlerait	parleraient

12 conditionnel passé

aurais parlé	aurions parlé
aurais parlé	auriez parlé
aurait parlé	auraient parlé

6 présent du subjonctif

parle	parlions
parles	parliez
parle	parlent

13 passé du subjonctif

aie parlé	ayons parlé
aies parlé	ayez parlé
ait parlé	aient parlé

7 imparfait du subjonctif

parlasse	parlassions
parlasses	parlassiez
parlât	parlassent

14 plus-que-parfait du subjonctif

eusse parlé	eussions parlé
eusses parlé	eussiez parlé
eût parlé	eussent parlé

Impératif
parle
parlons
parlez

---

parler à haute voix   to speak in a loud voice; **parler haut**   to speak loudly
parler à voix basse   to speak softly; **parler bas**   to speak softly
la parole   spoken word; **parler à**   to talk to; **parler de**   to talk about (of)
selon la parole du Christ   according to Christ's words
le don de la parole   the gift of gab
parler affaires   to talk business, to talk shop
sans parler de. . .   not to mention. . .
parler pour qqn   to speak for someone; **parler contre qqn**   to speak against someone
un parloir   parlor (room where people talk)

195

partir

Part. pr. **partant**   Part. passé **parti(e)(s)**

to leave, to depart

The Seven Simple Tenses		The Seven Compound Tenses	
Singular	Plural	Singular	Plural
1 présent de l'indicatif		**8 passé composé**	
pars	partons	suis parti(e)	sommes parti(e)s
pars	partez	es parti(e)	êtes parti(e)(s)
part	partent	est parti(e)	sont parti(e)s
2 imparfait de l'indicatif		**9 plus-que-parfait de l'indicatif**	
partais	partions	étais parti(e)	étions parti(e)s
partais	partiez	étais parti(e)	étiez parti(e)(s)
partait	partaient	était parti(e)	étaient parti(e)s
3 passé simple		**10 passé antérieur**	
partis	partîmes	fus parti(e)	fûmes parti(e)s
partis	partîtes	fus parti(e)	fûtes parti(e)(s)
partit	partirent	fut parti(e)	furent parti(e)s
4 futur		**11 futur antérieur**	
partirai	partirons	serai parti(e)	serons parti(e)s
partiras	partirez	seras parti(e)	serez parti(e)(s)
partira	partiront	sera parti(e)	seront parti(e)s
5 conditionnel		**12 conditionnel passé**	
partirais	partirions	serais parti(e)	serions parti(e)s
partirais	partiriez	serais parti(e)	seriez parti(e)(s)
partirait	partiraient	serait parti(e)	seraient parti(e)s
6 présent du subjonctif		**13 passé du subjonctif**	
parte	partions	sois parti(e)	soyons parti(e)s
partes	partiez	sois parti(e)	soyez parti(e)(s)
parte	partent	soit parti(e)	soient parti(e)s
7 imparfait du subjonctif		**14 plus-que-parfait du subjonctif**	
partisse	partissions	fusse parti(e)	fussions parti(e)s
partisses	partissiez	fusses parti(e)	fussiez parti(e)(s)
partît	partissent	fût parti(e)	fussent parti(e)s

Impératif
pars
partons
partez

A quelle heure part le train pour Paris? At what time does the train for Paris leave?
à partir de maintenant from now on; **à partir d'aujourd'hui** from today on
le départ departure
partir en voyage to go on a trip
partir en vacances to leave for a vacation
repartir to leave again, to set out again

to pass, to spend (time)

The Seven Simple Tenses		The Seven Compound Tenses	
Singular	Plural	Singular	Plural
1 présent de l'indicatif		**8 passé composé**	
passe	passons	ai passé	avons passé
passes	passez	as passé	avez passé
passe	passent	a passé	ont passé
2 imparfait de l'indicatif		**9 plus-que-parfait de l'indicatif**	
passais	passions	avais passé	avions passé
passais	passiez	avais passé	aviez passé
passait	passaient	avait passé	avaient passé
3 passé simple		**10 passé antérieur**	
passai	passâmes	eus passé	eûmes passé
passas	passâtes	eus passé	eûtes passé
passa	passèrent	eut passé	eurent passé
4 futur		**11 futur antérieur**	
passerai	passerons	aurai passé	aurons passé
passeras	passerez	auras passé	aurez passé
passera	passeront	aura passé	auront passé
5 conditionnel		**12 conditionnel passé**	
passerais	passerions	aurais passé	aurions passé
passerais	passeriez	aurais passé	auriez passé
passerait	passeraient	aurait passé	auraient passé
6 présent du subjonctif		**13 passé du subjonctif**	
passe	passions	aie passé	ayons passé
passes	passiez	aies passé	ayez passé
passe	passent	ait passé	aient passé
7 imparfait du subjonctif		**14 plus-que-parfait du subjonctif**	
passasse	passassions	eusse passé	eussions passé
passasses	passassiez	eusses passé	eussiez passé
passât	passassent	eût passé	eussent passé

Impératif
passe
passons
passez

This verb is conjugated with **être** to indicate a state.

Example: **Ses soupçons sont passés en certitudes.**

This verb is conjugated with **être** when it means *to pass by, go by:*

Example: **Elle est passée chez moi.**   She came by my house.

BUT: This verb is conjugated with **avoir** when it has a direct object:

Examples: **Elle m'a passé le sel.**   She passed me the salt.

Elle a passé un examen.   She took an exam.

repasser   to pass again; to iron
dépasser   to protrude, to exceed, to surpass

See also **se passer.**

se passer	Part. pr. **se passant**	Part. passé **passé**

to happen, to take place

The Seven Simple Tenses	The Seven Compound Tenses
Singular	Singular
1 présent de l'indicatif **il se passe**	8 passé composé **il s'est passé**
2 imparfait de l'indicatif **il se passait**	9 plus-que-parfait de l'indicatif **il s'était passé**
3 passé simple **il se passa**	10 passé antérieur **il se fut passé**
4 futur **il se passera**	11 futur antérieur **il se sera passé**
5 conditionnel **il se passerait**	12 conditionnel passé **il serait passé**
6 présent du subjonctif **qu'il se passe**	13 passé du subjonctif **qu'il se soit passé**
7 imparfait du subjonctif **qu'il se passât**	14 plus-que-parfait du subjonctif **qu'il se fût passé**

Impératif
Qu'il se passe! (Let it happen!)

Que se passe-t-il?   What's going on? What's happening?
Qu'est-ce qui se passe?   What's going on? What's happening?
Qu'est-ce qui s'est passé?   What happened?
se passer de qqch   to do without something
Je peux me passer de fumer   I can do without smoking.

This verb is impersonal and is generally used in the 3rd person sing. only.

See also **passer**.

198

to skate

The Seven Simple Tenses		The Seven Compound Tenses	
Singular	Plural	Singular	Plural

1 présent de l'indicatif

patine	patinons		
patines	patinez		
patine	patinent		

8 passé composé

ai patiné	avons patiné		
as patiné	avez patiné		
a patiné	ont patiné		

2 imparfait de l'indicatif

patinais	patinions
patinais	patiniez
patinait	patinaient

9 plus-que-parfait de l'indicatif

avais patiné	avions patiné
avais patiné	aviez patiné
avait patiné	avaient patiné

3 passé simple

patinai	patinâmes
patinas	patinâtes
patina	patinèrent

10 passé antérieur

eus patiné	eûmes patiné
eus patiné	eûtes patiné
eut patiné	eurent patiné

4 futur

patinerai	patinerons
patineras	patinerez
patinera	patineront

11 futur antérieur

aurai patiné	aurons patiné
auras patiné	aurez patiné
aura patiné	auront patiné

5 conditionnel

patinerais	patinerions
patinerais	patineriez
patinerait	patineraient

12 conditionnel passé

aurais patiné	aurions patiné
aurais patiné	auriez patiné
aurait patiné	auraient patiné

6 présent du subjonctif

patine	patinions
patines	patiniez
patine	patinent

13 passé du subjonctif

aie patiné	ayons patiné
aies patiné	ayez patiné
ait patiné	aient patiné

7 imparfait du subjonctif

patinasse	patinassions
patinasses	patinassiez
patinât	patinassent

14 plus-que-parfait du subjonctif

eusse patiné	eussions patiné
eusses patiné	eussiez patiné
eût patiné	eussent patiné

Impératif
patine
patinons
patinez

---

patiner sur glace to skate on ice	**une patinoire** skating rink
une patinette scooter	**patiner sur roulettes, patiner à**
un patineur, une patineuse skater	**roulettes** to roller skate
	le patinage à roulettes roller skating

payer		Part. pr. **payant**	Part. passé **payé**

to pay (for)

The Seven Simple Tenses		The Seven Compound Tenses	
Singular	Plural	Singular	Plural
1 présent de l'indicatif		**8 passé composé**	
paye	payons	ai payé	avons payé
payes	payez	as payé	avez payé
paye	payent	a payé	ont payé
2 imparfait de l'indicatif		**9 plus-que-parfait de l'indicatif**	
payais	payions	avais payé	avions payé
payais	payiez	avais payé	aviez payé
payait	payaient	avait payé	avaient payé
3 passé simple		**10 passé antérieur**	
payai	payâmes	eus payé	eûmes payé
payas	payâtes	eus payé	eûtes payé
paya	payèrent	eut payé	eurent payé
4 futur		**11 futur antérieur**	
payerai	payerons	aurai payé	aurons payé
payeras	payerez	auras payé	aurez payé
payera	payeront	aura payé	auront payé
5 conditionnel		**12 conditionnel passé**	
payerais	payerions	aurais payé	aurions payé
payerais	payeriez	aurais payé	auriez payé
payerait	payeraient	aurait payé	auraient payé
6 présent du subjonctif		**13 passé du subjonctif**	
paye	payions	aie payé	ayons payé
payes	payiez	aies payé	ayez payé
paye	payent	ait payé	aient payé
7 imparfait du subjonctif		**14 plus-que-parfait du subjonctif**	
payasse	payassions	eusse payé	eussions payé
payasses	payassiez	eusses payé	eussiez payé
payât	payassent	eût payé	eussent payé

Impératif
paye
payons
payez

Payez à la caisse, s'il vous plaît   Pay at the cashier, please.
un payement (or paiement)   payment
avoir de quoi payer   to have the means to pay
payable   payable
se faire payer à dîner par qqn   to get your dinner paid for by someone
payer cher   to pay a lot
payer peu   to pay little
payer comptant   to pay in cash

Verbs ending in -*ayer* may change *y* to *i* before mute *e* or may keep *y*.

to sin, to commit a sin

The Seven Simple Tenses		The Seven Compound Tenses	
Singular	Plural	Singular	Plural
1 présent de l'indicatif		**8 passé composé**	
pèche	péchons	ai péché	avons péché
pèches	péchez	as péché	avez péché
pèche	pèchent	a péché	ont péché
2 imparfait de l'indicatif		**9 plus-que-parfait de l'indicatif**	
péchais	péchions	avais péché	avions péché
péchais	péchiez	avais péché	aviez péché
péchait	péchaient	avait péché	avaient péché
3 passé simple		**10 passé antérieur**	
péchai	péchâmes	eus péché	eûmes péché
péchas	péchâtes	eus péché	eûtes péché
pécha	péchèrent	eut péché	eurent péché
4 futur		**11 futur antérieur**	
pécherai	pécherons	aurai péché	aurons péché
pécheras	pécherez	auras péché	aurez péché
péchera	pécheront	aura péché	auront péché
5 conditionnel		**12 conditionnel passé**	
pécherais	pécherions	aurais péché	aurions péché
pécherais	pécheriez	aurais péché	auriez péché
pécherait	pécheraient	aurait péché	auraient péché
6 présent du subjonctif		**13 passé du subjonctif**	
pèche	péchions	aie péché	ayons péché
pèches	péchiez	aies péché	ayez péché
pèche	pèchent	ait péché	aient péché
7 imparfait du subjonctif		**14 plus-que-parfait du subjonctif**	
péchasse	péchassions	eusse péché	eussions péché
péchasses	péchassiez	eusses péché	eussiez péché
péchât	péchassent	eût péché	eussent péché

Impératif
—

---

le péché   sin
un pécheur, une pécheresse   sinner
à tout péché miséricorde   forgiveness for every sin
commettre, faire un péché   to commit sin

Do not confuse this verb with **pêcher**, *to fish*.

pêcher

Part. pr. pêchant **Part. passé pêché**

to fish

The Seven Simple Tenses		The Seven Compound Tenses	
Singular	Plural	Singular	Plural
1 présent de l'indicatif		**8 passé composé**	
pêche	pêchons	ai pêché	avons pêché
pêches	pêchez	as pêché	avez pêché
pêche	pêchent	a pêché	ont pêché
2 imparfait de l'indicatif		**9 plus-que-parfait de l'indicatif**	
pêchais	pêchions	avais pêché	avions pêché
pêchais	pêchiez	avais pêché	aviez pêché
pêchait	pêchaient	avait pêché	avaient pêché
3 passé simple		**10 passé antérieur**	
pêchai	pêchâmes	eus pêché	eûmes pêché
pêchas	pêchâtes	eus pêché	eûtes pêché
pêcha	pêchèrent	eut pêché	eurent pêché
4 futur		**11 futur antérieur**	
pêcherai	pêcherons	aurai pêché	aurons pêché
pêcheras	pêcherez	auras pêché	aurez pêché
pêchera	pêcheront	aura pêché	auront pêché
5 conditionnel		**12 conditionnel passé**	
pêcherais	pêcherions	aurais pêché	aurions pêché
pêcherais	pêcheriez	aurais pêché	auriez pêché
pêcherait	pêcheraient	aurait pêché	auraient pêché
6 présent du subjonctif		**13 passé du subjonctif**	
pêche	pêchions	aie pêché	ayons pêché
pêches	pêchiez	aies pêché	ayez pêché
pêche	pêchent	ait pêché	aient pêché
7 imparfait du subjonctif		**14 plus-que-parfait du subjonctif**	
pêchasse	pêchassions	eusse pêché	eussions pêché
pêchasses	pêchassiez	eusses pêché	eussiez pêché
pêchât	pêchassent	eût pêché	eussent pêché

	Impératif	
	pêche	
	pêchons	
	pêchez	

Samedi nous irons à la pêche. Je connais un lac à la campagne où il y a beaucoup de poissons.

aller à la pêche   to go fishing
un pêcheur   fisherman; une pêcheuse
un bateau pêcher   fishing boat

la pêche au filet   net fishing
un pêcheur de perles
pearl diver

Do not confuse this verb with **pécher**, *to sin*. And do not confuse **une pêche** (peach), which is a fruit, with a verb form of **pêcher** and with the noun **la pêche** which means *fishing*, the sport.

202

Part. pr. **se peignant**   Part. passé **peigné(e)(s)**   **se peigner**

to comb one's hair

The Seven Simple Tenses		The Seven Compound Tenses	
Singular	Plural	Singular	Plural
1 présent de l'indicatif		**8 passé composé**	
me peigne	nous peignons	me suis peigné(e)	nous sommes peigné(e)s
te peignes	vous peignez	t'es peigné(e)	vous êtes peigné(e)(s)
se peigne	se peignent	s'est peigné(e)	se sont peigné(e)s
2 imparfait de l'indicatif		**9 plus-que-parfait de l'indicatif**	
me peignais	nous peignions	m'étais peigné(e)	nous étions peigné(e)s
te peignais	vous peigniez	t'étais peigné(e)	vous étiez peigné(e)(s)
se peignait	se peignaient	s'était peigné(e)	s'étaient peigné(e)s
3 passé simple		**10 passé antérieur**	
me peignai	nous peignâmes	me fus peigné(e)	nous fûmes peigné(e)s
te peignas	vous peignâtes	te fus peigné(e)	vous fûtes peigné(e)(s)
se peigna	se peignèrent	se fut peigné(e)	se furent peigné(e)s
4 futur		**11 futur antérieur**	
me peignerai	nous peignerons	me serai peigné(e)	nous serons peigné(e)s
te peigneras	vous peignerez	te seras peigné(e)	vous serez peigné(e)(s)
se peignera	se peigneront	se sera peigné(e)	se seront peigné(e)s
5 conditionnel		**12 conditionnel passé**	
me peignerais	nous peignerions	me serais peigné(e)	nous serions peigné(e)s
te peignerais	vous peigneriez	te serais peigné(e)	vous seriez peigné(e)(s)
se peignerait	se peigneraient	se serait peigné(e)	se seraient peigné(e)s
6 présent du subjonctif		**13 passé du subjonctif**	
me peigne	nous peignions	me sois peigné(e)	nous soyons peigné(e)s
te peignes	vous peigniez	te sois peigné(e)	vous soyez peigné(e)(s)
se peigne	se peignent	se soit peigné(e)	se soient peigné(e)s
7 imparfait du subjonctif		**14 plus-que-parfait du subjonctif**	
me peignasse	nous peignassions	me fusse peigné(e)	nous fussions peigné(e)s
te peignasses	vous peignassiez	te fusses peigné(e)	vous fussiez peigné(e)(s)
se peignât	se peignassent	se fût peigné(e)	se fussent peigné(e)s

Impératif
peigne-toi; ne te peigne pas
peignons-nous; ne nous peignons pas
peignez-vous; ne vous peignez pas

Mon frère a peigné notre petit chien. Ma mère a lavé les cheveux de ma petite soeur et elle l'a peignée. Après cela, elle s'est lavé les cheveux et elle s'est peignée.

peigner qqn	to comb someone	**mal peigné(e)(s)**	untidy hair, dishevelled
un peigne	a comb	**bien peigné(e)(s)**	well combed
un peignoir	a dressing gown	**un peignoir de bain**	bath robe

peindre

Part. pr. **peignant**   Part. passé **peint**

to paint, to portray

The Seven Simple Tenses		The Seven Compound Tenses	
Singular	Plural	Singular	Plural

1 présent de l'indicatif		8 passé composé	
peins	peignons	ai peint	avons peint
peins	peignez	as peint	avez peint
peint	peignent	a peint	ont peint

2 imparfait de l'indicatif		9 plus-que-parfait de l'indicatif	
peignais	peignions	avais peint	avions peint
peignais	peigniez	avais peint	aviez peint
peignait	peignaient	avait peint	avaient peint

3 passé simple		10 passé antérieur	
peignis	peignîmes	eus peint	eûmes peint
peignis	peignîtes	eus peint	eûtes peint
peignit	peignirent	eut peint	eurent peint

4 futur		11 futur antérieur	
peindrai	peindrons	aurai peint	aurons peint
peindras	peindrez	auras peint	aurez peint
peindra	peindront	aura peint	auront peint

5 conditionnel		12 conditionnel passé	
peindrais	peindrions	aurais peint	aurions peint
peindrais	peindriez	aurais peint	auriez peint
peindrait	peindraient	aurait peint	auraient peint

6 présent du subjonctif		13 passé du subjonctif	
peigne	peignions	aie peint	ayons peint
peignes	peigniez	aies peint	ayez peint
peigne	peignent	ait peint	aient peint

7 imparfait du subjonctif		14 plus-que-parfait du subjonctif	
peignisse	peignissions	eusse peint	eussions peint
peignisses	peignissiez	eusses peint	eussiez peint
peignît	peignissent	eût peint	eussent peint

Impératif
peins
peignons
peignez

—Qui a peint ce tableau? Mon fils. Il est artiste peintre.
—Est-ce que Renoir a jamais peint une reine noire?

une peinture painting, picture	**un peintre** painter
un tableau painting, picture	**un artiste peintre** artist
une peinture à l'huile oil painting	**une femme peintre** woman artist
peintre en bâtiments house painter	**une palette de peintre** artist's palette
dépeindre to depict, to describe	**se faire peindre** to have one's portrait painted

Part. pr. **pensant**   Part. passé **pensé**   **penser**

to think

The Seven Simple Tenses		The Seven Compound Tenses	
Singular	Plural	Singular	Plural
1 présent de l'indicatif		**8 passé composé**	
pense	pensons	ai pensé	avons pensé
penses	pensez	as pensé	avez pensé
pense	pensent	a pensé	ont pensé
2 imparfait de l'indicatif		**9 plus-que-parfait de l'indicatif**	
pensais	pensions	avais pensé	avions pensé
pensais	pensiez	avais pensé	aviez pensé
pensait	pensaient	avait pensé	avaient pensé
3 passé simple		**10 passé antérieur**	
pensai	pensâmes	eus pensé	eûmes pensé
pensas	pensâtes	eus pensé	eûtes pensé
pensa	pensèrent	eut pensé	eurent pensé
4 futur		**11 futur antérieur**	
penserai	penserons	aurai pensé	aurons pensé
penseras	penserez	auras pensé	aurez pensé
pensera	penseront	aura pensé	auront pensé
5 conditionnel		**12 conditionnel passé**	
penserais	penserions	aurais pensé	aurions pensé
penserais	penseriez	aurais pensé	auriez pensé
penserait	penseraient	aurait pensé	auraient pensé
6 présent du subjonctif		**13 passé du subjonctif**	
pense	pensions	aie pensé	ayons pensé
penses	pensiez	aies pensé	ayez pensé
pense	pensent	ait pensé	aient pensé
7 imparfait du subjonctif		**14 plus-que-parfait du subjonctif**	
pensasse	pensassions	eusse pensé	eussions pensé
pensasses	pensassiez	eusses pensé	eussiez pensé
pensât	pensassent	eût pensé	eussent pensé

Impératif
pense
pensons
pensez

—Robert, tu as l'air pensif; à quoi penses-tu?
—Je pense à mon examen de français.
—Moi, je pense aux vacances de Noël.
—Que penses-tu de cette classe de français?
—Je trouve que cette classe est excellente.
—Penses-tu continuer à étudier le français l'année prochaine?
—Certainement.

penser à   to think of, to think about; **penser de**   to think about (i.e., to have an opinion about)

perdre	Part. pr. **perdant**	Part. passé **perdu**

to lose

The Seven Simple Tenses		The Seven Compound Tenses	
Singular	Plural	Singular	Plural

1 présent de l'indicatif		8 passé composé	
perds	perdons	ai perdu	avons perdu
perds	perdez	as perdu	avez perdu
perd	perdent	a perdu	ont perdu

2 imparfait de l'indicatif		9 plus-que-parfait de l'indicatif	
perdais	perdions	avais perdu	avions perdu
perdais	perdiez	avais perdu	aviez perdu
perdait	perdaient	avait perdu	avaient perdu

3 passé simple		10 passé antérieur	
perdis	perdîmes	eus perdu	eûmes perdu
perdis	perdîtes	eus perdu	eûtes perdu
perdit	perdirent	eut perdu	eurent perdu

4 futur		11 futur antérieur	
perdrai	perdrons	aurai perdu	aurons perdu
perdras	perdrez	auras perdu	aurez perdu
perdra	perdront	aura perdu	auront perdu

5 conditionnel		12 conditionnel passé	
perdrais	perdrions	aurais perdu	aurions perdu
perdrais	perdriez	aurais perdu	auriez perdu
perdrait	perdraient	aurait perdu	auraient perdu

6 présent du subjonctif		13 passé du subjonctif	
perde	perdions	aie perdu	ayons perdu
perdes	perdiez	aies perdu	ayez perdu
perde	perdent	ait perdu	aient perdu

7 imparfait du subjonctif		14 plus-que-parfait du subjonctif	
perdisse	perdissions	eusse perdu	eussions perdu
perdisses	perdissiez	eusses perdu	eussiez perdu
perdît	perdissent	eût perdu	eussent perdu

Impératif
perds
perdons
perdez

Je n'ai pas d'argent sur moi. Je l'ai laissé à la maison parce que si je l'avais pris avec moi je sais que je l'aurais perdu dans la rue. Puis-je vous demander deux dollars? Je vous les rendrai la semaine prochaine.

se perdre to lose oneself, to lose one's way, to be ruined	**Vous n'avez rien à perdre** You have nothing to lose.
perdre son temps to waste one's time	**une perte** a loss
perdre son chemin to lose one's way	**perdre de vue** to lose sight of
perdre pied to lose one's footing	**perdre la raison** to take leave of one's senses
perdre l'esprit to go out of one's mind	

to perish, to die

The Seven Simple Tenses		The Seven Compound Tenses	
Singular	Plural	Singular	Plural
1 présent de l'indicatif		**8 passé composé**	
péris	périssons	ai péri	avons péri
péris	périssez	as péri	avez péri
périt	périssent	a péri	ont péri
2 imparfait de l'indicatif		**9 plus-que-parfait de l'indicatif**	
périssais	périssions	avais péri	avions péri
périssais	périssiez	avais péri	aviez péri
périssait	périssaient	avait péri	avaient péri
3 passé simple		**10 passé antérieur**	
péris	pérîmes	eus péri	eûmes péri
péris	pérîtes	eus péri	eûtes péri
périt	périrent	eut péri	eurent péri
4 futur		**11 futur antérieur**	
périrai	périrons	aurai péri	aurons péri
périras	périrez	auras péri	aurez péri
périra	périront	aura péri	auront péri
5 conditionnel		**12 conditionnel passé**	
périrais	péririons	aurais péri	aurions péri
périrais	péririez	aurais péri	auriez péri
périrait	périraient	aurait péri	auraient péri
6 présent du subjonctif		**13 passé du subjonctif**	
périsse	périssions	aie péri	ayons péri
périsses	périssiez	aies péri	ayez péri
périsse	périssent	ait péri	aient péri
7 imparfait du subjonctif		**14 plus-que-parfait du subjonctif**	
périsse	périssions	eusse péri	eussions péri
périsses	périssiez	eusses péri	eussiez péri
pérît	périssent	eût péri	eussent péri
		Impératif	
		péris	
		périssons	
		périssez	

faire périr to kill
s'ennuyer à périr to be bored to death
périssable perishable
périr d'ennui to be bored to death

péri en mer lost at sea
périr de froid to freeze to death

permettre

Part. pr. **permettant** Part. passé **permis**

to permit, to allow, to let

The Seven Simple Tenses		The Seven Compound Tenses	
Singular	Plural	Singular	Plural

1 présent de l'indicatif

permets	permettons
permets	permettez
permet	permettent

2 imparfait de l'indicatif

permettais	permettions
permettais	permettiez
permettait	permettaient

3 passé simple

permis	permîmes
permis	permîtes
permit	permirent

4 futur

permettrai	permettrons
permettras	permettrez
permettra	permettront

5 conditionnel

permettrais	permettrions
permettrais	permettriez
permettrait	permettraient

6 présent du subjonctif

permette	permettions
permettes	permettiez
permette	permettent

7 imparfait du subjonctif

permisse	permissions
permisses	permissiez
permît	permissent

8 passé composé

ai permis	avons permis
as permis	avez permis
a permis	ont permis

9 plus-que-parfait de l'indicatif

avais permis	avions permis
avais permis	aviez permis
avait permis	avaient permis

10 passé antérieur

eus permis	eûmes permis
eus permis	eûtes permis
eut permis	eurent permis

11 futur antérieur

aurai permis	aurons permis
auras permis	aurez permis
aura permis	auront permis

12 conditionnel passé

aurais permis	aurions permis
aurais permis	auriez permis
aurait permis	auraient permis

13 passé du subjonctif

aie permis	ayons permis
aies permis	ayez permis
ait permis	aient permis

14 plus-que-parfait du subjonctif

eusse permis	eussions permis
eusses permis	eussiez permis
eût permis	eussent permis

Impératif
permets
permettons
permettez

La maîtresse de français a permis à l'élève de quitter la salle de classe quelques minutes avant la fin de la leçon.

permettre à qqn de faire qqch to permit (to allow) someone to do something
Vous permettez? May I? Do you mind?
s'il est permis if it is allowed, permitted
un permis permit
un permis de conduire driving license
la permission permission

se permettre de faire qqch to take the liberty to do something; to venture to do something

placer

to place, to put

The Seven Simple Tenses		The Seven Compound Tenses	
Singular	Plural	Singular	Plural
1 présent de l'indicatif		**8 passé composé**	
place	plaçons	ai placé	avons placé
places	placez	as placé	avez placé
place	placent	a placé	ont placé
2 imparfait de l'indicatif		**9 plus-que-parfait de l'indicatif**	
plaçais	placions	avais placé	avions placé
plaçais	placiez	avais placé	aviez placé
plaçait	plaçaient	avait placé	avaient placé
3 passé simple		**10 passé antérieur**	
plaçai	plaçâmes	eus placé	eûmes placé
plaças	plaçâtes	eus placé	eûtes placé
plaça	placèrent	eut placé	eurent placé
4 futur		**11 futur antérieur**	
placerai	placerons	aurai placé	aurons placé
placeras	placerez	auras placé	aurez placé
placera	placeront	aura placé	auront placé
5 conditionnel		**12 conditionnel passé**	
placerais	placerions	aurais placé	aurions placé
placerais	placeriez	aurais placé	auriez placé
placerait	placeraient	aurait placé	auraient placé
6 présent du subjonctif		**13 passé du subjonctif**	
place	placions	aie placé	ayons placé
places	placiez	aies placé	ayez placé
place	placent	ait placé	aient placé
7 imparfait du subjonctif		**14 plus-que-parfait du subjonctif**	
plaçasse	plaçassions	eusse placé	eussions placé
plaçasses	plaçassiez	eusses placé	eussiez placé
plaçât	plaçassent	eût placé	eussent placé

Impératif
place
plaçons
placez

Nous pouvons déjeuner maintenant. Ma place est ici près de la fenêtre, ta place est là-bas près de la porte. Marie, place-toi à côté de Pierre. Combien de places y a-t-il? Y a-t-il assez de places pour tout le monde?

une place   a seat, a place
chaque chose à sa place   everything in its place
un placement   placing
un bureau de placement   employment agency
se placer   to place oneself, to take a seat, to find employment
remplacer   to replace

plaindre

Part. pr. plaignant   **Part. passé plaint**

to pity

The Seven Simple Tenses		The Seven Compound Tenses	
Singular	Plural	Singular	Plural
1 présent de l'indicatif		**8 passé composé**	
plains	plaignons	ai plaint	avons plaint
plains	plaignez	as plaint	avez plaint
plaint	plaignent	a plaint	ont plaint
2 imparfait de l'indicatif		**9 plus-que-parfait de l'indicatif**	
plaignais	plaignions	avais plaint	avions plaint
plaignais	plaigniez	avais plaint	aviez plaint
plaignait	plaignaient	avait plaint	avaient plaint
3 passé simple		**10 passé antérieur**	
plaignis	plaignîmes	eus plaint	eûmes plaint
plaignis	plaignîtes	eus plaint	eûtes plaint
plaignit	plaignirent	eut plaint	eurent plaint
4 futur		**11 futur antérieur**	
plaindrai	plaindrons	aurai plaint	aurons plaint
plaindras	plaindrez	auras plaint	aurez plaint
plaindra	plaindront	aura plaint	auront plaint
5 conditionnel		**12 conditionnel passé**	
plaindrais	plaindrions	aurais plaint	aurions plaint
plaindrais	plaindriez	aurais plaint	auriez plaint
plaindrait	plaindraient	aurait plaint	auraient plaint
6 présent du subjonctif		**13 passé du subjonctif**	
plaigne	plaignions	aie plaint	ayons plaint
plaignes	plaigniez	aies plaint	ayez plaint
plaigne	plaignent	ait plaint	aient plaint
7 imparfait du subjonctif		**14 plus-que-parfait du subjonctif**	
plaignisse	plaignissions	eusse plaint	eussions plaint
plaignisses	plaignissiez	eusses plaint	eussiez plaint
plaignît	plaignissent	eût plaint	eussent plaint

Impératif
plains
plaignons
plaignez

Pauvre Madame Bayou! Elle a des ennuis et je la plains.

une plainte   groan, moan, protest, complaint
porter plainte contre   to bring charges against
plaintif, plaintive   plaintive
plaintivement   plaintively, mournfully

Je te plains   I feel for you; I feel sorry for you; I pity you
être à plaindre   to be pitied
Elle est à plaindre   She is to be pitied.

For additional related words, see se plaindre.

to complain, to lament, to moan

The Seven Simple Tenses		The Seven Compound Tenses	
Singular	Plural	Singular	Plural

1 présent de l'indicatif

me plains	nous plaignons
te plains	vous plaignez
se plaint	se plaignent

8 passé composé

me suis plaint(e)	nous sommes plaint(e)s
t'es plaint(e)	vous êtes plaint(e)(s)
s'est plaint(e)	se sont plaint(e)s

2 imparfait de l'indicatif

me plaignais	nous plaignions
te plaignais	vous plaigniez
se plaignait	se plaignaient

9 plus-que-parfait de l'indicatif

m'étais plaint(e)	nous étions plaint(e)s
t'étais plaint(e)	vous étiez plaint(e)(s)
s'était plaint(e)	s'étaient plaint(e)s

3 passé simple

me plaignis	nous plaignîmes
te plaignis	vous plaignîtes
se plaignit	se plaignirent

10 passé antérieur

me fus plaint(e)	nous fûmes plaint(e)s
te fus plaint(e)	vous fûtes plaint(e)(s)
se fut plaint(e)	se furent plaint(e)s

4 futur

me plaindrai	nous plaindrons
te plaindras	vous plaindrez
se plaindra	se plaindront

11 futur antérieur

me serai plaint(e)	nous serons plaint(e)s
te seras plaint(e)	vous serez plaint(e)(s)
se sera plaint(e)	se seront plaint(e)s

5 conditionnel

me plaindrais	nous plaindrions
te plaindrais	vous plaindriez
se plaindrait	se plaindraient

12 conditionnel passé

me serais plaint(e)	nous serions plaint(e)s
te serais plaint(e)	vous seriez plaint(e)(s)
se serait plaint(e)	se seraient plaint(e)s

6 présent du subjonctif

me plaigne	nous plaignions
te plaignes	vous plaigniez
se plaigne	se plaignent

13 passé du subjonctif

me sois plaint(e)	nous soyons plaint(e)s
te sois plaint(e)	vous soyez plaint(e)(s)
se soit plaint(e)	se soient plaint(e)s

7 imparfait du subjonctif

me plaignisse	nous plaignissions
te plaignisses	vous plaignissiez
se plaignît	se plaignissent

14 plus-que-parfait du subjonctif

me fusse plaint(e)	nous fussions plaint(e)s
te fusses plaint(e)	vous fussiez plaint(e)(s)
se fût plaint(e)	se fussent plaint(e)s

Impératif
plains-toi; ne te plains pas
plaignons-nous; ne nous plaignons pas
plaignez-vous; ne vous plaignez pas

Quelle jeune fille! Elle se plaint toujours de tout! Hier elle s'est plainte de son professeur de français, aujourd'hui elle se plaint de ses devoirs, et je suis certain que demain elle se plaindra du temps.

se plaindre du temps   to complain about the weather
se plaindre de qqn ou de qqch   to complain of, to find fault with someone or something
avoir bonne raison de se plaindre   to have a good reason to complain

For other words related to this verb, see **plaindre**.

plaire

Part. pr. plaisant **Part. passé plu**

to please

The Seven Simple Tenses		The Seven Compound Tenses	
Singular	Plural	Singular	Plural
1 présent de l'indicatif		**8 passé composé**	
plais	plaisons	ai plu	avons plu
plais	plaisez	as plu	avez plu
plaît	plaisent	a plu	ont plu
2 imparfait de l'indicatif		**9 plus-que-parfait de l'indicatif**	
plaisais	plaisions	avais plu	avions plu
plaisais	plaisiez	avais plu	aviez plu
plaisait	plaisaient	avait plu	avaient plu
3 passé simple		**10 passé antérieur**	
plus	plûmes	eus plu	eûmes plu
plus	plûtes	eus plu	eûtes plu
plut	plurent	eut plu	eurent plu
4 futur		**11 futur antérieur**	
plairai	plairons	aurai plu	aurons plu
plairas	plairez	auras plu	aurez plu
plaira	plairont	aura plu	auront plu
5 conditionnel		**12 conditionnel passé**	
plairais	plairions	aurais plu	aurions plu
plairais	plairiez	aurais plu	auriez plu
plairait	plairaient	aurait plu	auraient plu
6 présent du subjonctif		**13 passé du subjonctif**	
plaise	plaisions	aie plu	ayons plu
plaises	plaisiez	aies plu	ayez plu
plaise	plaisent	ait plu	aient plu
7 imparfait du subjonctif		**14 plus-que-parfait du subjonctif**	
plusse	plussions	eusse plu	eussions plu
plusses	plussiez	eusses plu	eussiez plu
plût	plussent	eût plu	eussent plu

Impératif
plais
plaisons
plaisez

plaire à qqn to please, to be pleasing to someone; **Son mariage a plu à sa famille** Her (his) marriage pleased her (his) family. **Est-ce que ce cadeau lui plaira?** Will this present please her (him)? Will this gift be pleasing to her (to him)?
se plaire à to take pleasure in; **Robert se plaît à ennuyer son petit frère** Robert takes pleasure in bothering his little brother.
le plaisir delight, pleasure; **complaire à** to please; **déplaire à** to displease
s'il vous plaît; s'il te plaît please (if it is pleasing to you)
Il a beaucoup plu hier et cela m'a beaucoup plu. It rained a lot yesterday and that pleased me a great deal. (See **pleuvoir**)

212

to cry, to weep, to mourn

The Seven Simple Tenses		The Seven Compound Tenses	
Singular	Plural	Singular	Plural
1 présent de l'indicatif		**8 passé composé**	
pleure	pleurons	ai pleuré	avons pleuré
pleures	pleurez	as pleuré	avez pleuré
pleure	pleurent	a pleuré	ont pleuré
2 imparfait de l'indicatif		**9 plus-que-parfait de l'indicatif**	
pleurais	pleurions	avais pleuré	avions pleuré
pleurais	pleuriez	avais pleuré	aviez pleuré
pleurait	pleuraient	avait pleuré	avaient pleuré
3 passé simple		**10 passé antérieur**	
pleurai	pleurâmes	eus pleuré	eûmes pleuré
pleuras	pleurâtes	eus pleuré	eûtes pleuré
pleura	pleurèrent	eut pleuré	eurent pleuré
4 futur		**11 futur antérieur**	
pleurerai	pleurerons	aurai pleuré	aurons pleuré
pleureras	pleurerez	auras pleuré	aurez pleuré
pleurera	pleureront	aura pleuré	auront pleuré
5 conditionnel		**12 conditionnel passé**	
pleurerais	pleurerions	aurais pleuré	aurions pleuré
pleurerais	pleureriez	aurais pleuré	auriez pleuré
pleurerait	pleureraient	aurait pleuré	auraient pleuré
6 présent du subjonctif		**13 passé du subjonctif**	
pleure	pleurions	aie pleuré	ayons pleuré
pleures	pleuriez	aies pleuré	ayez pleuré
pleure	pleurent	ait pleuré	aient pleuré
7 imparfait du subjonctif		**14 plus-que-parfait du subjonctif**	
pleurasse	pleurassions	eusse pleuré	eussions pleuré
pleurasses	pleurassiez	eusses pleuré	eussiez pleuré
pleurât	pleurassent	eût pleuré	eussent pleuré

	Impératif
	pleure
	pleurons
	pleurez

pleurer toutes les larmes de son corps   to cry one's eyes out
une larme   a tear
un pleur   a tear
pleurard, pleurarde   whimpering person
une pièce pleurnicharde   soap opera
larmoyant, larmoyante   tearful, lachrymose

213

pleuvoir	Part. pr. **pleuvant** Part. passé **plu**

to rain

The Seven Simple Tenses	The Seven Compound Tenses
Singular	Singular
1 présent de l'indicatif **il pleut**	8 passé composé **il a plu**
2 imparfait de l'indicatif **il pleuvait**	9 plus-que-parfait de l'indicatif **il avait plu**
3 passé simple **il plut**	10 passé antérieur **il eut plu**
4 futur **il pleuvra**	11 futur antérieur **il aura plu**
5 conditionnel **il pleuvrait**	12 conditionnel passé **il aurait plu**
6 présent du subjonctif **qu'il pleuve**	13 passé du subjonctif **qu'il ait plu**
7 imparfait du subjonctif **qu'il plût**	14 plus-que-parfait du subjonctif **qu'il eût plu**

Impératif
Qu'il pleuve! (Let it rain!)

Hier il a plu, il pleut maintenant, et je suis certain qu'il pleuvra demain.

la pluie the rain	**bruiner** to drizzle
pluvieux, pluvieuse rainy	**Il pleut à seaux** It's raining in buckets.
pleuvoter to drizzle	**Il pleut à verse** It's raining hard.

Il a beaucoup plu hier et cela m'a beaucoup plu. It rained a lot yesterday and that pleased me a great deal. (See plaire)

Do not confuse the past part. of this verb with the past part. of plaire, which are identical.

to wear, to carry

The Seven Simple Tenses		The Seven Compound Tenses	
Singular	Plural	Singular	Plural

1 présent de l'indicatif

		8 passé composé	
porte	portons	ai porté	avons porté
portes	portez	as porté	avez porté
porte	portent	a porté	ont porté

2 imparfait de l'indicatif

		9 plus-que-parfait de l'indicatif	
portais	portions	avais porté	avions porté
portais	portiez	avais porté	aviez porté
portait	portaient	avait porté	avaient porté

3 passé simple

		10 passé antérieur	
portai	portâmes	eus porté	eûmes porté
portas	portâtes	eus porté	eûtes porté
porta	portèrent	eut porté	eurent porté

4 futur

		11 futur antérieur	
porterai	porterons	aurai porté	aurons porté
porteras	porterez	auras porté	aurez porté
portera	porteront	aura porté	auront porté

5 conditionnel

		12 conditionnel passé	
porterais	porterions	aurais porté	aurions porté
porterais	porteriez	aurais porté	auriez porté
porterait	porteraient	aurait porté	auraient porté

6 présent du subjonctif

		13 passé du subjonctif	
porte	portions	aie porté	ayons porté
portes	portiez	aies porté	ayez porté
porte	portent	ait porté	aient porté

7 imparfait du subjonctif

		14 plus-que-parfait du subjonctif	
portasse	portassions	eusse porté	eussions porté
portasses	portassiez	eusses porté	eussiez porté
portât	portassent	eût porté	eussent porté

Impératif
porte
portons
portez

---

porter la main sur qqn   to raise one's hand against someone
porter son âge   to look one's age
se porter   to feel (health); **Comment vous portez-vous aujourd'hui?**   How do you
    feel today?

apporter to bring	**comporter** to comprise
exporter to export	**déporter** to deport
importer to import; to matter, to be of	**se comporter** to behave
importance	**emporter** to carry away; **Autant en**
un porte-monnaie change purse	**emporte le vent** (*Gone with the Wind*)
(**des porte-monnaie**)	

245

pousser		Part. pr. **poussant**	Part. passé **poussé**

to push, to grow

The Seven Simple Tenses		The Seven Compound Tenses	
Singular	Plural	Singular	Plural

1 présent de l'indicatif

pousse	poussons		
pousses	poussez		
pousse	poussent		

8 passé composé

ai poussé	avons poussé
as poussé	avez poussé
a poussé	ont poussé

2 imparfait de l'indicatif

poussais	poussions
poussais	poussiez
poussait	poussaient

9 plus-que-parfait de l'indicatif

avais poussé	avions poussé
avais poussé	aviez poussé
avait poussé	avaient poussé

3 passé simple

poussai	poussâmes
poussas	poussâtes
poussa	poussèrent

10 passé antérieur

eus poussé	eûmes poussé
eus poussé	eûtes poussé
eut poussé	eurent poussé

4 futur

pousserai	pousserons
pousseras	pousserez
poussera	pousseront

11 futur antérieur

aurai poussé	aurons poussé
auras poussé	aurez poussé
aura poussé	auront poussé

5 conditionnel

pousserais	pousserions
pousserais	pousseriez
pousserait	pousseraient

12 conditionnel passé

aurais poussé	aurions poussé
aurais poussé	auriez poussé
aurait poussé	auraient poussé

6 présent du subjonctif

pousse	poussions
pousses	poussiez
pousse	poussent

13 passé du subjonctif

aie poussé	ayons poussé
aies poussé	ayez poussé
ait poussé	aient poussé

7 imparfait du subjonctif

poussasse	poussassions
poussasses	poussassiez
poussât	poussassent

14 plus-que-parfait du subjonctif

eusse poussé	eussions poussé
eusses poussé	eussiez poussé
eût poussé	eussent poussé

Impératif
pousse
poussons
poussez

---

une poussée a push, a thrust
pousser qqn à faire qqch to egg someone on to do something
Robert pousse une barbe Robert is growing a beard.
pousser un cri to utter a cry; **pousser un soupir** to heave a sigh
une poussette a stroller
repousser to repulse, to drive back; to grow in again, to grow back in
se pousser to push oneself; to push each other
un pousse-pousse ricksha
pousser qqn à bout to corner someone

The Seven Simple Tenses		The Seven Compound Tenses	
Singular	Plural	Singular	Plural

1 présent de l'indicatif

peux *or* puis	pouvons	ai pu	avons pu
peux	pouvez	as pu	avez pu
peut	peuvent	a pu	ont pu

8 passé composé (heading under Singular/Plural of compound)

2 imparfait de l'indicatif

pouvais	pouvions	avais pu	avions pu
pouvais	pouviez	avais pu	aviez pu
pouvait	pouvaient	avait pu	avaient pu

9 plus-que-parfait de l'indicatif

3 passé simple

pus	pûmes	eus pu	eûmes pu
pus	pûtes	eus pu	eûtes pu
put	purent	eut pu	eurent pu

10 passé antérieur

4 futur

pourrai	pourrons	aurai pu	aurons pu
pourras	pourrez	auras pu	aurez pu
pourra	pourront	aura pu	auront pu

11 futur antérieur

5 conditionnel

pourrais	pourrions	aurais pu	aurions pu
pourrais	pourriez	aurais pu	auriez pu
pourrait	pourraient	aurait pu	auraient pu

12 conditionnel passé

6 présent du subjonctif

puisse	puissions	aie pu	ayons pu
puisses	puissiez	aies pu	ayez pu
puisse	puissent	ait pu	aient pu

13 passé du subjonctif

7 imparfait du subjonctif

pusse	pussions	eusse pu	eussions pu
pusses	pussiez	eusses pu	eussiez pu
pût	pussent	eût pu	eussent pu

14 plus-que-parfait du subjonctif

Impératif
—

si l'on peut dire   if one may say so
se pouvoir: Cela se peut   That may be.
le pouvoir   power
avoir du pouvoir sur soi-même   to have self control
n'y pouvoir rien   not to be able to do anything about it;   **Que me voulez-vous?**   What do you want from me?   **Je n'y peux rien.**   I can't help it; I can't do anything about it.
Puis-je entrer? Est-ce que je peux entrer?   May I come in?

217

préférer

Part. pr. **préférant**   Part. passé **préféré**

to prefer

The Seven Simple Tenses		The Seven Compound Tenses	
Singular	Plural	Singular	Plural

1 présent de l'indicatif

préfère	préférons
préfères	préférez
préfère	préfèrent

2 imparfait de l'indicatif

préférais	préférions
préférais	préfériez
préférait	préféraient

3 passé simple

préférai	préférâmes
préféras	préférâtes
préféra	préférèrent

4 futur

préférerai	préférerons
préféreras	préférerez
préférera	préféreront

5 conditionnel

préférerais	préférerions
préférerais	préféreriez
préférerait	préféreraient

6 présent du subjonctif

préfère	préférions
préfères	préfériez
préfère	préfèrent

7 imparfait du subjonctif

préférasse	préférassions
préférasses	préférassiez
préférât	préférassent

8 passé composé

ai préféré	avons préféré
as préféré	avez préféré
a préféré	ont préféré

9 plus-que-parfait de l'indicatif

avais préféré	avions préféré
avais préféré	aviez préféré
avait préféré	avaient préféré

10 passé antérieur

eus préféré	eûmes préféré
eus préféré	eûtes préféré
eut préféré	eurent préféré

11 futur antérieur

aurai préféré	aurons préféré
auras préféré	aurez préféré
aura préféré	auront préféré

12 conditionnel passé

aurais préféré	aurions préféré
aurais préféré	auriez préféré
aurait préféré	auraient préféré

13 passé du subjonctif

aie préféré	ayons préféré
aies préféré	ayez préféré
ait préféré	aient préféré

14 plus-que-parfait du subjonctif

eusse préféré	eussions préféré
eusses préféré	eussiez préféré
eût préféré	eussent préféré

Impératif
préfère
préférons
préférez

—Qu'est-ce que vous préférez faire ce soir?
—Je préfère aller voir un bon film. Et vous?
—Je préfère rester à la maison. Ne préféreriez-vous pas rester ici avec moi?

une préférence a preference	**de préférence à** in preference to
préférentiel, préférentielle preferential	**Je n'ai pas de préférence**
préférable preferable	I have no preference.
préférablement preferably	

218

to take

The Seven Simple Tenses		The Seven Compound Tenses	
Singular	Plural	Singular	Plural
1 présent de l'indicatif		**8 passé composé**	
prends	prenons	ai pris	avons pris
prends	prenez	as pris	avez pris
prend	prennent	a pris	ont pris
2 imparfait de l'indicatif		**9 plus-que-parfait de l'indicatif**	
prenais	prenions	avais pris	avions pris
prenais	preniez	avais pris	aviez pris
prenait	prenaient	avait pris	avaient pris
3 passé simple		**10 passé antérieur**	
pris	prîmes	eus pris	eûmes pris
pris	prîtes	eus pris	eûtes pris
prit	prirent	eut pris	eurent pris
4 futur		**11 futur antérieur**	
prendrai	prendrons	aurai pris	aurons pris
prendras	prendrez	auras pris	aurez pris
prendra	prendront	aura pris	auront pris
5 conditionnel		**12 conditionnel passé**	
prendrais	prendrions	aurais pris	aurions pris
prendrais	prendriez	aurais pris	auriez pris
prendrait	prendraient	aurait pris	auraient pris
6 présent du subjonctif		**13 passé du subjonctif**	
prenne	prenions	aie pris	ayons pris
prennes	preniez	aies pris	ayez pris
prenne	prennent	ait pris	aient pris
7 imparfait du subjonctif		**14 plus-que-parfait du subjonctif**	
prisse	prissions	eusse pris	eussions pris
prisses	prissiez	eusses pris	eussiez pris
prît	prissent	eût pris	eussent pris

	Impératif	
	prends	
	prenons	
	prenez	

—Qui a pris les fleurs qui étaient sur la table?
—C'est moi qui les ai prises.
à tout prendre   on the whole, all in all
un preneur, une preneuse   taker, purchaser
s'y prendre   to go about it, to handle it, to set about it
Je ne sais comment m'y prendre   I don't know how to go about it.
C'est à prendre ou à laisser   Take it or leave it.
prendre à témoin   to call to witness

préparer		Part. pr. **préparant**	Part. passé **préparé**

to prepare

The Seven Simple Tenses		The Seven Compound Tenses	
Singular	Plural	Singular	Plural

1 présent de l'indicatif		8 passé composé	
prépare	préparons	ai préparé	avons préparé
prépares	préparez	as préparé	avez préparé
prépare	préparent	a préparé	ont préparé

2 imparfait de l'indicatif		9 plus-que-parfait de l'indicatif	
préparais	préparions	avais préparé	avions préparé
préparais	prépariez	avais préparé	aviez préparé
préparait	préparaient	avait préparé	avaient préparé

3 passé simple		10 passé antérieur	
préparai	préparâmes	eus préparé	eûmes préparé
préparas	préparâtes	eus préparé	eûtes préparé
prépara	préparèrent	eut préparé	eurent préparé

4 futur		11 futur antérieur	
préparerai	préparerons	aurai préparé	aurons préparé
prépareras	préparerez	auras préparé	aurez préparé
préparera	prépareront	aura préparé	auront préparé

5 conditionnel		12 conditionnel passé	
préparerais	préparerions	aurais préparé	aurions préparé
préparerais	prépareriez	aurais préparé	auriez préparé
préparerait	prépareraient	aurait préparé	auraient préparé

6 présent du subjonctif		13 passé du subjonctif	
prépare	préparions	aie préparé	ayons préparé
prépares	prépariez	aies préparé	ayez préparé
prépare	préparent	ait préparé	aient préparé

7 imparfait du subjonctif		14 plus-que-parfait du subjonctif	
préparasse	préparassions	eusse préparé	eussions préparé
préparasses	préparassiez	eusses préparé	eussiez préparé
préparât	préparassent	eût préparé	eussent préparé

	Impératif
	prépare
	préparons
	préparez

Si Albert avait préparé sa leçon, il aurait reçu une bonne note. Il prépare toujours ses leçons mais cette fois il ne les a pas préparées.

la préparation preparation
les préparatifs *(m.)* preparations
préparatoire preparatory
se préparer to prepare oneself
préparer un examen to study for an exam

220

The Seven Simple Tenses		The Seven Compound Tenses	
Singular	Plural	Singular	Plural

1 présent de l'indicatif

prête	prêtons		
prêtes	prêtez		
prête	prêtent		

8 passé composé

ai prêté	avons prêté		
as prêté	avez prêté		
a prêté	ont prêté		

2 imparfait de l'indicatif

prêtais	prêtions
prêtais	prêtiez
prêtait	prêtaient

9 plus-que-parfait de l'indicatif

avais prêté	avions prêté
avais prêté	aviez prêté
avait prêté	avaient prêté

3 passé simple

prêtai	prêtâmes
prêtas	prêtâtes
prêta	prêtèrent

10 passé antérieur

eus prêté	eûmes prêté
eus prêté	eûtes prêté
eut prêté	eurent prêté

4 futur

prêterai	prêterons
prêteras	prêterez
prêtera	prêteront

11 futur antérieur

aurai prêté	aurons prêté
auras prêté	aurez prêté
aura prêté	auront prêté

5 conditionnel

prêterais	prêterions
prêterais	prêteriez
prêterait	prêteraient

12 conditionnel passé

aurais prêté	aurions prêté
aurais prêté	auriez prêté
aurait prêté	auraient prêté

6 présent du subjonctif

prête	prêtions
prêtes	prêtiez
prête	prêtent

13 passé du subjonctif

aie prêté	ayons prêté
aies prêté	ayez prêté
ait prêté	aient prêté

7 imparfait du subjonctif

prêtasse	prêtassions
prêtasses	prêtassiez
prêtât	prêtassent

14 plus-que-parfait du subjonctif

eusse prêté	eussions prêté
eusses prêté	eussiez prêté
eût prêté	eussent prêté

Impératif
prête
prêtons
prêtez

---

prêter à intérêt   to lend at interest
prêter attention à qqn ou à qqch   to pay attention to someone or something
un prêteur sur gages   pawnbroker
prêter la main à qqn   to give a helping hand to someone
prêter secours à qqn   to go to someone's rescue (help)
apprêter   to prepare, to get (something) ready
s'apprêter   to get oneself ready

produire

Part. pr. **produisant**   Part. passé **produit**

to produce

The Seven Simple Tenses		The Seven Compound Tenses	
Singular	Plural	Singular	Plural
1 présent de l'indicatif		**8 passé composé**	
produis	produisons	ai produit	avons produit
produis	produisez	as produit	avez produit
produit	produisent	a produit	ont produit
2 imparfait de l'indicatif		**9 plus-que-parfait de l'indicatif**	
produisais	produisions	avais produit	avions produit
produisais	produisiez	avais produit	aviez produit
produisait	produisaient	avait produit	avaient produit
3 passé simple		**10 passé antérieur**	
produisis	produisîmes	eus produit	eûmes produit
produisis	produisîtes	eus produit	eûtes produit
produisit	produisirent	eut produit	eurent produit
4 futur		**11 futur antérieur**	
produirai	produirons	aurai produit	aurons produit
produiras	produirez	auras produit	aurez produit
produira	produiront	aura produit	auront produit
5 conditionnel		**12 conditionnel passé**	
produirais	produirions	aurais produit	aurions produit
produirais	produiriez	aurais produit	auriez produit
produirait	produiraient	aurait produit	auraient produit
6 présent du subjonctif		**13 passé du subjonctif**	
produise	produisions	aie produit	ayons produit
produises	produisiez	aies produit	ayez produit
produise	produisent	ait produit	aient produit
7 imparfait du subjonctif		**14 plus-que-parfait du subjonctif**	
produisisse	produisissions	eusse produit	eussions produit
produisisses	produisissiez	eusses produit	eussiez produit
produisît	produisissent	eût produit	eussent produit

Impératif
produis
produisons
produisez

---

un produit product
la production · production
productible producible
productif, productive productive

la productivité productivity
se produire to happen, to occur,
  to be brought about

222

The Seven Simple Tenses		The Seven Compound Tenses	
Singular	Plural	Singular	Plural

1 présent de l'indicatif

me promène	nous promenons		
te promènes	vous promenez		
se promène	se promènent		

8 passé composé

me suis	nous sommes		
t'es	vous êtes	+ promené(e)(s)	
s'est	se sont		

2 imparfait de l'indicatif

me promenais	nous promenions
te promenais	vous promeniez
se promenait	se promenaient

9 plus-que-parfait de l'indicatif

m'étais	nous étions	
t'étais	vous étiez + promené(e)(s)	
s'était	s'étaient	

3 passé simple

me promenai	nous promenâmes
te promenas	vous promenâtes
se promena	se promenèrent

10 passé antérieur

me fus	nous fûmes	
te fus	vous fûtes + promené(e)(s)	
se fut	se furent	

4 futur

me promènerai	nous promènerons
te promèneras	vous promènerez
se promènera	se promèneront

11 futur antérieur

me serai	nous serons	
te seras	vous serez + promené(e)(s)	
se sera	se seront	

5 conditionnel

me promènerais	nous promènerions
te promènerais	vous promèneriez
se promènerait	se promèneraient

12 conditionnel passé

me serais	nous serions	
te serais	vous seriez + promené(e)(s)	
se serait	se seraient	

6 présent du subjonctif

me promène	nous promenions
te promènes	vous promeniez
se promène	se promènent

13 passé du subjonctif

me sois	nous soyons	
te sois	vous soyez + promené(e)(s)	
se soit	se soient	

7 imparfait du subjonctif

me promenasse	nous promenassions
te promenasses	vous promenassiez
se promenât	se promenassent

14 plus-que-parfait du subjonctif

me fusse	nous fussions	
te fusses	vous fussiez + promené(e)(s)	
se fût	se fussent	

Impératif

promène-toi; ne te promène pas
promenons-nous; ne nous promenons pas
promenez-vous; ne vous promenez pas

Je me promène tous les matins.   I take a walk every morning.
Cette promenade est merveilleuse.   This walk is marvelous.
Janine et Robert se sont promenés dans le parc.   Janine and Robert took a walk
   in the park.
 aire une promenade   to take a walk
faire une promenade en voiture   to go for a drive
promener son chien   to take one's dog out for a walk
promener ses regards sur   to cast one's eyes on, to look over
un promenoir   indoor mall for walking, strolling

promettre

Part. pr. promettant **Part. passé promis**

to promise

The Seven Simple Tenses		The Seven Compound Tenses	
Singular	Plural	Singular	Plural
1 présent de l'indicatif		**8 passé composé**	
promets	promettons	ai promis	avons promis
promets	promettez	as promis	avez promis
promet	promettent	a promis	ont promis
2 imparfait de l'indicatif		**9 plus-que-parfait de l'indicatif**	
promettais	promettions	avais promis	avions promis
promettais	promettiez	avais promis	aviez promis
promettait	promettaient	avait promis	avaient promis
3 passé simple		**10 passé antérieur**	
promis	promîmes	eus promis	eûmes promis
promis	promîtes	eus promis	eûtes promis
promit	promirent	eut promis	eurent promis
4 futur		**11 futur antérieur**	
promettrai	promettrons	aurai promis	aurons promis
promettras	promettrez	auras promis	aurez promis
promettra	promettront	aura promis	auront promis
5 conditionnel		**12 conditionnel passé**	
promettrais	promettrions	aurais promis	aurions promis
promettrais	promettriez	aurais promis	auriez promis
promettrait	promettraient	aurait promis	auraient promis
6 présent du subjonctif		**13 passé du subjonctif**	
promette	promettions	aie promis	ayons promis
promettes	promettiez	aies promis	ayez promis
promette	promettent	ait promis	aient promis
7 imparfait du subjonctif		**14 plus-que-parfait du subjonctif**	
promisse	promissions	eusse promis	eussions promis
promisses	promissiez	eusses promis	eussiez promis
promît	promissent	eût promis	eussent promis

	Impératif
	promets
	promettons
	promettez

promettre de faire qqch   to promise to do something
une promesse   promise
tenir sa promesse   to keep one's promise
promettre à qqn de faire qqch   to promise someone to do something
Ça promet!   It looks promising!
se promettre   to promise oneself

See also **mettre** and compounds of **mettre**, e.g., **permettre**.

to pronounce, to declare

The Seven Simple Tenses		The Seven Compound Tenses	
Singular	Plural	Singular	Plural
1 présent de l'indicatif .		**8 passé composé**	
prononce	**prononçons**	**ai prononcé**	**avons prononcé**
prononces	**prononcez**	**as prononcé**	**avez prononcé**
prononce	**prononcent**	**a prononcé**	**ont prononcé**
2 imparfait de l'indicatif		**9 plus-que-parfait de l'indicatif**	
prononçais	**prononcions**	**avais prononcé**	**avions prononcé**
prononçais	**prononciez**	**avais prononcé**	**aviez prononcé**
prononçait	**prononçaient**	**avait prononcé**	**avaient prononcé**
3 passé simple		**10 passé antérieur**	
prononçai	**prononçâmes**	**eus prononcé**	**eûmes prononcé**
prononças	**prononçâtes**	**eus prononcé**	**eûtes prononcé**
prononça	**prononcèrent**	**eut prononcé**	**eurent prononcé**
4 futur		**11 futur antérieur**	
prononcerai	**prononcerons**	**aurai prononcé**	**aurons prononcé**
prononceras	**prononcerez**	**auras prononcé**	**aurez prononcé**
prononcera	**prononceront**	**aura prononcé**	**auront prononcé**
5 conditionnel		**12 conditionnel passé**	
prononcerais	**prononcerions**	**aurais prononcé**	**aurions prononcé**
prononcerais	**prononceriez**	**aurais prononcé**	**auriez prononcé**
prononcerait	**prononceraient**	**aurait prononcé**	**auraient prononcé**
6 présent du subjonctif		**13 passé du subjonctif**	
prononce	**prononcions**	**aie prononcé**	**ayons prononcé**
prononces	**prononciez**	**aies prononcé**	**ayez prononcé**
prononce	**prononcent**	**ait prononcé**	**aient prononcé**
7 imparfait du subjonctif		**14 plus-que-parfait du subjonctif**	
prononçasse	**prononçassions**	**eusse prononcé**	**eussions prononcé**
prononçasses	**prononçassiez**	**eusses prononcé**	**eussiez prononcé**
prononçât	**prononçassent**	**eût prononcé**	**eussent prononcé**

Impératif
prononce
prononçons
prononcez

---

prononcer un discours   to deliver a speech   **annoncer**   to announce
la prononciation   pronunciation   **dénoncer**   to denounce
prononçable   pronounceable   **se prononcer**   to declare, to be pronounced
se prononcer pour   to decide in favor of   (as a word)
énoncer   to enunciate   **se prononcer contre**   to decide against

prouver

Part. pr. **prouvant**   Part. passé **prouvé**

to prove

The Seven Simple Tenses		The Seven Compound Tenses	
Singular	Plural	Singular	Plural

1 présent de l'indicatif

prouve	prouvons		
prouves	prouvez		
prouve	prouvent		

8 passé composé

ai prouvé	avons prouvé		
as prouvé	avez prouvé		
a prouvé	ont prouvé		

2 imparfait de l'indicatif

prouvais	prouvions
prouvais	prouviez
prouvait	prouvaient

9 plus-que-parfait de l'indicatif

avais prouvé	avions prouvé
avais prouvé	aviez prouvé
avait prouvé	avaient prouvé

3 passé simple

prouvai	prouvâmes
prouvas	prouvâtes
prouva	prouvèrent

10 passé antérieur

eus prouvé	eûmes prouvé
eus prouvé	eûtes prouvé
eut prouvé	eurent prouvé

4 futur

prouverai	prouverons
prouveras	prouverez
prouvera	prouveront

11 futur antérieur

aurai prouvé	aurons prouvé
auras prouvé	aurez prouvé
aura prouvé	auront prouvé

5 conditionnel

prouverais	prouverions
prouverais	prouveriez
prouverait	prouveraient

12 conditionnel passé

aurais prouvé	aurions prouvé
aurais prouvé	auriez prouvé
aurait prouvé	auraient prouvé

6 présent du subjonctif

prouve	prouvions
prouves	prouviez
prouve	prouvent

13 passé du subjonctif

aie prouvé	ayons prouvé
aies prouvé	ayez prouvé
ait prouvé	aient prouvé

7 imparfait du subjonctif

prouvasse	prouvassions
prouvasses	prouvassiez
prouvât	prouvassent

14 plus-que-parfait du subjonctif

eusse prouvé	eussions prouvé
eusses prouvé	eussiez prouvé
eût prouvé	eussent prouvé

Impératif
prouve
prouvons
prouvez

---

une preuve   proof
comme preuve   by way of proof
prouvable   provable
une épreuve   test, proof
approuver   to approve of
désapprouver   to disapprove of

éprouver   to test, to try, to experience
éprouver de la sympathie pour   to feel sympathy for
mettre à l'épreuve   to put to the test

puer

to stink

The Seven Simple Tenses

Singular	Plural

1 présent de l'indicatif

pue	puons
pues	puez
pue	puent

2 imparfait de l'indicatif

puais	puions
puais	puiez
puait	puaient

3 futur

puerai	puerons
pueras	puerez
puera	pueront

4 conditionnel

puerais	puerions
puerais	pueriez
puerait	pueraient

---

puant, puante stinking; conceited
la puanteur stink, foul smell
Robert est un type puant Robert is a stinker.
Cet ivrogne pue l'alcool; je me bouche le nez This drunkard stinks of alcohol;
I'm blocking my nose.
Joseph, ta chambre pue la porcherie Joseph, your room smells like a pigsty.

This verb is used mainly in the above tenses.

punir

Part. pr. punissant　　**Part. passé puni**

to punish

The Seven Simple Tenses		The Seven Compound Tenses	
Singular	Plural	Singular	Plural
1 présent de l'indicatif		**8 passé composé**	
punis	punissons	ai puni	avons puni
punis	punissez	as puni	avez puni
punit	punissent	a puni	ont puni
2 imparfait de l'indicatif		**9 plus-que-parfait de l'indicatif**	
punissais	punissions	avais puni	avions puni
punissais	punissiez	avais puni	aviez puni
punissait	punissaient	avait puni	avaient puni
3 passé simple		**10 passé antérieur**	
punis	punîmes	eus puni	eûmes puni
punis	punîtes	eus puni	eûtes puni
punit	punirent	eut puni	eurent puni
4 futur		**11 futur antérieur**	
punirai	punirons	aurai puni	aurons puni
puniras	punirez	auras puni	aurez puni
punira	puniront	aura puni	auront puni
5 conditionnel		**12 conditionnel passé**	
punirais	punirions	aurais puni	aurions puni
punirais	puniriez	aurais puni	auriez puni
punirait	puniraient	aurait puni	auraient puni
6 présent du subjonctif		**13 passé du subjonctif**	
punisse	punissions	aie puni	ayons puni
punisses	punissiez	aies puni	ayez puni
punisse	punissent	ait puni	aient puni
7 imparfait du subjonctif		**14 plus-que-parfait du subjonctif**	
punisse	punissions	eusse puni	eussions puni
punisses	punissiez	eusses puni	eussiez puni
punît	punissent	eût puni	eussent puni

Impératif
punis
punissons
punissez

---

punisseur, punisseuse punisher　　échapper à la punition to escape punishment
punissable punishable
punition *(f.)* punishment
punitif, punitive punitive

La maîtresse de biologie: Pierre, si tu continues à venir dans cette classe sans avoir fait tes devoirs, je téléphonerai à tes parents pour te punir. Mérites-tu une punition? Oui ou non? Aimes-tu les mesures disciplinaires? Aimes-tu les mesures punitives? Je ne le pense pas. Compris?

The Seven Simple Tenses		The Seven Compound Tenses	
Singular	Plural	Singular	Plural

1 présent de l'indicatif

quitte	quittons		
quittes	quittez		
quitte	quittent		

8 passé composé

ai quitté	avons quitté		
as quitté	avez quitté		
a quitté	ont quitté		

2 imparfait de l'indicatif

quittais	quittions
quittais	quittiez
quittait	quittaient

9 plus-que-parfait de l'indicatif

avais quitté	avions quitté
avais quitté	aviez quitté
avait quitté	avaient quitté

3 passé simple

quittai	quittâmes
quittas	quittâtes
quitta	quittèrent

10 passé antérieur

eus quitté	eûmes quitté
eus quitté	eûtes quitté
eut quitté	eurent quitté

4 futur

quitterai	quitterons
quitteras	quitterez
quittera	quitteront

11 futur antérieur

aurai quitté	aurons quitté
auras quitté	aurez quitté
aura quitté	auront quitté

5 conditionnel

quitterais	quitterions
quitterais	quitteriez
quitterait	quitteraient

12 conditionnel passé

aurais quitté	aurions quitté
aurais quitté	auriez quitté
aurait quitté	auraient quitté

6 présent du subjonctif

quitte	quittions
quittes	quittiez
quitte	quittent

13 passé du subjonctif

aie quitté	ayons quitté
aies quitté	ayez quitté
ait quitté	aient quitté

7 imparfait du subjonctif

quittasse	quittassions
quittasses	quittassiez
quittât	quittassent

14 plus-que-parfait du subjonctif

eusse quitté	eussions quitté
eusses quitté	eussiez quitté
eût quitté	eussent quitté

Impératif
quitte
quittons
quittez

---

une quittance acquittance, discharge
quitter son chapeau to take off one's hat
se quitter to separate, to leave each other
Ne quittez pas, s'il vous plaît Hold the line, please! (on the phone)
être quitte to be free of an obligation

acquitter to acquit
s'acquitter de to fulfill
un acquittement acquittal
Je vous ai payé la dette; maintenant nous sommes quittes! I paid you the debt; now we're even!

raconter		Part. pr. **racontant**	Part. passé **raconté**

to relate, to tell about, to narrate

The Seven Simple Tenses		The Seven Compound Tenses	
Singular	Plural	Singular	Plural
1 présent de l'indicatif		**8 passé composé**	
raconte	racontons	ai raconté	avons raconté
racontes	racontez	as raconté	avez raconté
raconte	racontent	a raconté	ont raconté
2 imparfait de l'indicatif		**9 plus-que-parfait de l'indicatif**	
racontais	racontions	avais raconté	avions raconté
racontais	racontiez	avais raconté	aviez raconté
racontait	racontaient	avait raconté	avaient raconté
3 passé simple		**10 passé antérieur**	
racontai	racontâmes	eus raconté	eûmes raconté
racontas	racontâtes	eus raconté	eûtes raconté
raconta	racontèrent	eut raconté	eurent raconté
4 futur		**11 futur antérieur**	
raconterai	raconterons	aurai raconté	aurons raconté
raconteras	raconterez	auras raconté	aurez raconté
racontera	raconteront	aura raconté	auront raconté
5 conditionnel		**12 conditionnel passé**	
raconterais	raconterions	aurais raconté	aurions raconté
raconterais	raconteriez	aurais raconté	auriez raconté
raconterait	raconteraient	aurait raconté	auraient raconté
6 présent du subjonctif		**13 passé du subjonctif**	
raconte	racontions	aie raconté	ayons raconté
racontes	racontiez	aies raconté	ayez raconté
raconte	racontent	ait raconté	aient raconté
7 imparfait du subjonctif		**14 plus-que-parfait du subjonctif**	
racontasse	racontassions	eusse raconté	eussions raconté
racontasses	racontassiez	eusses raconté	eussiez raconté
racontât	racontassent	eût raconté	eussent raconté

	Impératif
	raconte
	racontons
	racontez

Mon professeur de français aime nous raconter des anecdotes en français dans la classe de français. C'est un bon raconteur.

un raconteur storyteller
Qu'est-ce que vous racontez? What are you talking about?
le racontar gossip

See also **conter**.

230

to call again, to call back, to recall, to remind

The Seven Simple Tenses		The Seven Compound Tenses	
Singular	Plural	Singular	Plural

1 présent de l'indicatif		8 passé composé	
rappelle	**rappelons**	**ai rappelé**	**avons rappelé**
rappelles	**rappelez**	**as rappelé**	**avez rappelé**
rappelle	**rappellent**	**a rappelé**	**ont rappelé**

2 imparfait de l'indicatif		9 plus-que-parfait de l'indicatif	
rappelais	**rappelions**	**avais rappelé**	**avions rappelé**
rappelais	**rappeliez**	**avais rappelé**	**aviez rappelé**
rappelait	**rappelaient**	**avait rappelé**	**avaient rappelé**

3 passé simple		10 passé antérieur	
rappelai	**rappelâmes**	**eus rappelé**	**eûmes rappelé**
rappelas	**rappelâtes**	**eus rappelé**	**eûtes rappelé**
rappela	**rappelèrent**	**eut rappelé**	**eurent rappelé**

4 futur		11 futur antérieur	
rappellerai	**rappellerons**	**aurai rappelé**	**aurons rappelé**
rappelleras	**rappellerez**	**auras rappelé**	**aurez rappelé**
rappellera	**rappelleront**	**aura rappelé**	**auront rappelé**

5 conditionnel		12 conditionnel passé	
rappellerais	**rappellerions**	**aurais rappelé**	**aurions rappelé**
rappellerais	**rappelleriez**	**aurais rappelé**	**auriez rappelé**
rappellerait	**rappelleraient**	**aurait rappelé**	**auraient rappelé**

6 présent du subjonctif		13 passé du subjonctif	
rappelle	**rappelions**	**aie rappelé**	**ayons rappelé**
rappelles	**rappeliez**	**aies rappelé**	**ayez rappelé**
rappelle	**rappellent**	**ait rappelé**	**aient rappelé**

7 imparfait du subjonctif		14 plus-que-parfait du subjonctif	
rappelasse	**rappelassions**	**eusse rappelé**	**eussions rappelé**
rappelasses	**rappelassiez**	**eusses rappelé**	**eussiez rappelé**
rappelât	**rappelassent**	**eût rappelé**	**eussent rappelé**

	Impératif
	rappelle
	rappelons
	rappelez

—Je ne peux pas vous parler maintenant. Rappelez-moi demain.
—D'accord. Je vous rappellerai demain.

un rappel recall, call back, recalling
rappeler à la vie to restore to life
Rappelez-moi votre nom. Remind me of your name.
rappeler qqn à l'ordre to call someone to order

See also **appeler**, **s'appeler**, and **se rappeler**.

se rappeler   Part. pr. **se rappelant**   Part. passé **rappelé(e)(s)**

to remember, to recall, to recollect

The Seven Simple Tenses		The Seven Compound Tenses	
Singular	Plural	Singular	Plural
1 présent de l'indicatif		**8 passé composé**	
me rappelle	nous rappelons	me suis	nous sommes
te rappelles	vous rappelez	t'es	vous êtes + rappelé(e)(s)
se rappelle	se rappellent	s'est	se sont
2 imparfait de l'indicatif		**9 plus-que-parfait de l'indicatif**	
me rappelais	nous rappelions	m'étais	nous étions
te rappelais	vous rappeliez	t'étais	vous étiez + rappelé(e)(s)
se rappelait	se rappelaient	s'était	s'étaient
3 passé simple		**10 passé antérieur**	
me rappelai	nous rappelâmes	me fus	nous fûmes
te rappelas	vous rappelâtes	te fus	vous fûtes + rappelé(e)(s)
se rappela	se rappelèrent	se fut	se furent
4 futur		**11 futur antérieur**	
me rappellerai	nous rappellerons	me serai	nous serons
te rappelleras	vous rappellerez	te seras	vous serez + rappelé(e)(s)
se rappellera	se rappelleront	se sera	se seront
5 conditionnel		**12 conditionnel passé**	
me rappellerais	nous rappellerions	me serais	nous serions
te rappellerais	vous rappelleriez	te serais	vous seriez + rappelé(e)(s)
se rappellerait	se rappelleraient	se serait	se seraient
6 présent du subjonctif		**13 passé du subjonctif**	
me rappelle	nous rappelions	me sois	nous soyons
te rappelles	vous rappeliez	te sois	vous soyez + rappelé(e)(s)
se rappelle	se rappellent	se soit	se soient
7 imparfait du subjonctif		**14 plus-que-parfait du subjonctif**	
me rappelasse	nous rappelassions	me fusse	nous fussions
te rappelasses	vous rappelassiez	te fusses	vous fussiez + rappelé(e)(s)
se rappelât	se rappelassent	se fût	se fussent

Impératif
rappelle-toi; ne te rappelle pas
rappelons-nous; ne nous rappelons pas
rappelez-vous; ne vous rappelez pas

Je me rappelle bien le premier jour quand j'ai vu la belle Hélène. C'était un jour inoubliable.

See also **appeler**, **s'appeler**, and **rappeler**.

to receive, to get

The Seven Simple Tenses		The Seven Compound Tenses	
Singular	Plural	Singular	Plural
1 présent de l'indicatif		**8 passé composé**	
reçois	recevons	ai reçu	avons reçu
reçois	recevez	as reçu	avez reçu
reçoit	reçoivent	a reçu	ont reçu
2 imparfait de l'indicatif		**9 plus-que-parfait de l'indicatif**	
recevais	recevions	avais reçu	avions reçu
recevais	receviez	avais reçu	aviez reçu
recevait	recevaient	avait reçu	avaient reçu
3 passé simple		**10 passé antérieur**	
reçus	reçûmes	eus reçu	eûmes reçu
reçus	reçûtes	eus reçu	eûtes reçu
reçut	reçurent	eut reçu	eurent reçu
4 futur		**11 futur antérieur**	
recevrai	recevrons	aurai reçu	aurons reçu
recevras	recevrez	auras reçu	aurez reçu
recevra	recevront	aura reçu	auront reçu
5 conditionnel		**12 conditionnel passé**	
recevrais	recevrions	aurais reçu	aurions reçu
recevrais	recevriez	aurais reçu	auriez reçu
recevrait	recevraient	aurait reçu	auraient reçu
6 présent du subjonctif		**13 passé du subjonctif**	
reçoive	recevions	aie reçu	ayons reçu
reçoives	receviez	aies reçu	ayez reçu
reçoive	reçoivent	ait reçu	aient reçu
7 imparfait du subjonctif		**14 plus-que-parfait du subjonctif**	
reçusse	reçussions	eusse reçu	eussions reçu
reçusses	reçussiez	eusses reçu	eussiez reçu
reçût	reçussent	eût reçu	eussent reçu

Impératif
reçois
recevons
recevez

---

réceptif, réceptive receptive	**recevable** receivable
une réception reception, welcome	**un receveur, une receveuse** receiver
un, une réceptionniste receptionist	**être reçu à un examen**
un reçu a receipt	to pass an exam
au reçu de on receipt of	

233

réfléchir

Part. pr. **réfléchissant**   Part. passé **réfléchi**

to think, to meditate, to reflect, to ponder

The Seven Simple Tenses		The Seven Compound Tenses	
Singular	Plural	Singular	Plural
1 présent de l'indicatif		**8 passé composé**	
réfléchis	réfléchissons	ai réfléchi	avons réfléchi
réfléchis	réfléchissez	as réfléchi	avez réfléchi
réfléchit	réfléchissent	a réfléchi	ont réfléchi
2 imparfait de l'indicatif		**9 plus-que-parfait de l'indicatif**	
réfléchissais	réfléchissions	avais réfléchi	avions réfléchi
réfléchissais	réfléchissiez	avais réfléchi	aviez réfléchi
réfléchissait	réfléchissaient	avait réfléchi	avaient réfléchi
3 passé simple		**10 passé antérieur**	
réfléchis	réfléchîmes	eus réfléchi	eûmes réfléchi
réfléchis	réfléchîtes	eus réfléchi	eûtes réfléchi
réfléchit	réfléchirent	eut réfléchi	eurent réfléchi
4 futur		**11 futur antérieur**	
réfléchirai	réfléchirons	aurai réfléchi	aurons réfléchi
réfléchiras	réfléchirez	auras réfléchi	aurez réfléchi
réfléchira	réfléchiront	aura réfléchi	auront réfléchi
5 conditionnel		**12 conditionnel passé**	
réfléchirais	réfléchirions	aurais réfléchi	aurions réfléchi
réfléchirais	réfléchiriez	aurais réfléchi	auriez réfléchi
réfléchirait	réfléchiraient	aurait réfléchi	auraient réfléchi
6 présent du subjonctif		**13 passé du subjonctif**	
réfléchisse	réfléchissions	aie réfléchi	ayons réfléchi
réfléchisses	réfléchissiez	aies réfléchi	ayez réfléchi
réfléchisse	réfléchissent	ait réfléchi	aient réfléchi
7 imparfait du subjonctif		**14 plus-que-parfait du subjonctif**	
réfléchisse	réfléchissions	eusse réfléchi	eussions réfléchi
réfléchisses	réfléchissiez	eusses réfléchi	eussiez réfléchi
réfléchît	réfléchissent	eût réfléchi	eussent réfléchi

Impératif
réfléchis
réfléchissons
réfléchissez

Mathilde: Yvette, vas-tu au bal samedi soir?
Yvette: Je ne sais pas si j'y vais. Je demande à réfléchir.
Mathilde: Bon, alors, réfléchis avant de me donner ta réponse.

réfléchir à qqch   to think over (ponder) something
réfléchir avant de parler   to think before speaking
La mer réfléchit le ciel   The sea reflects the sky.

Part. pr. **refusant**   Part. passé **refusé**   **refuser**

to refuse, to withhold

The Seven Simple Tenses		The Seven Compound Tenses	
Singular	Plural	Singular	Plural
1 présent de l'indicatif		**8 passé composé**	
refuse	refusons	ai refusé	avons refusé
refuses	refusez	as refusé	avez refusé
refuse	refusent	a refusé	ont refusé
2 imparfait de l'indicatif		**9 plus-que-parfait de l'indicatif**	
refusais	refusions	avais refusé	avions refusé
refusais	refusiez	avais refusé	aviez refusé
refusait	refusaient	avait refusé	avaient refusé
3 passé simple		**10 passé antérieur**	
refusai	refusâmes	eus refusé	eûmes refusé
refusas	refusâtes	eus refusé	eûtes refusé
refusa	refusèrent	eut refusé	eurent refusé
4 futur		**11 futur antérieur**	
refuserai	refuserons	aurai refusé	aurons refusé
refuseras	refuserez	auras refusé	aurez refusé
refusera	refuseront	aura refusé	auront refusé
5 conditionnel		**12 conditionnel passé**	
refuserais	refuserions	aurais refusé	aurions refusé
refuserais	refuseriez	aurais refusé	auriez refusé
refuserait	refuseraient	aurait refusé	auraient refusé
6 présent du subjonctif		**13 passé du subjonctif**	
refuse	refusions	aie refusé	ayons refusé
refuses	refusiez	aies refusé	ayez refusé
refuse	refusent	ait refusé	aient refusé
7 imparfait du subjonctif		**14 plus-que-parfait du subjonctif**	
refusasse	refusassions	eusse refusé	eussions refusé
refusasses	refusassiez	eusses refusé	eussiez refusé
refusât	refusassent	eût refusé	eussent refusé

Impératif
refuse
refusons
refusez

Je refuse absolument de vous écouter. Sortez, s'il vous plaît! Si vous refusez, vous le regretterez.

refuser de faire qqch to refuse to do something
se refuser qqch to deny oneself something
refusable refusable
un refus refusal

regarder

Part. pr. **regardant**   Part. passé **regardé**

to look (at), to watch

The Seven Simple Tenses		The Seven Compound Tenses	
Singular	Plural	Singular	Plural
1 présent de l'indicatif		**8 passé composé**	
regarde	regardons	ai regardé	avons regardé
regardes	regardez	as regardé	avez regardé
regarde	regardent	a regardé	ont regardé
2 imparfait de l'indicatif		**9 plus-que-parfait de l'indicatif**	
regardais	regardions	avais regardé	avions regardé
regardais	regardiez	avais regardé	aviez regardé
regardait	regardaient	avait regardé	avaient regardé
3 passé simple		**10 passé antérieur**	
regardai	regardâmes	eus regardé	eûmes regardé
regardas	regardâtes	eus regardé	eûtes regardé
regarda	regardèrent	eut regardé	eurent regardé
4 futur		**11 futur antérieur**	
regarderai	regarderons	aurai regardé	aurons regardé
regarderas	regarderez	auras regardé	aurez regardé
regardera	regarderont	aura regardé	auront regardé
5 conditionnel		**12 conditionnel passé**	
regarderais	regarderions	aurais regardé	aurions regardé
regarderais	regarderiez	aurais regardé	auriez regardé
regarderait	regarderaient	aurait regardé	auraient regardé
6 présent du subjonctif		**13 passé du subjonctif**	
regarde	regardions	aie regardé	ayons regardé
regardes	regardiez	aies regardé	ayez regardé
regarde	regardent	ait regardé	aient regardé
7 imparfait du subjonctif		**14 plus-que-parfait du subjonctif**	
regardasse	regardassions	eusse regardé	eussions regardé
regardasses	regardassiez	eusses regardé	eussiez regardé
regardât	regardassent	eût regardé	eussent regardé

Impératif
regarde
regardons
regardez

—Qu'est-ce que tu regardes, Bernard?
—Je regarde le ciel. Il est beau et clair.
—Pourquoi ne me regardes-tu pas?

regarder qqch to look at (to watch) something
un regard glance, look; **au regard de** compared to, with regard to

to remark, to notice, to observe, to distinguish

The Seven Simple Tenses		The Seven Compound Tenses	
Singular	Plural	Singular	Plural
1 présent de l'indicatif		**8 passé composé**	
remarque	remarquons	ai remarqué	avons remarqué
remarques	remarquez	as remarqué	avez remarqué
remarque	remarquent	a remarqué	ont remarqué
2 imparfait de l'indicatif		**9 plus-que-parfait de l'indicatif**	
remarquais	remarquions	avais remarqué	avions remarqué
remarquais	remarquiez	avais remarqué	aviez remarqué
remarquait	remarquaient	avait remarqué	avaient remarqué
3 passé simple		**10 passé antérieur**	
remarquai	remarquâmes	eus remarqué	eûmes remarqué
remarquas	remarquâtes	eus remarqué	eûtes remarqué
remarqua	remarquèrent	eut remarqué	eurent remarqué
4 futur		**11 futur antérieur**	
remarquerai	remarquerons	aurai remarqué	aurons remarqué
remarqueras	remarquerez	auras remarqué	aurez remarqué
remarquera	remarqueront	aura remarqué	auront remarqué
5 conditionnel		**12 conditionnel passé**	
remarquerais	remarquerions	aurais remarqué	aurions remarqué
remarquerais	remarqueriez	aurais remarqué	auriez remarqué
remarquerait	remarqueraient	aurait remarqué	auraient remarqué
6 présent du subjonctif		**13 passé du subjonctif**	
remarque	remarquions	aie remarqué	ayons remarqué
remarques	remarquiez	aies remarqué	ayez remarqué
remarque	remarquent	ait remarqué	aient remarqué
7 imparfait du subjonctif		**14 plus-que-parfait du subjonctif**	
remarquasse	remarquassions	eusse remarqué	eussions remarqué
remarquasses	remarquassiez	eusses remarqué	eussiez remarqué
remarquât	remarquassent	eût remarqué	eussent remarqué

	Impératif
	remarque
	remarquons
	remarquez

---

un remarque   remark, observation, comment; **marquer**   to mark
faire remarquer qqch à qqn   to bring something to someone's attention, to point
   out something to someone

Erich Maria Remarque, romancier, est l'auteur du roman *All Quiet on the Western Front.*
   Son nom de famille est d'origine française.

remettre   Part. pr. **remettant**   Part. passé **remis**

to put (on) again, to replace, to put back, to give back, to postpone

The Seven Simple Tenses		The Seven Compound Tenses	
Singular	Plural	Singular	Plural
1 présent de l'indicatif		**8 passé composé**	
remets	remettons	ai remis	avons remis
remets	remettez	as remis	avez remis
remet	remettent	a remis	ont remis
2 imparfait de l'indicatif		**9 plus-que-parfait de l'indicatif**	
remettais	remettions	avais remis	avions remis
remettais	remettiez	avais remis	aviez remis
remettait	remettaient	avait remis	avaient remis
3 passé simple		**10 passé antérieur**	
remis	remîmes	eus remis	eûmes remis
remis	remîtes	eus remis	eûtes remis
remit	remirent	eut remis	eurent remis
4 futur		**11 futur antérieur**	
remettrai	remettrons	aurai remis	aurons remis
remettras	remettrez	auras remis	aurez remis
remettra	remettront	aura remis	auront remis
5 conditionnel		**12 conditionnel passé**	
remettrais	remettrions	aurais remis	aurions remis
remettrais	remettriez	aurais remis	auriez remis
remettrait	remettraient	aurait remis	auraient remis
6 présent du subjonctif		**13 passé du subjonctif**	
remette	remettions	aie remis	ayons remis
remettes	remettiez	aies remis	ayez remis
remette	remettent	ait remis	aient remis
7 imparfait du subjonctif		**14 plus-que-parfait du subjonctif**	
remisse	remissions	eusse remis	eussions remis
remisses	remissiez	eusses remis	eussiez remis
remît	remissent	eût remis	eussent remis

Impératif
remets
remettons
remettez

—Où avez-vous remis les fleurs que je vous ai données?
—Je les ai remises là-bas. Ne les voyez-vous pas?

se remettre de   to recover from
se remettre à faire qqch   to start to do something again
s'en remettre à   to depend on, to rely on
Remettez-vous!   Pull yourself together!
une remise   remittance, postponement, discount

See also **mettre** and compounds of **mettre**, e.g., **promettre**.

238

to replace

The Seven Simple Tenses		The Seven Compound Tenses	
Singular	Plural	Singular	Plural
1 présent de l'indicatif		**8 passé composé**	
remplace	remplaçons	ai remplacé	avons remplacé
remplaces	remplacez	as remplacé	avez remplacé
remplace	remplacent	a remplacé	ont remplacé
2 imparfait de l'indicatif		**9 plus-que-parfait de l'indicatif**	
remplaçais	remplacions	avais remplacé	avions remplacé
remplaçais	remplaciez	avais remplacé	aviez remplacé
remplaçait	remplaçaient	avait remplacé	avaient remplacé
3 passé simple		**10 passé antérieur**	
remplaçai	remplaçâmes	eus remplacé	eûmes remplacé
remplaças	remplaçâtes	eus remplacé	eûtes remplacé
remplaça	remplacèrent	eut remplacé	eurent remplacé
4 futur		**11 futur antérieur**	
remplacerai	remplacerons	aurai remplacé	aurons remplacé
remplaceras	remplacerez	auras remplacé	aurez remplacé
remplacera	remplaceront	aura remplacé	auront remplacé
5 conditionnel		**12 conditionnel passé**	
remplacerais	remplacerions	aurais remplacé	aurions remplacé
remplacerais	remplaceriez	aurais remplacé	auriez remplacé
remplacerait	remplaceraient	aurait remplacé	auraient remplacé
6 présent du subjonctif		**13 passé du subjonctif**	
remplace	remplacions	aie remplacé	ayons remplacé
remplaces	remplaciez	aies remplacé	ayez remplacé
remplace	remplacent	ait remplacé	aient remplacé
7 imparfait du subjonctif		**14 plus-que-parfait du subjonctif**	
remplaçasse	remplaçassions	eusse remplacé	eussions remplacé
remplaçasses	remplaçassiez	eusses remplacé	eussiez remplacé
remplaçât	remplaçassent	eût remplacé	eussent remplacé

Impératif
remplace
remplaçons
remplacez

remplacer par   to replace with
un remplacement   replacement (thing)
un remplaçant, une remplaçante   replacement (person), substitute
remplaçable   replaceable
en remplacement de   in place of

See also **placer**.

remplir
Part. pr. **remplissant** Part. passé **rempli**

to fill, to fulfill, to fill in, to fill out

The Seven Simple Tenses		The Seven Compound Tenses	
Singular	Plural	Singular	Plural
1 présent de l'indicatif		**8 passé composé**	
remplis	remplissons	ai rempli	avons rempli
remplis	remplissez	as rempli	avez rempli
remplit	remplissent	a rempli	ont rempli
2 imparfait de l'indicatif		**9 plus-que-parfait de l'indicatif**	
remplissais	remplissions	avais rempli	avions rempli
remplissais	remplissiez	avais rempli	aviez rempli
remplissait	remplissaient	avait rempli	avaient rempli
3 passé simple		**10 passé antérieur**	
remplis	remplîmes	eus rempli	eûmes rempli
remplis	remplîtes	eus rempli	eûtes rempli
remplit	remplirent	eut rempli	eurent rempli
4 futur		**11 futur antérieur**	
remplirai	remplirons	aurai rempli	aurons rempli
rempliras	remplirez	auras rempli	aurez rempli
remplira	rempliront	aura rempli	auront rempli
5 conditionnel		**12 conditionnel passé**	
remplirais	remplirions	aurais rempli	aurions rempli
remplirais	rempliriez	aurais rempli	auriez rempli
remplirait	rempliraient	aurait rempli	auraient rempli
6 présent du subjonctif		**13 passé du subjonctif**	
remplisse	remplissions	aie rempli	ayons rempli
remplisses	remplissiez	aies rempli	ayez rempli
remplisse	remplissent	ait rempli	aient rempli
7 imparfait du subjonctif		**14 plus-que-parfait du subjonctif**	
remplisse	remplissions	eusse rempli	eussions rempli
remplisses	remplissiez	eusses rempli	eussiez rempli
remplît	remplissent	eût rempli	eussent rempli

Impératif
remplis
remplissons
remplissez

---

remplir de   to fill with
remplir qqch de qqch   to fill something
   with something
se remplir   to fill up
un remplissage   filling up

remplir des conditions   to fulfill
   requirements, conditions
remplir une tâche   to carry out (perform)
   a task

to meet, to encounter

The Seven Simple Tenses		The Seven Compound Tenses	
Singular	Plural	Singular	Plural
1 présent de l'indicatif		**8 passé composé**	
rencontre	**rencontrons**	**ai rencontré**	**avons rencontré**
rencontres	**rencontrez**	**as rencontré**	**avez rencontré**
rencontre	**rencontrent**	**a rencontré**	**ont rencontré**
2 imparfait de l'indicatif		**9 plus-que-parfait de l'indicatif**	
rencontrais	**rencontrions**	**avais rencontré**	**avions rencontré**
rencontrais	**rencontriez**	**avais rencontré**	**aviez rencontré**
rencontrait	**rencontraient**	**avait rencontré**	**avaient rencontré**
3 passé simple		**10 passé antérieur**	
rencontrai	**rencontrâmes**	**eus rencontré**	**eûmes rencontré**
rencontras	**rencontrâtes**	**eus rencontré**	**eûtes rencontré**
rencontra	**rencontrèrent**	**eut rencontré**	**eurent rencontré**
4 futur		**11 futur antérieur**	
rencontrerai	**rencontrerons**	**aurai rencontré**	**aurons rencontré**
rencontreras	**rencontrerez**	**auras rencontré**	**aurez rencontré**
rencontrera	**rencontreront**	**aura rencontré**	**auront rencontré**
5 conditionnel		**12 conditionnel passé**	
rencontrerais	**rencontrerions**	**aurais rencontré**	**aurions rencontré**
rencontrerais	**rencontreriez**	**aurais rencontré**	**auriez rencontré**
rencontrerait	**rencontreraient**	**aurait rencontré**	**auraient rencontré**
6 présent du subjonctif		**13 passé du subjonctif**	
rencontre	**rencontrions**	**aie rencontré**	**ayons rencontré**
rencontres	**rencontriez**	**aies rencontré**	**ayez rencontré**
rencontre	**rencontrent**	**ait rencontré**	**aient rencontré**
7 imparfait du subjonctif		**14 plus-que-parfait du subjonctif**	
recontrasse	**recontrassions**	**eusse rencontré**	**eussions rencontré**
rencontrasses	**rencontrassiez**	**eusses rencontré**	**eussiez rencontré**
rencontrât	**rencontrassent**	**eût rencontré**	**eussent rencontré**

Impératif
rencontre
rencontrons
rencontrez

se rencontrer   to meet each other
une rencontre   encounter, meeting
aller à la rencontre de qqn   to go to meet someone
rencontrer par hasard   to meet someone by chance (bump into)

rendre

Part. pr. rendant   **Part. passé rendu**

to give back, to return (something), to render; to vomit

The Seven Simple Tenses		The Seven Compound Tenses	
Singular	Plural	Singular	Plural
1 présent de l'indicatif		**8 passé composé**	
rends	rendons	ai rendu	avons rendu
rends	rendez	as rendu	avez rendu
rend	rendent	a rendu	ont rendu
2 imparfait de l'indicatif		**9 plus-que-parfait de l'indicatif**	
rendais	rendions	avais rendu	avions rendu
rendais	rendiez	avais rendu	aviez rendu
rendait	rendaient	avait rendu	avaient rendu
3 passé simple		**10 passé antérieur**	
rendis	rendîmes	eus rendu	eûmes rendu
rendis	rendîtes	eus rendu	eûtes rendu
rendit	rendirent	eut rendu	eurent rendu
4 futur		**11 futur antérieur**	
rendrai	rendrons	aurai rendu	aurons rendu
rendras	rendrez	auras rendu	aurez rendu
rendra	rendront	aura rendu	auront rendu
5 conditionnel		**12 conditionnel passé**	
rendrais	rendrions	aurais rendu	aurions rendu
rendrais	rendriez	aurais rendu	auriez rendu
rendrait	rendraient	aurait rendu	auraient rendu
6 présent du subjonctif		**13 passé du subjonctif**	
rende	rendions	aie rendu	ayons rendu
rendes	rendiez	aies rendu	ayez rendu
rende	rendent	ait rendu	aient rendu
7 imparfait du subjonctif		**14 plus-que-parfait du subjonctif**	
rendisse	rendissions	eusse rendu	eussions rendu
rendisses	rendissiez	eusses rendu	eussiez rendu
rendît	rendissent	eût rendu	eussent rendu

	Impératif	
	rends	
	rendons	
	rendez	

---

un rendez-vous   appointment, date
un compte rendu   report, account
se rendre à   to surrender to
se rendre compte de   to realize
rendre un service à qqn   to do someone a favor
rendre qqn + adj.   to make someone + adj.

rendre grâce à qqn   to give thanks to someone
rendre service à qqn   to be of service to someone
rendre compte de qqch   to give an account of
something
rendre justice   to uphold justice
rendre qqch   to return something

242

Part. pr. **rentrant**   Part. passé **rentré(e)(s)**   **rentrer**

to return

The Seven Simple Tenses		The Seven Compound Tenses	
Singular	Plural	Singular	Plural
1 présent de l'indicatif		**8 passé composé**	
rentre	rentrons	suis rentré(e)	sommes rentré(e)s
rentres	rentrez	es rentré(e)	êtes rentré(e)(s)
rentre	rentrent	est rentré(e)	sont rentré(e)s
2 imparfait de l'indicatif		**9 plus-que-parfait de l'indicatif**	
rentrais	rentrions	étais rentré(e)	étions rentré(e)s
rentrais	rentriez	étais rentré(e)	étiez rentré(e)(s)
rentrait	rentraient	était rentré(e)	étaient rentré(e)s
3 passé simple		**10 passé antérieur**	
rentrai	rentrâmes	fus rentré(e)	fûmes rentré(e)s
rentras	rentrâtes	fus rentré(e)	fûtes rentré(e)(s)
rentra	rentrèrent	fut rentré(e)	furent rentré(e)s
4 futur		**11 futur antérieur**	
rentrerai	rentrerons	serai rentré(e)	serons rentré(e)s
rentreras	rentrerez	seras rentré(e)	serez rentré(e)(s)
rentrera	rentreront	sera rentré(e)	seront rentré(e)s
5 conditionnel		**12 conditionnel passé**	
rentrerais	rentrerions	serais rentré(e)	serions rentré(e)s
rentrerais	rentreriez	serais rentré(e)	seriez rentré(e)(s)
rentrerait	rentreraient	serait rentré(e)	seraient rentré(e)s
6 présent du subjonctif		**13 passé du subjonctif**	
rentre	rentrions	sois rentré(e)	soyons rentré(e)s
rentres	rentriez	sois rentré(e)	soyez rentré(e)(s)
rentre	rentrent	soit rentré(e)	soient rentré(e)s
7 imparfait du subjonctif		**14 plus-que-parfait du subjonctif**	
rentrasse	rentrassions	fusse rentré(e)	fussions rentré(e)s
rentrasses	rentrassiez	fusses rentré(e)	fussiez rentré(e)(s)
rentrât	rentrassent	fût rentré(e)	fussent rentré(e)s

Impératif
rentre
rentrons
rentrez

This verb is conjugated with **avoir** when it has a direct object.

Example: **Elle a rentré le chat dans la maison.**   She brought (took) the cat into the house.
BUT: **Elle est rentrée tôt.**   She returned home early.

rentrer chez soi   to go back home
rentrer les enfants   to take the children home
rentrer ses larmes   to hold back one's tears
la rentrée   return, homecoming
la rentrée des classes   back to school

répéter		Part. pr. **répétant**	Part. passé **répété**

to repeat, to rehearse

The Seven Simple Tenses		The Seven Compound Tenses	
Singular	Plural	Singular	Plural

1 présent de l'indicatif		8 passé composé	
répète	répétons	ai répété	avons répété
répètes	répétez	as répété	avez répété
répète	répètent	a répété	ont répété

2 imparfait de l'indicatif		9 plus-que-parfait de l'indicatif	
répétais	répétions	avais répété	avions répété
répétais	répétiez	avais répété	aviez répété
répétait	répétaient	avait répété	avaient répété

3 passé simple		10 passé antérieur	
répétai	répétâmes	eus répété	eûmes répété
répétas	répétâtes	eus répété	eûtes répété
répéta	répétèrent	eut répété	eurent répété

4 futur		11 futur antérieur	
répéterai	répéterons	aurai répété	aurons répété
répéteras	répéterez	auras répété	aurez répété
répétera	répéteront	aura répété	auront répété

5 conditionnel		12 conditionnel passé	
répéterais	répéterions	aurais répété	aurions répété
répéterais	répéteriez	aurais répété	auriez répété
répéterait	répéteraient	aurait répété	auraient répété

6 présent du subjonctif		13 passé du subjonctif	
répète	répétions	aie répété	ayons répété
répètes	répétiez	aies répété	ayez répété
répète	répètent	ait répété	aient répété

7 imparfait du subjonctif		14 plus-que-parfait du subjonctif	
répétasse	répétassions	eusse répété	eussions répété
répétasses	répétassiez	eusses répété	eussiez répété
répétât	répétassent	eût répété	eussent répété

Impératif
répète
répétons
répétez

répéter une pièce de théâtre to rehearse a play
une répétition repetition
La pièce est en répétition The play is in rehearsal.
se répéter to repeat oneself; to recur
répétailler to keep on repeating

244

to respond, to reply, to answer

The Seven Simple Tenses		The Seven Compound Tenses	
Singular	Plural	Singular	Plural
1 présent de l'indicatif		**8 passé composé**	
réponds	répondons	ai répondu	avons répondu
réponds	répondez	as répondu	avez répondu
répond	répondent	a répondu	ont répondu
2 imparfait de l'indicatif		**9 plus-que-parfait de l'indicatif**	
répondais	répondions	avais répondu	avions répondu
répondais	répondiez	avais répondu	aviez répondu
répondait	répondaient	avait répondu	avaient répondu
3 passé simple		**10 passé antérieur**	
répondis	répondîmes	eus répondu	eûmes répondu
répondis	répondîtes	eus répondu	eûtes répondu
répondit	répondirent	eut répondu	eurent répondu
4 futur		**11 futur antérieur**	
répondrai	répondrons	aurai répondu	aurons répondu
répondras	répondrez	auras répondu	aurez répondu
répondra	répondront	aura répondu	auront répondu
5 conditionnel		**12 conditionnel passé**	
répondrais	répondrions	aurais répondu	aurions répondu
répondrais	répondriez	aurais répondu	auriez répondu
répondrait	répondraient	aurait répondu	auraient répondu
6 présent du subjonctif		**13 passé du subjonctif**	
réponde	répondions	aie répondu	ayons répondu
répondes	répondiez	aies répondu	ayez répondu
réponde	répondent	ait répondu	aient répondu
7 imparfait du subjonctif		**14 plus-que-parfait du subjonctif**	
répondisse	répondissions	eusse répondu	eussions répondu
répondisses	répondissiez	eusses répondu	eussiez répondu
répondît	répondissent	eût répondu	eussent répondu

Impératif
réponds
répondons
répondez

répondre à qqn   to answer someone; to reply to someone
répondre de qqn   to be responsible for, to vouch for someone
répondre de qqch   to vouch for something, to guarantee something
une réponse   answer, reply; **en réponse à votre lettre. . .**   in reply to your letter. . .
pour répondre à la question de. . .   in answer to the question of. . .

se reposer

Part. pr. se reposant   **Part. passé** reposé(e)(s)

to rest

The Seven Simple Tenses		The Seven Compound Tenses	
Singular	Plural	Singular	Plural

1 présent de l'indicatif

me repose	nous reposons
te reposes	vous reposez
se repose	se reposent

8 passé composé

me suis reposé(e)	nous sommes reposé(e)s
t'es reposé(e)	vous êtes reposé(e)(s)
s'est reposé(e)	se sont reposé(e)s

2 imparfait de l'indicatif

me reposais	nous reposions
te reposais	vous reposiez
se reposait	se reposaient

9 plus-que-parfait de l'indicatif

m'étais reposé(e)	nous étions reposé(e)s
t'étais reposé(e)	vous étiez reposé(e)(s)
s'était reposé(e)	s'étaient reposé(e)s

3 passé simple

me reposai	nous reposâmes
te reposas	vous reposâtes
se reposa	se reposèrent

10 passé antérieur

me fus reposé(e)	nous fûmes reposé(e)s
te fus reposé(e)	vous fûtes reposé(e)(s)
se fut reposé(e)	se furent reposé(e)s

4 futur

me reposerai	nous reposerons
te reposeras	vous reposerez
se reposera	se reposeront

11 futur antérieur

me serai reposé(e)	nous serons reposé(e)s
te seras reposé(e)	vous serez reposé(e)(s)
se sera reposé(e)	se seront reposé(e)s

5 conditionnel

me reposerais	nous reposerions
te reposerais	vous reposeriez
se reposerait	se reposeraient

12 conditionnel passé

me serais reposé(e)	nous serions reposé(e)s
te serais reposé(e)	vous seriez reposé(e)(s)
se serait reposé(e)	se seraient reposé(e)s

6 présent du subjonctif

me repose	nous reposions
te reposes	vous reposiez
se repose	se reposent

13 passé du subjonctif

me sois reposé(e)	nous soyons reposé(e)s
te sois reposé(e)	vous soyez reposé(e)(s)
se soit reposé(e)	se soient reposé(e)s

7 imparfait du subjonctif

me reposasse	nous reposassions
te reposasses	vous reposassiez
se reposât	se reposassent

14 plus-que-parfait du subjonctif

me fusse reposé(e)	nous fussions reposé(e)s
te fusses reposé(e)	vous fussiez reposé(e)(s)
se fût reposé(e)	se fussent reposé(e)s

Impératif

repose-toi; ne te repose pas
reposons-nous; ne nous reposons pas
reposez-vous; ne vous reposez pas

---

reposer to put down again; **reposer la tête sur** to rest one's head on; **reposer sur** to be based on
le repos rest, repose; **au repos!** at ease!
se reposer sur qqn, qqch to put one's trust in someone, something
un repose-pied footrest; **un repose-bras** armrest
Je suis fatigué; je vais me reposer. I'm tired; I'm going to rest.

246

to take again, to take back, to recover, to resume

The Seven Simple Tenses		The Seven Compound Tenses	
Singular	Plural	Singular	Plural
1 présent de l'indicatif		**8 passé composé**	
reprends	reprenons	ai repris	avons repris
reprends	reprenez	as repris	avez repris
reprend	reprennent	a repris	ont repris
2 imparfait de l'indicatif		**9 plus-que-parfait de l'indicatif**	
reprenais	reprenions	avais repris	avions repris
reprenais	repreniez	avais repris	aviez repris
reprenait	reprenaient	avait repris	avaient repris
3 passé simple		**10 passé antérieur**	
repris	reprîmes	eus repris	eûmes repris
repris	reprîtes	eus repris	eûtes repris
reprit	reprirent	eut repris	eurent repris
4 futur		**11 futur antérieur**	
reprendrai	reprendrons	aurai repris	aurons repris
reprendras	reprendrez	auras repris	aurez repris
reprendra	reprendront	aura repris	auront repris
5 conditionnel		**12 conditionnel passé**	
reprendrais	reprendrions	aurais repris	aurions repris
reprendrais	reprendriez	aurais repris	auriez repris
reprendrait	reprendraient	aurait repris	auraient repris
6 présent du subjonctif		**13 passé du subjonctif**	
reprenne	reprenions	aie repris	ayons repris
reprennes	repreniez	aies repris	ayez repris
reprenne	reprennent	ait repris	aient repris
7 imparfait du subjonctif		**14 plus-que-parfait du subjonctif**	
reprisse	reprissions	eusse repris	eussions repris
reprisses	reprissiez	eusses repris	eussiez repris
reprît	reprissent	eût repris	eussent repris

Impératif
reprends
reprenons
reprenez

---

reprendre froid   to catch cold again
reprendre ses esprits   to recover one's senses
reprendre le dessus   to regain the upper hand
reprendre ses forces   to recover one's strength
se reprendre   to take hold of oneself, to recover oneself
une reprise   resumption, renewal, repetition
à maintes reprises   over and over again

247

résoudre

Part. pr. **résolvant**   Part. passé **résolu (résous)**

to resolve, to solve

The Seven Simple Tenses		The Seven Compound Tenses	
Singular	Plural	Singular	Plural
1 présent de l'indicatif		**8 passé composé**	
résous	résolvons	ai résolu	avons résolu
résous	résolvez	as résolu	avez résolu
résout	résolvent	a résolu	ont résolu
2 imparfait de l'indicatif		**9 plus-que-parfait de l'indicatif**	
résolvais	résolvions	avais résolu	avions résolu
résolvais	résolviez	avais résolu	aviez résolu
résolvait	résolvaient	avait résolu	avaient résolu
3 passé simple		**10 passé antérieur**	
résolus	résolûmes	eus résolu	eûmes résolu
résolus	résolûtes	eus résolu	eûtes résolu
résolut	résolurent	eut résolu	eurent résolu
4 futur		**11 futur antérieur**	
résoudrai	résoudrons	aurai résolu	aurons résolu
résoudras	résoudrez	auras résolu	aurez résolu
résoudra	résoudront	aura résolu	auront résolu
5 conditionnel		**12 conditionnel passé**	
résoudrais	résoudrions	aurais résolu	aurions résolu
résoudrais	résoudriez	aurais résolu	auriez résolu
résoudrait	résoudraient	aurait résolu	auraient résolu
6 présent du subjonctif		**13 passé du subjonctif**	
résolve	résolvions	aie résolu	ayons résolu
résolves	résolviez	aies résolu	ayez résolu
résolve	résolvent	ait résolu	aient résolu
7 imparfait du subjonctif		**14 plus-que-parfait du subjonctif**	
résolusse	résolussions	eusse résolu	eussions résolu
résolusses	résolussiez	eusses résolu	eussiez résolu
résolût	résolussent	eût résolu	eussent résolu

	Impératif	
	résous	
	résolvons	
	résolvez	

se résoudre à   to make up one's mind to
résoudre qqn à faire qqch   to induce someone to do something
résoudre un problème mathématique   to solve a math problem
une résolution   resolution
être résolu(e) à faire qqch   to be resolved to doing something
Le feu a résous le bois en cendres.   The fire has changed the wood into ashes. (The past part. **résous** is used for things that have undergone a physical change.)

248

Part. pr. **ressemblant**   Part. passé **ressemblé**   **ressembler**

to resemble, to be like, to look like

The Seven Simple Tenses		The Seven Compound Tenses	
Singular	Plural	Singular	Plural
1 présent de l'indicatif		**8 passé composé**	
ressemble	ressemblons	ai ressemblé	avons ressemblé
ressembles	ressemblez	as ressemblé	avez ressemblé
ressemble	ressemblent	a ressemblé	ont ressemblé
2 imparfait de l'indicatif		**9 plus-que-parfait de l'indicatif**	
ressemblais	ressemblions	avais ressemblé	avions ressemblé
ressemblais	ressembliez	avais ressemblé	aviez ressemblé
ressemblait	ressemblaient	avait ressemblé	avaient ressemblé
3 passé simple		**10 passé antérieur**	
ressemblai	ressemblâmes	eus ressemblé	eûmes ressemblé
ressemblas	ressemblâtes	eus ressemblé	eûtes ressemblé
ressembla	ressemblèrent	eut ressemblé	eurent ressemblé
4 futur		**11 futur antérieur**	
ressemblerai	ressemblerons	aurai ressemblé	aurons ressemblé
ressembleras	ressemblerez	auras ressemblé	aurez ressemblé
ressemblera	ressembleront	aura ressemblé	auront ressemblé
5 conditionnel		**12 conditionnel passé**	
ressemblerais	ressemblerions	aurais ressemblé	aurions ressemblé
ressemblerais	ressembleriez	aurais ressemblé	auriez ressemblé
ressemblerait	ressembleraient	aurait ressemblé	auraient ressemblé
6 présent du subjonctif		**13 passé du subjonctif**	
ressemble	ressemblions	aie ressemblé	ayons ressemblé
ressembles	ressembliez	aies ressemblé	ayez ressemblé
ressemble	ressemblent	ait ressemblé	aient ressemblé
7 imparfait du subjonctif		**14 plus-que-parfait du subjonctif**	
ressemblasse	ressemblassions	eusse ressemblé	eussions ressemblé
ressemblasses	ressemblassiez	eusses ressemblé	eussiez ressemblé
ressemblât	ressemblassent	eût ressemblé	eussent ressemblé
	Impératif		
	ressemble		
	ressemblons		
	ressemblez		

ressembler à qqn   to resemble someone
Paulette ressemble beaucoup à sa mère   Paulette looks very much like her mother.
se ressembler   to resemble each other, to look alike
Qui se ressemble s'assemble   Birds of a feather flock togehter.
sembler   to seem, to appear
une ressemblance   resemblance

rester

Part. pr. **restant**   Part. passé **resté(e)(s)**

to remain, to stay; to be left (over)

The Seven Simple Tenses		The Seven Compound Tenses	
Singular	Plural	Singular	Plural
1 présent de l'indicatif		**8 passé composé**	
reste	restons	suis resté(e)	sommes resté(e)s
restes	restez	es resté(e)	êtes resté(e)(s)
reste	restent	est resté(e)	sont resté(e)s
2 imparfait de l'indicatif		**9 plus-que-parfait de l'indicatif**	
restais	restions	étais resté(e)	étions resté(e)s
restais	restiez	étais resté(e)	étiez resté(e)(s)
restait	restaient	était resté(e)	étaient resté(e)s
3 passé simple		**10 passé antérieur**	
restai	restâmes	fus resté(e)	fûmes resté(e)s
restas	restâtes	fus resté(e)	fûtes resté(e)(s)
resta	restèrent	fut resté(e)	furent resté(e)s
4 futur		**11 futur antérieur**	
resterai	resterons	serai resté(e)	serons resté(e)s
resteras	resterez	seras resté(e)	serez resté(e)(s)
restera	resteront	sera resté(e)	seront resté(e)s
5 conditionnel		**12 conditionnel passé**	
resterais	resterions	serais resté(e)	serions resté(e)s
resterais	resteriez	serais resté(e)	seriez resté(e)(s)
resterait	resteraient	serait resté(e)	seraient resté(e)s
6 présent du subjonctif		**13 passé du subjonctif**	
reste	restions	sois resté(e)	soyons resté(e)s
restes	restiez	sois resté(e)	soyez resté(e)(s)
reste	restent	soit resté(e)	soient resté(e)s
7 imparfait du subjonctif		**14 plus-que-parfait du subjonctif**	
restasse	restassions	fusse resté(e)	fussions resté(e)s
restasses	restassiez	fusses resté(e)	fussiez resté(e)(s)
restât	restassent	fût resté(e)	fussent resté(e)s

Impératif
reste
restons
restez

Combien d'argent vous reste-t-il?   How much money do you have left (over)?
Il me reste deux cents francs.   I have two hundred francs left.
rester au lit   to stay in bed
Restez là; je reviens tout de suite.   Stay there; I'll be right back.

Do not confuse **rester** with **se reposer**.

250

Part. pr. retournant   **Part. passé retourné(e)(s)**   **retourner**

to return, to go back, to turn again

The Seven Simple Tenses		The Seven Compound Tenses	
Singular	Plural	Singular	Plural
1 présent de l'indicatif		**8 passé composé**	
retourne	retournons	suis retourné(e)	sommes retourné(e)s
retournes	retournez	es retourné(e)	êtes retourné(e)s
retourne	retournent	est retourné(e)	sont retourné(e)s
2 imparfait de l'indicatif		**9 plus-que-parfait de l'indicatif**	
retournais	retournions	étais retourné(e)	étions retourné(e)s
retournais	retourniez	étais retourné(e)	étiez retourné(e)(s)
retournait	retournaient	était retourné(e)	étaient retourné(e)s
3 passé simple		**10 passé antérieur**	
retournai	retournâmes	fus retourné(e)	fûmes retourné(e)s
retournas	retournâtes	fus retourné(e)	fûtes retourné(e)(s)
retourna	retournèrent	fut retourné(e)	furent retourné(e)s
4 futur		**11 futur antérieur**	
retournerai	retournerons	serai retourné(e)	serons retourné(e)s
retourneras	retournerez	seras retourné(e)	serez retourné(e)(s)
retournera	retourneront	sera retourné(e)	seront retourné(e)s
5 conditionnel		**12 conditionnel passé**	
retournerais	retournerions	serais retourné(e)	serions retourné(e)s
retournerais	retourneriez	serais retourné(e)	seriez retourné(e)(s)
retournerait	retourneraient	serait retourné(e)	seraient retourné(e)s
6 présent du subjonctif		**13 passé du subjonctif**	
retourne	retournions	sois retourné(e)	soyons retourné(e)s
retournes	retourniez	sois retourné(e)	soyez retourné(e)(s)
retourne	retournent	soit retourné(e)	soient retourné(e)s
7 imparfait du subjonctif		**14 plus-que-parfait du subjonctif**	
retournasse	retournassions	fusse retourné(e)	fussions retourné(e)s
retournasses	retournassiez	fusses retourné(e)	fussiez retourné(e)(s)
retournât	retournassent	fût retourné(e)	fussent retourné(e)s
		Impératif	
		retourne	
		retournons	
		retournez	

retourner une chaussette   to turn a sock inside out
retourner un matelas   to turn over a mattress
retourner qqn   to change someone's mind
se retourner   to turn around; **se retourner sur le dos**   to turn over on one's back
un retour   return; **un billet de retour**   return ticket
un billet d'aller et retour   a round trip ticket
être de retour   to be back; **Madame Dupin sera de retour demain.**

to succeed, to result

The Seven Simple Tenses		The Seven Compound Tenses	
Singular	Plural	Singular	Plural

1 présent de l'indicatif		8 passé composé	
réussis	réussissons	ai réussi	avons réussi
réussis	réussissez	as réussi	avez réussi
réussit	réussissent	a réussi	ont réussi

2 imparfait de l'indicatif		9 plus-que-parfait de l'indicatif	
réussissais	réussissions	avais réussi	avions réussi
réussissais	réussissiez	avais réussi	aviez réussi
réussissait	réussissaient	avait réussi	avaient réussi

3 passé simple		10 passé antérieur	
réussis	réussîmes	eus réussi	eûmes réussi
réussis	réussîtes	eus réussi	eûtes réussi
réussit	réussirent	eut réussi	eurent réussi

4 futur		11 futur antérieur	
réussirai	réussirons	aurai réussi	aurons réussi
réussiras	réussirez	auras réussi	aurez réussi
réussira	réussiront	aura réussi	auront réussi

5 conditionnel		12 conditionnel passé	
réussirais	réussirions	aurais réussi	aurions réussi
réussirais	réussiriez	aurais réussi	auriez réussi
réussirait	réussiraient	aurait réussi	auraient réussi

6 présent du subjonctif		13 passé du subjonctif	
réussisse	réussissions	aie réussi	ayons réussi
réussisses	réussissiez	aies réussi	ayez réussi
réussisse	réussissent	ait réussi	aient réussi

7 imparfait du subjonctif		14 plus-que-parfait du subjonctif	
réussisse	réussissions	eusse réussi	eussions réussi
réussisses	réussissiez	eusses réussi	eussiez réussi
réussît	réussissent	eût réussi	eussent réussi

Impératif
réussis
réussissons
réussissez

réussir à qqch   to succeed in something
réussir à un examen   to pass an exam
une réussite   success; **une réussite sociale**   social success
réussir   to result; **Le projet a mal réussi**   The plan turned out badly; **Le projet a bien réussi**   The plan turned out well.

The Seven Simple Tenses		The Seven Compound Tenses	
Singular	Plural	Singular	Plural

1 présent de l'indicatif

		8 passé composé	
me réveille	nous réveillons	me suis réveillé(e)	nous sommes réveillé(e)s
te réveilles	vous réveillez	t'es réveillé(e)	vous êtes réveillé(e)(s)
se réveille	se réveillent	s'est réveillé(e)	se sont réveillé(e)s

2 imparfait de l'indicatif

		9 plus-que-parfait de l'indicatif	
me réveillais	nous réveillions	m'étais réveillé(e)	nous étions réveillé(e)s
te réveillais	vous réveilliez	t'étais réveillé(e)	vous étiez réveillé(e)(s)
se réveillait	se réveillaient	s'était réveillé(e)	s'étaient réveillé(e)s

3 passé simple

		10 passé antérieur	
me réveillai	nous réveillâmes	me fus réveillé(e)	nous fûmes réveillé(e)s
te réveillas	vous réveillâtes	te fus réveillé(e)	vous fûtes réveillé(e)(s)
se réveilla	se réveillèrent	se fut réveillé(e)	se furent réveillé(e)s

4 futur

		11 futur antérieur	
me réveillerai	nous réveillerons	me serai réveillé(e)	nous serons réveillé(e)s
te réveilleras	vous réveillerez	te seras réveillé(e)	vous serez réveillé(e)(s)
se réveillera	se réveilleront	se sera réveillé(e)	se seront réveillé(e)s

5 conditionnel

		12 conditionnel passé	
me réveillerais	nous réveillerions	me serais réveillé(e)	nous serions réveillé(e)s
te réveillerais	vous réveilleriez	te serais réveillé(e)	vous seriez réveillé(e)(s)
se réveillerait	se réveilleraient	se serait réveillé(e)	se seraient réveillé(e)s

6 présent du subjonctif

		13 passé du subjonctif	
me réveille	nous réveillions	me sois réveillé(e)	nous soyons réveillé(e)s
te réveilles	vous réveilliez	te sois réveillé(e)	vous soyez réveillé(e)(s)
se réveille	se réveillent	se soit réveillé(e)	se soient réveillé(e)s

7 imparfait du subjonctif

		14 plus-que-parfait du subjonctif	
me réveillasse	nous réveillassions	me fusse réveillé(e)	nous fussions réveillé(e)s
te réveillasses	vous réveillassiez	te fusses réveillé(e)	vous fussiez réveillé(e)(s)
se réveillât	se réveillassent	se fût réveillé(e)	se fussent réveillé(e)s

Impératif
réveille-toi; ne te réveille pas
réveillons-nous; ne nous réveillons pas
réveillez-vous; ne vous réveillez pas

le réveillon   Christmas or New Year's Eve party
faire réveillon   to see the New Year in, to see Christmas in on Christmas eve
un réveille-matin   alarm clock
éveiller (réveiller) qqn   to wake up, awaken someone; **éveiller**   implies to awaken or wake up gently; **réveiller**   suggests with some effort
veiller   to stay awake; **veiller à**   to look after
veiller sur   to watch over; **surveiller**   to keep an eye on
la veille de Noël   Christmas Eve

revenir	Part. pr. **revenant**	Part. passé **revenu(e)(s)**

to come back

The Seven Simple Tenses		The Seven Compound Tenses	
Singular	Plural	Singular	Plural

1 présent de l'indicatif		8 passé composé	
reviens	revenons	suis revenu(e)	sommes revenu(e)s
reviens	revenez	es revenu(e)	êtes revenu(e)(s)
revient	reviennent	est revenu(e)	sont revenu(e)s

2 imparfait de l'indicatif		9 plus-que-parfait de l'indicatif	
revenais	revenions	étais revenu(e)	étions revenu(e)s
revenais	reveniez	étais revenu(e)	étiez revenu(e)(s)
revenait	revenaient	était revenu(e)	étaient revenu(e)s

3 passé simple		10 passé antérieur	
revins	revînmes	fus revenu(e)	fûmes revenu(e)s
revins	revîntes	fus revenu(e)	fûtes revenu(e)(s)
revint	revinrent	fut revenu(e)	furent revenu(e)s

4 futur		11 futur antérieur	
reviendrai	reviendrons	serai revenu(e)	serons revenu(e)s
reviendras	reviendrez	seras revenu(e)	serez revenu(e)(s)
reviendra	reviendront	sera revenu(e)	seront revenu(e)s

5 conditionnel		12 conditionnel passé	
reviendrais	reviendrions	serais revenu(e)	serions revenu(e)s
reviendrais	reviendriez	serais revenu(e)	seriez revenu(e)(s)
reviendrait	reviendraient	serait revenu(e)	seraient revenu(e)s

6 présent du subjonctif		13 passé du subjonctif	
revienne	revenions	sois revenu(e)	soyons revenu(e)s
reviennes	reveniez	sois revenu(e)	soyez revenu(e)(s)
revienne	reviennent	soit revenu(e)	soient revenu(e)s

7 imparfait du subjonctif		14 plus-que-parfait du subjonctif	
revinsse	revinssions	fusse revenu(e)	fussions revenu(e)s
revinsses	revinssiez	fusses revenu(e)	fussiez revenu(e)(s)
revînt	revinssent	fût revenu(e)	fussent revenu(e)s

	Impératif
	reviens
	revenons
	revenez

---

le revenu revenue, income
à revenu fixe fixed interest
revenir d'une erreur to realize one's mistake
revenir au même to amount to the same thing
revenir sur ses pas to retrace one's steps
revenir sur le sujet to get back to the subject
revenir sur sa parole to go back on one's word
Tout revient à ceci. . . It all boils down to this. . .

254

to see again, to see once more

The Seven Simple Tenses		The Seven Compound Tenses	
Singular	Plural	Singular	Plural
1 présent de l'indicatif		**8 passé composé**	
revois	revoyons	ai revu	avons revu
revois	revoyez	as revu	avez revu
revoit	revoient	a revu	ont revu
2 imparfait de l'indicatif		**9 plus-que-parfait de l'indicatif**	
revoyais	revoyions	avais revu	avions revu
revoyais	revoyiez	avais revu	aviez revu
revoyait	revoyaient	avait revu	avaient revu
3 passé simple		**10 passé antérieur**	
revis	revîmes	eus revu	eûmes revu
revis	revîtes	eus revu	eûtes revu
revit	revirent	eut revu	eurent revu
4 futur		**11 futur antérieur**	
reverrai	reverrons	aurai revu	aurons revu
reverras	reverrez	auras revu	aurez revu
reverra	reverront	aura revu	auront revu
5 conditionnel		**12 conditionnel passé**	
reverrais	reverrions	aurais revu	aurions revu
reverrais	reverriez	aurais revu	auriez revu
reverrait	reverraient	aurait revu	auraient revu
6 présent du subjonctif		**13 passé du subjonctif**	
revoie	revoyions	aie revu	ayons revu
revoies	revoyiez	aies revu	ayez revu
revoie	revoient	ait revu	aient revu
7 imparfait du subjonctif		**14 plus-que-parfait du subjonctif**	
revisse	revissions	eusse revu	eussions revu
revisses	revissiez	eusses revu	eussiez revu
revît	revissent	eût revu	eussent revu

Impératif
revois
revoyons
revoyez

au revoir   good-bye, see you again, until we meet again
se revoir   to see each other again
une revue   review, magazine
un, une revuiste   a writer of reviews
une révision   revision; **à revoir**   to be revised

See also **voir**.

rire

Part. pr. riant **Part. passé ri**

to laugh

The Seven Simple Tenses		The Seven Compound Tenses	
Singular	Plural	Singular	Plural
1 présent de l'indicatif		**8 passé composé**	
ris	rions	ai ri	avons ri
ris	riez	as ri	avez ri
rit	rient	a ri	ont ri
2 imparfait de l'indicatif		**9 plus-que-parfait de l'indicatif**	
riais	riions	avais ri	avions ri
riais	riiez	avais ri	aviez ri
riait	riaient	avait ri	avaient ri
3 passé simple		**10 passé antérieur**	
ris	rîmes	eus ri	eûmes ri
ris	rîtes	eus ri	eûtes ri
rit	rirent	eut ri	eurent ri
4 futur		**11 futur antérieur**	
rirai	rirons	aurai ri	aurons ri
riras	rirez	auras ri	aurez ri
rira	riront	aura ri	auront ri
5 conditionnel		**12 conditionnel passé**	
rirais	ririons	aurais ri	aurions ri
rirais	ririez	aurais ri	auriez ri
rirait	riraient	aurait ri	auraient ri
6 présent du subjonctif		**13 passé du subjonctif**	
rie	riions	aie ri	ayons ri
ries	riiez	aies ri	ayez ri
rie	rient	ait ri	aient ri
7 imparfait du subjonctif		**14 plus-que-parfait du subjonctif**	
risse	rissions	eusse ri	eussions ri
risses	rissiez	eusses ri	eussiez ri
rît	rissent	eût ri	eussent ri

Impératif
ris
rions
riez

éclater de rire   to burst out laughing; **rire de**   to laugh at
dire qqch pour rire   to say something just for a laugh
rire au nez de qqn   to laugh in someone's face
rire de bon coeur   to laugh heartily
le rire   laughter; **un sourire**   smile; **risible**   laughable

See also **sourire**.

to break, to burst, to shatter, to break off

The Seven Simple Tenses		The Seven Compound Tenses	
Singular	Plural	Singular	Plural

1   présent de l'indicatif
romps	rompons
romps	rompez
rompt	rompent

8   passé composé
ai rompu	avons rompu
as rompu	avez rompu
a rompu	ont rompu

2   imparfait de l'indicatif
rompais	rompions
rompais	rompiez
rompait	rompaient

9   plus-que-parfait de l'indicatif
avais rompu	avions rompu
avais rompu	aviez rompu
avait rompu	avaient rompu

3   passé simple
rompis	rompîmes
rompis	rompîtes
rompit	rompirent

10   passé antérieur
eus rompu	eûmes rompu
eus rompu	eûtes rompu
eut rompu	eurent rompu

4   futur
romprai	romprons
rompras	romprez
rompra	rompront

11   futur antérieur
aurai rompu	aurons rompu
auras rompu	aurez rompu
aura rompu	auront rompu

5   conditionnel
romprais	romprions
romprais	rompriez
romprait	rompraient

12   conditionnel passé
aurais rompu	aurions rompu
aurais rompu	auriez rompu
aurait rompu	auraient rompu

6   présent du subjonctif
rompe	rompions
rompes	rompiez
rompe	rompent

13   passé du subjonctif
aie rompu	ayons rompu
aies rompu	ayez rompu
ait rompu	aient rompu

7   imparfait du subjonctif
rompisse	rompissions
rompisses	rompissiez
rompît	rompissent

14   plus-que-parfait du subjonctif
eusse rompu	eussions rompu
eusses rompu	eussiez rompu
eût rompu	eussent rompu

Impératif
romps
rompons
rompez

---

rompu de fatigue worn out	**corrompre** to corrupt
rompu aux affaires experienced in business	**interrompre** to interrupt
se rompre à to get used to	**une rupture** rupture, bursting
se rompre la tête to rack one's brains	**un rupteur** circuit breaker
une rupture de contrat breach of contract	**rompre avec qqn** to have a falling out with someone

to seize, to grasp, to comprehend

The Seven Simple Tenses		The Seven Compound Tenses	
Singular	Plural	Singular	Plural

1 présent de l'indicatif

saisis	saisissons	ai saisi	avons saisi
saisis	saisissez	as saisi	avez saisi
saisit	saisissent	a saisi	ont saisi

8 passé composé

2 imparfait de l'indicatif

saisissais	saisissions	avais saisi	avions saisi
saisissais	saisissiez	avais saisi	aviez saisi
saisissait	saisissaient	avait saisi	avaient saisi

9 plus-que-parfait de l'indicatif

3 passé simple

saisis	saisîmes	eus saisi	eûmes saisi
saisis	saisîtes	eus saisi	eûtes saisi
saisit	saisirent	eut saisi	eurent saisi

10 passé antérieur

4 futur

saisirai	saisirons	aurai saisi	aurons saisi
saisiras	saisirez	auras saisi	aurez saisi
saisira	saisiront	aura saisi	auront saisi

11 futur antérieur

5 conditionnel

saisirais	saisirions	aurais saisi	aurions saisi
saisirais	saisiriez	aurais saisi	auriez saisi
saisirait	saisiraient	aurait saisi	auraient saisi

12 conditionnel passé

6 présent du subjonctif

saisisse	saisissions	aie saisi	ayons saisi
saisisses	saisissiez	aies saisi	ayez saisi
saisisse	saisissent	ait saisi	aient saisi

13 passé du subjonctif

7 imparfait du subjonctif

saisisse	saisissions	eusse saisi	eussions saisi
saisisses	saisissiez	eusses saisi	eussiez saisi
saisît	saisissent	eût saisi	eussent saisi

14 plus-que-parfait du subjonctif

Impératif
saisis
saisissons
saisissez

un saisissement shock	saisir l'occasion to seize the opportunity
saisissable seizable	saisissable seizable
saisissant, saisissante thrilling, piercing	saisir la signification de qqch
une saisie seizure	to grasp the meaning of something
se saisir de to take possession of	

to soil, to dirty

The Seven Simple Tenses		The Seven Compound Tenses	
Singular	Plural	Singular	Plural

1 présent de l'indicatif
salis	salissons		
salis	salissez		
salit	salissent		

8 passé composé
ai sali	avons sali		
as sali	avez sali		
a sali	ont sali		

2 imparfait de l'indicatif
salissais	salissions
salissais	salissiez
salissait	salissaient

9 plus-que-parfait de l'indicatif
avais sali	avions sali
avais sali	aviez sali
avait sali	avaient sali

3 passé simple
salis	salîmes
salis	salîtes
salit	salirent

10 passé antérieur
eus sali	eûmes sali
eus sali	eûtes sali
eut sali	eurent sali

4 futur
salirai	salirons
saliras	salirez
salira	saliront

11 futur antérieur
aurai sali	aurons sali
auras sali	aurez sali
aura sali	auront sali

5 conditionnel
salirais	salirions
salirais	saliriez
salirait	saliraient

12 conditionnel passé
aurais sali	aurions sali
aurais sali	auriez sali
aurait sali	auraient sali

6 présent du subjonctif
salisse	salissions
salisses	salissiez
salisse	salissent

13 passé du subjonctif
aie sali	ayons sali
aies sali	ayez sali
ait sali	aient sali

7 imparfait du subjonctif
salisse	salissions
salisses	salissiez
salît	salissent

14 plus-que-parfait du subjonctif
eusse sali	eussions sali
eusses sali	eussiez sali
eût sali	eussent sali

Impératif
salis
salissons
salissez

---

sale dirty, soiled	**dire des saletés** to use filthy language
salement disgustingly	**un saligaud, une saligaude** filthy beast
la saleté filth	

Avez-vous jamais lu ou vu la pièce de théâtre *Les Mains sales* de Jean-Paul Sartre?

sauter

Part. pr. **sautant**   Part. passé **sauté**

to jump, to leap

The Seven Simple Tenses		The Seven Compound Tenses	
Singular	Plural	Singular	Plural
1 présent de l'indicatif		**8 passé composé**	
saute	sautons	ai sauté	avons sauté
sautes	sautez	as sauté	avez sauté
saute	sautent	a sauté	ont sauté
2 imparfait de l'indicatif		**9 plus-que-parfait de l'indicatif**	
sautais	sautions	avais sauté	avions sauté
sautais	sautiez	avais sauté	aviez sauté
sautait	sautaient	avait sauté	avaient sauté
3 passé simple		**10 passé antérieur**	
sautai	sautâmes	eus sauté	eûmes sauté
sautas	sautâtes	eus sauté	eûtes sauté
sauta	sautèrent	eut sauté	eurent sauté
4 futur		**11 futur antérieur**	
sauterai	sauterons	aurai sauté	aurons sauté
sauteras	sauterez	auras sauté	aurez sauté
sautera	sauteront	aura sauté	auront sauté
5 conditionnel		**12 conditionnel passé**	
sauterais	sauterions	aurais sauté	aurions sauté
sauterais	sauteriez	aurais sauté	auriez sauté
sauterait	sauteraient	aurait sauté	auraient sauté
6 présent du subjonctif		**13 passé du subjonctif**	
saute	sautions	aie sauté	ayons sauté
sautes	sautiez	aies sauté	ayez sauté
saute	sautent	ait sauté	aient sauté
7 imparfait du subjonctif		**14 plus-que-parfait du subjonctif**	
sautasse	sautassions	eusse sauté	eussions sauté
sautasses	sautassiez	eusses sauté	eussiez sauté
sautât	sautassent	eût sauté	eussent sauté

Impératif
saute
sautons
sautez

---

un saut leap, jump	sauter au bas du lit to jump out of bed
une sauterelle grasshopper	faire sauter une crêpe to toss a pancake
sautiller to skip, to hop	Cela saute aux yeux. That's obvious.
sauter à la corde to jump (skip) rope	

260

to rescue, to save

The Seven Simple Tenses		The Seven Compound Tenses	
Singular	Plural	Singular	Plural
1 présent de l'indicatif		**8 passé composé**	
sauve	sauvons	ai sauvé	avons sauvé
sauves	sauvez	as sauvé	avez sauvé
sauve	sauvent	a sauvé	ont sauvé
2 imparfait de l'indicatif		**9 plus-que-parfait de l'indicatif**	
sauvais	sauvions	avais sauvé	avions sauvé
sauvais	sauviez	avais sauvé	aviez sauvé
sauvait	sauvaient	avait sauvé	avaient sauvé
3 passé simple		**10 passé antérieur**	
sauvai	sauvâmes	eus sauvé	eûmes sauvé
sauvas	sauvâtes	eus sauvé	eûtes sauvé
sauva	sauvèrent	eut sauvé	eurent sauvé
4 futur		**11 futur antérieur**	
sauverai	sauverons	aurai sauvé	aurons sauvé
sauveras	sauverez	auras sauvé	aurez sauvé
sauvera	sauveront	aura sauvé	auront sauvé
5 conditionnel		**12 conditionnel passé**	
sauverais	sauverions	aurais sauvé	aurions sauvé
sauverais	sauveriez	aurais sauvé	auriez sauvé
sauverait	sauveraient	aurait sauvé	auraient sauvé
6 présent du subjonctif		**13 passé du subjonctif**	
sauve	sauvions	aie sauvé	ayons sauvé
sauves	sauviez	aies sauvé	ayez sauvé
sauve	sauvent	ait sauvé	aient sauvé
7 imparfait du subjonctif		**14 plus-que-parfait du subjonctif**	
sauvasse	sauvassions	eusse sauvé	eussions sauvé
sauvasses	sauvassiez	eusses sauvé	eussiez sauvé
sauvât	sauvassent	eût sauvé	eussent sauvé

Impératif
sauve
sauvons
sauvez

---

sauvegarder to safeguard	**se sauver** to run away, to escape, to rush off
le sauvetage life-saving, rescue	**sauver la vie à qqn** to save someone's life
sauve-qui-peut run for your life	
sauver les apparences to preserve appearances	**une échelle de sauvetage** fire escape

See also **se sauver**.

to run away, to rush off, to escape

The Seven Simple Tenses		The Seven Compound Tenses	
Singular	Plural	Singular	Plural
1 présent de l'indicatif		**8 passé composé**	
me sauve	nous sauvons	me suis sauvé(e)	nous sommes sauvé(e)s
te sauves	vous sauvez	t'es sauvé(e)	vous êtes sauvé(e)(s)
se sauve	se sauvent	s'est sauvé(e)	se sont sauvé(e)s
2 imparfait de l'indicatif		**9 plus-que-parfait de l'indicatif**	
me sauvais	nous sauvions	m'étais sauvé(e)	nous étions sauvé(e)s
te sauvais	vous sauviez	t'étais sauvé(e)	vous étiez sauvé(e)(s)
se sauvait	se sauvaient	s'était sauvé(e)	s'étaient sauvé(e)s
3 passé simple		**10 passé antérieur**	
me sauvai	nous sauvâmes	me fus sauvé(e)	nous fûmes sauvé(e)s
te sauvas	vous sauvâtes	te fus sauvé(e)	vous fûtes sauvé(e)(s)
se sauva	se sauvèrent	se fut sauvé(e)	se furent sauvé(e)s
4 futur		**11 futur antérieur**	
me sauverai	nous sauverons	me serai sauvé(e)	nous serons sauvé(e)s
te sauveras	vous sauverez	te seras sauvé(e)	vous serez sauvé(e)(s)
se sauvera	se sauveront	se sera sauvé(e)	se seront sauvé(e)s
5 conditionnel		**12 conditionnel passé**	
me sauverais	nous sauverions	me serais sauvé(e)	nous serions sauvé(e)s
te sauverais	vous sauveriez	te serais sauvé(e)	vous seriez sauvé(e)(s)
se sauverait	se sauveraient	se serait sauvé(e)	se seraient sauvé(e)s
6 présent du subjonctif		**13 passé du subjonctif**	
me sauve	nous sauvions	me sois sauvé(e)	nous soyons sauvé(e)s
te sauves	vous sauviez	te sois sauvé(e)	vous soyez sauvé(e)(s)
se sauve	se sauvent	se soit sauvé(e)	se soient sauvé(e)s
7 imparfait du subjonctif		**14 plus-que-parfait du subjonctif**	
me sauvasse	nous sauvassions	me fusse sauvé(e)	nous fussions sauvé(e)s
te sauvasses	vous sauvassiez	te fusses sauvé(e)	vous fussiez sauvé(e)(s)
se sauvât	se sauvassent	se fût sauvé(e)	se fussent sauvé(e)s

Impératif
sauve-toi; ne te sauve pas
sauvons-nous; ne nous sauvons pas
sauvez-vous; ne vous sauvez pas

---

se sauver de prison	to get out of prison	**sauver**	to rescue, to save
sauvegarder	to safeguard	**sauver la vie à qqn**	to save someone's life
le sauvetage	life-saving, rescue		
sauve-qui-peut	run for your life		

to know (how)

The Seven Simple Tenses		The Seven Compound Tenses	
Singular	Plural	Singular	Plural

1 présent de l'indicatif

sais	savons
sais	savez
sait	savent

8 passé composé

ai su	avons su
as su	avez su
a su	ont su

2 imparfait de l'indicatif

savais	savions
savais	saviez
savait	savaient

9 plus-que-parfait de l'indicatif

avais su	avions su
avais su	aviez su
avait su	avaient su

3 passé simple

sus	sûmes
sus	sûtes
sut	surent

10 passé antérieur

eus su	eûmes su
eus su	eûtes su
eut su	eurent su

4 futur

saurai	saurons
sauras	saurez
saura	sauront

11 futur antérieur

aurai su	aurons su
auras su	aurez su
aura su	auront su

5 conditionnel

saurais	saurions
saurais	sauriez
saurait	sauraient

12 conditionnel passé

aurais su	aurions su
aurais su	auriez su
aurait su	auraient su

6 présent du subjonctif

sache	sachions
saches	sachiez
sache	sachent

13 passé du subjonctif

aie su	ayons su
aies su	ayez su
ait su	aient su

7 imparfait du subjonctif

susse	sussions
susses	sussiez
sût	sussent

14 plus-que-parfait du subjonctif

eusse su	eussions su
eusses su	eussiez su
eût su	eussent su

Impératif
sache
sachons
sachez

---

le savoir knowledge	savoir faire qqch to know how to do
le savoir-faire know-how, tact, ability	something; **Savez-vous jouer du piano?**
le savoir-vivre to be well-mannered, well-bred	**Autant que je sache. . .** As far as I know. . .
faire savoir to inform	**C'est à savoir** That remains to be seen.
Pas que je sache Not to my knowledge	

sembler	Part. pr. — Part. passé **semblé**

to seem

The Seven Simple Tenses	The Seven Compound Tenses
Singular	Singular
1 présent de l'indicatif **il semble**	8 passé composé **il a semblé**
2 imparfait de l'indicatif **il semblait**	9 plus-que-parfait de l'indicatif **il avait semblé**
3 passé simple **il sembla**	10 passé antérieur **il eut semblé**
4 futur **il semblera**	11 futur antérieur **il aura semblé**
5 conditionnel **il semblerait**	12 conditionnel passé **il aurait semblé**
6 présent du subjonctif **qu'il semble**	13 passé du subjonctif **qu'il ait semblé**
7 imparfait du subjonctif **qu'il semblât**	14 plus-que-parfait du subjonctif **qu'il eût semblé**

Impératif
—

This verb has regular forms in all the tenses (like **ressembler** among the 301 verbs in this book) but much of the time it is used impersonally in the forms given above with **il** (it) as the subject.

Il me semble difficile.
  It seems difficult to me.

C'est ce qui me semble.
  That's what it looks like to me.

to feel, to smell, to perceive

The Seven Simple Tenses		The Seven Compound Tenses	
Singular	Plural	Singular	Plural

1 présent de l'indicatif

		8 passé composé	
sens	sentons	ai senti	avons senti
sens	sentez	as senti	avez senti
sent	sentent	a senti	ont senti

2 imparfait de l'indicatif

		9 plus-que-parfait de l'indicatif	
sentais	sentions	avais senti	avions senti
sentais	sentiez	avais senti	aviez senti
sentait	sentaient	avait senti	avaient senti

3 passé simple

		10 passé antérieur	
sentis	sentîmes	eus senti	eûmes senti
sentis	sentîtes	eus senti	eûtes senti
sentit	sentirent	eut senti	eurent senti

4 futur

		11 futur antérieur	
sentirai	sentirons	aurai senti	aurons senti
sentiras	sentirez	auras senti	aurez senti
sentira	sentiront	aura senti	auront senti

5 conditionnel

		12 conditionnel passé	
sentirais	sentirions	aurais senti	aurions senti
sentirais	sentiriez	aurais senti	auriez senti
sentirait	sentiraient	aurait senti	auraient senti

6 présent du subjonctif

		13 passé du subjonctif	
sente	sentions	aie senti	ayons senti
sentes	sentiez	aies senti	ayez senti
sente	sentent	ait senti	aient senti

7 imparfait du subjonctif

		14 plus-que-parfait du subjonctif	
sentisse	sentissions	eusse senti	eussions senti
sentisses	sentissiez	eusses senti	eussiez senti
sentît	sentissent	eût senti	eussent senti

Impératif
sens
sentons
sentez

un sentiment feeling, sense, impression	**sentir bon** to smell good
sentimental, sentimentale sentimental	**sentir mauvais** to smell bad
la sentimentalité sentimentality	**faire sentir qqch à qqn** to make someone
sentir le chagrin to feel sorrow	feel something
se sentir + adj. to feel + adj.;	**se faire sentir** to make itself felt
Je me sens malade. I feel sick.	**ne se sentir pas bien** not to feel well; **Je ne**
	me sens pas bien. I don't feel well.

servir

Part. pr. **servant** Part. passé **servi**

to serve, to be useful

The Seven Simple Tenses		The Seven Compound Tenses	
Singular	Plural	Singular	Plural
1 présent de l'indicatif		**8 passé composé**	
sers	servons	ai servi	avons servi
sers	servez	as servi	avez servi
sert	servent	a servi	ont servi
2 imparfait de l'indicatif		**9 plus-que-parfait de l'indicatif**	
servais	servions	avais servi	avions servi
servais	serviez	avais servi	aviez servi
servait	servaient	avait servi	avaient servi
3 passé simple		**10 passé antérieur**	
servis	servîmes	eus servi	eûmes servi
servis	servîtes	eus servi	eûtes servi
servit	servirent	eut servi	eurent servi
4 futur		**11 futur antérieur**	
servirai	servirons	aurai servi	aurons servi
serviras	servirez	auras servi	aurez servi
servira	serviront	aura servi	auront servi
5 conditionnel		**12 conditionnel passé**	
servirais	servirions	aurais servi	aurions servi
servirais	serviriez	aurais servi	auriez servi
servirait	serviraient	aurait servi	auraient servi
6 présent du subjonctif		**13 passé du subjonctif**	
serve	servions	aie servi	ayons servi
serves	serviez	aies servi	ayez servi
serve	servent	ait servi	aient servi
7 imparfait du subjonctif		**14 plus-que-parfait du subjonctif**	
servisse	servissions	eusse servi	eussions servi
servisses	servissiez	eusses servi	eussiez servi
servît	servissent	eût servi	eussent servi

Impératif
sers
servons
servez

le serveur waiter	se servir to serve oneself, to help oneself
la serveuse waitress	se servir de qqch to use something, to avail
le service service	oneself of something, to make use of
une serviette napkin	something
un serviteur servant	servir à qqch to be of some use
la servitude servitude	servir à rien to be of no use;
desservir to clear off the table	**Cela ne sert à rien** That serves no purpose.

266

to serve oneself, to help oneself (to food and drink)

The Seven Simple Tenses		The Seven Compound Tenses	
Singular	Plural	Singular	Plural

1   présent de l'indicatif

me sers	nous servons	
te sers	vous servez	
se sert	se servent	

8   passé composé

me suis servi(e)	nous sommes servi(e)s
t'es servi(e)	vous êtes servi(e)(s)
s'est servi(e)	se sont servi(e)s

2   imparfait de l'indicatif

me servais	nous servions
te servais	vous serviez
se servait	se servaient

9   plus-que-parfait de l'indicatif

m'étais servi(e)	nous étions servi(e)s
t'étais servi(e)	vous étiez servi(e)(s)
s'était servi(e)	s'étaient servi(e)s

3   passé simple

me servis	nous servîmes
te servis	vous servîtes
se servit	se servirent

10   passé antérieur

me fus servi(e)	nous fûmes servi(e)s
te fus servi(e)	vous fûtes servi(e)(s)
se fut servi(e)	se furent servi(e)s

4   futur

me servirai	nous servirons
te serviras	vous servirez
se servira	se serviront

11   futur antérieur

me serai servi(e)	nous serons servi(e)s
te seras servi(e)	vous serez servi(e)(s)
se sera servi(e)	se seront servi(e)s

5   conditionnel

me servirais	nous servirions
te servirais	vous serviriez
se servirait	se serviraient

12   conditionnel passé

me serais servi(e)	nous serions servi(e)s
te serais servi(e)	vous seriez servi(e)(s)
se serait servi(e)	se seraient servi(e)s

6   présent du subjonctif

me serve	nous servions
te serves	vous serviez
se serve	se servent

13   passé du subjonctif

me sois servi(e)	nous soyons servi(e)s
te sois servi(e)	vous soyez servi(e)(s)
se soit servi(e)	se soient servi(e)s

7   imparfait du subjonctif

me servisse	nous servissions
te servisses	vous servissiez
se servît	se servissent

14   plus-que-parfait du subjonctif

me fusse servi(e)	nous fussions servi(e)s
te fusses servi(e)	vous fussiez servi(e)(s)
se fût servi(e)	se fussent servi(e)s

Impératif
sers-toi; ne te sers pas
servons-nous; ne nous servons pas
servez-vous; ne vous servez pas

---

un serviteur servant	**se servir de qqch** to use something, to make
la servitude servitude	use of something
le serveur waiter	**se servir** to serve oneself, to help oneself;
la serveuse waitress	**Servez-vous, je vous en prie!** Help
le service service	yourself, please!
une serviette napkin	**Est-ce qu'on se sert seul dans ce restaurant?**
	— Oui, c'est un restaurant self-service.

See also **servir**.

songer

Part. pr. **songeant**   Part. passé **songé**

to dream, to think

The Seven Simple Tenses		The Seven Compound Tenses	
Singular	Plural	Singular	Plural
1 présent de l'indicatif		**8 passé composé**	
songe	songeons	ai songé	avons songé
songes	songez	as songé	avez songé
songe	songent	a songé	ont songé
2 imparfait de l'indicatif		**9 plus-que-parfait de l'indicatif**	
songeais	songions	avais songé	avions songé
songeais	songiez	avais songé	aviez songé
songeait	songeaient	avait songé	avaient songé
3 passé simple		**10 passé antérieur**	
songeai	songeâmes	eus songé	eûmes songé
songeas	songeâtes	eus songé	eûtes songé
songea	songèrent	eut songé	eurent songé
4 futur		**11 futur antérieur**	
songerai	songerons	aurai songé	aurons songé
songeras	songerez	auras songé	aurez songé
songera	songeront	aura songé	auront songé
5 conditionnel		**12 conditionnel passé**	
songerais	songerions	aurais songé	aurions songé
songerais	songeriez	aurais songé	auriez songé
songerait	songeraient	aurait songé	auraient songé
6 présent du subjonctif		**13 passé du subjonctif**	
songe	songions	aie songé	ayons songé
songes	songiez	aies songé	ayez songé
songe	songent	ait songé	aient songé
7 imparfait du subjonctif		**14 plus-que-parfait du subjonctif**	
songeasse	songeassions	eusse songé	eussions songé
songeasses	songeassiez	eusses songé	eussiez songé
songeât	songeassent	eût songé	eussent songé

Impératif
songe
songeons
songez

---

un songe   dream
un songeur, une songeuse   dreamer
songer à l'avenir   to think of the future
faire un songe   to have a dream

songer à   to think of something, to give
thought to something
Songez-y bien!   Think it over carefully!

The Seven Simple Tenses		The Seven Compound Tenses	
Singular	Plural	Singular	Plural
1 présent de l'indicatif		**8 passé composé**	
sonne	sonnons	ai sonné	avons sonné
sonnes	sonnez	as sonné	avez sonné
sonne	sonnent	a sonné	ont sonné
2 imparfait de l'indicatif		**9 plus-que-parfait de l'indicatif**	
sonnais	sonnions	avais sonné	avions sonné
sonnais	sonniez	avais sonné	aviez sonné
sonnait	sonnaient	avait sonné	avaient sonné
3 passé simple		**10 passé antérieur**	
sonnai	sonnâmes	eus sonné	eûmes sonné
sonnas	sonnâtes	eus sonné	eûtes sonné
sonna	sonnèrent	eut sonné	eurent sonné
4 futur		**11 futur antérieur**	
sonnerai	sonnerons	aurai sonné	aurons sonné
sonneras	sonnerez	auras sonné	aurez sonné
sonnera	sonneront	aura sonné	auront sonné
5 conditionnel		**12 conditionnel passé**	
sonnerais	sonnerions	aurais sonné	aurions sonné
sonnerais	sonneriez	aurais sonné	auriez sonné
sonnerait	sonneraient	aurait sonné	auraient sonné
6 présent du subjonctif		**13 passé du subjonctif**	
sonne	sonnions	aie sonné	ayons sonné
sonnes	sonniez	aies sonné	ayez sonné
sonne	sonnent	ait sonné	aient sonné
7 imparfait du subjonctif		**14 plus-que-parfait du subjonctif**	
sonnasse	sonnassions	eusse sonné	eussions sonné
sonnasses	sonnassiez	eusses sonné	eussiez sonné
sonnât	sonnassent	eût sonné	eussent sonné

Impératif
sonne
sonnons
sonnez

une sonnerie ringing, chiming	**sonner creux** to sound hollow
une sonnette house bell, hand bell	**une sonnerie d'alarme** alarm bell
une sonnette électrique electric bell	**faire sonner un mot** to emphasize a word
le son sound, ringing	

sortir

Part. pr. **sortant**   Part. passé **sorti(e)(s)**

to go out, to leave

The Seven Simple Tenses		The Seven Compound Tenses	
Singular	Plural	Singular	Plural
1 présent de l'indicatif		**8 passé composé**	
sors	sortons	suis sorti(e)	sommes sorti(e)s
sors	sortez	es sorti(e)	êtes sorti(e)(s)
sort	sortent	est sorti(e)	sont sorti(e)s
2 imparfait de l'indicatif		**9 plus-que-parfait de l'indicatif**	
sortais	sortions	étais sorti(e)	étions sorti(e)s
sortais	sortiez	étais sorti(e)	étiez sorti(e)(s)
sortait	sortaient	était sorti(e)	étaient sorti(e)s
3 passé simple		**10 passé antérieur**	
sortis	sortîmes	fus sorti(e)	fûmes sorti(e)s
sortis	sortîtes	fus sorti(e)	fûtes sorti(e)(s)
sortit	sortirent	fut sorti(e)	furent sorti(e)s
4 futur		**11 futur antérieur**	
sortirai	sortirons	serai sorti(e)	serons sorti(e)s
sortiras	sortirez	seras sorti(e)	serez sorti(e)(s)
sortira	sortiront	sera sorti(e)	seront sorti(e)s
5 conditionnel		**12 conditionnel passé**	
sortirais	sortirions	serais sorti(e)	serions sorti(e)s
sortirais	sortiriez	serais sorti(e)	seriez sorti(e)(s)
sortirait	sortiraient	serait sorti(e)	seraient sorti(e)s
6 présent du subjonctif		**13 passé du subjonctif**	
sorte	sortions	sois sorti(e)	soyons sorti(e)s
sortes	sortiez	sois sorti(e)	soyez sorti(e)(s)
sorte	sortent	soit sorti(e)	soient sorti(e)s
7 imparfait du subjonctif		**14 plus-que-parfait du subjonctif**	
sortisse	sortissions	fusse sorti(e)	fussions sorti(e)s
sortisses	sortissiez	fusses sorti(e)	fussiez sorti(e)(s)
sortît	sortissent	fût sorti(e)	fussent sorti(e)s

Impératif
sors
sortons
sortez

This verb is conjugated with **avoir** when it has a direct object.

Example: **Elle a sorti son mouchoir.**   She took out her handkerchief.

BUT: **Elle est sortie hier soir.**   She went out last night.

ressortir   to go out again
une sortie   exit;
　une sortie de secours
　emergency exit

sortir du lit   to get out of bed
se sortir d'une situation   to get oneself out
　of a situation

270

to blow, to pant, to prompt (an actor/actress with a cue)

The Seven Simple Tenses		The Seven Compound Tenses	
Singular	Plural	Singular	Plural

1 présent de l'indicatif

souffle	soufflons		
souffles	soufflez		
souffle	soufflent		

8 passé composé

ai soufflé	avons soufflé		
as soufflé	avez soufflé		
a soufflé	ont soufflé		

2 imparfait de l'indicatif

soufflais	soufflions
soufflais	souffliez
soufflait	soufflaient

9 plus-que-parfait de l'indicatif

avais soufflé	avions soufflé
avais soufflé	aviez soufflé
avait soufflé	avaient soufflé

3 passé simple

soufflai	soufflâmes
soufflas	soufflâtes
souffla	soufflèrent

10 passé antérieur

eus soufflé	eûmes soufflé
eus soufflé	eûtes soufflé
eut soufflé	eurent soufflé

4 futur

soufflerai	soufflerons
souffleras	soufflerez
soufflera	souffleront

11 futur antérieur

aurai soufflé	aurons soufflé
auras soufflé	aurez soufflé
aura soufflé	auront soufflé

5 conditionnel

soufflerais	soufflerions
soufflerais	souffleriez
soufflerait	souffleraient

12 conditionnel passé

aurais soufflé	aurions soufflé
aurais soufflé	auriez soufflé
aurait soufflé	auraient soufflé

6 présent du subjonctif

souffle	soufflions
souffles	souffliez
souffle	soufflent

13 passé du subjonctif

aie soufflé	ayons soufflé
aies soufflé	ayez soufflé
ait soufflé	aient soufflé

7 imparfait du subjonctif

soufflasse	soufflassions
soufflasses	soufflassiez
soufflât	soufflassent

14 plus-que-parfait du subjonctif

eusse soufflé	eussions soufflé
eusses soufflé	eussiez soufflé
eût soufflé	eussent soufflé

Impératif
souffle
soufflons
soufflez

---

le souffle   breath, breathing
à bout de souffle   out of breath
retenir son souffle   to hold one's breath
couper le souffle à qqn   to take someone's breath away

souffrir

Part. pr. **souffrant**   Part. passé **souffert**

to suffer, to endure

The Seven Simple Tenses		The Seven Compound Tenses	
Singular	Plural	Singular	Plural
1 présent de l'indicatif		**8 passé composé**	
souffre	souffrons	ai souffert	avons souffert
souffres	souffrez	as souffert	avez souffert
souffre	souffrent	a souffert	ont souffert
2 imparfait de l'indicatif		**9 plus-que-parfait de l'indicatif**	
souffrais	souffrions	avais souffert	avions souffert
souffrais	souffriez	avais souffert	aviez souffert
souffrait	souffraient	avait souffert	avaient souffert
3 passé simple		**10 passé antérieur**	
souffris	souffrîmes	eus souffert	eûmes souffert
souffris	souffrîtes	eus souffert	eûtes souffert
souffrit	souffrirent	eut souffert	eurent souffert
4 futur		**11 futur antérieur**	
souffrirai	souffrirons	aurai souffert	aurons souffert
souffriras	souffrirez	auras souffert	aurez souffert
souffrira	souffriront	aura souffert	auront souffert
5 conditionnel		**12 conditionnel passé**	
souffrirais	souffririons	aurais souffert	aurions souffert
souffrirais	souffririez	aurais souffert	auriez souffert
souffrirait	souffriraient	aurait souffert	auraient souffert
6 présent du subjonctif		**13 passé du subjonctif**	
souffre	souffrions	aie souffert	ayons souffert
souffres	souffriez	aies souffert	ayez souffert
souffre	souffrent	ait souffert	aient souffert
7 imparfait du subjonctif		**14 plus-que-parfait du subjonctif**	
souffrisse	souffrissions	eusse souffert	eussions souffert
souffrisses	souffrissiez	eusses souffert	eussiez souffert
souffrît	souffrissent	eût souffert	eussent souffert

Impératif
souffre
souffrons
souffrez

la souffrance suffering
souffrant, souffrante ailing, sick
souffreteux, souffreteuse sickly, feeble

souffrir le froid to withstand the cold
Cela me fait souffrir
   That hurts me.

The Seven Simple Tenses		The Seven Compound Tenses	
Singular	Plural	Singular	Plural
1 présent de l'indicatif		**8 passé composé**	
souhaite	souhaitons	ai souhaité	avons souhaité
souhaites	souhaitez	as souhaité	avez souhaité
souhaite	souhaitent	a souhaité	ont souhaité
2 imparfait de l'indicatif		**9 plus-que-parfait de l'indicatif**	
souhaitais	souhaitions	avais souhaité	avions souhaité
souhaitais	souhaitiez	avais souhaité	aviez souhaité
souhaitait	souhaitaient	avait souhaité	avaient souhaité
3 passé simple		**10 passé antérieur**	
souhaitai	souhaitâmes	eus souhaité	eûmes souhaité
souhaitas	souhaitâtes	eus souhaité	eûtes souhaité
souhaita	souhaitèrent	eut souhaité	eurent souhaité
4 futur		**11 futur antérieur**	
souhaiterai	souhaiterons	aurai souhaité	aurons souhaité
souhaiteras	souhaiterez	auras souhaité	aurez souhaité
souhaitera	souhaiteront	aura souhaité	auront souhaité
5 conditionnel		**12 conditionnel passé**	
souhaiterais	souhaiterions	aurais souhaité	aurions souhaité
souhaiterais	souhaiteriez	aurais souhaité	auriez souhaité
souhaiterait	souhaiteraient	aurait souhaité	auraient souhaité
6 présent du subjonctif		**13 passé du subjonctif**	
souhaite	souhaitions	aie souhaité	ayons souhaité
souhaites	souhaitiez	aies souhaité	ayez souhaité
souhaite	souhaitent	ait souhaité	aient souhaité
7 imparfait du subjonctif		**14 plus-que-parfait du subjonctif**	
souhaitasse	souhaitassions	eusse souhaité	eussions souhaité
souhaitasses	souhaitassiez	eusses souhaité	eussiez souhaité
souhaitât	souhaitassent	eût souhaité	eussent souhaité

	Impératif
	souhaite
	souhaitons
	souhaitez

un souhait a wish	**souhaiter la bienvenue à qqn** to welcome
à souhait to one's liking	someone
souhaits de bonne année New Year's	**souhaiter le bonjour à qqn** to greet
greetings	someone
souhaiter bon voyage à qqn to wish	**souhaitable** desirable
someone a good trip	

273

soumettre		Part. pr. **soumettant**	Part. passé **soumis**

to submit

The Seven Simple Tenses		The Seven Compound Tenses	
Singular	Plural	Singular	Plural

1   présent de l'indicatif

soumets	soumettons	ai soumis	avons soumis
soumets	soumettez	as soumis	avez soumis
soumet	soumettent	a soumis	ont soumis

2   imparfait de l'indicatif

9   plus-que-parfait de l'indicatif

soumettais	soumettions	avais soumis	avions soumis
soumettais	soumettiez	avais soumis	aviez soumis
soumettait	soumettaient	avait soumis	avaient soumis

3   passé simple

10   passé antérieur

soumis	soumîmes	eus soumis	eûmes soumis
soumis	soumîtes	eus soumis	eûtes soumis
soumit	soumirent	eut soumis	eurent soumis

4   futur

11   futur antérieur

soumettrai	soumettrons	aurai soumis	aurons soumis
soumettras	soumettrez	auras soumis	aurez soumis
soumettra	soumettront	aura soumis	auront soumis

5   conditionnel

12   conditionnel passé

soumettrais	soumettrions	aurais soumis	aurions soumis
soumettrais	soumettriez	aurais soumis	auriez soumis
soumettrait	soumettraient	aurait soumis	auraient soumis

6   présent du subjonctif

13   passé du subjonctif

soumette	soumettions	aie soumis	ayons soumis
soumettes	soumettiez	aies soumis	ayez soumis
soumette	soumettent	ait soumis	aient soumis

7   imparfait du subjonctif

14   plus-que-parfait du subjonctif

soumisse	soumissions	eusse soumis	eussions soumis
soumisses	soumissiez	eusses soumis	eussiez soumis
soumît	soumissent	eût soumis	eussent soumis

Impératif
soumets
soumettons
soumettez

---

se soumettre à   to give in to, to comply with
se soumettre à une décision   to comply with a decision
la soumission   submission

See also **mettre** and compounds of **mettre**, e.g., **promettre**.

to smile

The Seven Simple Tenses		The Seven Compound Tenses	
Singular	Plural	Singular	Plural

1 présent de l'indicatif

souris	sourions
souris	souriez
sourit	sourient

8 passé composé

ai souri	avons souri
as souri	avez souri
a souri	ont souri

2 imparfait de l'indicatif

souriais	souriions
souriais	souriiez
souriait	souriaient

9 plus-que-parfait de l'indicatif

avais souri	avions souri
avais souri	aviez souri
avait souri	avaient souri

3 passé simple

souris	sourîmes
souris	sourîtes
sourit	sourirent

10 passé antérieur

eus souri	eûmes souri
eus souri	eûtes souri
eut souri	eurent souri

4 futur

sourirai	sourirons
souriras	sourirez
sourira	souriront

11 futur antérieur

aurai souri	aurons souri
auras souri	aurez souri
aura souri	auront souri

5 conditionnel

sourirais	souririons
sourirais	souririez
sourirait	souriraient

12 conditionnel passé

aurais souri	aurions souri
aurais souri	auriez souri
aurait souri	auraient souri

6 présent du subjonctif

sourie	souriions
souries	souriiez
sourie	sourient

13 passé du subjonctif

aie souri	ayons souri
aies souri	ayez souri
ait souri	aient souri

7 imparfait du subjonctif

sourisse	sourissions
sourisses	sourissiez
sourît	sourissent

14 plus-que-parfait du subjonctif

eusse souri	eussions souri
eusses souri	eussiez souri
eût souri	eussent souri

Impératif
souris
sourions
souriez

---

un sourire a smile
Gardez le sourire! Keep smiling!
un large sourire a broad smile
le rire laughter

See also **rire**.

sourire à to favor, to be favorable to, to smile on; **Claudine est heureuse; la vie lui sourit.**

se souvenir		Part. pr. se souvenant	Part. passé souvenu(e)(s)

to remember, to recall

The Seven Simple Tenses		The Seven Compound Tenses	
Singular	Plural	Singular	Plural

1 présent de l'indicatif

me souviens	nous souvenons
te souviens	vous souvenez
se souvient	se souviennent

8 passé composé

me suis	nous sommes	
t'es	vous êtes	+ souvenu(e)(s)
s'est	se sont	

2 imparfait de l'indicatif

me souvenais	nous souvenions
te souvenais	vous souveniez
se souvenait	se souvenaient

9 plus-que-parfait de l'indicatif

m'étais	nous étions	
t'étais	vous étiez	+ souvenu(e)(s)
s'était	s'étaient	

3 passé simple

me souvins	nous souvînmes
te souvins	vous souvîntes
se souvint	se souvinrent

10 passé antérieur

me fus	nous fûmes	
te fus	vous fûtes	+ souvenu(e)(s)
se fut	se furent	

4 futur

me souviendrai	nous souviendrons
te souviendras	vous souviendrez
se souviendra	se souviendront

11 futur antérieur

me serai	nous serons	
te seras	vous serez	+ souvenu(e)(s)
se sera	se seront	

5 conditionnel

me souviendrais	nous souviendrions
te souviendrais	vous souviendriez
se souviendrait	se souviendraient

12 conditionnel passé

me serais	nous serions	
te serais	vous seriez	+ souvenu(e)(s)
se serait	se seraient	

6 présent du subjonctif

me souvienne	nous souvenions
te souviennes	vous souveniez
se souvienne	se souviennent

13 passé du subjonctif

me sois	nous soyons	
te sois	vous soyez	+ souvenu(e)(s)
se soit	se soient	

7 imparfait du subjonctif

me souvinsse	nous souvinssions
te souvinsses	vous souvinssiez
se souvînt	se souvinssent

14 plus-que-parfait du subjonctif

me fusse	nous fussions	
te fusses	vous fussiez	+ souvenu(e)(s)
se fût	se fussent	

Impératif
souviens-toi; ne te souviens pas
souvenons-nous; ne nous souvenons pas
souvenez-vous; ne vous souvenez pas

---

un souvenir   souvenir, remembrance
Je m'en souviendrai!   I'll remember that! I won't forget that!
se souvenir de qqn ou de qqch   to remember someone or something

to suffice, to be sufficient, to be enough

The Seven Simple Tenses	The Seven Compound Tenses
Singular	Singular
1 présent de l'indicatif **il suffit**	8 passé composé **il a suffi**
2 imparfait de l'indicatif **il suffisait**	9 plus-que-parfait de l'indicatif **il avait suffi**
3 passé simple **il suffit**	10 passé antérieur **il eut suffi**
4 futur **il suffira**	11 futur antérieur **il aura suffi**
5 conditionnel **il suffirait**	12 conditionnel passé **il aurait suffi**
6 présent du subjonctif **qu'il suffise**	13 passé du subjonctif **qu'il ait suffi**
7 imparfait du subjonctif **qu'il suffît**	14 plus-que-parfait du subjonctif **qu'il eût suffi**

Impératif
Qu'il suffise!

---

la suffisance   sufficiency
suffisamment   sufficiently
Cela suffit!   That's quite enough!
Suffit!   Enough! Stop it!

to follow

The Seven Simple Tenses		The Seven Compound Tenses	
Singular	Plural	Singular	Plural
1 présent de l'indicatif		**8 passé composé**	
suis	suivons	ai suivi	avons suivi
suis	suivez	as suivi	avez suivi
suit	suivent	a suivi	ont suivi
2 imparfait de l'indicatif		**9 plus-que-parfait de l'indicatif**	
suivais	suivions	avais suivi	avions suivi
suivais	suiviez	avais suivi	aviez suivi
suivait	suivaient	avait suivi	avaient suivi
3 passé simple		**10 passé antérieur**	
suivis	suivîmes	eus suivi	eûmes suivi
suivis	suivîtes	eus suivi	eûtes suivi
suivit	suivirent	eut suivi	eurent suivi
4 futur		**11 futur antérieur**	
suivrai	suivrons	aurai suivi	aurons suivi
suivras	suivrez	auras suivi	aurez suivi
suivra	suivront	aura suivi	auront suivi
5 conditionnel		**12 conditionnel passé**	
suivrais	suivrions	aurais suivi	aurions suivi
suivrais	suivriez	aurais suivi	auriez suivi
suivrait	suivraient	aurait suivi	auraient suivi
6 présent du subjonctif		**13 passé du subjonctif**	
suive	suivions	aie suivi	ayons suivi
suives	suiviez	aies suivi	ayez suivi
suive	suivent	ait suivi	aient suivi
7 imparfait du subjonctif		**14 plus-que-parfait du subjonctif**	
suivisse	suivissions	eusse suivi	eussions suivi
suivisses	suivissiez	eusses suivi	eussiez suivi
suivît	suivissent	eût suivi	eussent suivi

Impératif
suis
suivons
suivez

---

suivant according to
suivant que. . . according as . . .
la suite continuation
à la suite de coming after
de suite in succession, right away
à suivre to be continued

le jour suivant on the following day
les questions suivantes the following
   questions
tout de suite immediately
suivre un cours to take a course

to be silent, to be quiet, not to speak

The Seven Simple Tenses		The Seven Compound Tenses	
Singular	Plural	Singular	Plural
1 présent de l'indicatif		**8 passé composé**	
me tais	nous taisons	me suis tu(e)	nous sommes tu(e)s
te tais	vous taisez	t'es tu(e)	vous êtes tu(e)(s)
se tait	se taisent	s'est tu(e)	se sont tu(e)s
2 imparfait de l'indicatif		**9 plus-que-parfait de l'indicatif**	
me taisais	nous taisions	m'étais tu(e)	nous étions tu(e)s
te taisais	vous taisiez	t'étais tu(e)	vous étiez tu(e)(s)
se taisait	se taisaient	s'était tu(e)	s'étaient tu(e)s
3 passé simple		**10 passé antérieur**	
me tus	nous tûmes	me fus tu(e)	nous fûmes tu(e)s
te tus	vous tûtes	te fus tu(e)	vous fûtes tu(e)(s)
se tut	se turent	se fut tu(e)	se furent tu(e)s
4 futur		**11 futur antérieur**	
me tairai	nous tairons	me serai tu(e)	nous serons tu(e)s
te tairas	vous tairez	te seras tu(e)	vous serez tu(e)(s)
se taira	se tairont	se sera tu(e)	se seront tu(e)s
5 conditionnel		**12 conditionnel passé**	
me tairais	nous tairions	me serais tu(e)	nous serions tu(e)s
te tairais	vous tairiez	te serais tu(e)	vous seriez tu(e)(s)
se tairait	se tairaient	se serait tu(e)	se seraient tu(e)s
6 présent du subjonctif		**13 passé du subjonctif**	
me taise	nous taisions	me sois tu(e)	nous soyons tu(e)s
te taises	vous taisiez	te sois tu(e)	vous soyez tu(e)(s)
se taise	se taisent	se soit tu(e)	se soient tu(e)s
7 imparfait du subjonctif		**14 plus-que-parfait du subjonctif**	
me tusse	nous tussions	me fusse tu(e)	nous fussions tu(e)s
te tusses	vous tussiez	te fusses tu(e)	vous fussiez tu(e)(s)
se tût	se tussent	se fût tu(e)	se fussent tu(e)s

Impératif
tais-toi; ne te tais pas
taisons-nous; ne nous taisons pas
taisez-vous; ne vous taisez pas

—Marie, veux-tu te taire! Tu es trop bavarde. Et toi, Hélène, tais-toi aussi.
Les deux élèves ne se taisent pas. La maîtresse de chimie continue:
—Taisez-vous, je vous dis, toutes les deux; autrement, vous resterez dans cette salle après la classe.
Les deux jeunes filles se sont tues.

See also **bavarder** and **cesser**.

téléphoner

Part. pr. téléphonant   **Part. passé** téléphoné

to telephone

The Seven Simple Tenses		The Seven Compound Tenses	
Singular	Plural	Singular	Plural
1 présent de l'indicatif		**8 passé composé**	
téléphone	téléphonons	ai téléphoné	avons téléphoné
téléphones	téléphonez	as téléphoné	avez téléphoné
téléphone	téléphonent	a téléphoné	ont téléphoné
2 imparfait de l'indicatif		**9 plus-que-parfait de l'indicatif**	
téléphonais	téléphonions	avais téléphoné	avions téléphoné
téléphonais	téléphoniez	avais téléphoné	aviez téléphoné
téléphonait	téléphonaient	avait téléphoné	avaient téléphoné
3 passé simple		**10 passé antérieur**	
téléphonai	téléphonâmes	eus téléphoné	eûmes téléphoné
téléphonas	téléphonâtes	eus téléphoné	eûtes téléphoné
téléphona	téléphonèrent	eut téléphoné	eurent téléphoné
4 futur		**11 futur antérieur**	
téléphonerai	téléphonerons	aurai téléphoné	aurons téléphoné
téléphoneras	téléphonerez	auras téléphoné	aurez téléphoné
téléphonera	téléphoneront	aura téléphoné	auront téléphoné
5 conditionnel		**12 conditionnel passé**	
téléphonerais	téléphonerions	aurais téléphoné	aurions téléphoné
téléphonerais	téléphoneriez	aurais téléphoné	auriez téléphoné
téléphonerait	téléphoneraient	aurait téléphoné	auraient téléphoné
6 présent du subjonctif		**13 passé du subjonctif**	
téléphone	téléphonions	aie téléphoné	ayons téléphoné
téléphones	téléphoniez	aies téléphoné	ayez téléphoné
téléphone	téléphonent	ait téléphoné	aient téléphoné
7 imparfait du subjonctif		**14 plus-que-parfait du subjonctif**	
téléphonasse	téléphonassions	eusse téléphoné	eussions téléphoné
téléphonasses	téléphonassiez	eusses téléphoné	eussiez téléphoné
téléphonât	téléphonassent	eût téléphoné	eussent téléphoné

Impératif
téléphone
téléphonons
téléphonez

le téléphone   telephone
téléphonique   telephonic
téléphoniquement   telephonically
  (by telephone)
un, une téléphoniste   telephone operator

téléphoner à qqn
  to telephone someone
Marie? Je lui ai téléphoné hier.
  Mary? I telephoned her yesterday.

to hold, to grasp

The Seven Simple Tenses		The Seven Compound Tenses	
Singular	Plural	Singular	Plural
1 présent de l'indicatif		**8 passé composé**	
tiens	tenons	ai tenu	avons tenu
tiens	tenez	as tenu	avez tenu
tient	tiennent	a tenu	ont tenu
2 imparfait de l'indicatif		**9 plus-que-parfait de l'indicatif**	
tenais	tenions	avais tenu	avions tenu
tenais	teniez	avais tenu	aviez tenu
tenait	tenaient	avait tenu	avaient tenu
3 passé simple		**10 passé antérieur**	
tins	tînmes	eus tenu	eûmes tenu
tins	tîntes	eus tenu	eûtes tenu
tint	tinrent	eut tenu	eurent tenu
4 futur		**11 futur antérieur**	
tiendrai	tiendrons	aurai tenu	aurons tenu
tiendras	tiendrez	auras tenu	aurez tenu
tiendra	tiendront	aura tenu	auront tenu
5 conditionnel		**12 conditionnel passé**	
tiendrais	tiendrions	aurais tenu	aurions tenu
tiendrais	tiendriez	aurais tenu	auriez tenu
tiendrait	tiendraient	aurait tenu	auraient tenu
6 présent du subjonctif		**13 passé du subjonctif**	
tienne	tenions	aie tenu	ayons tenu
tiennes	teniez	aies tenu	ayez tenu
tienne	tiennent	ait tenu	aient tenu
7 imparfait du subjonctif		**14 plus-que-parfait du subjonctif**	
tinsse	tinssions	eusse tenu	eussions tenu
tinsses	tinssiez	eusses tenu	eussiez tenu
tînt	tinssent	eût tenu	eussent tenu

	Impératif
	tiens
	tenons
	tenez

---

tenir de qqn   to take after (to favor) someone; **Robert tient de son père**
   Robert takes after his father.
tenir de bonne source   to have on good authority
tenir à qqch   to cherish something

terminer

Part. pr. **terminant**   Part. passé **terminé**

to terminate, to finish, to end

The Seven Simple Tenses		The Seven Compound Tenses	
Singular	Plural	Singular	Plural

1 présent de l'indicatif

		8 passé composé	
termine	terminons	ai terminé	avons teminé
termines	terminez	as terminé	avez terminé
termine	terminent	a terminé	ont terminé

2 imparfait de l'indicatif

		9 plus-que-parfait de l'indicatif	
terminais	terminions	avais terminé	avions terminé
terminais	terminiez	avais terminé	aviez terminé
terminait	terminaient	avait terminé	avaient terminé

3 passé simple

		10 passé antérieur	
terminai	terminâmes	eus terminé	eûmes terminé
terminas	terminâtes	eus terminé	eûtes terminé
termina	terminèrent	eut terminé	eurent terminé

4 futur

		11 futur antérieur	
terminerai	terminerons	aurai terminé	aurons terminé
termineras	terminerez	auras terminé	aurez terminé
terminera	termineront	aura terminé	auront termine

5 conditionnel

		12 conditionnel passé	
terminerais	terminerions	aurais terminé	aurions terminé
terminerais	termineriez	aurais terminé	auriez terminé
terminerait	termineraient	aurait terminé	auraient terminé

6 présent du subjonctif

		13 passé du subjonctif	
termine	terminions	aie terminé	ayons terminé
termines	terminiez	aies terminé	ayez terminé
termine	terminent	ait terminé	aient terminé

7 imparfait du subjonctif

		14 plus-que-parfait du subjonctif	
terminasse	terminassions	eusse terminé	eussions terminé
terminasses	terminassiez	eusses terminé	eussiez terminé
terminât	terminassent	eût terminé	eussent terminé

Impératif
termine
terminons
terminez

---

terminal, terminale terminal
la terminaison ending, termination
terminable terminable
interminable interminable, endless
exterminer to exterminate

se terminer to end (itself)
se terminer en to end in; **un verbe qui se termine en** *er*. . . a verb that ends in *er*. . .

The Seven Simple Tenses		The Seven Compound Tenses	
Singular	Plural	Singular	Plural
1 présent de l'indicatif		**8 passé composé**	
tombe	tombons	suis tombé(e)	sommes tombé(e)s
tombes	tombez	es tombé(e)	êtes tombé(e)(s)
tombe	tombent	est tombé(e)	sont tombé(e)s
2 imparfait de l'indicatif		**9 plus-que-parfait de l'indicatif**	
tombais	tombions	étais tombé(e)	étions tombé(e)s
tombais	tombiez	étais tombé(e)	étiez tombé(e)(s)
tombait	tombaient	était tombé(e)	étaient tombé(e)s
3 passé simple		**10 passé antérieur**	
tombai	tombâmes	fus tombé(e)	fûmes tombé(e)s
tombas	tombâtes	fus tombé(e)	fûtes tombé(e)(s)
tomba	tombèrent	fut tombé(e)	furent tombé(e)s
4 futur		**11 futur antérieur**	
tomberai	tomberons	serai tombé(e)	serons tombé(e)s
tomberas	tomberez	seras tombé(e)	serez tombé(e)(s)
tombera	tomberont	sera tombé(e)	seront tombé(e)s
5 conditionnel		**12 conditionnel passé**	
tomberais	tomberions	serais tombé(e)	serions tombé(e)s
tomberais	tomberiez	serais tombé(e)	seriez tombé(e)(s)
tomberait	tomberaient	serait tombé(e)	seraient tombé(e)s
6 présent du subjonctif		**13 passé du subjonctif**	
tombe	tombions	sois tombé(e)	soyons tombé(e)s
tombes	tombiez	sois tombé(e)	soyez tombé(e)(s)
tombe	tombent	soit tombé(e)	soient tombé(e)s
7 imparfait du subjonctif		**14 plus-que-parfait du subjonctif**	
tombasse	tombassions	fusse tombé(e)	fussions tombé(e)s
tombasses	tombassiez	fusses tombé(e)	fussiez tombé(e)(s)
tombât	tombassent	fût tombé(e)	fussent tombé(e)s
		Impératif	
		tombe	
		tombons	
		tombez	

tomber amoureux (amoureuse) de qqn	**tomber malade** to fall sick
to fall in love with someone	**faire tomber** to knock down
tomber sur to run into, to come across	**retomber** to fall again
laisser tomber to drop	

toucher

Part. pr. touchant   **Part. passé touché**

to touch, to affect

The Seven Simple Tenses		The Seven Compound Tenses	
Singular	Plural	Singular	Plural
1 présent de l'indicatif		**8 passé composé**	
touche	touchons	ai touché	avons touché
touches	touchez	as touché	avez touché
touche	touchent	a touché	ont touché
2 imparfait de l'indicatif		**9 plus-que-parfait de l'indicatif**	
touchais	touchions	avais touché	avions touché
touchais	touchiez	avais touché	aviez touché
touchait	touchaient	avait touché	avaient touché
3 passé simple		**10 passé antérieur**	
touchai	touchâmes	eus touché	eûmes touché
touchas	touchâtes	eus touché	eûtes touché
toucha	touchèrent	eut touché	eurent touché
4 futur		**11 futur antérieur**	
toucherai	toucherons	aurai touché	aurons touché
toucheras	toucherez	auras touché	aurez touché
touchera	toucheront	aura touché	auront touché
5 conditionnel		**12 conditionnel passé**	
toucherais	toucherions	aurais touché	aurions touché
toucherais	toucheriez	aurais touché	auriez touché
toucherait	toucheraient	aurait touché	auraient touché
6 présent du subjonctif		**13 passé du subjonctif**	
touche	touchions	aie touché	ayons touché
touches	touchiez	aies touché	ayez touché
touche	touchent	ait touché	aient touché
7 imparfait du subjonctif		**14 plus-que-parfait du subjonctif**	
touchasse	touchassions	eusse touché	eussions touché
touchasses	touchassiez	eusses touché	eussiez touché
touchât	touchassent	eût touché	eussent touché

Impératif
touche
touchons
touchez

Une personne qui touche à tout
  a meddlesome person
Touchez là!   Put it there! Shake!
toucher à qqch   to touch something
N'y touchez pas!   Don't touch!

le toucher   touch, feeling
toucher de l'argent   to get some money
Cela me touche profondément
  That touches me deeply.

to turn

The Seven Simple Tenses		The Seven Compound Tenses	
Singular	Plural	Singular	Plural
1 présent de l'indicatif		**8 passé composé**	
tourne	**tournons**	**ai tourné**	**avons tourné**
tournes	**tournez**	**as tourné**	**avez tourné**
tourne	**tournent**	**a tourné**	**ont tourné**
2 imparfait de l'indicatif		**9 plus-que-parfait de l'indicatif**	
tournais	**tournions**	**avais tourné**	**avions tourné**
tournais	**tourniez**	**avais tourné**	**aviez tourné**
tournait	**tournaient**	**avait tourné**	**avaient tourné**
3 passé simple		**10 passé antérieur**	
tournai	**tournâmes**	**eus tourné**	**eûmes tourné**
tournas	**tournâtes**	**eus tourné**	**eûtes tourné**
tourna	**tournèrent**	**eut tourné**	**eurent tourné**
4 futur		**11 futur antérieur**	
tournerai	**tournerons**	**aurai tourné**	**aurons tourné**
tourneras	**tournerez**	**auras tourné**	**aurez tourné**
tournera	**tourneront**	**aura tourné**	**auront tourné**
5 conditionnel		**12 conditionnel passé**	
tournerais	**tournerions**	**aurais tourné**	**aurions tourné**
tournerais	**tourneriez**	**aurais tourné**	**auriez tourné**
tournerait	**tourneraient**	**aurait tourné**	**auraient tourné**
6 présent du subjonctif		**13 passé du subjonctif**	
tourne	**tournions**	**aie tourné**	**ayons tourné**
tournes	**tourniez**	**aies tourné**	**ayez tourné**
tourne	**tournent**	**ait tourné**	**aient tourné**
7 imparfait du subjonctif		**14 plus-que-parfait du subjonctif**	
tournasse	**tournassions**	**eusse tourné**	**eussions tourné**
tournasses	**tournassiez**	**eusses tourné**	**eussiez tourné**
tournât	**tournassent**	**eût tourné**	**eussent tourné**

Impératif
tourne
tournons
tournez

se tourner to turn around	**retourner** to return
tourner qqn en ridicule to ridicule someone	**tourner l'estomac à qqn** to turn someone's stomach
un tourne-disque record player (**des tourne-disques**)	**faire une tournée** to go on a tour
	tourner autour du pot to beat around the bush

traduire

Part. pr. traduisant   **Part. passé traduit**

to translate

The Seven Simple Tenses		The Seven Compound Tenses	
Singular	Plural	Singular	Plural
1 présent de l'indicatif		**8 passé composé**	
traduis	traduisons	ai traduit	avons traduit
traduis	traduisez	as traduit	avez traduit
traduit	traduisent	a traduit	ont traduit
2 imparfait de l'indicatif		**9 plus-que-parfait de l'indicatif**	
traduisais	traduisions	avais traduit	avions traduit
traduisais	traduisiez	avais traduit	aviez traduit
traduisait	traduisaient	avait traduit	avaient traduit
3 passé simple		**10 passé antérieur**	
traduisis	traduisîmes	eus traduit	eûmes traduit
traduisis	traduisîtes	eus traduit	eûtes traduit
traduisit	traduisirent	eut traduit	eurent traduit
4 futur		**11 futur antérieur**	
traduirai	traduirons	aurai traduit	aurons traduit
traduiras	traduirez	auras traduit	aurez traduit
traduira	traduiront	aura traduit	auront traduit
5 conditionnel		**12 conditionnel passé**	
traduirais	traduirions	aurais traduit	aurions traduit
traduirais	traduiriez	aurais traduit	auriez traduit
traduirait	traduiraient	aurait traduit	auraient traduit
6 présent du subjonctif		**13 passé du subjonctif**	
traduise	traduisions	aie traduit	ayons traduit
traduises	traduisiez	aies traduit	ayez traduit
traduise	traduisent	ait traduit	aient traduit
7 imparfait du subjonctif		**14 plus-que-parfait du subjonctif**	
traduisisse	traduisissions	eusse traduit	eussions traduit
traduisisses	traduisissiez	eusses traduit	eussiez traduit
traduisît	traduisissent	eût traduit	eussent traduit

Impératif
traduis
traduisons
traduisez

---

un traducteur, une traductrice   translator
une traduction   a translation
traduisible   translatable
une traduction littérale   a literal
    translation
une traduction libre   a free translation

se traduire   to be translated; Cette phrase
se traduit facilement   This sentence
is easily translated.
une traduction fidèle   a faithful translation

The Seven Simple Tenses		The Seven Compound Tenses	
Singular	Plural	Singular	Plural

1 présent de l'indicatif

travaille	travaillons		
travailles	travaillez		
travaille	travaillent		

8 passé composé

ai travaillé	avons travaillé		
as travaillé	avez travaillé		
a travaillé	ont travaillé		

2 imparfait de l'indicatif

travaillais	travaillions
travaillais	travailliez
travaillait	travaillaient

9 plus-que-parfait de l'indicatif

avais travaillé	avions travaillé
avais travaillé	aviez travaillé
avait travaillé	avaient travaillé

3 passé simple

travaillai	travaillâmes
travaillas	travaillâtes
travailla	travaillèrent

10 passé antérieur

eus travaillé	eûmes travaillé
eus travaillé	eûtes travaillé
eut travaillé	eurent travaillé

4 futur

travaillerai	travaillerons
travailleras	travaillerez
travaillera	travailleront

11 futur antérieur

aurai travaillé	aurons travaillé
auras travaillé	aurez travaillé
aura travaillé	auront travaillé

5 conditionnel

travaillerais	travaillerions
travaillerais	travailleriez
travaillerait	travailleraient

12 conditionnel passé

aurais travaillé	aurions travaillé
aurais travaillé	auriez travaillé
aurait travaillé	auraient travaillé

6 présent du subjonctif

travaille	travaillions
travailles	travailliez
travaille	travaillent

13 passé du subjonctif

aie travaillé	ayons travaillé
aies travaillé	ayez travaillé
ait travaillé	aient travaillé

7 imparfait du subjonctif

travaillasse	travaillassions
travaillasses	travaillassiez
travaillât	travaillassent

14 plus-que-parfait du subjonctif

eusse travaillé	eussions travaillé
eusses travaillé	eussiez travaillé
eût travaillé	eussent travaillé

Impératif
travaille
travaillons
travaillez

---

travailleur, travailleuse industrious, worker
être sans travail to be out of work
faire travailler son argent to put one's
money to work (to earn interest)

le travail work, labor, travail
(**les travaux**)
les travaux publics public works
les vêtements de travail work clothes

traverser   Part. pr. **traversant**   Part. passé **traversé**

to traverse, to cross

The Seven Simple Tenses		The Seven Compound Tenses	
Singular	Plural	Singular	Plural
1 présent de l'indicatif		**8 passé composé**	
traverse	traversons	ai traversé	avons traversé
traverses	traversez	as traversé	avez traversé
traverse	traversent	a traversé	ont traversé
2 imparfait de l'indicatif		**9 plus-que-parfait de l'indicatif**	
traversais	traversions	avais traversé	avions traversé
traversais	traversiez	avais traversé	aviez traversé
traversait	traversaient	avait traversé	avaient traversé
3 passé simple		**10 passé antérieur**	
traversai	traversâmes	eus traversé	eûmes traversé
traversas	traversâtes	eus traversé	eûtes traversé
traversa	traversèrent	eut traversé	eurent traversé
4 futur		**11 futur antérieur**	
traverserai	traverserons	aurai traversé	aurons traversé
traverseras	traverserez	auras traversé	aurez traversé
traversera	traverseront	aura traversé	auront traversé
5 conditionnel		**12 conditionnel passé**	
traverserais	traverserions	aurais traversé	aurions traversé
traverserais	traverseriez	aurais traversé	auriez traversé
traverserait	traverseraient	aurait traversé	auraient traversé
6 présent du subjonctif		**13 passé du subjonctif**	
traverse	traversions	aie traversé	ayons traversé
traverses	traversiez	aies traversé	ayez traversé
traverse	traversent	ait traversé	aient traversé
7 imparfait du subjonctif		**14 plus-que-parfait du subjonctif**	
traversasse	traversassions	eusse traversé	eussions traversé
traversasses	traversassiez	eusses traversé	eussiez traversé
traversât	traversassent	eût traversé	eussent traversé
		Impératif	
		traverse	
		traversons	
		traversez	

la traversée the crossing	**une traversée de voie**
à travers through	railroad crossing
de travers askew, awry, crooked	

The Seven Simple Tenses		The Seven Compound Tenses	
Singular	Plural	Singular	Plural
1 présent de l'indicatif		**8 passé composé**	
trouve	trouvons	ai trouvé	avons trouvé
trouves	trouvez	as trouvé	avez trouvé
trouve	trouvent	a trouvé	ont trouvé
2 imparfait de l'indicatif		**9 plus-que-parfait de l'indicatif**	
trouvais	trouvions	avais trouvé	avions trouvé
trouvais	trouviez	avais trouvé	aviez trouvé
trouvait	trouvaient	avait trouvé	avaient trouvé
3 passé simple		**10 passé antérieur**	
trouvai	trouvâmes	eus trouvé	eûmes trouvé
trouvas	trouvâtes	eus trouvé	eûtes trouvé
trouva	trouvèrent	eut trouvé	eurent trouvé
4 futur		**11 futur antérieur**	
trouverai	trouverons	aurai trouvé	aurons trouvé
trouveras	trouverez	auras trouvé	aurez trouvé
trouvera	trouveront	aura trouvé	auront trouvé
5 conditionnel		**12 conditionnel passé**	
trouverais	trouverions	aurais trouvé	aurions trouvé
trouverais	trouveriez	aurais trouvé	auriez trouvé
trouverait	trouveraient	aurait trouvé	auraient trouvé
6 présent du subjonctif		**13 passé du subjonctif**	
trouve	trouvions	aie trouvé	ayons trouvé
trouves	trouviez	aies trouvé	ayez trouvé
trouve	trouvent	ait trouvé	aient trouvé
7 imparfait du subjonctif		**14 plus-que-parfait du subjonctif**	
trouvasse	trouvassions	eusse trouvé	eussions trouvé
trouvasses	trouvassiez	eusses trouvé	eussiez trouvé
trouvât	trouvassent	eût trouvé	eussent trouvé

Impératif
trouve
trouvons
trouvez

J'ai une nouvelle voiture; comment la trouvez-vous?
    I have a new car; how do you like it?
trouver un emploi   to find a job
trouver bon de faire qqch   to think fit to do something
retrouver   to find again, to recover, to retrieve
trouver porte close   not to find anyone answering the door after knocking

See also **se trouver.**

se trouver

Part. pr. se trouvant   **Part. passé** trouvé(e)(s)

to be located, to be situated

The Seven Simple Tenses		The Seven Compound Tenses	
Singular	Plural	Singular	Plural
1 présent de l'indicatif		**8 passé composé**	
me trouve	nous trouvons	me suis trouvé(e)	nous sommes trouvé(e)s
te trouves	vous trouvez	t'es trouvé(e)	vous êtes trouvé(e)(s)
se trouve	se trouvent	s'est trouvé(e)	se sont trouvé(e)s
2 imparfait de l'indicatif		**9 plus-que-parfait de l'indicatif**	
me trouvais	nous trouvions	m'étais trouvé(e)	nous étions trouvé(e)s
te trouvais	vous trouviez	t'étais trouvé(e)	vous étiez trouvé(e)(s)
se trouvait	se trouvaient	s'était trouvé(e)	s'étaient trouvé(e)s
3 passé simple		**10 passé antérieur**	
me trouvai	nous trouvâmes	me fus trouvé(e)	nous fûmes trouvé(e)s
te trouvas	vous trouvâtes	te fus trouvé(e)	vous fûtes trouvé(e)(s)
se trouva	se trouvèrent	se fut trouvé(e)	se furent trouvé(e)s
4 futur		**11 futur antérieur**	
me trouverai	nous trouverons	me serai trouvé(e)	nous serons trouvé(e)s
te trouveras	vous trouverez	te seras trouvé(e)	vous serez trouvé(e)(s)
se trouvera	se trouveront	se sera trouvé(e)	se seront trouvé(e)s
5 conditionnel		**12 conditionnel passé**	
me trouverais	nous trouverions	me serais trouvé(e)	nous serions trouvé(e)s
te trouverais	vous trouveriez	te serais trouvé(e)	vous seriez trouvé(e)(s)
se trouverait	se trouveraient	se serait trouvé(e)	se seraient trouvé(e)s
6 présent du subjonctif		**13 passé du subjonctif**	
me trouve	nous trouvions	me sois trouvé(e)	nous soyons trouvé(e)s
te trouves	vous trouviez	te sois trouvé(e)	vous soyez trouvé(e)(s)
se trouve	se trouvent	se soit trouvé(e)	se soient trouvé(e)s
7 imparfait du subjonctif		**14 plus-que-parfait du subjonctif**	
me trouvasse	nous trouvassions	me fusse trouvé(e)	nous fussions trouvé(e)s
te trouvasses	vous trouvassiez	te fusses trouvé(e)	vous fussiez trouvé(e)(s)
se trouvât	se trouvassent	se fût trouvé(e)	se fussent trouvé(e)s

Impératif
trouve-toi; ne te trouve pas
trouvons-nous; ne nous trouvons pas
trouvez-vous; ne vous trouvez pas

Où se trouve le bureau de poste?   Where is the post office located?
Trouve-toi dans ce café à huit heures ce soir.   Be in this café at 8 o'clock tonight.
Vous avez été malade; allez-vous mieux maintenant? —Oui, je me trouve mieux, merci!
   You have been sick; are you feeling better now? —Yes, I'm feeling better, thank you!

See also **trouver**.

to unite, to join

The Seven Simple Tenses		The Seven Compound Tenses	
Singular	Plural	Singular	Plural
1 présent de l'indicatif		**8 passé composé**	
unis	unissons	ai uni	avons uni
unis	unissez	as uni	avez uni
unit	unissent	a uni	ont uni
2 imparfait de l'indicatif		**9 plus-que-parfait de l'indicatif**	
unissais	unissions	avais uni	avions uni
unissais	unissiez	avais uni	aviez uni
unissait	unissaient	avait uni	avaient uni
3 passé simple		**10 passé antérieur**	
unis	unîmes	eus uni	eûmes uni
unis	unîtes	eus uni	eûtes uni
unit	unirent	eut uni	eurent uni
4 futur		**11 futur antérieur**	
unirai	unirons	aurai uni	aurons uni
uniras	unirez	auras uni	aurez uni
unira	uniront	aura uni	auront uni
5 conditionnel		**12 conditionnel passé**	
unirais	unirions	aurais uni	aurions uni
unirais	uniriez	aurais uni	auriez uni
unirait	uniraient	aurait uni	auraient uni
6 présent du subjonctif		**13 passé du subjonctif**	
unisse	unissions	aie uni	ayons uni
unisses	unissiez	aies uni	ayez uni
unisse	unissent	ait uni	aient uni
7 imparfait du subjonctif		**14 plus-que-parfait du subjonctif**	
unisse	unissions	eusse uni	eussions uni
unisses	unissiez	eusses uni	eussiez uni
unît	unissent	eût uni	eussent uni

Impératif
unis
unissons
unissez

---

s'unir   to join together, to marry
réunir   to reunite; **se réunir**   to meet together
les Etats-Unis   the United States
les Nations-Unies   the United Nations
une union   union, alliance

291

vaincre

to vanquish, to conquer

The Seven Simple Tenses		The Seven Compound Tenses	
Singular	Plural	Singular	Plural
1 présent de l'indicatif		**8 passé composé**	
vaincs	vainquons	ai vaincu	avons vaincu
vaincs	vainquez	as vaincu	avez vaincu
vainc	vainquent	a vaincu	ont vaincu
2 imparfait de l'indicatif		**9 plus-que-parfait de l'indicatif**	
vainquais	vainquions	avais vaincu	avions vaincu
vainquais	vainquiez	avais vaincu	aviez vaincu
vainquait	vainquaient	avait vaincu	avaient vaincu
3 passé simple		**10 passé antérieur**	
vainquis	vainquîmes	eus vaincu	eûmes vaincu
vainquis	vainquîtes	eus vaincu	eûtes vaincu
vainquit	vainquirent	eut vaincu	eurent vaincu
4 futur		**11 futur antérieur**	
vaincrai	vaincrons	aurai vaincu	aurons vaincu
vaincras	vaincrez	auras vaincu	aurez vaincu
vaincra	vaincront	aura vaincu	auront vaincu
5 conditionnel		**12 conditionnel passé**	
vaincrais	vaincrions	aurais vaincu	aurions vaincu
vaincrais	vaincriez	aurais vaincu	auriez vaincu
vaincrait	vaincraient	aurait vaincu	auraient vaincu
6 présent du subjonctif		**13 passé du subjonctif**	
vainque	vainquions	aie vaincu	ayons vaincu
vainques	vainquiez	aies vaincu	ayez vaincu
vainque	vainquent	ait vaincu	aient vaincu
7 imparfait du subjonctif		**14 plus-que-parfait du subjonctif**	
vainquisse	vainquissions	eusse vaincu	eussions vaincu
vainquisses	vainquissiez	eusses vaincu	eussiez vaincu
vainquît	vainquissent	eût vaincu	eussent vaincu

Impératif
vaincs
vainquons
vainquez

---

convaincre qqn de qqch　to convince, to persuade someone of something
vainqueur　victor, victorious; conqueror, conquering
convaincant, convaincante　convincing

to be worth, to be as good as, to deserve, to merit, to be equal to

The Seven Simple Tenses		The Seven Compound Tenses	
Singular	Plural	Singular	Plural
1 présent de l'indicatif		**8 passé composé**	
vaux	valons	ai valu	avons valu
vaux	valez	as valu	avez valu
vaut	valent	a valu	ont valu
2 imparfait de l'indicatif		**9 plus-que-parfait de l'indicatif**	
valais	valions	avais valu	avions valu
valais	valiez	avais valu	aviez valu
valait	valaient	avait valu	avaient valu
3 passé simple		**10 passé antérieur**	
valus	valûmes	eus valu	eûmes valu
valus	valûtes	eus valu	eûtes valu
valut	valurent	eut valu	eurent valu
4 futur		**11 futur antérieur**	
vaudrai	vaudrons	aurai valu	aurons valu
vaudras	vaudrez	auras valu	aurez valu
vaudra	vaudront	aura valu	auront valu
5 conditionnel		**12 conditionnel passé**	
vaudrais	vaudrions	aurais valu	aurions valu
vaudrais	vaudriez	aurais valu	auriez valu
vaudrait	vaudraient	aurait valu	auraient valu
6 présent du subjonctif		**13 passé du subjonctif**	
vaille	valions	aie valu	ayons valu
vailles	valiez	aies valu	ayez valu
vaille	vaillent	ait valu	aient valu
7 imparfait du subjonctif		**14 plus-que-parfait du subjonctif**	
valusse	valussions	eusse valu	eussions valu
valusses	valussiez	eusses valu	eussiez valu
valût	valussent	eût valu	eussent valu

Impératif
vaux
valons
valez

---

la valeur value	**Cela vaut la peine**
valeureusement valorously	It's worth the trouble.
valeureux, valeureuse valorous	**faire valoir** to make the most of,
la validation validation	to invest one's money
valide valid	
Mieux vaut tard que jamais. Better late than never.	

vendre

Part. pr. vendant **Part. passé vendu**

to sell

The Seven Simple Tenses		The Seven Compound Tenses	
Singular	Plural	Singular	Plural
1 présent de l'indicatif		**8 passé composé**	
vends	vendons	ai vendu	avons vendu
vends	vendez	as vendu	avez vendu
vend	vendent	a vendu	ont vendu
2 imparfait de l'indicatif		**9 plus-que-parfait de l'indicatif**	
vendais	vendions	avais vendu	avions vendu
vendais	vendiez	avais vendu	aviez vendu
vendait	vendaient	avait vendu	avaient vendu
3 passé simple		**10 passé antérieur**	
vendis	vendîmes	eus vendu	eûmes vendu
vendis	vendîtes	eus vendu	eûtes vendu
vendit	vendirent	eut vendu	eurent vendu
4 futur		**11 futur antérieur**	
vendrai	vendrons	aurai vendu	aurons vendu
vendras	vendrez	auras vendu	aurez vendu
vendra	vendront	aura vendu	auront vendu
5 conditionnel		**12 conditionnel passé**	
vendrais	vendrions	aurais vendu	aurions vendu
vendrais	vendriez	aurais vendu	auriez vendu
vendrait	vendraient	aurait vendu	auraient vendu
6 présent du subjonctif		**13 passé du subjonctif**	
vende	vendions	aie vendu	ayons vendu
vendes	vendiez	aies vendu	ayez vendu
vende	vendent	ait vendu	aient vendu
7 imparfait du subjonctif		**14 plus-que-parfait du subjonctif**	
vendisse	vendissions	eusse vendu	eussions vendu
vendisses	vendissiez	eusses vendu	eussiez vendu
vendît	vendissent	eût vendu	eussent vendu

Impératif
vends
vendons
vendez

---

un vendeur, une vendeuse salesperson
une vente a sale
maison à vendre house for sale
revendre to resell
en vente on sale
une salle de vente sales room

vendre à bon marché to sell at a
   reasonably low price (a good buy)
une vente aux enchères auction sale
vendre au rabais to sell at a discount
On vend des livres ici Books are sold here.

The Seven Simple Tenses		The Seven Compound Tenses	
Singular	Plural	Singular	Plural
1 présent de l'indicatif		**8 passé composé**	
viens	venons	suis venu(e)	sommes venu(e)s
viens	venez	es venu(e)	êtes venu(e)(s)
vient	viennent	est venu(e)	sont venu(e)s
2 imparfait de l'indicatif		**9 plus-que-parfait de l'indicatif**	
venais	venions	étais venu(e)	étions venu(e)s
venais	veniez	étais venu(e)	étiez venu(e)(s)
venait	venaient	était venu(e)	étaient venu(e)s
3 passé simple		**10 passé antérieur**	
vins	vînmes	fus venu(e)	fûmes venu(e)s
vins	vîntes	fus venu(e)	fûtes venu(e)(s)
vint	vinrent	fut venu(e)	furent venu(e)s
4 futur		**11 futur antérieur**	
viendrai	viendrons	serai venu(e)	serons venu(e)s
viendras	viendrez	seras venu(e)	serez venu(e)(s)
viendra	viendront	sera venu(e)	seront venu(e)s
5 conditionnel		**12 conditionnel passé**	
viendrais	viendrions	serais venu(e)	serions venu(e)s
viendrais	viendriez	serais venu(e)	seriez venu(e)(s)
viendrait	viendraient	serait venu(e)	seraient venu(e)s
6 présent du subjonctif		**13 passé du subjonctif**	
vienne	venions	sois venu(e)	soyons venu(e)s
viennes	veniez	sois venu(e)	soyez venu(e)(s)
vienne	viennent	soit venu(e)	soient venu(e)s
7 imparfait du subjonctif		**14 plus-que-parfait du subjonctif**	
vinsse	vinssions	fusse venu(e)	fussions venu(e)s
vinsses	vinssiez	fusses venu(e)	fussiez venu(e)(s)
vînt	vinssent	fût venu(e)	fussent venu(e)s

Impératif
viens
venons
venez

venir de faire qqch to have just done
  something
Je viens de manger I have just eaten.
venir à + inf. to happen to; **Si je viens**
  à devenir riche. . . If I happen to
  become rich. . .

faire venir to send for
venir chercher to call for, to come to get
D'où vient cela? Where does that come
  from?

visiter		Part. pr. **visitant**	Part. passé **visité**

to visit

The Seven Simple Tenses		The Seven Compound Tenses	
Singular	Plural	Singular	Plural
1 présent de l'indicatif		**8 passé composé**	
visite	visitons	ai visité	avons visité
visites	visitez	as visité	avez visité
visite	visitent	a visité	ont visité
2 imparfait de l'indicatif		**9 plus-que-parfait de l'indicatif**	
visitais	visitions	avais visité	avions visité
visitais	visitiez	avais visité	aviez visité
visitait	visitaient	avait visité	avaient visité
3 passé simple		**10 passé antérieur**	
visitai	visitâmes	eus visité	eûmes visité
visitas	visitâtes	eus visité	eûtes visité
visita	visitèrent	eut visité	eurent visité
4 futur		**11 futur antérieur**	
visiterai	visiterons	aurai visité	aurons visité
visiteras	visiterez	auras visité	aurez visité
visitera	visiteront	aura visité	auront visité
5 conditionnel		**12 conditionnel passé**	
visiterais	visiterions	aurais visité	aurions visité
visiterais	visiteriez	aurais visité	auriez visité
visiterait	visiteraient	aurait visité	auraient visité
6 présent du subjonctif		**13 passé du subjonctif**	
visite	visitions	aie visité	ayons visité
visites	visitiez	aies visité	ayez visité
visite	visitent	ait visité	aient visité
7 imparfait du subjonctif		**14 plus-que-parfait du subjonctif**	
visitasse	visitassions	eusse visité	eussions visité
visitasses	visitassiez	eusses visité	eussiez visité
visitât	visitassent	eût visité	eussent visité

Impératif
visite
visitons
visitez

---

rendre visite à qqn   to visit someone,
   to pay a call
un visiteur, une visiteuse   visitor, caller

rendre une visite à qqn   to return a visit
les heures de visite   visiting hours
une visitation   visitation

The Seven Simple Tenses		The Seven Compound Tenses	
Singular	Plural	Singular	Plural
1 présent de l'indicatif		**8 passé composé**	
vis	vivons	ai vécu	avons vécu
vis	vivez	as vécu	avez vécu
vit	vivent	a vécu	ont vécu
2 imparfait de l'indicatif		**9 plus-que-parfait de l'indicatif**	
vivais	vivions	avais vécu	avions vécu
vivais	viviez	avais vécu	aviez vécu
vivait	vivaient	avait vécu	avaient vécu
3 passé simple		**10 passé antérieur**	
vécus	vécûmes	eus vécu	eûmes vécu
vécus	vécûtes	eus vécu	eûtes vécu
vécut	vécurent	eut vécu	eurent vécu
4 futur		**11 futur antérieur**	
vivrai	vivrons	aurai vécu	aurons vécu
vivras	vivrez	auras vécu	aurez vécu
vivra	vivront	aura vécu	auront vécu
5 conditionnel		**12 conditionnel passé**	
vivrais	vivrions	aurais vécu	aurions vécu
vivrais	vivriez	aurais vécu	auriez vécu
vivrait	vivraient	aurait vécu	auraient vécu
6 présent du subjonctif		**13 passé du subjonctif**	
vive	vivions	aie vécu	ayons vécu
vives	viviez	aies vécu	ayez vécu
vive	vivent	ait vécu	aient vécu
7 imparfait du subjonctif		**14 plus-que-parfait du subjonctif**	
vécusse	vécussions	eusse vécu	eussions vécu
vécusses	vécussiez	eusses vécu	eussiez vécu
vécût	vécussent	eût vécu	eussent vécu

	Impératif	
	vis	
	vivons	
	vivez	

revivre to relive, to revive	**savoir-vivre** to be well-mannered
survivre à to survive	**Vivent les Etats-Unis!** Long live the
Vive la France! Long live France!	United States!
avoir de quoi vivre to have enough to	**le vivre et le couvert** room and board
live on	
vivre de to subsist on	

voir

Part. pr. **voyant**   Part. passé **vu**

to see

The Seven Simple Tenses		The Seven Compound Tenses	
Singular	Plural	Singular	Plural
1 présent de l'indicatif		**8 passé composé**	
vois	voyons	ai vu	avons vu
vois	voyez	as vu	avez vu
voit	voient	a vu	ont vu
2 imparfait de l'indicatif		**9 plus-que-parfait de l'indicatif**	
voyais	voyions	avais vu	avions vu
voyais	voyiez	avais vu	aviez vu
voyait	voyaient	avait vu	avaient vu
3 passé simple		**10 passé antérieur**	
vis	vîmes	eus vu	eûmes vu
vis	vîtes	eus vu	eûtes vu
vit	virent	eut vu	eurent vu
4 futur		**11 futur antérieur**	
verrai	verrons	aurai vu	aurons vu
verras	verrez	auras vu	aurez vu
verra	verront	aura vu	auront vu
5 conditionnel		**12 conditionnel passé**	
verrais	verrions	aurais vu	aurions vu
verrais	verriez	aurais vu	auriez vu
verrait	verraient	aurait vu	auraient vu
6 présent du subjonctif		**13 passé du subjonctif**	
voie	voyions	aie vu	ayons vu
voies	voyiez	aies vu	ayez vu
voie	voient	ait vu	aient vu
7 imparfait du subjonctif		**14 plus-que-parfait du subjonctif**	
visse	vissions	eusse vu	eussions vu
visses	vissiez	eusses vu	eussiez vu
vît	vissent	eût vu	eussent vu

Impératif
vois
voyons
voyez

revoir to see again	**entrevoir** to catch a glimpse, to glimpse
faire voir to show	**C'est à voir** It remains to be seen.
voir la vie en rose to see the bright	**Cela se voit** That's obvious.
side of life	**Voyons!** See here now!
Voyez vous-même! See for yourself!	

298

to fly, to steal

The Seven Simple Tenses		The Seven Compound Tenses	
Singular	Plural	Singular	Plural
1 présent de l'indicatif		**8 passé composé**	
vole	volons	ai volé	avons volé
voles	volez	as volé	avez volé
vole	volent	a volé	ont volé
2 imparfait de l'indicatif		**9 plus-que-parfait de l'indicatif**	
volais	volions	avais volé	avions volé
volais	voliez	avais volé	aviez volé
volait	volaient	avait volé	avaient volé
3 passé simple		**10 passé antérieur**	
volai	volâmes	eus volé	eûmes volé
volas	volâtes	eus volé	eûtes volé
vola	volèrent	eut volé	eurent volé
4 futur		**11 futur antérieur**	
volerai	volerons	aurai volé	aurons volé
voleras	volerez	auras volé	aurez volé
volera	voleront	aura volé	auront volé
5 conditionnel		**12 conditionnel passé**	
volerais	volerions	aurais volé	aurions volé
volerais	voleriez	aurais volé	auriez volé
volerait	voleraient	aurait volé	auraient volé
6 présent du subjonctif		**13 passé du subjonctif**	
vole	volions	aie volé	ayons volé
voles	voliez	aies volé	ayez volé
vole	volent	ait volé	aient volé
7 imparfait du subjonctif		**14 plus-que-parfait du subjonctif**	
volasse	volassions	eusse volé	eussions volé
volasses	volassiez	eusses volé	eussiez volé
volât	volassent	eût volé	eussent volé

Impératif
vole
volons
volez

---

un vol   flight, theft
le voleur   thief
à vol d'oiseau   as the crow flies
vol de nuit   night flying (airplane),
  night flight
New York à vol d'oiseau
  bird's eye view of New York

survoler   to fly over
le volant   steering wheel
se mettre au volant   to take the (steering)
  wheel

vouloir

Part. pr. voulant　　**Part. passé voulu**

to want

The Seven Simple Tenses		The Seven Compound Tenses	
Singular	Plural	Singular	Plural

1 présent de l'indicatif

		8 passé composé	
veux	voulons	ai voulu	avons voulu
veux	voulez	as voulu	avez voulu
veut	veulent	a voulu	ont voulu

2 imparfait de l'indicatif

		9 plus-que-parfait de l'indicatif	
voulais	voulions	avais voulu	avions voulu
voulais	vouliez	avais voulu	aviez voulu
voulait	voulaient	avait voulu	avaient voulu

3 passé simple

		10 passé antérieur	
voulus	voulûmes	eus voulu	eûmes voulu
voulus	voulûtes	eus voulu	eûtes voulu
voulut	voulurent	eut voulu	eurent voulu

4 futur

		11 futur antérieur	
voudrai	voudrons	aurai voulu	aurons voulu
voudras	voudrez	auras voulu	aurez voulu
voudra	voudront	aura voulu	auront voulu

5 conditionnel

		12 conditionnel passé	
voudrais	voudrions	aurais voulu	aurions voulu
voudrais	voudriez	aurais voulu	auriez voulu
voudrait	voudraient	aurait voulu	auraient voulu

6 présent du subjonctif

		13 passé du subjonctif	
veuille	voulions	aie voulu	ayons voulu
veuilles	vouliez	aies voulu	ayez voulu
veuille	veuillent	ait voulu	aient voulu

7 imparfait du subjonctif

		14 plus-que-parfait du subjonctif	
voulusse	voulussions	eusse voulu	eussions voulu
voulusses	voulussiez	eusses voulu	eussiez voulu
voulût	voulussent	eût voulu	eussent voulu

Impératif
veuille
veuillons
veuillez

---

un voeu　a wish
meilleurs voeux　best wishes
Vouloir c'est pouvoir　Where there's a will there's a way.
vouloir dire　to mean; Qu'est-ce que cela veut dire?　What does that mean?
vouloir bien faire qqch　to be willing to do something
sans le vouloir　without meaning to, unintentionally
en temps voulu　in due time
en vouloir à qqn　to bear a grudge against someone
Que voulez-vous dire par là?　What do you mean by that remark?

300

The Seven Simple Tenses		The Seven Compound Tenses	
Singular	Plural	Singular	Plural

1 présent de l'indicatif

voyage	voyageons		
voyages	voyagez		
voyage	voyagent		

8 passé composé

ai voyagé	avons voyagé		
as voyagé	avez voyagé		
a voyagé	ont voyagé		

2 imparfait de l'indicatif

voyageais	voyagions
voyageais	voyagiez
voyageait	voyageaient

9 plus-que-parfait de l'indicatif

avais voyagé	avions voyagé
avais voyagé	aviez voyagé
avait voyagé	avaient voyagé

3 passé simple

voyageai	voyageâmes
voyageas	voyageâtes
voyagea	voyagèrent

10 passé antérieur

eus voyagé	eûmes voyagé
eus voyagé	eûtes voyagé
eut voyagé	eurent voyagé

4 futur

voyagerai	voyagerons
voyageras	voyagerez
voyagera	voyageront

11 futur antérieur

aurai voyagé	aurons voyagé
auras voyagé	aurez voyagé
aura voyagé	auront voyagé

5 conditionnel

voyagerais	voyagerions
voyagerais	voyageriez
voyagerait	voyageraient

12 conditionnel passé

aurais voyagé	aurions voyagé
aurais voyagé	auriez voyagé
aurait voyagé	auraient voyagé

6 présent du subjonctif

voyage	voyagions
voyages	voyagiez
voyage	voyagent

13 passé du subjonctif

aie voyagé	ayons voyagé
aies voyagé	ayez voyagé
ait voyagé	aient voyagé

7 imparfait du subjonctif

voyageasse	voyageassions
voyageasses	voyageassiez
voyageât	voyageassent

14 plus-que-parfait du subjonctif

eusse voyagé	eussions voyagé
eusses voyagé	eussiez voyagé
eût voyagé	eussent voyagé

Impératif
voyage
voyageons
voyagez

---

un voyage   a trip
faire un voyage   to take a trip
un voyageur, une voyageuse   traveler
une agence de voyage   tourist agency
Bon voyage!   Have a good trip!
Bon voyage et bon retour!   Have a good trip and a safe return!

Index of English-French verbs

The purpose of this index is to give you instantly the French verb for the English verb you have in mind to use. This saves you time if you do not have at your fingertips a standard English-French word dictionary.

If the French verb you want is reflexive (*e.g.*, **s'appeler** or **se lever**), you will find it alphabetically among the verbs under the first letter of the verb and not under the reflexive pronoun *s'* or *se*.

When you find the French verb you need through the English verb, look up its verb forms in this book where all the verbs are listed alphabetically at the top of each page. If it is not listed among the 301 verbs in this book, consult the list of over 1,000 French verbs conjugated like model verbs among the 301 which begins on p. 312. If it is not listed there, consult my more comprehensive book, *501 French verbs fully conjugated in all the tenses* and its indexes.

Rachel Vgt

be quiet **se taire**, 279
be silent **se taire**, 279
be situated **se trouver**, 290
be sufficient **suffire**, 277
be the matter **s'agir**, 8
be worth **valoir**, 293
beat **battre**, 34
—become **devenir**, 90
become angry **se fâcher**, 124
—begin **commencer**, 57;
se mettre, 172
believe **croire**, 73
beware **se méfier**, 168
bite **mordre**, 175
blow **souffler**, 271
—bore **ennuyer**, 107
—born, be **naître**, 179
borrow **emprunter**, 105
—break **casser**, 45; se casser, 46;
rompre, 257
bring **amener**, 14; apporter, 19
bring down **descendre**, 86
—bring up (take up) **monter**, 173
brush **brosser**, 40
brush oneself **se brosser**, 41
build **bâtir**, 33; construire, 62
burden **charger**, 52
burn **brûler**, 42
burst **rompre**, 257
busy, be **s'occuper**, 188
buy **acheter**, 4

C

—call **appeler**, 17
call again **rappeler**, 231
call back **rappeler**, 231
call oneself **s'appeler**, 18
can **pouvoir**, 217
carry **porter**, 215
carry away **enlever**, 106
—cast **jeter**, 153
catch **attraper**, 29
cause **causer**, 47

cease **cesser**, 49
change **changer**, 50
charge **charger**, 52
chase **chasser**, 53
chat **bavarder**, 36; causer, 47
chatter **bavarder**, 36
cheer up **égayer**, 100
chide **gronder**, 142
—choose **choisir**, 55
—clean **nettoyer**, 181
close **fermer**, 128
—come **venir**, 295
—come back **revenir**, 254
come in **entrer**, 110
command **commander**, 56
commence **commencer**, 57
commit sin **pécher**, 201
complain **se plaindre**, 211
complete **finir**, 130
conduct **conduire**, 60
conquer **vaincre**, 292
construct **construire**, 62;
bâtir, 33
continue **continuer**, 64
cook **cuire**, 75
correct **corriger**, 65
cost **coûter**, 69
count **compter**, 59
cover **couvrir**, 70
cross **traverser**, 288
cry **pleurer**, 213
cry out **crier**, 72
cure **guérir**, 143
cut **couper**, 67

D

damage **gâter**, 138
dance **danser**, 76
defend **défendre**, 79
demand **exiger**, 122
—depart **partir**, 196
derange **déranger**, 85
—descend **descendre**, 86

303

H

happen **se passer**, 198; **arriver**, 24
harm **blesser**, 37; **nuire**, 183
hasten **se dépêcher**, 83
hate **haïr**, 146
have **avoir**, 31
have (hold) **tenir**, 281
have a good time **s'amuser**, 16
have a snack **goûter**, 140
have dinner **dîner**, 92
have lunch **déjeuner**, 80
have to **devoir**, 91
hear **entendre**, 109
help **aider**, 9
help oneself (to food and drink) **se servir**, 267
hide **cacher**, 43
hide oneself **se cacher**, 44
hinder **empêcher**, 103; **nuire**, 183
hit **battre**, 34; **frapper**, 132
hold **tenir**, 281
hope **espérer**, 113
hunt **chasser**, 53
hurl **lancer**, 157
hurry **se dépêcher**, 83
hurt **blesser**, 37
hurt oneself **se blesser**, 38

I

increase **grandir**, 141
inhabit **habiter**, 145
injure **blesser**, 37
injure oneself **se blesser**, 38
insist **insister**, 147
instruct **instruire**, 148
insure oneself **s'assurer**, 27
intend **compter**, 59
interrupt **interrompre**, 150
introduce **introduire**, 151
invite **inviter**, 152

J

join **joindre**, 154
jump **sauter**, 260

K

keep **garder**, 137
keep oneself busy **s'occuper**, 188
kiss **embrasser**, 101
knock **frapper**, 132
know **connaître**, 61
know (how) **savoir**, 263

L

lack **manquer**, 166
lament **se plaindre**, 211
laugh **rire**, 256
launch **lancer**, 157
lead **amener**, 14; **conduire**, 60; **mener**, 169
lead away **emmener**, 102
leap **sauter**, 260
learn **apprendre**, 20
leave **laisser**, 156; **partir**, 196; **quitter**, 229; **sortir**, 270
lend **prêter**, 221
let **laisser**, 156; **permettre**, 208
lie down **s'étendre**, 117; **se coucher**, 66
lie, tell a **mentir**, 170
lift **lever**, 160
like **aimer**, 10
listen (to) **écouter**, 97
live **vivre**, 297
live (reside) **demeurer**, 82
live (in) **habiter**, 145
load **charger**, 52
located, be **se trouver**, 290
look (at) **regarder**, 236
look for **chercher**, 54

306

Index of common irregular French verb forms identified by infinitive

The purpose of this index is to help you identify those verb forms which cannot be readily identified because they are irregular in some way. For example, if you come across the verb form *fut* (which is very common) in your French readings, this index will tell you that *fut* is a form of **être**. Then you look up **être** in this book and you will find that verb form on the page where all the forms of **être** are given.

Verb forms whose first three or four letters are the same as the infinitive have not been included because they can easily be identified by referring to the alphabetical listing of the 301 verbs in this book.

A

a **avoir**
ai **avoir**
aie **avoir**
aient **avoir**
aies **avoir**
aille **aller**
ait **avoir**
as **avoir**
aurai, *etc.* **avoir**
avaient **avoir**
avais **avoir**
avait **avoir**
avez **avoir**
aviez **avoir**
avions **avoir**
avons **avoir**
ayant **avoir**
ayons, *etc.* **avoir**

B

bu **boire**
bûmes **boire**
burent **boire**
bus **boire**
bussent **boire**
but **boire**
bûtes **boire**
buvant **boire**

C

crois **croire**
croit **croire**
croyais, *etc.* **croire**
cru **croire**
crûmes **croire**
crurent **croire**
crus **croire**

D

dîmes **dire**
disais, *etc.* **dire**
disse, *etc.* **dire**
dit, dît **dire**
dois **devoir**
doive, *etc.* **devoir**
dors **dormir**
dû, due **devoir**
dûmes **devoir**
dus, dussent **devoir**
dut, dût **devoir**

E

es **être**
est **être**
étais, *etc.* **être**

été **être**
êtes **être**
étiez **être**
eu **avoir**
eûmes **avoir**
eurent **avoir**
eus **avoir**
eusse, *etc.* **avoir**
eut, eût **avoir**
eûtes **avoir**

F

faille **faillir, falloir**
fais, *etc.* **faire**
fasse, *etc.* **faire**
faudra **faillir, falloir**
faudrait **faillir, falloir**
faut **faillir, falloir**
faux **faillir**
ferai, *etc.* **faire**
fîmes **faire**
firent **faire**
fis, *etc.* **faire**
font **faire**
fûmes **être**
furent **être**
fus, *etc.* **être**
fut, fût **être**
fuyais, *etc.* **fuir**

309

I

ira, irai, iras,
  etc. **aller**

L

lis, *etc.* **lire**
lu **lire**
lus, *etc.* **lire**

M

meure, *etc.* **mourir**
meus, *etc.* **mouvoir**
mîmes **mettre**
mirent **mettre**
mis **mettre**
misses, *etc.* **mettre**
mit **mettre**
mort **mourir**
mû, mue **mouvoir**
mussent **mouvoir**
mut **mouvoir**

N

naquîmes,
  etc. **naître**
né **naître**

O

omis **omettre**
ont **avoir**

P

pars **partir**
paru **paraître**
peignis,
  etc. **peindre**
peuvent **pouvoir**
peux, *etc.* **pouvoir**
plu **plaire, pleuvoir**
plurent **plaire**
plut, plût **plaire,
  pleuvoir**
plûtes **plaire**
pourrai,
  etc. **pouvoir**
prîmes **prendre**
prirent **prendre**
pris **prendre**
prisse, *etc.* **prendre**
pu **pouvoir**
puis **pouvoir**
puisse, *etc.* **pouvoir**
pûmes, *etc.* **pouvoir**
purent **pouvoir**
pus **pouvoir**
pusse **pouvoir**
put, pût **pouvoir**

R

reçois, *etc.* **recevoir**
reçûmes, *etc.*
  recevoir
reviens, *etc.* **revenir**
revins, *etc.* **revenir**
riiez **rire**
ris, *etc.* **rire**

S

sache, *etc.* **savoir**
sais, *etc.* **savoir**
saurai, *etc.* **savoir**
serai, *etc.* **être**
sers, *etc.* **servir**
sois, *etc.* **être**
sommes **être**
sont **être**
sors, *etc.* **sortir**
soyez **être**
soyons **être**
su **savoir**
suis **être, suivre**
suit **suivre**
sûmes **savoir**
surent **savoir**
susse, *etc.* **savoir**
sut, sût **savoir**

T

tiendrai, *etc.* **tenir**
tienne, *etc.* **tenir**
tînmes **tenir**
tins, *etc.* **tenir**
tu **taire**
tûmes **taire**
turent **taire**
tus **taire**
tusse, *etc.* **taire**
tut, tût **taire**

V

va **aller**

vaille **valoir**
vais **aller** ·
vas **aller** ·
vaudrai, *etc*. **valoir**
vaux, *etc*. **valoir**
vécu **vivre**
vécûmes, *etc*. **vivre**
verrai, *etc*. **voir**
veuille, *etc*. **vouloir**
veulent **vouloir**

veux, *etc*. **vouloir** ·
viendrai, *etc*. **venir**
vienne, *etc*. **venir**
viens, *etc*. **venir**
vîmes **voir**
vînmes **venir**
vinrent **venir**
vins, *etc*. **venir**
virent **voir**
vis **vivre, voir**

visse, *etc*. **voir**
vit **vivre, voir**
vît **voir**
vîtes **voir**
vont **aller** ·
voudrai,
    etc. **vouloir**
voyais, *etc*. **voir** ·
vu **voir** ·

Over 1,000 French verbs conjugated like model verbs among the 301

The number after each verb is the page number in this book where a model verb is shown fully conjugated. At times there are two page references; for example, **abréger** is conjugated like **céder** on p. 48 because é changes to **è** and like **manger** on p. 165 because **abréger** and **manger** are both -ger type verbs.

If the French verb you want is reflexive (*e.g.*, **s'appeler** or **se lever**), you will find it listed alphabetically under the first letter of the verb and not under the reflexive pronoun *s'* or *se*.